FUNDAMENTOS DE METODOLOGIA CIENTÍFICA

O GEN | Grupo Editorial Nacional – maior plataforma editorial brasileira no segmento científico, técnico e profissional – publica conteúdos nas áreas de ciências sociais aplicadas, exatas, humanas, jurídicas e da saúde, além de prover serviços direcionados à educação continuada e à preparação para concursos.

As editoras que integram o GEN, das mais respeitadas no mercado editorial, construíram catálogos inigualáveis, com obras decisivas para a formação acadêmica e o aperfeiçoamento de várias gerações de profissionais e estudantes, tendo se tornado sinônimo de qualidade e seriedade.

A missão do GEN e dos núcleos de conteúdo que o compõem é prover a melhor informação científica e distribuí-la de maneira flexível e conveniente, a preços justos, gerando benefícios e servindo a autores, docentes, livreiros, funcionários, colaboradores e acionistas.

Nosso comportamento ético incondicional e nossa responsabilidade social e ambiental são reforçados pela natureza educacional de nossa atividade e dão sustentabilidade ao crescimento contínuo e à rentabilidade do grupo.

Marina de Andrade Marconi
Eva Maria Lakatos

FUNDAMENTOS DE METODOLOGIA CIENTÍFICA

- Métodos Científicos
- Técnicas de Pesquisa
- Elaboração de Referências Bibliográficas

9ª EDIÇÃO

ATUALIZAÇÃO
João Bosco Medeiros

- O atualizador deste livro e a editora empenharam seus melhores esforços para assegurar que as informações e os procedimentos apresentados no texto estejam em acordo com os padrões aceitos à época da publicação, *e todos os dados foram atualizados pelo atualizador até a data da entrega dos originais à editora.* Entretanto, tendo em conta a evolução das ciências, as atualizações legislativas, as mudanças regulamentares governamentais e o constante fluxo de novas informações sobre os temas que constam do livro, recomendamos enfaticamente que os leitores consultem sempre outras fontes fidedignas, de modo a se certificarem de que as informações contidas no texto estão corretas e de que não houve alterações nas recomendações ou na legislação regulamentadora.

- Data do fechamento do livro: 19/01/2021

- O atualizador e a editora se empenharam para citar adequadamente e dar o devido crédito a todos os detentores de direitos autorais de qualquer material utilizado neste livro, dispondo-se a possíveis acertos posteriores caso, inadvertida e involuntariamente, a identificação de algum deles tenha sido omitida.

- **Atendimento ao cliente: (11) 5080-0751 | faleconosco@grupogen.com.br**

- Direitos exclusivos para a língua portuguesa
  Copyright © 2021, 2025 (4ª impressão) by
  Editora Atlas Ltda.
  Uma editora integrante do GEN | Grupo Editorial Nacional
  Travessa do Ouvidor, 11
  Rio de Janeiro – RJ – 20040-040
  www.grupogen.com.br

- Reservados todos os direitos. É proibida a duplicação ou reprodução deste volume, no todo ou em parte, em quaisquer formas ou por quaisquer meios (eletrônico, mecânico, gravação, fotocópia, distribuição pela Internet ou outros), sem permissão, por escrito, da Editora Atlas Ltda.

- Capa: Caio Cardoso
- Editoração de capa: Rejane Megale
- Editoração eletrônica: Set-up Time Artes Gráficas

- Ficha catalográfica

CIP-BRASIL. CATALOGAÇÃO NA PUBLICAÇÃO
SINDICATO NACIONAL DOS EDITORES DE LIVROS, RJ

M275f
9. ed.

Marconi, Marina de Andrade
Fundamentos de metodologia científica / Marina de Andrade Marconi, Eva Maria Lakatos; atualização da edição João Bosco Medeiros - 9. ed. - [4ª Reimp.]. - São Paulo: Atlas, 2025.

Inclui bibliografia e índice
ISBN 978-85-97-02656-6

1. Ciência - Metodologia. 2. Pesquisa - Metodologia. I. Lakatos, Eva Maia. II. Medeiros, João Bosco. III. Título.

21-68547

CDD: 001.42
CDU: 001.8

Leandra Felix da Cruz Candido - Bibliotecária - CRB-7/6135

*A meu pai Tibor e
minha madrasta Fátima
E.M.L.*

*A meu neto Fernando
M.A.M.*

Sumário

Nota das autoras, xvii

Prefácio da 9ª edição, xix

1 Procedimentos didáticos, 1
   1   Leitura, 1
       1.1   Elementos, 1
       1.2   Aspectos fundamentais, 6
       1.3   Objetivos, 6
       1.4   Fases da leitura informativa, 7
       1.5   Sucessivas fases da leitura informativa: exemplificação, 9
       1.6   Sublinha, esquema e resumo, 9
   2   Análise de texto, 14
       2.1   Fases, 14
       2.2   Objetivo e procedimento, 16
       2.3   Análise dos elementos, análise das relações e análise da estrutura, 17
       2.4   Tipos de análise de texto, 18
   3   Seminário, 22
       3.1   Estrutura e funcionamento, 23
       3.2   Fontes, 24
       3.3   Componentes, 25
       3.4   Etapas, 26
       3.5   Procedimentos na organização de um seminário, 27
   Leitura recomendada, 31

2 Pesquisa bibliográfica e resumos, 33
   1   O que é pesquisa bibliográfica e suas fases, 33
       1.1   Escolha do tema, 34
       1.2   Elaboração do plano de trabalho, 36
       1.3   Identificação, 37
       1.4   Localização, 38
       1.5   Compilação, 38

    1.6 Fichamento, 38
    1.7 Análise e interpretação, 39
    1.8 Redação, 40
 2 Fichas ou anotações eletrônicas, 40
    2.1 Aspecto físico, 41
    2.2 Composição das fichas, 41
      2.2.1 Cabeçalho, 42
      2.2.2 Referência bibliográfica, 44
      2.2.3 Corpo da ficha ou texto, 45
      2.2.4 Indicação da obra, 45
      2.2.5 Local, 45
    2.3 Conteúdo das fichas, 46
      2.3.1 Ficha bibliográfica, 47
      2.3.2 Ficha de citações, 48
      2.3.3 Fichas de resumo ou de conteúdo, 49
      2.3.4 Ficha de esboço, 50
      2.3.5 Ficha de comentário ou analítica, 50
    2.4 Tipos de fichas de Manzo, 55
 3 Resumos, 58
    3.1 Conceito, finalidade e caráter, 58
    3.2 Como resumir, 59
    3.3 Tipos de resumo, 60
Leitura recomendada, 65

3 Conhecimento científico e ciência, 67
 1 Conhecimento científico e outros tipos de conhecimento, 67
    1.1 Correlação entre conhecimento popular e conhecimento científico, 68
    1.2 Características do conhecimento popular, 69
    1.3 Tipos de conhecimento, 70
      1.3.1 Conhecimento popular, 71
      1.3.2 Conhecimento filosófico, 71
      1.3.3 Conhecimento religioso, 72
      1.3.4 Conhecimento científico, 73
 2 Conceito de ciência, 74
 3 Classificação e divisão da ciência, 75
Leitura recomendada, 77

4 Métodos científicos, 79
 1 Conceito de método, 79
 2 Desenvolvimento histórico do método, 79
 3 Método indutivo, 82
    3.1 Leis, regras e fases do método indutivo, 84
    3.2 Formas de indução, 86
 4 Métodos de abordagem, 89

- 4.1 Método dedutivo e indutivo, 90
  - 4.1.1 Propósito do argumento dedutivo e do indutivo, 91
  - 4.1.2 Argumentos condicionais, 92
- 4.2 Método hipotético-dedutivo, 94
  - 4.2.1 Etapas do método hipotético-dedutivo segundo Popper, 94
    - 4.2.1.1 Problema, 96
    - 4.2.1.2 Conjecturas, 97
    - 4.2.1.3 Tentativa de falseamento, 97
  - 4.2.2 Método hipotético-dedutivo segundo Bunge, 99
- 4.3 Método dialético, 100
  - 4.3.1 Leis da dialética, 100
    - 4.3.1.1 Ação recíproca, 101
    - 4.3.1.2 Mudança dialética, 102
    - 4.3.1.3 Passagem da quantidade à qualidade, 104
    - 4.3.1.4 Interpenetração dos contrários, 106
5 Métodos de procedimento, 107
- 5.1 Método histórico, 107
- 5.2 Método comparativo, 108
- 5.3 Método monográfico, 109
- 5.4 Método estatístico, 110
- 5.5 Método tipológico, 110
- 5.6 Método funcionalista, 111
- 5.7 Método estruturalista, 113
- 5.8 Método etnográfico, 114
- 5.9 Método clínico, 115
6 Métodos mistos, 116
7 Quadro de referência, 116
Leitura recomendada, 118

5 Fatos, teoria e leis, 119
1 Teoria e fatos, 119
- 1.1 Papel da teoria em relação aos fatos, 120
  - 1.1.1 Orientação sobre os objetivos da ciência, 120
  - 1.1.2 Oferecimento de um sistema de conceitos, 120
  - 1.1.3 Resumo do conhecimento, 122
  - 1.1.4 Previsão de fatos, 123
  - 1.1.5 Indicação de lacunas no conhecimento, 123
- 1.2 Papel dos fatos em relação à teoria, 124
  - 1.2.1 O fato inicia a teoria, 124
  - 1.2.2 O fato reformula e rejeita teorias, 125
  - 1.2.3 O fato redefine e esclarece teorias, 126
  - 1.2.4 O fato clarifica os conceitos contidos nas teorias, 127
2 Teoria e leis, 128
Leitura recomendada, 132

6 Hipóteses, 133
1 Conceito, 133
2 Tema, problema e hipótese, 133
    2.1 Tema e problema, 133
    2.2 Problema e hipótese, 135
    2.3 Formulação de hipóteses, 136
    2.4 Importância das hipóteses, 139
    2.5 Função das hipóteses, 139
3 Fontes de elaboração de hipóteses, 141
    3.1 Conhecimento familiar, 141
    3.2 Observação, 141
    3.3 Comparação com outros estudos, 142
    3.4 Dedução lógica de uma teoria, 143
    3.5 Cultura geral na qual a ciência se desenvolve, 143
    3.6 Analogias, 144
    3.7 Experiência pessoal, idiossincrática, 144
    3.8 Casos discrepantes na própria teoria, 145
Leitura recomendada, 146

7 Variáveis, 147
1 Conceito, 147
2 Variáveis no universo da ciência, 148
3 Variáveis independentes e dependentes, 148
    3.1 Conceito e diferenciação, 148
    3.2 Fatores determinantes do sentido da relação causal entre variáveis independentes e dependentes, 152
        3.2.1 Ordem temporal, 152
        3.2.2 Fixidez ou alterabilidade das variáveis, 154
4 Variáveis moderadoras e de controle, 156
    4.1 Variável moderadora: conceito e identificação, 156
    4.2 Variável de controle: conceito e aplicação, 157
5 Variáveis extrínsecas e componentes, 159
    5.1 Variáveis extrínsecas e relações espúrias, 159
    5.2 Variáveis componentes e apresentação em bloco, 162
6 Variáveis intervenientes e antecedentes, 164
    6.1 Variáveis intervenientes, 164
    6.2 Variáveis antecedentes, 165
Leitura recomendada, 167

8 Pesquisa, 169
1 Conceito, 169
2 Planejamento da pesquisa, 170
    2.1 Preparação da pesquisa, 170
        2.1.1 Decisão, 170
        2.1.2 Especificação de objetivos, 171

        2.1.3   Elaboração de um plano de trabalho, 171
        2.1.4   Constituição da equipe de trabalho, 171
        2.1.5   Levantamento de recursos e cronograma, 172
  2.2   Fases da pesquisa, 172
        2.2.1   Escolha do tema, 172
        2.2.2   Levantamento de dados, 173
        2.2.3   Formulação do problema, 173
        2.2.4   Definição dos termos, 175
        2.2.5   Construção de hipóteses, 175
        2.2.6   Indicação de variáveis, 176
        2.2.7   Delimitação da pesquisa, 176
        2.2.8   Amostragem, 178
        2.2.9   Seleção de métodos e técnicas, 178
        2.2.10   Organização do instrumental de pesquisa, 178
        2.2.11   Teste de instrumentos e procedimentos, 179
  2.3   Execução da pesquisa, 180
        2.3.1   Coleta de dados, 180
        2.3.2   Organização dos dados, 181
        2.3.3   Análise e interpretação dos dados, 182
        2.3.4   Representação dos dados: tabelas, quadros e gráficos, 185
        2.3.5   Conclusão, 187
  2.4   Relatório, 187

Leitura recomendada, 188

9 Técnicas de pesquisa, 189

  1   Que são técnicas de pesquisa?, 189
  2   Pesquisa documental, 189
        2.1   Fontes de documentos, 191
        2.2   Tipos de documentos, 192
  3   Pesquisa bibliográfica, 200
  4   Pesquisa de campo, 203
  5   Pesquisa de laboratório, 207
  6   Observação, 208
        6.1   Observação assistemática, 210
        6.2   Observação sistemática, 210
        6.3   Observação não participante, 211
        6.4   Observação participante, 211
        6.5   Observação individual, 212
        6.6   Observação em equipe, 212
        6.7   Observação na vida real, 212
        6.8   Observação em laboratório, 212
  7   Entrevista, 213
        7.1   Objetivos, 213
        7.2   Tipos de entrevistas, 214
        7.3   Vantagens e limitações, 215

7.4 Preparação da entrevista, 216
7.5 Diretrizes da entrevista, 217
8 Questionário e formulário, 218
  8.1 Questionário, 218
    8.1.1 Vantagens e desvantagens, 219
    8.1.2 Elaboração de questionário, 220
    8.1.3 Pré-teste, 221
    8.1.4 Classificação das perguntas, 221
      8.1.4.1 Forma, 221
      8.1.4.2 Objetivo, 226
      8.1.4.3 Perguntas diretas e indiretas, 229
    8.1.5 Conteúdo, vocabulário, bateria, 229
    8.1.6 Ordem das perguntas, 229
  8.2 Formulário, 231
    8.2.1 Vantagens e desvantagens, 231
    8.2.2 Apresentação do formulário, 232
Leitura recomendada, 233

10 Projeto de pesquisa e relatório de pesquisa, 235
1 Noções preliminares, 235
2 Estrutura do projeto de pesquisa, 236
  2.1 Capa e folha de rosto, 237
  2.2 Objeto, 239
  2.3 Problema, 239
  2.4 Hipótese básica e hipóteses secundárias, 239
  2.5 Variáveis, 240
  2.6 Objetivo, 240
  2.7 Justificativa, 241
  2.8 Metodologia, 241
    2.8.1 Métodos de abordagem, 241
    2.8.2 Métodos de procedimento, 242
    2.8.3 Técnicas de pesquisa, 242
    2.8.4 Delimitação do universo (descrição da população), 244
    2.8.5 Tipo de amostragem, 244
  2.9 Embasamento teórico, 245
    2.9.1 Teoria de base, 245
    2.9.2 Revisão da bibliografia, 246
    2.9.3 Definição dos termos, 246
  2.10 Cronograma, 247
  2.11 Orçamento, 247
  2.12 Instrumento de pesquisa, 247
  2.13 Referências bibliográficas, 248
3 Pesquisa-piloto ou pré-teste, 248
4 Relatório técnico e/ou científico: estrutura, 249

4.1 Capa e folha de rosto, 251
4.2 Resumo, 252
4.3 Sumário, 252
4.4 Introdução, 252
4.5 Revisão bibliográfica, 253
4.6 Metodologia, 253
4.7 Embasamento teórico, 253
4.8 Desenvolvimento: discussão e resultados, 253
4.9 Conclusões, 254
4.10 Recomendações e sugestões, 255
4.11 Referências bibliográficas, 255
4.12 Apêndices, 255
4.13 Anexos, 255
Leitura recomendada, 256

11 Trabalhos acadêmico-científicos, 257
1 Conceito, 257
2 Estrutura dos trabalhos acadêmico-científicos: monografia do TCC, dissertação de mestrado, tese de doutorado, 258
3 Monografia, 259
   3.1 Conceito, 259
   3.2 Características, 260
   3.3 Tipos de monografia, 260
   3.4 Estrutura da monografia, 261
      3.4.1 Escolha do tema e revisão bibliográfica, 262
      3.4.2 Introdução, desenvolvimento e conclusão, 263
4 Dissertação de mestrado, 263
   4.1 Conceitos, 263
   4.2 Tipos, 264
   4.3 Escolha do tema, 265
   4.4 Problemas, hipóteses e variáveis, 266
   4.5 Plano de trabalho, 268
   4.6 Avaliação metodológica do trabalho, 268
   4.7 Redação, 269
5 Tese de doutorado, 269
   5.1 Conceito, 270
   5.2 Objetivo, 271
   5.3 Eficiência do trabalho, 271
   5.4 Estrutura, 271
      5.4.1 Introdução, 272
      5.4.2 Desenvolvimento, 273
      5.4.3 Referências bibliográficas, apêndices, anexos, glossário, índice remissivo, 274
   5.5 Construção de conceitos, 275
   5.6 Redação, 275

5.6.1 Linguagem, 276
5.6.2 Estilo, 276
Leitura recomendada, 277

12 Publicações científicas, 279
1 Comunicação: trabalhos apresentados em congressos, 279
   1.1 Comunicação científica, 279
   1.2 Aspectos da comunicação, 280
       1.2.1 Finalidade, 280
       1.2.2 Informações, 281
       1.2.3 Estrutura, 281
       1.2.4 Linguagem, 281
       1.2.5 Abordagem, 282
   1.3 Tipos de comunicação, 283
   1.4 Estrutura da comunicação, 283
   1.5 Elaboração da comunicação, 284
   1.6 Estágios da comunicação, 284
   1.7 Apresentação formal, 285
2 Artigos científicos, 286
   2.1 Estrutura do artigo científico, 286
   2.2 Conteúdo do artigo científico, 287
   2.3 Tipos de artigos científicos, 287
       2.3.1 Artigo de argumento teórico, 287
       2.3.2 Artigo de análise, 288
       2.3.3 Artigo classificatório, 288
   2.4 Motivação, 289
   2.5 Estilo, 289
   2.6 Avaliação, 289
3 Informe científico, 290
4 Resenha crítica, 290
   4.1 Conceito e finalidade, 290
   4.2 Requisitos básicos, 291
   4.3 Importância da resenha, 291
   4.4 Estrutura da resenha, 292
5 Conferência, 295
   5.1 Estrutura da conferência, 296
   5.2 Apresentação, 296
   5.3 Avaliação do tempo, 297
Leitura recomendada, 298

13 Apresentação de citações diretas e indiretas e elaboração de referências bibliográficas, 299
1 Citações diretas e indiretas, 299
   1.1 Citação direta, 299
   1.2 Citação indireta, 303

      1.3   Citação de citação, 304
      1.4   Supressão e acréscimo, 304
      1.5   Destaque, 305
      1.6   Sistemas de chamada, 305
2   Prática de elaboração de referências bibliográficas, 312
      2.1   Livros, 313
      2.2   Parte de um livro (capítulo), 319
      2.3   Trabalhos acadêmicos: teses de doutorado e dissertações de mestrado, 320
      2.4   Artigos de periódicos (revistas), 321
      2.5   Artigos de jornais, 322
      2.6   Eventos, 323
      2.7   Referência legislativa, 324
      2.8   Jurisprudência, 325
      2.9   Documento audiovisual (filmes, vídeos), 326
      2.10   Documento sonoro, 327
      2.11   Documento iconográfico, 327
      2.12   Documento cartográfico, 328
      2.13   Correspondência, 328
Leitura recomendada, 329

Referências, 331

Índice remissivo, 345

Nota das autoras

A Metodologia Científica, mais do que uma disciplina, significa introduzir o discente no mundo dos procedimentos sistemáticos e racionais, base da formação tanto do estudioso quanto do profissional, pois ambos atuam, além da prática, no mundo das ideias. A prática nasce da concepção sobre o que deve ser realizado e qualquer tomada de decisão fundamenta-se naquilo que se afigura como o mais lógico, racional, eficiente e eficaz.

Desse modo, a condensação da trilogia – *Metodologia científica, Técnicas de pesquisa e Metodologia do trabalho científico* –, nesta obra, apresenta um trabalho que sintetiza, ao mesmo tempo, procedimentos didáticos, fundamentos para trabalhos acadêmicos, como tese, dissertações de mestrado, trabalhos de conclusão de curso (TCC), relatórios científicos.

Prefácio da 9ª edição

Como já anunciamos em edição anterior, também nesta edição estamos contando com atualizações realizadas pelo Prof. João Bosco Medeiros, especialista em metodologia científica, bem como nas normas da Associação Brasileira de Normas Técnicas (ABNT), três delas de grande interesse para este livro: a que trata de elaboração de referências bibliográficas (NBR 6023), a que regula as citações diretas e indiretas (NBR 10520) e a que cuida dos trabalhos acadêmicos (NBR 14724). Além de professor da área, ele é autor do livro *Redação científica* (13. ed., 2019) e coautor de *Metodologia científica na pesquisa jurídica* (9. ed., 2017), *Redação de artigos científicos* (2016), *Comunicação científica* (2008), *Redação técnica* (2010), *Manual para elaboração de referências bibliográficas* (2001). Como profissional de editoração, o Prof. João Bosco cuidou do texto de nossos livros desde a primeira edição.

Com o Prof. João Bosco mantivemos diálogo para aprimoramento da obra durante décadas: ele sugeria cortes, acréscimos, atualizações. Agora, assume nesta obra um trabalho ainda mais direto, responsabilizando-se por atualizações de conteúdo e bibliográficas.

Nesta edição, além de reescrever o Capítulo 13, em virtude de alteração da NBR 6023, que trata de referências bibliográficas, ele ocupou-se com:

- Acertos ortográficos, pontuação, acentuação.
- Acertos gramaticais: concordância nominal e verbal, regência verbal e nominal.
- Supressão de textos.
- Supressão de marcas de subjetividade oriundas de adjetivos, advérbios modalizadores, aspas, destaques.
- Divisão de parágrafos.
- Junção de parágrafos.

- Acréscimo de textos.
- Reformulações parafrásticas de alguns textos.
- Apresentação de novas referências bibliográficas.
- Reformulação de títulos de capítulos e seções.
- Reestruturação das seções capitulares.

As alterações realizadas objetivaram atualizar a obra e oferecer aos leitores um livro que possa atender às suas necessidades de estudo e pesquisa na elaboração de textos de qualidade científica.

Marina de Andrade Marconi

1
Procedimentos didáticos

1 LEITURA

1.1 Elementos

Antes de abordarmos a leitura de modo prático, alguns esclarecimentos conceituais são necessários, como o de **texto** e o de **leitura**.

Guimarães (2013, p. 11) alerta para o fato de que são muitas as possibilidades de resposta para a questão "o que é texto?". Qualquer que seja ela, depende da vertente teórica em que nos apoiamos: se o consideramos do ponto de vista microestrutural, "é o conjunto articulado de frases, resultante da conexão dos mecanismos léxico-gramaticais que integram a superfície textual". O texto assim visto manifesta-se como um produto que apresenta unidade temática, cujo significado é resultado da relação entre seus constituintes. Todavia, nas abordagens mais modernas ele é visto como um processo em que se focaliza a textualidade e não um conjunto de propriedades do texto. Interessamos, então, pela coesão, coerência, aceitabilidade, informatividade, situacionalidade e intertextualidade do texto.

Relativamente à coerência e coesão, é de dizer que a coerência não está nem no leitor nem no texto; ela resulta do encontro do leitor com o texto. O leitor, cooperativamente, esforça-se por encontrar algum sentido seja qual for o texto. Já a coesão textual implica variados mecanismos: como o uso de conectivo, a repetição, o paralelismo, a utilização de palavras de sentido equivalente, os hiperônimos e os hipônimos.

A aceitabilidade diz respeito ao receptor do texto, à sua disposição de participar de um evento linguístico, de compartilhar um propósito. Nesse caso, o texto atenderia às expectativas do interlocutor (porque texto não se restringe ao texto escrito) ou do leitor, os quais esperam um texto coeso, coerente, útil, relevante.

A intencionalidade focaliza os objetivos do produtor do texto de construir uma unidade de significação coerente e coesa, capaz de alcançar o objetivo pretendido. Já a intertextualidade pode ser de conteúdo ou de forma. No primeiro caso, quando lemos um texto relacionamo-lo a outro que trata do mesmo tema, do mesmo assunto; no segundo, a forma de um texto nos faz lembrar de outro. Importante reconhecer que o diálogo entre textos é um fenômeno constitutivo da linguagem. Qualquer que seja o texto, ele sempre se relaciona com outro, refere-se a outro, ou é resposta a outro texto.

Para Koch e Elias (*In*: BATISTA, 2016, p. 30), o sentido de um texto "não está no texto, mas se constrói a partir dele, no curso de uma interação". Metaforicamente, um texto identifica-se com um *iceberg*: a maior parte do sentido não se encontra na superfície do texto, mas na profundeza de seus implícitos. Por isso, recorremos a vários sistemas de conhecimentos e ativamos processos cognitivos interacionais (Cf. KOCH; ELIAS, 2016, p. 221).

Em outro texto, as mesmas autoras (2006, p. 9 s) salientam as variadas concepções de língua que interferem no conceito que temos de leitura. Se vemos a **língua como representação** do pensamento, temos um sujeito que constrói seu texto e deseja ser compreendido como foi mentalizado. Nesse caso, o texto é um produto do pensamento do autor e cabe ao leitor tão somente captar o que foi representado. Se vemos a **língua como código**, como estrutura, como mero instrumento de comunicação, ao leitor cabe apena decodificar os signos. Subjaz a essa concepção que, conhecendo o código, seria possível entender o texto. Posicionamento extremamente ingênuo. Agora, não nos ocupamos de reconhecer as intenções do autor (primeira posição vista acima), mas em reconhecer o sentido das palavras e das estruturas do texto. Nessas duas concepções de língua, o leitor é visto passivamente; a ele cabe apenas a atividade de reconhecimento. Em uma terceira posição, no entanto, o sentido de um texto é construído em conjunto pelo sujeito-autor e pelo sujeito-leitor do texto. Temos então uma **concepção dialógica da língua**. Locutor e interlocutor, autor e leitor são vistos como sujeitos que objetivam construir um texto que forme um sentido. O texto passa então a ser o local de interação de sujeitos.

Para o **conceito de texto**, valemo-nos do apresentado por Koch e Elias (*In:* BATISTA, 2016, p. 30):

> Texto é uma realização que envolve sujeitos, seus objetivos e conhecimento com propósito interacional. Considerando que esses sujeitos são situados sócio-histórica e culturalmente e que os conhecimentos que mobilizam são muitos e variados, é fácil supor que o texto "esconde" muito mais do que revela a sua materialidade linguística.

Com base nessa definição, podemos afirmar que vai longe o tempo em que bastava ter conhecimento linguístico do código verbal para entender um texto. Por isso, podemos acompanhar a lição de Santos, Riche e Teixeira (2013, p. 41), quando propõem;

> Aprender a ler, muito mais do que decodificar o código linguístico, é trazer a experiência de mundo para o texto lido, fazendo com que as palavras tenham um significado que vai além do que está sendo falado/escrito, por passarem a fazer parte, também, da experiência do leitor.

Quando lemos, acionamos uma multiplicidade de conhecimentos que fazem parte de nossa vida e que nos ajudam a construir o sentido do texto. O leitor, no dizer de Cabral (2011, p. 142), "não pode se permitir uma atitude ingênua; é preciso ser curioso, explorar o texto como um mapa que contém vários percursos possíveis para levar a um destino".

A **leitura** é um processo pelo qual o leitor busca de forma ativa compreender e interpretar um texto. A profundidade de sua leitura varia conforme seus objetivos, seu conhecimento sobre o assunto, sobre o autor etc. Leitor competente não se contenta em extrair informação do texto, decodificando palavra por palavra. Sua leitura consiste em uma atividade que implica estratégia de seleção, antecipação, construção de hipótese, inferência e verificação, sem as quais não é possível alcançar o nível de proficiência. Nesse mesmo sentido, afirmam Koch e Elias (2006, p. 12) que a concepção sociocognitiva-interacional de língua privilegia os sujeitos e seus conhecimentos em processos de interação:

> O lugar mesmo da interação é o texto, cujo sentido "não está lá", mas é construído, considerando-se, para tanto, as "sinalizações" textuais dadas pelo autor e os conhecimentos do leitor, que, durante todo o processo de leitura, deve assumir uma atitude "responsiva

ativa". Em outras palavras, espera-se que o leitor concorde ou não com as ideias do autor, complete-as, adapte-as etc.

A habilidade de leitura contempla conhecimento do contexto sociocognitivo de todos os participantes; ela não é resultado apenas do conhecimento linguístico, pois envolve capacidade de inferência, de percepção do não dito, de pressupostos, de subentendidos, de conhecimentos de mundo, o chamado conhecimento enciclopédico. Por isso, não se pode afirmar categoricamente a existência de textos cuja compreensão seja difícil ou fácil; eles serão fáceis ou difíceis conforme o tipo de leitor que encontrar.

Em "Processos de leitura: fator textual", Mari e Mendes (*In:* MARI; WALTY; VERSIANI, 2005, p. 164) lembram que

> os textos não têm os mesmos padrões de estruturação de significados. A natureza do léxico utilizado, as formas linguísticas, o gênero discursivo, a estrutura narrativa, o tipo de assunto podem ser todos componentes que facilitem a vida do leitor, como também que a dificultem.

Assim, pode-se dizer que o primeiro desafio que o leitor enfrenta diz respeito à forma como os textos se estruturam. Propõem, então, os autores citados que diante de um texto o leitor estabelece uma hipótese de leitura, que é "algo aproximativo" e "representa uma primeira incursão do leitor sobre o texto e, por essa razão, pode diferir parcialmente de leitor para leitor". Entendem ainda que todos os textos são passíveis de hipóteses de leitura: entender o sentido de um texto "implica dispor de, ao menos, uma hipótese sobre o seu sentido" (p. 165). Essa hipótese pode ser ajustada conforme o andamento da leitura.

A leitura constitui-se em fator decisivo de estudo: propicia a ampliação de conhecimentos, a obtenção de informações básicas ou específicas, a abertura de novos horizontes para a mente, a sistematização do pensamento, o enriquecimento do vocabulário e entendimento do conteúdo das obras.

A maior parte dos conhecimentos é obtida por intermédio da leitura: ler significa conhecer, interpretar, distinguir os elementos mais importantes dos secundários. Optando pelos mais representativos e sugestivos, pode-se utilizá-los como fonte de novas ideias e do saber, através dos processos de busca, assimilação, retenção, crítica, comparação, verificação e integração do conhecimento. Por esse motivo, havendo disponíveis muitas fontes para leitura e não sendo todas importantes, impõe-se uma seleção.

Na busca de material adequado para a leitura, identifica-se o texto, observando:

a) **O título:** apresenta-se acompanhado ou não de subtítulo; ele estabelece o assunto e, às vezes, até a intenção do autor.

b) **A data da publicação:** fornece elementos para certificar-se de sua atualização e aceitação (número de edições), exceção feita para textos clássicos, para os quais não é a atualidade que importa.

c) **A orelha ou contracapa:** permite verificar credenciais ou qualificações do autor; nelas se encontra, geralmente, uma apreciação da obra, assim como indicações do público a que se destina.

d) **O sumário:** apresenta os tópicos abordados na obra, bem como as divisões a que o assunto está sujeito.

e) **A introdução, o prefácio ou a nota do autor:** fornecem informações sobre os objetivos do autor e, geralmente, da metodologia por ele empregada.

f) **As referências (de rodapé, de final de capítulo ou do livro):** revelam as fontes consultadas e suas características gerais.

Os livros ou textos selecionados servem para leituras ou consultas; podem ajudar nos estudos em face dos conhecimentos técnicos e atualizados que contêm, ou oferecer subsídios para a elaboração de trabalhos científicos, incluindo seminários, trabalhos escolares e monografias. Por esse motivo, todo estudante, na medida do possível, deve preocupar-se com a formação de uma biblioteca de obras selecionadas, já que serão seu instrumento de trabalho. Inicia-se, geralmente, por obras clássicas, que permitem obter fundamentação em qualquer campo da ciência a que se pretende dedicar, passando depois para outras mais especializadas e atuais, relacionadas com sua área de interesse profissional.

Somente a seleção de obras não é suficiente. A leitura deve conduzir à obtenção de informações tanto básicas quanto específicas, variando a maneira de ler, segundo os propósitos em vista, mas sem perder os seguintes aspectos: (a) *leitura* com objetivo determinado, mantendo as unidades de pensamento, avaliando o que se lê; (b) *preocupação* com o conhecimento do significado de todas as palavras, utilizando para isso glossários, dicionários especializados da disciplina ou mesmo dicionário geral; (c) *interrupção da leitura*, quer periódica, quer definitivamente, quando se percebe que as informações não são as esperadas, ou não são mais importantes; (d) *discussão* frequente do que foi lido: com colegas, professores e outras pessoas.

1.2 Aspectos fundamentais

Uma leitura proveitosa traz resultados satisfatórios. Alguns aspectos fundamentais são:

a) **Atenção:** aplicação cuidadosa e profunda da mente ou do espírito em determinado objeto, buscando o entendimento, a assimilação e a apreensão dos conteúdos básicos do texto.

b) **Intenção:** interesse ou propósito de conseguir algum proveito intelectual por meio da leitura.

c) **Reflexão:** consideração e ponderação sobre o que se lê, observando todos os ângulos, tentando descobrir novos pontos de vista, novas perspectivas e relações; desse modo, favorece-se a assimilação das ideias do autor, assim como o esclarecimento e o aperfeiçoamento delas, o que ajuda a aprofundar o conhecimento.

d) **Espírito crítico:** avaliação do texto. Implica julgamento, comparação, aprovação ou não, aceitação ou refutação das diferentes colocações e pontos de vista. Ler com espírito crítico significa fazê-lo com reflexão, não admitindo ideias sem analisar ou ponderar, proposições sem discutir, nem raciocínio sem examinar; consiste em emitir juízo de valor, percebendo no texto consistências e inconsistência.

e) **Análise:** divisão do tema em partes; determinação das relações existentes entre elas e entendimento de sua organização.

f) **Síntese:** reconstituição das partes decompostas pela análise, procedendo-se ao resumo dos aspectos essenciais, sem perder a sequência lógica do pensamento.

Resumindo, uma leitura de estudo nunca é realizada sem se determinar de antemão um objetivo ou propósito para ela; nenhuma parte é posta de lado por falta de entendimento (mesmo que seja uma ou outra palavra), sem avaliar, discutir e aplicar o conhecimento emanado da análise e síntese do texto lido.

1.3 Objetivos

Entre as várias maneiras e objetivos de lidar com um texto, ressaltam-se possibilidades de leitura:

a) **Scanning:** procura de certo tópico no interior da obra, utilizando o sumário ou o índice remissivo, ou a leitura de algumas linhas, parágrafos, visando encontrar frases ou palavras-chave.
b) **Skimming:** captação da tendência geral, sem entrar em minúcias, valendo-se dos títulos e subtítulos das seções e das ilustrações, se houver; leem-se também trechos para localizar objeto, objetivo e metodologia da obra.
c) **Do significado:** visão ampla do conteúdo, principalmente do que interessa, deixando de lado aspectos secundários e percorrendo tudo de uma vez, sem voltar.
d) **De estudo ou informativa:** ocupa-se da absorção do conteúdo, bem como de seu significado; esse tipo de leitura compreende: ler, reler, utilizar o dicionário, marcar ou sublinhar palavras ou frases-chave e fazer resumos.
e) **Crítica:** estudo e formação de ponto de vista sobre o texto, comparando as declarações do autor com o conhecimento anterior do leitor; avaliação de dados e informações, no que se refere à fidedignidade, atualização, e da solidez da argumentação; verifica-se também se as informações estão corretas e completas.

O que especificamente nos interessa é a *leitura de estudo ou informativa*, que visa à coleta de informações para determinado propósito. São seus objetivos:

a) Certificar-se do conteúdo do texto, constatando o que o autor afirma, os dados que apresenta e as informações que oferece.
b) Correlacionar os dados coletados a partir das informações do autor com o problema em pauta.
c) Verificar a validade das informações.

1.4 Fases da leitura informativa

A leitura informativa engloba várias fases ou etapas, que podem ser assim sintetizadas:

a) **De reconhecimento ou prévia:** leitura rápida, cuja finalidade é procurar um assunto de interesse, ou verificar a existência de determinadas informações. Faz-se observado o sumário, verificando os títulos dos capítulos e suas subdivisões (seções).

b) **Exploratória ou pré-leitura:** leitura de sondagem, tendo em vista localizar determinadas informações, uma vez que já se tem conhecimento de sua existência. Parte-se do princípio de que um capítulo ou seção trata de assunto que pode ser objeto de interesse, mas pode omitir o aspecto relacionado diretamente com o problema objeto da pesquisa. Examinam-se página de rosto, introdução, prefácio, referências, notas de rodapé, orelhas e contracapa.

c) **Seletiva:** leitura que visa à seleção das informações relacionadas com o problema que se tem em vista resolver. A determinação prévia dos distintos propósitos específicos é importante para esta fase, que se constitui no último passo de localização do material para exame e no primeiro de uma leitura mais atenta e profunda. A seleção consiste na eliminação do supérfluo e concentração em informações pertinentes ao problema da pesquisa.

d) **Reflexiva:** mais profunda do que as anteriores, refere-se ao reconhecimento e à avaliação das informações, das intenções e dos propósitos do autor. Procede-se à identificação das frases-chave para saber o que o autor afirma e por que o faz.

e) **Crítica:** avalia as informações do autor. Implica saber escolher e diferenciar ideias principais de secundárias, hierarquizando-as. O propósito é obter, de um lado, uma visão global do texto e, de outro, examinar as intenções do autor. No primeiro momento da fase de crítica, busca-se entender o que o autor quis transmitir; a análise e o julgamento das ideias são feitos em função dos propósitos do autor, e não dos do pesquisador; no segundo momento, com base na compreensão de suas proposições e do porquê delas, retificam-se ou ratificam-se os próprios argumentos e conclusões.

f) **Interpretativa:** relaciona as afirmações do autor com os problemas para os quais, através da leitura de textos, está-se buscando uma solução. Se, de um lado, o estudo aprofundado das ideias principais de uma obra é realizado em função dos propósitos que nortearam seu autor, de outro, o aproveitamento integral ou parcial de tais proposições está subordinado às metas de quem estuda ou pesquisa: trata-se de uma associação de ideias, transferência de situações e comparação de propósitos, mediante os quais se seleciona apenas o que é pertinente e útil, o que contribui para resolver os problemas propostos por quem efetua a leitura. Assim, é pertinente e útil tudo o que tem a função de provar, retificar ou negar, definir, delimitar e dividir conceitos, justificar ou desqualificar e auxiliar a interpretação de proposições, questões, métodos, técnicas, resultados ou conclusões.

g) **Explicativa:** leitura com o intuito de verificar os fundamentos de verdade enfocados pelo autor (geralmente, necessária para a redação de monografias ou teses).

1.5 Sucessivas fases da leitura informativa: exemplificação

Considerando a questão: *A escola se configura sempre como um sistema social aberto?*, selecionamos o livro *Fundamentos de sociologia*, de Alfonso Trujillo Ferrari (1983). Verificamos no sumário a existência do capítulo "Sistemas Sociais", bem como da subdivisão (seção) "Sistema Social Educacional" (leitura de reconhecimento); a seguir, examinamos as páginas onde se encontra a seção que nos interessa, suas chamadas bibliográficas (referências). Constatamos que o autor aborda a questão (leitura exploratória) e, lendo mais detidamente os parágrafos, observamos que faz referência a sistemas abertos e ao sistema social educacional. Como parte desse material é pertinente, sublinhamos diversos parágrafos (leitura seletiva). Examinamos então as afirmações do autor nas passagens destacadas, procurando o cerne de suas afirmações e suas razões (leitura reflexiva). Na análise seguinte, procuramos determinar se as ideias principais de sistema social aberto e as características do sistema social educacional são descritas sob o enfoque da tendência ao equilíbrio e à mudança, simultaneamente, mas não no que se refere à troca com o meio externo, característica de um sistema aberto. Apresenta, pois, apenas interesse indireto para o problema que pesquisamos (leitura interpretativa). Finalmente, analisamos os fundamentos de sua proposição e o desenvolvimento do raciocínio (leitura explicativa).

1.6 Sublinha, esquema e resumo

Embora as sucessivas etapas de leitura sejam um caminho a ser percorrido, outras técnicas são necessárias na realização da leitura informativa, também denominada leitura de estudo: saber como sublinhar, como esquematizar e como fazer resumo do texto lido.

Em primeiro lugar, devemos compreender que cada texto, capítulo, seções (subdivisão) ou mesmo parágrafo tem uma ideia principal, um conceito fundamental, uma palavra-chave, que se apresenta como fio condutor do pensamento. Como geralmente não se destaca do restante, descobri-lo é a base de toda a aprendizagem.

Em cada parágrafo, há uma ideia central, uma palavra-chave, e outras que são organizadas em hierarquia. Ao descobrir, concretizar e formular as ideias diretrizes dos parágrafos, encontra-se o fio condutor que dá unidade ao texto, que desenvolve o raciocínio, que demonstra as proposições (cf. GARCIA, 1986, p. 206 s).

Tal como se fosse um sistema solar em miniatura, gravitam ao redor da ideia-mestra outras ideias, que revelam pormenores importantes. Nas proximidades dela, aparecem argumentos que a justificam, analogias que a esclarecem, exemplos que a elucidam e fatos aos quais ela se aplica. É necessário discernir esse "sistema planetário" ao redor do "Sol", separando-o de fatores menos importantes, caso contrário perde-se a unidade do sentido. É por esse motivo que um leitor experiente utiliza o recurso de sublinhar, de assinalar com traços verticais às margens, de utilizar cores e marcas diferentes para cada parte importante do todo. Constituem noções básicas para sublinhar:

a) Nunca assinalar nada na primeira leitura, cuja finalidade é apenas organizar o texto na mente, de forma hierarquizada, para depois destacar o mais importante.

b) Sublinhar apenas as ideias principais e os detalhes importantes, usando dois traços para as palavras-chave e um para os pormenores mais significativos.

c) Quando aparecem passagens que se configuram como um todo relevante para a ideia desenvolvida no texto, elas devem ser assinaladas com uma linha vertical, à margem. Da mesma forma, passagens que despertam dúvidas, que colidem com o tema exposto e as proposições que o apoiam, devem ser assinaladas com um ponto de interrogação, pois constituem material para a leitura explicativa, em que sua veracidade será testada, interpretada e confrontada com outros textos. O que consideramos passível de crítica, objeto de reparo ou insustentável dentro do raciocínio desenvolvido deve ser destacado mediante uma interrogação.

d) Cada parágrafo deve ser reconstituído com base nas palavras sublinhadas, e sua leitura tem de apresentar a continuidade e a plenitude de um texto breve (*e-mail*), com sentido fluente e concatenado.

e) Cada palavra não compreendida deve ser entendida mediante consulta a dicionários e, se necessário, seu sentido anotado no espaço intermediário, para facilitar a leitura. O ideal é que seu significado seja compreendido e a palavra adicionada ao vocabulário de quem lê. Também é aconselhável que a leitura não seja interrompida diante de dúvida relativa a uma palavra, pois o texto que segue muitas vezes esclarece qual dos sentidos, apontados no dicionário, mais convém no caso particular. Assim, durante a primeira leitura anotam-se os termos e, antes da segunda, consulta-se a fonte que esclarecerá o sentido deles. Nunca é demais repetir que a leitura é um dos meios para ampliar o vocabulário.

Depois de assinalar, com marcas ou cores diferentes, as várias partes constitutivas de um texto, após sucessivas leituras, passamos à elaboração de um *esquema* que respeite a hierarquia dos sentidos nele apresentados. Em cada frase, pode-se condensar o sentido em uma palavra-chave. Em um parágrafo, a ideia principal é geralmente expressa numa frase-mestra. Finalmente, é possível identificar na sucessão das principais ideias parágrafos-chave.

O passo seguinte é a elaboração de um *esquema*, em que levamos em consideração que, se as ideias secundárias têm de ser diferenciadas entre si, depois de desprezar as menos importantes, devemos procurar as conexões que unem as ideias sucessivas, quer sejam paralelas, opostas, coordenadas ou subordinadas, analisando sua sequência, encadeamento lógico e raciocínio desenvolvido. Dessa forma, o esquema emerge naturalmente do trabalho de análise realizado.

Resumindo, teríamos: a elaboração de um esquema fundamenta-se na hierarquia de palavras, frases e parágrafos-chave, que, destacados após várias leituras, devem apresentar relações com o raciocínio desenvolvido.

Realizada a esquematização das ideias expostas no texto, redige-se um resumo, que, para fins de estudo, consiste em condensar parágrafos, frases, reduzindo-os a seus elementos de maior importância. Diferente de um esquema, um resumo forma parágrafos com sentido completo: não indica apenas os tópicos, mas sintetiza sua apresentação. Por último, o resumo facilita o trabalho de captar, analisar, relacionar, fixar e integrar o que se está estudando.

A seguir, apresentamos um exemplo de sublinha, esquema e resumo. Iniciamos com as informações referenciais, para, em seguida, expormos o texto que será objeto dos procedimentos de sublinha, esquematização e resumo:

LAKATOS, Eva Maria. Relações sociais no processo de produção. *In:* LAKATOS, Eva Maria. *O trabalho temporário*: nova forma de relações sociais no trabalho. Tese (Livre-Docência) – Fundação Escola de Sociologia e Política de São Paulo, São Paulo, 1979. p. 11-12.

Para compreender as diversas fases da organização industrial, é necessário distinguir os dois tipos de relações sociais que se encontram no processo de produção: as relações sociais formais de produção, mais duradouras e estáveis, e as relações sociais no trabalho. Ambas tendem a se desenvolver de forma independente e, ao mesmo tempo, correlata.

A primeira – relações sociais formais de produção – resulta dos direitos definidos, de acesso a um particular meio de vida, e de participação nos resultados do processo de produção. Dessa forma, cada tipo de sistema produtivo origina tipos específicos de relações sociais formais que lhe são peculiares e que determinam os termos sob os quais as pessoas ingressam no processo produtivo e participam de seus resultados.

A segunda – relações sociais no trabalho – compreende aquelas relações que se originam da associação, entre indivíduos, no processo cooperativo de produção, sendo, portanto, de caráter direto ou primário, envolvendo contatos pessoais. A tecnologia empregada no processo produtivo e a divisão de trabalho existente determinam as diferentes formas de relações sociais no trabalho.

A correlação entre os dois tipos de relações sociais verifica-se de várias formas:

1. Dependendo da natureza do sistema produtivo, as relações sociais no trabalho envolvem os mesmos ou diferentes indivíduos. Numa sociedade primitiva, baseada na agricultura, o indivíduo não é apenas obrigado a trabalhar para o chefe da família, mas, geralmente, trabalha com ele (no processo produtivo); na sociedade industrial, ao contrário, é raro que os dois tipos de relações sociais se combinem: o operário não conhece, na maior parte das vezes, as pessoas com quem trabalha (para quem trabalha).
2. Apesar de a tendência de determinado tipo de relação formal no processo de produção criar um conjunto específico de relações sociais no trabalho,

geralmente os dois tipos de relações sociais variam independentemente, como ocorre no sistema de produção industrial; sob as relações formais do industrialismo, <u>os trabalhadores têm estabelecido, com seus companheiros, variadas formas de relações sociais</u>.
3. As <u>relações sociais formais</u> de produção têm variado, mas com menos frequência, apresentando-se mais estáveis e duradouras do que as <u>relações sociais no trabalho</u>. Estas, baseando-se nas condições tecnológicas (do processo de produção) e na forma e extensão da divisão do trabalho, apresentam constantes mudanças.
4. As <u>alterações nas relações sociais formais de produção</u> são acompanhadas por profundas <u>mudanças sociais globais</u> (ou são por elas determinadas), ao passo que as alterações nas <u>relações sociais no trabalho</u> só afetam o grupo restrito de trabalhadores.

Esquema:
1. Processo de produção
   1.1 Relações sociais formais de produção
   1.2 Relações sociais no trabalho
2. Características
3. Correlação
   3.1 Indivíduos envolvidos
   3.2 Variações
   3.3 Frequência das variações
   3.4 Relação com a sociedade global

Resumo:
O processo de produção origina: (1º) relações sociais formais de produção e (2º) relações sociais no trabalho.

As primeiras resultam da participação definida nos resultados do processo de produção.

As segundas derivam da associação entre indivíduos no processo cooperativo de produção.

As duas formas de relações sociais correlacionam-se de maneiras diferentes:

> a) Os indivíduos são os mesmos (sociedades primitivas) ou diferentes (sociedades industriais).
> b) Os dois tipos geralmente variam de forma independente.
> c) As primeiras variam menos do que as segundas.
> d) As primeiras relacionam-se geralmente com alterações na sociedade global e as segundas não.

2 ANÁLISE DE TEXTO

2.1 Fases

Analisar significa estudar, decompor, dissecar, dividir, interpretar. A análise de um texto refere-se ao processo de conhecimento de determinada realidade e implica o exame sistemático dos elementos. Portanto, implica separar as partes de um todo, a fim de: (a) poder efetuar um estudo mais completo, encontrando o elemento-chave do autor; (b) determinar as relações que prevalecem nas partes constitutivas, compreendendo a maneira pela qual estão organizadas; (c) hierarquizar as ideias.

É a análise que permite observar os componentes de um conjunto, perceber suas possíveis relações, ou seja, passar de uma ideia-chave para um conjunto de ideias mais específicas, passar à generalização e, finalmente, à crítica.

Portanto, a primeira parte de uma análise compreende a separação dos elementos essenciais e sua classificação, isto é, verificação dos componentes de um conjunto e suas possíveis relações. Dito de outra forma, passa-se de uma ideia-chave geral para um conjunto de ideias mais precisas.

Tomemos como exemplo a análise do seguinte enunciado:

> As relações sociais no trabalho, no sistema corporativo, variam segundo as alterações da tecnologia e da divisão do trabalho?

Para detalhar a questão, levantamos, em relação ao texto, as seguintes indagações:

> 1. A tecnologia manual origina algum tipo de:
>   – Trabalho padronizado?

- Trabalho rotinizado?
- Trabalho especializado?
2. A divisão do trabalho ocorre:
   - Com base no produto final?
   - Na atuação individual no processo de produção?
3. Se há alterações na tecnologia e na divisão do trabalho:
   - As relações baseiam-se no processo produtivo?
   - Na estrutura e valores da organização?

Dessa forma, podem-se concretizar, através de uma análise progressiva e cada vez mais concreta, as ideias iniciais gerais e mais abstratas.

Como passar de uma ideia geral para outras ideias gerais, depois de cada uma ter sido desmembrada em ideias progressivamente menos gerais? Há várias possibilidades, sendo as mais comuns: por associação, por oposição e por semelhança.

Exemplifiquemos com o enunciado seguinte: "Diante do uso e auso da comunicação de massa, invadindo o âmbito das atividades diárias do homem, ainda somos livres?"

Quais são as características que a publicidade deve ter para respeitar a liberdade da pessoa humana?
A veiculação pela TV de anúncios de diamantes em horários de maior audiência da classe de baixo poder aquisitivo não cria frustrações, limitando as aspirações do ser humano?

Observar que se passa da: análise da comunicação de massa à análise da publicidade e à análise da utilização de um veículo de comunicação de massa pela publicidade.

A segunda fase de uma análise compreende a generalização. Após a classificação, fundamentada em traços comuns dos elementos constitutivos, podem-se formular afirmações aplicáveis ao conjunto. A generalização:

a) Permite a classificação, uma vez que um elemento particular pode ser incluído no geral.

b) Evidencia novas questões, dado que, uma vez percebido o caráter geral de uma questão, pode-se fragmentá-la em outras tantas particulares, mais simples e concretas. Dessas questões particulares, por intermédio da associação, semelhança e analogia, obtém-se uma geral que, novamente, permite sua divisão, e assim por diante.

Considerando o enunciado: "A produção em série: homens trabalhando ou robôs?", teríamos as seguintes generalizações:

> - A mecanização da produção.
> - A divisão do trabalho em tarefas simples e repetitivas.
> - A exigência da padronização da produção, levam o homem a um processo de robotização?

A última fase exige análise crítica, utilizando instrumental e processos sistemáticos e controláveis. A objetividade, a explicação e a justificativa são três elementos importantes para se chegar à sua validade.

2.2 Objetivo e procedimento

A análise de um texto tem como objetivo levar o estudante a:

a) Aprender a ler, a ver, a escolher o mais importante dentro do texto.
b) Reconhecer a organização e estrutura de uma obra ou texto.
c) Interpretar o texto, familiarizando-se com ideias, estilos, vocabulários.
d) Chegar a níveis mais profundos de compreensão.
e) Reconhecer o valor do material, separando o importante do secundário ou acessório.
f) Desenvolver a capacidade de distinguir fatos, hipóteses e problemas.
g) Encontrar as ideias principais ou diretrizes e as secundárias.
h) Perceber como as ideias se relacionam.
i) Identificar as conclusões e as bases que as sustentam.

O procedimento, por sua vez, contém as seguintes etapas:

a) Para alcançar um sentido completo, proceder à leitura integral do texto com o objetivo de obter uma visão do todo.

b) Reler o texto, assinalando ou anotando palavras e expressões desconhecidas, valendo-se de um dicionário para esclarecer seus significados.
c) Dirimidas as dúvidas, fazer nova leitura, visando à compreensão do todo.
d) Tornar a ler, procurando a ideia principal ou palavra-chave, que tanto pode estar explícita quanto implícita no texto; às vezes, encontra-se confundida com aspectos secundários ou acessórios.
e) Localizar acontecimentos e ideias, comparando-os entre si, procurando semelhanças e diferenças existentes.
f) Agrupá-los, pelo menos por uma semelhança importante, e organizá-los em ordem hierárquica de importância.
g) Interpretar as ideias e/ou fenômenos, tentando descobrir conclusões a que o autor chegou e depreender possíveis ilações.
h) Proceder à crítica do material como um todo e, principalmente, das conclusões.

2.3 Análise dos elementos, análise das relações e análise da estrutura

A análise divide-se em três partes.

A primeira é a *análise dos elementos*, que consiste no levantamento dos elementos básicos constitutivos de um texto, visando à sua compreensão. Os elementos podem aparecer de modo explícito ou implícito, dependendo de como o autor os apresenta. Alguns são facilmente identificáveis, outros exigem mais esforço, uma leitura continuada, análise mais profunda, reflexão e, em alguns casos, pesquisas de outras fontes para melhor entender a mensagem do autor.

Análise das relações é a segunda parte. Tem como objetivo encontrar as principais relações, em estabelecer conexões com os diferentes elementos constitutivos do texto. Uma análise mais completa exige não só a evidência das partes principais do texto, mas também a indicação de quais delas se relacionam com o tema ou hipótese central. Esse tipo de análise permite verificar se há ou não coerência em relação aos elementos, entre as diferentes partes do texto, e entre elas e a ideia central. As relações podem ser encontradas entre:

a) Ideias secundárias.
b) Fatos específicos que conformam uma opinião.
c) Pressupostos básicos de uma tese ou reflexão sobre a qual se apoia.
d) Elementos de causa e efeito.

e) Elementos de argumentação e afirmações pertinentes ou não.

A terceira parte é a *análise da estrutura*. Nela, verificam-se as partes do todo, procurando evidenciar as relações existentes entre elas. Esse tipo de análise pertence a um nível mais complexo que os anteriores. As estruturas podem ser:

a) **Estática:** resultante de um processo de sucessão de fenômenos preestabelecidos, como os textos de História. A ordem estrutural estabelece o tipo de disposição; enumeração dos elementos constitutivos básicos, descrição das relações de todos os elementos (como um todo e entre si) e análise do processo que os originou.
b) **Dinâmica:** geradora de um processo. O ordenamento consiste em enumerar as partes constitutivas básicas e descrever seu funcionamento e finalidade. Nesse tipo estão enquadrados os textos de Ciências Sociais.

2.4 Tipos de análise de texto

Muitas vezes, a análise de um texto extraído de uma obra maior é proposta como tarefa para uma classe de estudantes. Pode-se decompor tal tarefa em partes individuais e grupais, inclusive com participação do professor. Apresentamos aqui uma sugestão para um trabalho conjunto.

Análise textual. Inicia-se com a atuação do professor, dando algumas explicações sobre autor, vocabulário específico e outros fatos que julgados importantes para a compreensão da parte examinada. A seguir, identificado o texto como uma unidade que apresenta um pensamento completo, cada estudante, individualmente, deve fazer uma leitura rápida para ter uma visão de conjunto da unidade. Leituras sucessivas vão permitir, em primeiro lugar, assinalar e esclarecer palavras desconhecidas e, em segundo, esquematizar o texto, com a finalidade de evidenciar sua estrutura redacional.

Análise temática. Individual. Permite maior compreensão do texto, fazendo emergir a ideia central e as secundárias, as unidades e subunidades de pensamento, sua correlação e a forma pela qual esta se dá. Adentrando no mundo de ideias do autor, pode-se esquematizar a sequência das várias ideias, reconstruindo a linha de raciocínio do autor e fazendo emergir seu processo lógico de pensamento.

Análise interpretativa e crítica. Individual. Procurar associar as ideias expressas pelo autor com outras de conhecimento do estudante, sobre o mesmo tema. A partir daí, fazer uma crítica, do ponto de vista da coerência interna e validade dos argumentos empregados no texto e da profundidade e originalidade dada à análise do problema; realizar uma apreciação pessoal e mesmo emissão de juízo sobre as ideias expostas e defendidas. Elaborar um resumo para discussão.

Problematização. Grupal. Pode envolver pequenos grupos de estudo, entre cinco e dez elementos, ou toda a classe. Nesse momento, as questões explícitas ou mesmo implícitas no texto são levantadas e debatidas. Da mesma forma, de modo criativo, debatem-se questões afins que os estudantes podem associar ao texto. Podem também ser colocadas opiniões pessoais, dos estudantes e do professor sobre questões abordadas com base em outros textos, obras e autores.

Conclusão pessoal. Individual. Trata-se, na realidade, de reelaboração pessoal da mensagem transmitida pelo texto, sob a ótica de todas as contribuições dadas na discussão global. Finaliza-se essa etapa com a elaboração de um texto, uma espécie de resumo próprio que contém, entretanto, crítica e reflexão pessoais.

Esquematicamente, temos:

Análise textual
 a) Professor:
 – Referências do autor.
 – Esclarecimento do vocabulário específico.
 – Estabelecimento da unidade de leitura.
 b) Estudante:
 – Leitura rápida do texto todo para obter uma visão global, assinalando palavras desconhecidas e dúvidas.
 – Encontrar o significado das palavras e dirimir dúvidas.
 – Formar um esquema, visando à estrutura redacional.

Análise temática
Estudante:
 – Releitura para apreender o conteúdo.
 – Nova leitura para separar ideias centrais das secundárias.
 – Verificar a correlação entre elas, seu modo e forma.
 – Procurar respostas para as questões: sobre o que versa este texto? O que influi para lhe dar uma unidade global?

- Reconhecer o processo de raciocínio do autor.
- Redigir um esquema que revele o pensamento lógico do autor.

Análise interpretativa e crítica
Estudante:
- Correlacionar as ideias do autor com outras sobre o mesmo tema.
- Realizar uma crítica fundamentada em argumentos válidos, lógicos e convincentes.
- Fazer um resumo para discussão.

Problematização
a) Grupo ou classe:
- Debater questões explícitas ou implícitas do texto.
- Levantar novas questões pertinentes ao texto.
b) Todos + Professor:
- Colocar opiniões pessoais sobre as questões do texto.
- Externar colocações fundamentadas em outras obras e autores.

Conclusão pessoal
Estudante:
- Reelaboração do processo de compreensão da mensagem do autor, com inclusão das colocações gerais do item anterior.
- Elaboração de novo resumo, aduzindo reflexões pessoais e críticas.

A seguir, apresentamos um exemplo de análise de texto:

> KERR, Clark; DUNLOP, John T.; HARBISON, Frederick H.; MYERS, Charles A. *La élite industrial*. Buenos Aires: Eudeba, 1968. p. 5-6.
>
> O <u>industrialismo</u> tem como imperativo máximo a <u>conquista do velho pelo novo</u>; e está forçando a humanidade a marchar através da história a um ritmo cada vez mais rápido. Porém, <u>fixa</u> somente <u>a direção geral</u> dessa marcha. Não fixa,

pelo menos nesta etapa de sua história, o caminho específico nem o ritmo exato a seguir. Com base em uma perspectiva de certa amplitude, é necessário examinar quais são esses caminhos e quais suas ramificações na área das relações entre trabalhadores, diretores e Estado; <u>a natureza geral do caminho define muitos caracteres específicos</u> que, de outra maneira, aparecem como mistos e inclusive acidentais. Outra questão: <u>por que um caminho ou outro é escolhido</u> ou aceito pelos homens, ou imposto a eles?

O industrialismo é introduzido por <u>elites</u> nativas ou estrangeiras, grupos de homens que pretendem <u>conquistar a sociedade</u> através da superioridade dos novos meios de produção. Ocorre uma guerra entre a sociedade velha e a nova, entre as elites antigas e a nova, seja ela uma conquista interna ou externa. A <u>nova,</u> ao longo do tempo e sob um ou outro auspício, <u>está sempre destinada a ganhar</u>. A grande questão dramática não é se o industrialismo haverá de obter a supremacia, mas em torno de qual a elite tomará e manterá o controle do processo e <u>qual será</u> seu enfoque conceitual da <u>organização da industrialização</u>.

1. Após uma leitura global, colocar pontos de interrogação nas palavras cujo sentido tem de ser esclarecido (usar dicionário).
2. Após a segunda leitura, sublinhar com um traço as ideias principais e com dois as palavras-chave; fazer um traço horizontal, à margem, para destacar as ideias centrais que se repetem.
3. Esquema:
   Industrialismo
   – Conquista do velho pelo novo.
   – Fixação da direção geral da marcha.
   Caminho
   – Define muitos dos caracteres específicos.
   – Por que um ou outro é escolhido?
   Elite
   – Deseja conquistar a sociedade.
   – A nova é destinada a ganhar.
   – Como organizará a industrialização?

4. O levantamento do processo de raciocínio do autor faz emergir um resumo:
   - O industrialismo tem como meta a conquista do velho pelo novo.
   - O industrialismo fixa um caminho geral.
   - Por que este ou aquele caminho é escolhido?
   - O industrialismo é introduzido por elites novas.
   - A luta entre a elite nova e a antiga é vencida pela primeira.
   - Que elite organizará a industrialização?
5. Tema central: a elite nova utiliza o industrialismo para conquistar a sociedade. As ideias secundárias são complementares:
   - O caminho a ser escolhido.
   - O enfoque dado à organização da industrialização.
6. Há coerência e validade nos argumentos, indo do aspecto geral (industrialismo) para o particular (elite que o impõe). A forma do raciocínio adotado é a sequencial, com levantamento de questões para discussão. A contribuição principal do texto é mostrar:
   - A existência de vários caminhos que levam à industrialização.
   - Que a escolha de um caminho depende da elite que introduz o industrialismo na sociedade.
7. Levantamento de novas questões:
   - Que elites têm força para melhor impor a industrialização?
   - Como cada elite organiza as relações entre trabalhadores, direção e Estado?
   - Que caminho particular percorreu o industrialismo no Brasil e que tipo de elite o introduziu?

3 SEMINÁRIO

Seminário é uma técnica de estudo que inclui pesquisa, discussão e debate. Sua finalidade é pesquisar e ensinar a pesquisar. Essa técnica desenvolve não só a capacidade de pesquisa, de análise sistemática de fatos, mas também o hábito do raciocínio, da reflexão, possibilitando ao estudante a elaboração objetiva de trabalhos científicos. É, pois, o seminário uma técnica de estudo em grupo que se apoia na pesquisa e discussão de um tema para apresentação a uma plateia. Sua organização e a execução dos trabalhos a serem realizados requerem a distribuição de tarefas por intermédio de um líder coordenador e a participação de todos os membros do grupo.

Para Santos (2016, p. 169), seminário é uma técnica de pesquisa, bem como "um procedimento didático que consiste em levar o educando a pesquisar a respeito de um tema, a fim de apresentá-lo e discuti-lo cientificamente".

Na preparação do seminário, são formados grupos que variam entre 5 e 12 integrantes (quando não é individual); se o número de componentes for maior, convém dividi-lo em subgrupos, para maior facilidade de pesquisa e planejamento dos trabalhos.

A finalidade de um seminário é o aprofundamento de um tema de estudo e o debate entre os componentes do seminário em um primeiro momento e, depois da apresentação dos seminaristas, entre todos os que participam de uma classe ou de um evento. Além do debate, o seminário tem ainda como finalidade estimular a participação de todos os que dele participam, quer como membros quer como ouvintes. Embora a obrigação de apresentação seja delegada aos membros do grupo que expõe, todos os que participam do evento deveriam participar ativamente, apontando limites e alcance de tudo o que é objeto da discussão, esclarecendo focalizações, avaliando respeitosamente pontos de vista.

3.1 Estrutura e funcionamento

Em relação à estrutura e ao funcionamento, o seminário pode ser individual ou em grupo. No seminário individual, estudos e pesquisas ficam a cargo de um só estudante, que os apresenta a uma classe.

A extensão de um seminário depende do assunto ou de parte dele; no último caso, o tema, subdividido em unidades menores, será sucessivamente abordado por vários estudantes, individualmente.

O debate abrangerá a classe toda, incluindo o professor, a quem cabe introduzir o assunto mais amplo e realizar a apreciação dos trabalhos parciais, chegando, juntamente com a classe, às conclusões. Dessa forma, do fechamento do seminário participará não só o mestre, mas também todos os participantes.

Alguns cuidados elementares para que o seminário não se torne cansativo nem provoque desentendimento são: (1) evitar discussões subjetivas; (2) estimular o uso da palavra por um participante de cada vez e no momento adequado; (3) estimular a tomada de notas e o levantamento de dúvidas, correções, complementações, sempre no momento oportuno, sem interromper o fluxo da apresentação;(4) despertar nos participantes a necessidade de respeito pela opinião alheia, bem como de cortesia e delicadeza para contestar pontos de vista (cf. SANTOS, 2016, p. 175).

O seminário em grupo apresenta duas modalidades: (1) A primeira fica a cargo de um grupo, que fará a exposição através de um elemento escolhido para tal, ou dando a palavra, sucessivamente, a vários ou a todos os integrantes. As discussões devem abranger todos os componentes da classe. Antes delas, porém, podem usar da palavra um comentador ou um grupo comentador. Este prepara o seminário da mesma forma que o grupo expositor, mas seu papel será o de questionador e crítico da apresentação, dando maior profundidade ao seminário e propiciando uma crítica mais estruturada. A existência do(s) comentador(es) não exclui a participação do professor. (2) A segunda fica a cargo de toda a classe: o tema geral é subdividido em subtítulos e formam na classe tantos grupos quantos os subtemas. Em primeiro lugar, o professor ou um dos grupos apresenta o tema geral, para uma visão global; depois, cada grupo aprofunda a parte que lhe coube; no final, fazem-se o debate e a discussão geral e chegam-se às conclusões, com o auxílio do mestre.

Quanto à duração do seminário, como se realiza no horário normal das aulas, dependendo da extensão, profundidade dos estudos e disponibilidade do tempo, ele pode prolongar-se por vários dias. Entretanto, para um melhor aproveitamento cada sessão não deve ultrapassar três horas. Não se pode esquecer que a própria preparação do seminário, quando é realizado por um grupo, requer várias reuniões prévias, para distribuição das tarefas, procura de fontes bibliográficas (quando não há indicação de todas por parte do professor), escolha do(s) relator(es) e integração dos trabalhos diferenciados atribuídos aos elementos do grupo.

3.2 Fontes

O seminário, como técnica de estudo, pode ser aplicado em qualquer setor do conhecimento. Assim, as fontes que originam um assunto para seminário são as mais variadas:

a) Temas constantes de um programa disciplinar, mas que necessitam de conhecimentos mais aprofundados.

b) Temas complementares a um programa disciplinar.
c) Temas novos, divulgados em periódicos especializados, referentes à disciplina em questão.
d) Temas atuais, de interesse geral, com ideias renovadoras.
e) Temas específicos, atualizados, adequados a um programa de seminário.

3.3 Componentes

Os componentes de um seminário são:

a) **Coordenador:** geralmente, o professor. Cabe a ele propor os temas a serem estudados, indicar uma bibliografia inicial (em raros casos, a global), estabelecer uma agenda de trabalhos e fixar a duração das sessões. Pode, eventualmente, orientar as pesquisas, mas em geral preside e coordena a apresentação dos seminários. Antes de realizá-los, pode introduzir o assunto geral do qual é possível que derivem vários subtemas: ao final dos debates, sozinho ou com a participação da classe e do grupo expositor, sintetiza as conclusões globais. Deve fazer uma apreciação geral dos resultados, complementando, se necessário, alguns itens.

b) **Organizador:** figura que surge apenas quando o seminário é grupal e as tarefas são divididas entre seus integrantes. Faz parte de suas atribuições marcar reuniões prévias, coordenar pesquisas e material e, de preferência, designar os trabalhos a cada componente.

c) **Relator ou relatores:** é aquele que expõe os resultados dos estudos: pode ser um só elemento, vários ou todos do grupo, cada um apresentando uma parte. Apesar da figura do relator, se o seminário é grupal e não individual, a responsabilidade por seu êxito cabe a todos os que dele participam. Em seminários individuais, o relator é o responsável único pela preparação, pesquisa e apresentação.

d) **Secretário:** é o estudante designado pelo professor para anotar as conclusões parciais e finais do seminário, após os debates. Pode ser substituído pelo organizador ou professor.

e) **Comentador:** pode ser um só estudante ou um grupo diferente do responsável pelo seminário. Só aparece quando se deseja um aprofundamento crítico dos trabalhos e é escolhido pelo professor. Deve estudar com antecedência o tema a ser apresentado com o intuito de fazer críticas adequadas à exposição, antes da discussão e debate dos demais participantes da classe.

f) **Debatedores:** correspondem a todos os alunos da classe. Depois da exposição e da crítica do comentador (se houver), devem participar das discussões, fazendo perguntas, pedindo esclarecimentos, colocando objeções, reforçando argumentos, ou dando alguma contribuição.

3.4 Etapas

As etapas de um seminário são as seguintes:

a) O coordenador (professor) propõe determinado estudo, indica a bibliografia mínima, forma os grupos de seminário, escolhe o comentador e o secretário.
b) Formado o grupo, este escolhe o organizador, decide se haverá um ou mais relatores, divide as tarefas, inicia o trabalho de pesquisa, de procura de informações, através de bibliografia, documentos, entrevistas com especialistas, observações etc. Depois, reúne-se diversas vezes, sob a coordenação do organizador, para discutir o material coletado, confrontar pontos de vista, formular conclusões e organizar os dados disponíveis. Sob esse aspecto, apresentam-se as seguintes fases:
- Determinação do tema central que, como um fio condutor, estabelece a ordenação do material.
- Divisão do tema central em tópicos.
- Análise do material coletado, procurando subsídios para os diferentes tópicos, sem perder de vista os objetivos derivados do tema central.
- Síntese das ideias dos diferentes autores analisados, resumo das contribuições, visando à exposição que deve apresentar:
    - **Introdução:** breve exposição do tema central (proposição) dos objetivos e tópicos.
    - **Desenvolvimento**: apresentação das partes numa sequência organizada, envolvendo explicação, discussão e demonstração.
    - **Conclusão:** síntese de toda a reflexão, com as contribuições do grupo para o tema.
    - **Referências**: incluem obras e documentos utilizados, além de especificação das qualidades dos especialistas consultados.

c) Concluídos os estudos e pronto o seminário, a classe se reúne, sob a orientação do coordenado.
d) O(s) relator(es), em plenário (classe), apresentam os resultados dos estudos, obedecendo a uma sequência lógica determinada.
e) O comentador, após a exposição, intervém com objeções, subsídios e críticas.
f) A classe, a seguir, participa das discussões e dos debates, fazendo indagações, reforçando ou refutando afirmações, dando, enfim, contribuições para o tema.
g) Ao final, o coordenador do seminário faz uma síntese e encaminha para as conclusões finais, que podem ficar a seu cargo, ao do grupo expositor ou de toda a classe. Faz a avaliação final e, se julgar que o assunto ficou incompleto, ou faltam alguns ângulos a serem apresentados, pode recomendar novo seminário.

3.5 Procedimentos na organização de um seminário

Três procedimentos são fundamentais na organização de um seminário: a preparação, o estabelecimento de um roteiro, a fase de avaliação.

A – PREPARAÇÃO

As atividades discentes são desenvolvidas de acordo com os assuntos programados sob a forma de roteiros, discutidos e autoavaliados por todos os participantes do grupo. Sob a orientação ou não do professor, nos termos das fontes consultadas, deve ser preparado, com antecedência de pelo menos uma semana, um roteiro para o seminário; as respectivas cópias dos roteiros devem ser distribuídas aos participantes, bem como ao professor e, se possível, a todos os alunos da classe; se não for possível, deverá pelo menos ser entregue uma cópia ao comentador ou grupo comentador.

B – ROTEIRO

Não deve ser mero resumo ou síntese, mas expressar o que foi apreendido, o que se presta à aprendizagem, ou se apresenta como apontamento didático para a consulta. Sua estrutura abrange:

a) **Plano**
- Deve expressar, através das unidades (com títulos, subdivisões), as palavras-chave adequadamente escolhidas.

- Precisa demonstrar que se leu com espírito crítico, revelando habilidade intelectual e não confundindo o pensamento do autor com os fatos por ele trabalhados.
- Necessita estabelecer correlações para os aspectos comuns ou para que os assuntos interligados (espacial e temporalmente) sejam apresentados em uma unidade ou divisão.
- Precisa dar preferência à indicação das circunstâncias que revelam mudanças na evolução conjuntural do processo.

b) **Introdução**
- Linguagem pessoal na apresentação da proposição central.
- Objetividade e concisão.

c) **Conteúdo**
- Deve ser apresentado dividido em unidades, com linguagem objetiva e concisa; não se detém em pormenores.
- A transcrição de trechos só deve ser feita quando necessário.
- Deve-se evitar a reprodução dos títulos e subtítulos das obras consultadas.

d) **Conclusão**
- Interpretação pessoal.
- Linguagem objetiva e concisa.

e) **Elementos complementares**
- Participantes do grupo, com indicação do organizador.
- Data da apresentação.

C – AVALIAÇÃO

A avaliação do professor deve abranger vários itens:

a) Sobre o procedimento na elaboração do roteiro:
- Exatidão da matéria.
- Planejamento.
  - Unidade e equilíbrio do plano.
  - Sequência no desenvolvimento.
- Adequação da matéria:
  - À classe.
  - Ao tempo disponível.
- Seleção da matéria:

- Qualidade.
- Quantidade.

b) Sobre a exposição oral:
- Qualidade da exposição:
  - Controle de si.
  - Voz e vocabulário.
  - Relacionamento com a classe.
- Seleção e uso do material didático:
  - Uso do quadro de giz.
  - Uso de ilustrações, textos etc.
  - Outros recursos didáticos empregados.

Hoje, com as possibilidades de uso de aparelhos eletrônicos, tanto para a elaboração quanto para a apresentação de um seminário, essa forma de estudo ganhou vitalidade. A exposição realizada com *data-show* e aparelhos de multimídia proporciona aos estudos riqueza incalculável e constitui-se em grande estímulo para a aprendizagem. Na elaboração de um seminário, pode-se contar com recursos de Power Point (cf. ANDRADE, 2016).

Exemplificando, temos:

> TEMA: Modos de produção e relações sociais
> UNIDADE: Passagem do feudalismo ao capitalismo
>
> *Introdução*
> Sucessivas fases da organização industrial, a partir da Idade Média, apresentam uma ligação entre o modo de produção feudal e o capitalista.
> As relações sociais formais de produção e as relações sociais no trabalho mostram variações nas diferentes fases.
>
> *Sistema familiar*
> Características: produção realizada pelos membros da família, para seu próprio consumo e não para venda; o trabalho não se efetua com o objetivo de atender a trocas.
> Mercado: praticamente inexistente.
> Época: princípio da Idade Média.

Características sociais da produção: sistema produtivo baseado numa obrigação imposta ao produtor pela força e, independentemente de sua própria vontade, para que satisfaça a certas exigências de um senhor, quer tais exigências tomem a forma de serviços a prestar, quer tomem a forma de taxas a pagar em dinheiro ou artigos, em trabalho ou presentes para a despesa do senhor, relações que caracterizam a servidão.

Atividade econômica: a atividade essencial é a agropastoril. A produção, a distribuição e as trocas efetuam-se nos quadros do domínio rural, consistindo a terra na única fonte de riqueza e poder. O sistema de posse da terra caracteriza-se pela existência do feudo. As diferentes formas de relações econômicas originam uma mão de obra diferenciada, desde o trabalho compulsório gratuito permanente, servidão doméstica e intermitente, corveias dos rendeiros, até o trabalho contratual remunerado, assalariado.

Relações sociais formais de produção: entendidas como servidão feudal, encontram-se aliadas a um baixo nível de técnica, com instrumentos de produção simples e de baixo custo, em que o ato de produção possui caráter individual.

Relações sociais no trabalho: a divisão do trabalho é rudimentar e a coordenação dos indivíduos na produção tem caráter familiar.

Sistema de corporações ....

Sistema doméstico ....

Sistema fabril ....

Conclusões

Foi o sistema fabril de produção que criou as condições para a utilização em grande escala da máquina e da energia, e não o contrário.

A transformação do modo de produção feudal no modo de produção capitalista ocorre em etapas distintas, surgindo a segunda com a figura do intermediário e firmando-se com a do capitalista, que se apropria da mais-valia produzida pelos trabalhadores assalariados.

> As relações sociais formais de produção e as relações sociais no trabalho variam de etapa em etapa, mas enquanto as primeiras sofrem total modificação com a passagem do feudalismo para o capitalismo, as segundas divergem significativamente no seio do mesmo modo de produção.

LEITURA RECOMENDADA

BATISTA, Ronaldo de Oliveira. *O texto e seus conceitos*. São Paulo: Parábola, 2016.

BARRASS, Robert. *Os cientistas precisam escrever*: guia de redação para cientistas, engenheiros e estudantes. Tradução de Leila Novaes, Leonidas Hegenberg. São Paulo: T. A. Queiroz: Edusp, 1979. Caps. 11 e 14.

CABRAL, Ana Lúcia Tino. *A força das palavras*: dizer e argumentar. São Paulo: Contexto, 2011. Caps. 1, 2 e 3.

CAVALCANTE, Mônica Magalhães. *Os sentidos do texto*. São Paulo: Contexto, 2016. Caps. 1, 2, 3, 4 e 7.

CERVO, Amado Luiz; BERVIAN, Pedro Alcino; SILVA, Roberto da. *Metodologia científica*. 6. ed. São Paulo: Pearson, 2014. Cap. 6, seções 6.3 e 6.4.

GUIMARÃES, Elisa. *Texto, discurso e ensino*. São Paulo: Contexto, 2013. Caps. 1, 2 e 3.

MEDEIROS, João Bosco. *Redação científica*: a prática de fichamentos, resumos, resenhas. 13. ed. São Paulo: Atlas, 2019. Caps. 1, 5 e 6.

MINICUCCI, Agostinho. *Dinâmica de grupo*: manual de técnicas. 3. ed. São Paulo: Atlas, 1977. Cap. 27.

SANTOS, Leonor Werneck; RICHE, Rosa Cuba; TEIXEIRA, Claudia Souza. *Análise e produção de textos*. São Paulo: Contexto, 2013. Cap. 2.

2
Pesquisa bibliográfica e resumos

1 O QUE É PESQUISA BIBLIOGRÁFICA E SUAS FASES

Pesquisa bibliográfica é um tipo específico de produção científica: é feita com base em textos, como livros, artigos científicos, ensaios críticos, dicionários, enciclopédias, jornais, revistas, resenhas, resumos. Hoje, predomina entendimento de que artigos científicos constituem o foco primeiro dos pesquisadores, porque é neles que se pode encontrar conhecimento científico atualizado, de ponta. Entre os livros, distinguem-se os de leitura corrente e os de referência. Os primeiros constituem objeto de leitura refletida, realizada com detida preocupação de tomada de notas, realização de resumos, comentários, discussão etc. Os livros de referência são livros de consulta, como dicionários, enciclopédias, relatórios de determinadas instituições, como os do Banco Central e do IBGE.

A pesquisa bibliográfica compreende oito fases distintas:

a) Escolha do tema.
b) Elaboração do plano de trabalho.
c) Identificação.
d) Localização.
e) Compilação.
f) Fichamento.
g) Análise e interpretação.
h) Redação.

1.1 Escolha do tema

O tema é o assunto que se deseja provar ou desenvolver; "é uma dificuldade, ainda sem solução, que é mister determinar com precisão, para intentar, em seguida, seu exame, avaliação crítica e solução" (ASTI VERA, 1976, p. 97).

Escolher um tema significa levar em consideração fatores internos e externos.

1. Os internos consistem em:
   a) Selecionar um assunto de acordo com inclinações, aptidões e tendências de quem se propõe elaborar um trabalho científico.
   b) Optar por um assunto compatível com as qualificações pessoais, em termos de *background* da formação universitária e pós-graduada.
   c) Encontrar um objeto que mereça ser investigado cientificamente e tenha condições de ser formulado e delimitado em função da pesquisa.
2. Os externos requerem:
   a) Disponibilidade do tempo para realizar uma pesquisa completa e aprofundada.
   b) Existência de obras pertinentes ao assunto em número suficiente para o estudo global do tema.
   c) Possibilidade de consultar especialistas da área, para uma orientação relativa tanto à escolha quanto à análise e interpretação da documentação específica.

Devem-se evitar assuntos sobre os quais recentemente foram feitos estudos, o que torna difícil uma nova abordagem. Além disso, não há necessidade de duplicação de estudos, uma vez que há uma vasta gama de temas a serem pesquisados.

Embora a escolha do tema possa ser determinada ou sugerida pelo professor ou orientador, quando se trata de um principiante, o mais frequente é a opção livre.

As fontes para a escolha do assunto podem originar-se da experiência pessoal ou profissional, de estudos e leituras, da observação, da descoberta de discrepâncias entre trabalhos ou da analogia com temas de estudo de outras disciplinas ou áreas científicas.

Após a escolha do assunto, o passo seguinte é a sua delimitação. É necessário evitar a eleição de temas muito amplos que ou são inviáveis como objeto de pesquisa aprofundada, ou conduzem a divagações, discussões intermináveis, repetições de lugares-comuns ou "descobertas" já superadas.

Para Salvador (1980, p. 46-48), a delimitação do assunto implica:

a) **Distinguir o sujeito e o objeto da questão:** "O sujeito é a realidade a respeito da qual se deseja saber alguma coisa. É o universo de referência. Pode ser constituída de objetos, fatos, fenômenos ou pessoas a cujo respeito faz-se o estudo com dois objetivos principais: ou de melhor apreendê-los ou com a intenção de agir sobre eles". "O objeto de um assunto é o tema propriamente dito." Corresponde ao que se deseja saber ou realizar a respeito do sujeito. O objeto é o conteúdo que se focaliza; em torno dele gira toda a discussão ou indagação."

Exemplo: "Organização do trabalho: o sujeito é trabalho; o objeto é organização".

b) **Especificar os limites da extensão tanto do sujeito quanto do objeto:** a especificação pode ser realizada através de:

- **Adjetivos explicativos ou restritivos:** adjetivos explicativos servem para designar qualidades, condições ou estados essenciais ao sujeito ou objeto. Os adjetivos restritivos indicam qualidades, condições ou estados acidentais do sujeito ou objeto. Enquanto o adjetivo explicativo é um desdobramento das partes constituintes de um ser, o adjetivo restritivo ou acidental é um acréscimo arbitrário.

Exemplo:
Adjetivo explicativo: *Organização social do trabalho*.
Adjetivo restritivo: *Organização atual do trabalho*.

- **Complementos nominais de especificação**: acrescentados a substantivos ou adjetivos, especificam a ação ou sentimentos de pessoas ou coisas.

Exemplo: "Organização social do trabalho de produção artesanal".

- **Determinação das circunstâncias**: às vezes, é necessário determinar as circunstâncias que limitam mais ainda a extensão do assunto, especialmente as circunstâncias de tempo e espaço, o que se faz por meio de advérbios ou locuções adverbiais.

Exemplo: "Organização social do trabalho de produção artesanal durante a Idade Média na Europa Ocidental".

1.2 Elaboração do plano de trabalho

A elaboração de um Plano de Trabalho pode preceder o fichamento, quando então é provisório, ou ocorrer depois de iniciada a coleta de informações bibliográficas, quando já se dispõe de subsídios para elaboração do plano definitivo, o que não quer dizer estático. Isso porque o aprofundamento em determinadas etapas da investigação pode levar a alterações no todo do trabalho.

Na elaboração do plano, deve-se observar a estrutura de todo o trabalho científico: introdução, desenvolvimento e conclusão.

a) **Introdução**: formulação do tema, sua delimitação, importância, caráter, justificativa, metodologia empregada e apresentação sintética da questão.

b) **Desenvolvimento**: fundamentação lógica do trabalho, cuja finalidade é expor e demonstrar suas principais ideias. É composto de três fases:
   - **Explicação**: consiste em apresentar o sentido de um tema, analisar e compreender, procurando suprimir o ambíguo ou o obscuro.
   - **Discussão**: compreende o exame, a argumentação e a explicação do tema: explica, discute, fundamenta e enuncia as proposições.
   - **Demonstração**: implica a dedução lógica do trabalho, bem como o exercício do raciocínio.

   O desenvolvimento do tema exige a divisão do mesmo em tópicos logicamente correlacionados. As partes do trabalho não podem ter uma organização arbitrária, mas devem ser baseadas na estrutura real ou lógica do tema; as partes devem estar "sistematicamente vinculadas entre si e ordenadas em função da unidade de conjunto". Para tal, "é necessário saber distinguir o fundamental do secundário, o principal do subordinado e distribuir equitativa e gradualmente as partes segundo este critério" (SALVADOR, 1980, p. 62).

c) **Conclusão:** consiste numa síntese da argumentação desenvolvida na parte anterior. Devem constar da conclusão a relação existente entre as diferentes partes da argumentação e a união das ideias e, ainda, a síntese de toda a reflexão.

A fase da elaboração do plano de trabalho engloba ainda a formulação do problema, o enunciado de hipóteses, a determinação das variáveis etc. (cf. MARCONI; LAKATOS, 2017c, caps. 4 e 5).

1.3 Identificação

É a fase de reconhecimento do assunto pertinente ao tema em estudo.

O primeiro passo é a procura de catálogos onde se encontram as obras necessárias à pesquisa. Esses catálogos são publicados pelas editoras, ou pertencem a bibliotecas públicas, com a listagem por título das obras de seu acervo. Há ainda catálogos específicos de periódicos, com o rol dos artigos publicados.

Criado no século XVII pelo Abade Rozier, da Academia Francesa de Ciências, o sistema de ficha é utilizado nas mais diversas instituições, para serviços administrativos. As bibliotecas, hoje, substituíram os arquivos de fichas de autores, de títulos de obras, séries, periódicos, artigos científicos, assuntos por arquivos eletrônicos de todas essas informações. O DEDALUS da Faculdade de Filosofia, Letras e Ciências Humanas é um banco de dados do acervo das bibliotecas da Universidade de São Paulo. Uma consulta ao Tutorial do DEDALUS pode esclarecer o estudioso sobre como manipular esse banco de dados. A título de ilustração, apresentamos uma ficha de busca simples: "pesquisa por um campo específico, por meio de uma única caixa de busca".

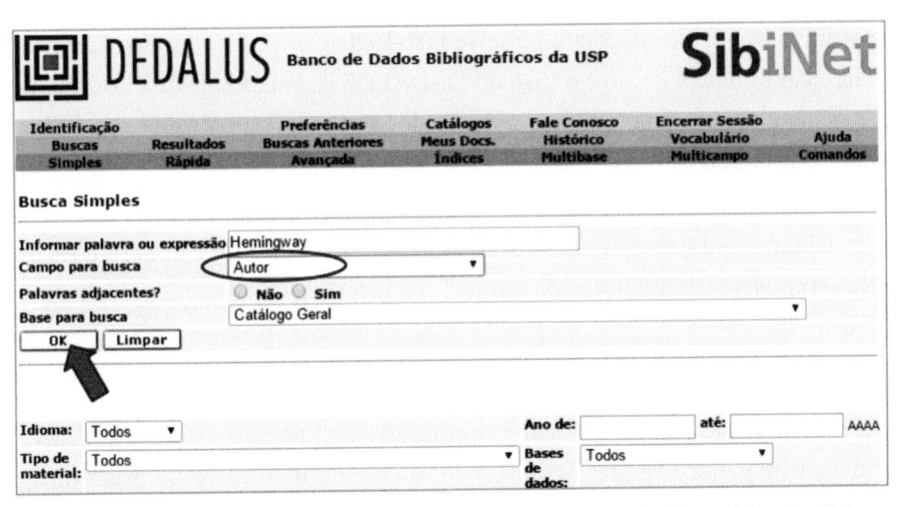

Fonte: Disponível em: http://biblioteca.fflch.usp.br/sites/biblioteca.fflch.usp.br/files/Dedalus__0.pdf. Acesso em: 5 jul. 2016.

Além da consulta a catálogos eletrônicos das mais diversas bibliotecas, que o pesquisador pode fazer sem necessidade de deslocamento, ele também pode anotar dezenas de artigos científicos, pesquisando diretamente base de dados de agências de pesquisa (FAPESP, CAPES, CNPq), ou procurando nos servidores, tomando por base um tema, uma palavra-chave, o nome de um autor etc.

O segundo passo, tendo em mãos o livro ou periódico, seria o levantamento, pelo Sumário, dos assuntos nele abordados. Outra fonte de informações refere-se aos *abstracts* contidos em algumas obras que, além de oferecerem elementos para identificar o trabalho, apresentam um resumo analítico de seu texto.

O último passo teria em vista a verificação das referências ao final de um livro ou artigo, que, em geral, traz a indexação de artigos, livros, teses, periódicos, que podem servir para a pesquisa que se empreende. Enquanto se lê um artigo científico ou um livro, também se pode ir em busca das fontes citadas. Assim, tendo-se localizado uma fonte, dezenas de outras são localizadas.

1.4 Localização

Tendo realizado o levantamento bibliográfico, com a identificação das obras que interessam, passa-se à localização das fichas bibliográficas nos arquivos das bibliotecas públicas, nos de faculdades oficiais ou particulares e outras instituições. Hoje, esse levantamento já não exige ida à biblioteca e a consulta de arquivos de fichas de papel; pode-se fazê-lo de casa, consultando acervos de bibliotecas públicas, como é o caso do DEDALUS da Faculdade de Filosofia, Letras e Ciências Humanas da Universidade de São Paulo. Outra fonte é o catálogo *on line* da Biblioteca Nacional, do Rio de Janeiro.

Teses e dissertações podem ser consultadas diretamente nas bibliotecas de universidades públicas, ou por meio da Internet. Muitas teses e dissertações dos últimos anos já se encontram disponíveis na Internet.

1.5 Compilação

É a reunião sistemática do material contido em livros, revistas, publicações avulsas. Esse material pode ser obtido por meio de cópias xerox ou microfilmes.

1.6 Fichamento

À medida que o pesquisador tem em mãos as fontes de referência, deve transcrever os dados em fichas de papel ou em arquivos eletrônicos, com o máximo de exatidão e cuidado.

A ficha de papel, como é de fácil manipulação, permite a ordenação do assunto, ocupa pouco espaço e pode ser transportada de um lugar para outro. Com os computadores e, sobretudo, a difusão dos *notebooks* e *tablets*, *o trabalho de anotação tornou-se ainda mais prático*. A qualquer momento e em qualquer lugar, pode-se ter acesso a informações coletadas. Esse trabalho possibilita uma seleção constante da documentação e de seu ordenamento.

Em face do exposto, o estudante pode verificar a importância, necessidade e utilidade das anotações eletrônicas ou em fichas de papel, principalmente por facilitar o desenvolvimento das atividades acadêmicas e profissionais.

1.7 Análise e interpretação

A primeira fase da análise e da interpretação é a crítica do material selecionado das referências. É considerado um juízo de valor sobre determinado material científico. Divide-se em *crítica externa* e *interna*.

A **crítica externa** é feita sobre "o significado, a importância e o valor histórico de um documento, considerado em si mesmo e em função do trabalho que está sendo elaborado" (SALOMON, 2014, p. 325). Abrange:

a) **Crítica do texto:** verifica se o texto sofreu ou não alterações, interpolações e falsificações ao longo do tempo. Investiga principalmente se o texto é autógrafo (escrito pela mão do autor) ou não; em caso negativo, se foi ou não revisto pelo autor; se foi publicado pelo autor ou outra pessoa o fez; que modificações ocorreram de edição para edição.

b) **Crítica da autenticidade:** determina o autor, o tempo, o lugar e as circunstâncias da composição.

c) **Crítica da proveniência**: investiga a proveniência do texto. Varia conforme a ciência que a utiliza. Em História, tem particular importância o estudo de onde provieram os documentos; em Filosofia, interessa muito mais discernir até que ponto uma obra foi mais ou menos decalcada sobre outra.

Quando se trata de traduções, o importante é verificar a fidelidade do texto examinado em relação ao original.

A **crítica interna** aprecia o sentido e o valor do conteúdo. Compreende:

a) **Crítica de interpretação ou hermenêutica**. Verifica o sentido exato que o autor quis exprimir. Facilita esse tipo de crítica o conhecimento do vocabulário e da linguagem do autor, das circunstâncias históricas, ambientais e de pensamento que influenciaram a obra, da formação, mentalidade, caráter, preconceitos e educação do autor. "Compreender um texto equivale a haver entendido o que o autor quis dizer, os problemas que postulou e as soluções que propôs para os mesmos" (ASTI VERA, 1979, p. 127).

b) **Crítica do valor interno do conteúdo**. Aprecia a obra e forma um juízo sobre a autoridade do autor e o valor que representa o trabalho e as ideias nele contidas.

A segunda, terceira e quarta fases, respectivamente, decomposição dos elementos essenciais e sua classificação, generalização e análise crítica, correspondem às três fases da análise de texto.

Finalmente, a interpretação exige a comprovação ou refutação das hipóteses. Ambas só podem ocorrer com base nos dados coletados. Deve-se levar em consideração que os dados por si sós nada dizem; é preciso que o cientista os interprete, isto é, seja capaz de expor seu verdadeiro significado e compreender as ilações mais amplas que podem conter.

1.8 Redação

A redação da pesquisa bibliográfica varia de acordo com o tipo de trabalho científico que se deseja apresentar. Pode ser uma monografia, uma dissertação ou uma tese.

2 FICHAS OU ANOTAÇÕES ELETRÔNICAS

Para o pesquisador, a ficha de papel ou as anotações eletrônicas constituem um instrumento de trabalho imprescindível. Como o investigador manipula o material das referências, que em sua maior parte não lhe pertence, elas permitem:

a) Identificar as obras.
b) Conhecer seu conteúdo.
c) Fazer citações.
d) Analisar o material.
e) Elaborar críticas.

2.1 Aspecto físico

Se o pesquisador utilizar fichas de papel, é desejável que se dê uma atenção especial ao aspecto físico das fichas, uma vez que todo o trabalho científico requer a utilização de um grande número delas e sua preparação pode estender-se por muitos anos. Dado o seu contínuo emprego, é mais viável ao estudioso a opção por um tamanho único de fichas, mesmo que utilize vários fichários.

Os tamanhos mais comuns de fichas são:

Tipo grande	12,5 cm × 20,5 cm
Tipo médio	10,5 cm × 15,5 cm
Tipo pequeno (internacional)	7,5 cm × 12,5 cm

Hoje, com o uso de anotações eletrônicas, os procedimentos são outros. O estudioso pode abrir uma pasta com o nome adequado à sua pesquisa e, em seguida, abrir para cada tema um arquivo, ou um arquivo geral com variados temas (fichas diversas). Quando precisar de alguma informação, poderá procurá-la mediante a abertura do ícone "Localização".

As restrições que as fichas de papel impunham, particularmente com relação à extensão das anotações, no arquivo eletrônico não há essas limitações: o pesquisador pode fazer anotações, breves, longas, de uma página ou de várias. No fichamento com a utilização de fichas de papel, às vezes era necessário comprimir a letra para "caber" uma informação; também havia o problema da rasura. Se fosse necessário utilizar o reverso das fichas, para continuar as anotações, recomendava-se fazer coincidir a última linha do anverso com a primeira do reverso, de forma que a ficha pudesse ser girada sobre si mesma. Essa prática tinha a vantagem de permitir a leitura do verso sem retirar a ficha do seu lugar. Quando as anotações de uma ficha precisavam continuar em uma segunda ou mais fichas, era imprescindível que se repetisse o cabeçalho com a indicação, em letras maiúsculas, da sequência. Hoje, todo esse processo tornou-se antiquado e desnecessário.

2.2 Composição das fichas

A estrutura das fichas, de qualquer tipo, compreende três partes principais: cabeçalho, referência bibliográfica e corpo ou texto. As outras, optativas, são, em ordem de sequência, principalmente nas fichas de referência, a indicação da obra e o local em que ela pode ser encontrada (qual biblioteca).

2.2.1 Cabeçalho

O cabeçalho compreende: o título genérico remoto, o título genérico próximo, o título específico, o número de classificação da ficha (SALVADOR, 1980, p. 113-117) e a letra indicativa da sequência (quando se utiliza mais de uma ficha, em continuação).

Esses elementos são escritos na parte superior da ficha, em duas linhas: na primeira, consta apenas, à esquerda, o título genérico remoto, na segunda, em quatro quadrinhos, da esquerda para a direita, o título genérico próximo, o título específico, o número de classificação e o código indicativo da sequência (que permanece em branco quando se utiliza uma só ficha, frente e frente e verso). O uso de fichamento eletrônico pode dispensar algumas dessas informações: número de classificação, código indicativo de sequência etc. Quando o título das fichas acompanha o título das seções projetadas (plano do trabalho que será desenvolvido), a redação da tese, dissertação de mestrado, TCC etc. pode ser facilitada. Suponhamos:

> *Ocupações Marginais no Nordeste Paulista*
> 1 Introdução
> 2 Ocupações marginais
>   2.1 Conceito de ocupação marginal
>   2.2 Características das ocupações marginais
>   2.2.1 Características econômicas
>   2.2.2 Características socioculturais
> 3 Ocupações marginais e mobilidade social
>   3.1 Desigualdade social
>   3.2 Mobilidade social
>   3.2.1 Modelos explicativos da mobilidade social
>   3.2.2 Metodologia da mobilidade
>   3.2.3 Mobilidade e distância social
> 4 Ocupações marginais na área urbana
>   4.1 Setor artesanal
>   4.2 Setor de comércio
>   4.3 Setor de serviços
> 5 Ocupações marginais na área rural
>   5.1 Setor da agricultura
>   5.2 Setor da pecuária
>   5.3 Setor de mineração
> 6 Conclusões

Como auxílio do plano, podem-se compor os cabeçalhos, como se segue:

1.

OCUPAÇÕES MARGINAIS NO NORDESTE PAULISTA		
Introdução		1

2.

OCUPAÇÕES MARGINAIS NO NORDESTE PAULISTA		
Ocupações Marginais	Conceito de...	2.1

3.

OCUPAÇÕES MARGINAIS NO NORDESTE PAULISTA		
Ocupações Marginais	Características das...	2.2

4.

OCUPAÇÕES MARGINAIS NO NORDESTE PAULISTA		
Características das...	Características Econômicas	2.2.1

5.

OCUPAÇÕES MARGINAIS NO NORDESTE PAULISTA			
Características das...	Carac. Socioculturais	2.2.2	A

6.

OCUPAÇÕES MARGINAIS NO NORDESTE PAULISTA			
Características das...	Carac. Socioculturais	2.2.2	B

No exemplo 1, *Ocupações Marginais no Nordeste Paulista*, como tema geral, é o título genérico remoto que permanece constante em todas as fichas; *Introdução* é o título genérico próximo; não há título específico, pois essa parte não se subdivide; finalmente, o algarismo 1 é o número de classificação da ficha.

Os exemplos 2 e 3 apresentam, como todas as fichas feitas para o mesmo estudo, igual título genérico remoto, *Ocupações Marginais no Nordeste Paulista*. Ambas apresentam o mesmo título genérico próximo, *Ocupações Marginais*, diferenciando-se pelo título específico. *Conceito de... e Características das...* que correspondem à *segunda* parte do trabalho: *Ocupações Marginais*; os algarismos *1* e *2*, que se seguem ao ponto (*2.1* e *2.2*), indicam as subdivisões dessa *segunda* parte, respectivamente, *Conceito de... e Características das...*

No exemplo 4, verifica-se uma alteração: se o título genérico remoto permanece o mesmo (*Ocupações Marginais no Nordeste Paulista*), o título genérico próximo se modifica, passando a ser a *segunda* seção da *segunda* parte, *Características das...* O título específico é agora *Características Econômicas*. A primeira subdivisão da *segunda* seção da *segunda* parte, portanto, tem o seguinte número de classificação: *2.2.1*.

Cada *autor* consultado para cada parte, seção e subseção do trabalho terá uma *ficha separada*, conservando-se o mesmo cabeçalho, com o mesmo título genérico remoto, o mesmo título genérico próximo, o mesmo título específico e o mesmo número de classificação. Assim, as fichas distinguem-se uma das outras pelas referências bibliográficas que se seguem ao cabeçalho.

Se forem utilizadas fichas de papel e o corpo ou o texto não couber em uma só ficha e forem necessárias duas ou mais, para que as seguintes não se percam, devem-se colocar letras maiúsculas indicativas da sequência, logo após o número de classificação da ficha, como o ilustram os exemplos 5 e 6. Evidentemente, esses procedimentos caducaram com o uso do fichamento eletrônico.

Quando não se tem, de antemão, um plano elaborado ou se deseja fazê-lo depois das consultas às referências bibliográficas, a única coisa que é preenchida no cabeçalho é o título genérico remoto, deixando-se em branco o restante, que será completado depois do planejamento do trabalho.

Exemplo:

ARTESANATO

•

2.2.2 Referência bibliográfica

A referência bibliográfica segue a NBR 6023 da Associação Brasileira de Normas Técnicas (ABNT), como consta no último capítulo deste livro. Para proceder segundo a norma, consulta-se a ficha catalográfica da obra, que traz os elementos necessários; na ausência dela, recorre-se à folha de rosto e a outras partes do livro, como data que às vezes aparece em prefácios e apresentações, ou no colofão.

Quando se trata de revistas e outros periódicos, muitas vezes os elementos identificadores da referência localizam-se na lombada, na capa, ou pé da página (edição, número, data). No expediente do periódico, localiza-se o local da publicação. Jornais apresentam informações referenciais no alto da primeira página (título, local, data, página).

2.2.3 Corpo da ficha ou texto

O conteúdo das fichas varia segundo o tipo delas, como se verá a seguir.

2.2.4 Indicação da obra

As fichas, depois de utilizadas para a realização de um trabalho, poderão ser novamente empregadas na vida acadêmica ou profissional. Dessa forma, a indicação de uma obra serve tanto para estudos e pesquisas em disciplinas específicas, quanto para futuras pesquisas.

2.2.5 Local

É possível que, depois de fichada uma obra, haja necessidade de voltar a consultá-la. Assim, é também importante a indicação do local em que se acha disponível o material.

Exemplo:

cabeçalho	Ocupações Marginais no Nordeste Paulista	
e	O. M. e Mobilidade Social	3
referência bibliográfica	PASTORE, José. **Desigualdade e mobilidade social**. São Paulo: T. A. Queiroz, 1979, 218 p.	
corpo ou texto		
indicação da obra	Indicado para estudantes de Ciências Sociais e para a disciplina de Sociologia	
local	Biblioteca da Faculdade de Ciências Sociais da USP	

Pelo título da obra que serviu de exemplo, nota-se que o livro de Pastore é utilizável em mais de uma parte ou seção do trabalho planejado. Quando ocorre caso semelhante, ficha-se todo o livro para a parte indicada e temos a ficha principal. Outras apresentarão o fichamento de parte da obra: devem ser tantas fichas quantos forem os capítulos do livro que dizem respeito a outras tantas seções e subseções do trabalho. São as fichas secundárias.

Exemplo:

OCUPAÇÕES MARGINAIS NO NORDESTE PAULISTA		
Mobilidade Social	Modelos Explicativos da . . .	3.2.1
PASTORE, José. Modelos explicativos da mobilidade social. In: _____ **Desigualdade e mobilidade social**. São Paulo: T. A. Queiroz, 1979. p. 15-27.		

OCUPAÇÕES MARGINAIS NO NORDESTE PAULISTA		
Mobilidade Social	Modelos Explicativos da . . .	3.2.1
SOROKIN, Pitirim A. Espaço social, distância social e posição social. In: CARDOSO, Fernando Henrique, IANNI, Octávio. **Homem e sociedade**. 3. ed. São Paulo: Nacional, 1966. p. 223-230.		

2.3 Conteúdo das fichas

O conteúdo que constitui o corpo ou texto das fichas varia segundo sua finalidade. Pode ser:

a) De referência, que se subdivide em
- De referência de obra inteira.
- De referência de parte de uma obra.

b) Citações.
c) Resumo ou de conteúdo.
d) Esboço.
e) Comentário ou analítica.

2.3.1 Ficha bibliográfica

Segundo Salvador (1980, p. 118), a ficha bibliográfica, de obra inteira ou parte dela, pode referir-se a alguns ou a todos os seguintes aspectos:

a) Campo do saber que é abordado.
b) Problemas significativos tratados.
c) Conclusões alcançadas.
d) Contribuições especiais em relação ao assunto do trabalho.
e) Fontes dos dados, que podem ser: documentos; literatura existente; estatísticas (documentação indireta de fontes primárias ou secundárias; documentação direta, com os dados colhidos pelo autor); observação; entrevista; questionário; formulário etc.
f) Métodos de abordagem e de procedimento utilizados pelo autor:

MÉTODO DE ABORDAGEM	PROCEDIMENTO	
Indutivo	Histórico	Tipológico
Dedutivo	Comparativo	Funcionalista
Hipotético-dedutivo	Monográfico	Estruturalista
Dialético	Estatístico	Etnográfico etc.

g) Modalidade empregada pelo autor: geral, específica, intensiva, extensiva (exaustiva), técnica, não técnica, descritiva, analítica etc.
h) Utilização de recursos ilustrativos, tais como: tabelas, quadros, gráficos, mapas, desenhos etc.

Salvador ainda recomenda:

a) **Ser breve.** Quando maiores detalhes sobre a obra são desejáveis, o ideal é a ficha de resumo ou conteúdo, ou, melhor ainda, a de esboço. Na ficha de referências, algumas frases são suficientes.

b) **Utilizar verbos ativos.** Para se caracterizar a forma pela qual o autor escreve, as ideias principais devem ser precedidas por verbos, tais como: *analisa, compara, contém, critica, define, descreve, examina, apresenta, registra, revisa, sugere* e outros, que devem ser utilizados conforme o sentido que se queira produzir.

c) **Evitar repetições desnecessárias.** Não há nenhuma necessidade de colocar expressões como: *esse livro, essa obra, esse artigo, o autor* etc.

2.3.2 Ficha de citações

Consiste na reprodução fiel de frases ou sentenças consideradas relevantes ao estudo em pauta. Devem-se observar os seguintes cuidados:

a) **Toda citação direta deve vir entre aspas.** É através desse sinal que se distingue uma ficha de citação (transcrição) das de outro tipo, como a de comentário, por exemplo. Além disso, o uso de aspas evita que, mais tarde, ao utilizar a ficha, se transcreva como se fosse texto de quem fichou os textos nela contidos.

b) **Após a citação, deve constar o número da página de onde foi extraída.** Isso permitirá posterior utilização no trabalho, com a correta indicação da referência.

c) **A transcrição tem de ser textual,** o que inclui erros de grafia, se houver. Após eles, coloca-se o termo *sic*, em minúsculas e entre colchetes. *Exemplo* (hipotético): "Chegou-se à conclusão de que o garimpeiro é, antes de tudo, um homem do campo deslocado [sic] para a cidade, mas conservador da cultura rural, embora venha assimilando gradativamente aspectos da cultura citadina" (p. 127; o restante das informações da referência constam da cabeça da ficha).

d) **A supressão de uma ou mais palavras deve ser indicada**, no local da omissão, por três pontos entre colchetes.
Exemplo: "Essa liberdade é a marca predominante no comportamento do garimpeiro: [...] esse desejo de liberdade leva-o a optar, sempre que possível, pela garimpagem, ao invés do trabalho nas lavouras; só em última instância o garimpeiro aceita a opção de serviço na roça" (p. 130).

e) **A supressão de um ou mais parágrafos também faz com três pontos entre colchetes.**

Exemplo: "A religião está bastante associada a crendices semelhantes às existentes no ambiente rural brasileiro; todo o ciclo da vida, do nascimento à morte, é acompanhado por um conjunto de práticas supersticiosas, cercando-se o nascimento de uma série de crenças e benzimentos, mesmo que se respeite e pratique o batismo. [...]
Nem sempre a necessidade é de saúde para a pessoa ou familiares, mas para a obtenção de sucesso no trabalho, ou arranjar um emprego" (p. 108-109).

f) **A frase deve ser complementada, se necessário**. Quando se extrai uma parte ou parágrafo de um texto, este pode perder seu significado, necessitando de um esclarecimento, o qual deve ser intercalado, entre colchetes.

Exemplo: "Esse rio [Sapucaí], que limita Patrocínio Paulista com Batatais e Altinópolis, é afluente do Rio Grande" (p. 16-17).

g) **Quando o pensamento transcrito é de outro autor, tal fato tem de ser assinalado**. Muitas vezes, o autor fichado cita textos escritos por outra pessoa. Nesse caso, indica-se entre parênteses a referência da obra da qual foi extraída a citação.

Exemplo: "[...] as gupiaras se encontram ora numa, ora noutra margem do rio" (p. 36) (MACHADO FILHO, Aires da Mata. *O negro e o garimpo em Minas Gerais*. 2. ed. Rio de Janeiro: Civilização Brasileira, 1964. p. 17).

2.3.3 Fichas de resumo ou de conteúdo

A NBR 6028 da Associação Brasileira de Normas Técnicas (ABNT) distingue três tipos de resumo: **crítico** (que também é chamado de resenha e é escrito por especialistas), **indicativo** (tipo de resumo que não dispensa a consulta ao original; nele aparecem os pontos principais [tópicos] de um texto) e **informativo** (tipo de resumo que informa a finalidade, metodologia, resultados, conclusões, de tal forma que dispensa a consulta ao original).

Em trabalhos acadêmicos, dissertações de mestrado, teses de doutorado, relatórios técnico-científicos, os resumos podem ter de 150 a 500 palavras. Em artigos científicos, publicados em periódicos impressos ou eletrônicos, sua quantidade de palavras varia de 100 a 250. Há ainda a possibilidade de um resumo de 50 a 100 palavras destinado a indicações breves (a Norma da ABNT não especifica o que são *indicações breves*). Finalmente, os resumos críticos (as resenhas) não estão sujeitos a limites de palavras (cf. TOMASI; MEDEIROS, 2008, p. 100-101).

As fichas de resumo ou comentário apresenta uma síntese das ideias principais do autor, ou um resumo dos aspectos essenciais da obra. Características:

a) **Não é um sumário das partes componentes da obra**, mas exposição abreviada das ideias do autor.
b) **Não é transcrição**, como na ficha de citações, mas é elaborada pelo leitor (fichador), com suas próprias palavras, ou seja, trata-se de um texto de interpretação.
c) **Não é longa**, mas apresentam-se mais informações do que na ficha de referência, que, por sua vez, é menos extensa do que a de esboço.
d) **Não precisa obedecer estritamente à estrutura da obra**. Lendo a obra, o estudioso vai fazendo anotações dos pontos principais. Ao final, redige um resumo do texto.

2.3.4 Ficha de esboço

Tem certa semelhança com a ficha de resumo ou de conteúdo, pois se refere à apresentação das principais ideias expressas pelo autor, ao longo da sua obra ou parte dela, porém de forma detalhada. Aspectos principais:

a) **É a mais extensa das fichas**, apesar de requerer, também, capacidade de síntese, pois o conteúdo de uma obra, parte dela ou de um artigo mais extenso é expresso em uma ou algumas fichas.
b) **É detalhada**. A síntese das ideias pode ser realizada até mesmo página por página.
c) **Exige a indicação das páginas**, em espaço apropriado, à esquerda da ficha, à medida que se vai sintetizando o material. Pode ocorrer que uma ideia do autor venha expressa em mais de uma página. Nesse caso, a indicação da página será dupla.
Exemplo: 53/54. Quando em uma ou mais páginas não há nada de interessante, elas são puladas, continuando-se a indicação das páginas a partir das seguintes.

2.3.5 Ficha de comentário ou analítica

Consiste na explicitação ou interpretação crítica pessoal das ideias expressas pelo autor, ao longo de seu trabalho ou parte dele. Pode apresentar:

a) **Comentário sobre a forma** pela qual o autor desenvolve seu trabalho, no que se refere aos aspectos metodológicos.
b) **Análise crítica do conteúdo**, tomando como referencial a própria obra.
c) **Interpretação de um texto obscuro** para torná-lo mais claro.
d) **Comparação da obra com outros trabalhos sobre o mesmo tema.**
e) **Explicitação da importância da obra para o estudo em pauta.**

A seguir, apresentamos alguns exemplos de fichamento:

Ficha bibliográfica

OCUPAÇÕES MARGINAIS NO NORDESTE PAULISTA		
Ocupações Marginais na Área Rural	Setor de Mineração	5.3

MARCONI, Marina de Andrade. **Garimpos e garimpeiros em Patrocínio Paulista.**
São Paulo: Conselho Estadual de Artes e Ciências Humanas, 1978. 152 p.

Insere-se no campo da Antropologia Cultural. Utiliza documentação indireta de fontes secundárias e direta, colhidos os dados através de formulário. Emprega o método de abordagem indutivo e o de procedimento monográfico e estatístico. A modalidade é específica, intensiva, descritiva e analítica.

Apresenta a caracterização física do Planalto Nordeste Paulista.

Analisa a organização econômica do planalto, descrevendo o aspecto legal do sistema de trabalho e das formas de contrato, assim como a atividade exercida e as ferramentas empregadas em cada fase do trabalho. Registra os tipos de equipamentos das habitações e examina o nível de vida das famílias.

Descreve o tipo de família, sua composição, os laços de parentesco e compadrio e a educação dos filhos. Examina a escolaridade e a mobilidade profissional entre gerações.

Apresenta práticas religiosas com especial destaque para superstições, principalmente as ligadas ao garimpo.

Discrimina formas de lazer, hábitos alimentares, de higiene e de vestuário.

Levando em consideração o uso de uma linguagem específica, inclui um glossário.

Conclui que o garimpeiro ainda conserva a cultura rurícola, embora em processo de aculturação. Exerce o nomadismo. É solidário. O traço de irresponsabilidade é mais atenuado do que se esperava.

Apresenta quadros, gráficos, mapas e desenhos.

Esclarece aspectos econômicos e socioculturais da atividade de mineração de diamantes na região rural de maior número de garimpeiros no Nordeste Paulista.

- Indicado para estudantes de Ciências Sociais e para as disciplinas de Antropologia Cultural e Social.
- Biblioteca Pública Municipal Mário de Andrade.

52 Capítulo 2

Ficha de citações (transcrição de texto)

OCUPAÇÕES MARGINAIS NO NORDESTE PAULISTA

Ocupações Marginais na Área Rural	Setor de Mineração	5.3

MARCONI, Marina de Andrade. **Garimpos e garimpeiros em Patrocínio Paulista**.
São Paulo: Conselho Estadual de Artes e Ciências Humanas, 1978. 152 p.

"Entre os diversos tipos humanos característicos existentes no Brasil, o garimpeiro apresenta-se, desde os tempos coloniais, como um elemento pioneiro, desbravador e, sob certa forma, como agente de integração nacional." (p. 7)

"Os trabalhos no garimpo são feitos, em geral, por homens; a mulher aparece muito raramente e apenas no serviço de lavação ou escolha de cascalho, por serem mais suaves do que o de desmonte." (p. 26)

"[...] indivíduos [os garimpeiros] que reunidos mais ou menos acidentalmente continuam a viver e trabalhar juntos. Normalmente abrangem indivíduos de um só sexo [...] e sua organização é mais ou menos influenciada pelos padrões que já existem em nossa cultura para agrupamentos dessa natureza." (p. 47) (LINTON, Ralph. *O homem*: uma introdução à antropologia. 5. ed. São Paulo: Martins, 1965. p. 111)

"O garimpeiro [...] é ainda um homem rural em processo lento de urbanização, com métodos de vida pouco diferentes dos habitantes da cidade, deles não se distanciando notavelmente em nenhum aspecto: vestuário, alimentação, vida familiar." (p. 48)

"A característica fundamental no comportamento do garimpeiro [...] é a liberdade." (p. 130)

Ficha de resumo ou de conteúdo

OCUPAÇÕES MARGINAIS NO NORDESTE PAULISTA

Ocupações Marginais na Área Rural	Setor de Mineração	5.3

MARCONI, Marina de Andrade. **Garimpos e garimpeiros em Patrocínio Paulista**. São Paulo: Conselho Estadual de Artes e Ciências Humanas, 152 .1978 p.

Pesquisa de campo que se propõe dar uma visão antropológica do garimpo em Patrocínio Paulista. Descreve um tipo humano característico, o garimpeiro, em uma abordagem econômica e sociocultural.

Enfoca aspectos geográficos e históricos da região, desde a fundação do povoado até a constituição do município. Enfatiza as atividades econômicas da região em que se insere o garimpo, sua correlação principalmente com as atividades agrícolas, indicando que alguns garimpeiros do local executam o trabalho do garimpo em fins de semana ou no período de entressafra; são, portanto, em parte, trabalhadores agrícolas, apesar de a maioria residir na área urbana.

▶

Dá especial destaque à descrição das fases da atividade de garimpo, incluindo ferramentas utilizadas. Apresenta a hierarquia de posições existentes e os tipos de contrato de trabalho, que diferem do rural e o respeito do garimpeiro à palavra empenhada. Aponta o sentimento de liberdade de garimpeiro e justifica seu nomadismo, como consequência de sua atividade.

A análise econômica abrange ainda o nível de vida como sendo, de modo geral, superior ao do egresso do campo e a descrição das casas e seus equipamentos, indicando as diferenças entre ranchos da zona rural e casas da zona urbana.

Sob o aspecto sociocultural, demonstra a elevação do nível educacional e a mobilidade profissional entre gerações: dificilmente o pai do garimpeiro exerceu essa atividade e as aspirações para os filhos excluem o garimpo. Faz referência ao tipo de família mais comum – a nuclear –, aos laços de parentesco e ao papel relevante do compadrio. Considera adequados a alimentação e os hábitos de higiene, tanto dos garimpeiros quanto de suas famílias. No que respeita à saúde, comprova a predominância da consulta aos curandeiros e dos medicamentos caseiros.

Faz um levantamento de crendices e superstições, com especial destaque ao que se refere à atividade de trabalho. Aponta a influência dos sonhos nas práticas diárias.

Finaliza com um glossário que esclarece a linguagem especial dos garimpeiros.

Ficha de esboço

OCUPAÇÕES MARGINAIS NO NORDESTE PAULISTA

Ocupações Marginais na Área Rural	Setor de Mineração	5.3

MARCONI, Marina de Andrade. O garimpeiro: aspectos socioculturais. In _____. **Garimpos e garimpeiros em Patrocínio Paulista**. São Paulo: Conselho Estadual de Artes e Ciências Humanas, 1978. p. 93-126.

93	Economicamente independentes, pois começam a trabalhar cedo, os garimpeiros em geral possuem família nuclear.
95-96	Frequentemente casando-se cedo, os garimpeiros não veem com bons olhos o celibato, considerando uma esposa um ideal que lhes confere prestígio.
97	A mulher é a principal encarregada da educação dos filhos, que segue padrões diferentes, conforme o sexo da criança.
99	O círculo de amizade é restrito, predominando os laços de parentesco e de trabalho. A mulher desempenha papel secundário, raramente dirigindo a palavra a homens, com exceção dos parentes.
100-101	O compadrio é considerado um laço forte, unindo famílias; as crianças são educadas no respeito aos padrinhos, cuja relação com os pais aproxima-se da de parentesco.

102-105	A escolaridade dos garimpeiros é geralmente baixa, mas sua preocupação com os filhos e familiares leva à insistência na escolarização, pois aspiram à independência para os mesmos e consideram penosa sua atividade. O principal fator da baixa escolaridade é a situação econômica, que conduz à atividade remunerada com pouca idade. Porém, em média, a escolaridade dos filhos é mais elevada que a dos pais.
106-110	A quase totalidade dos garimpeiros é católica, tal como são ou eram seus pais; as mulheres e os filhos revelam maior assiduidade aos cultos. Mantêm, em suas residências, sinais exteriores de suas crenças (imagens de santos). A prática religiosa está mesclada com crendices, mas é comum a fé em promessas. Sua religião é um misto de catolicismo e práticas mágicas.
111	O garimpeiro é extremamente supersticioso e orienta muitas de sua ações pelos sonhos que tem.
112	O receio de mau-olhado liga-se às etapas e frutos de seu trabalho.
114	Muitos garimpeiros consideram a própria atividade de garimpo como uma forma de lazer.

Verso

OCUPAÇÕES MARGINAIS NO NORDESTE PAULISTA

Ocupações Marginais na Área Rural	Setor de Mineração	5.3
115	O principal lazer consiste em grupos de conversas; o assunto mais discutido são os vários aspectos do garimpo.	
116-117	Outras formas de lazer: festas, danças, baralho, rádio. É limitada a leitura de jornais e revistas e, praticamente, inexistente a de livros.	
118	A alimentação básica do garimpeiro é feijão, arroz, carne e legumes. Raros são os casos em que a carne não faça parte do cardápio diário.	
119-120	É bastante equilibrada a dieta do garimpeiro, que necessita de boa alimentação para aguentar o difícil trabalho do garimpo. O preparo da comida fica a cargo de elementos femininos, principalmente a esposa.	
121	Raramente o garimpeiro bebe durante o trabalho, fazendo-o geralmente nos fins de semana e feriados.	
122	Na maioria dos casos, o garimpeiro tem boa saúde, derivada das condições em que exerce sua atividade: ar livre e sol.	
123	Em casos de doença dá-se preferência a remédios caseiros, rezas e benzimentos. O farmacêutico, o enfermeiro ou o médico são consultados apenas quando a doença é grave.	
124-125	As condições das habitações são adequadas. Os garimpeiros têm o hábito do banho diário e escovam os dentes. Entretanto, não lavam as mãos frequentemente e em várias ocasiões.	

Ficha de comentário ou analítica

OCUPAÇÕES MARGINAIS NO NORDESTE PAULISTA		
Ocupações Marginais na Área Rural	Setor de Mineração	5.3

MARCONI, Marina de Andrade. **Garimpos e garimpeiros em Patrocínio Paulista.** São Paulo: Conselho Estadual de Artes e Ciências Humanas, 1978. 152 p.

Caracteriza-se por uma coerência entre a parte descritiva e analítica, entre a consulta bibliográfica e a pesquisa de campo. Tal harmonia difícil e às vezes não encontrada em todas as obras dá uma feição específica ao trabalho e revela sua importância.

Os dados, obtidos por levantamento próprio, com o emprego do formulário e entrevistas, caracterizam sua originalidade.

Foi dado especial destaque à fidelidade das denominações próprias, tanto das atividades de garimpo quanto do comportamento e atitudes ligadas a ele.

O principal mérito é ter dado uma visão global do comportamento do garimpeiro, que difere da apresentada pelos escritores que abordam o assunto, mais superficiais em suas análises, e evidenciando a colaboração que o garimpeiro tem dado não apenas à cidade de Patrocínio Paulista, mas também a outras regiões, pois o fruto de seu trabalho extrapola o município.

Carece de uma análise mais profunda da inter-relação de garimpeiro e rurícola, em cujo ambiente às vezes trabalha, com o citadino, ao lado de quem vive.

De todos os trabalhos sobre garimpeiros, esse é o mais detalhado, sobretudo nos aspectos socioculturais, porém não permite uma generalização, por se ter restrito ao garimpo de diamantes em Patrocínio Paulista.

Essencial na análise das condições econômicas e socioculturais da atividade de mineração do Nordeste Paulista.

2.4 Tipos de fichas de Manzo

Manzo (1971, p. 16) apresenta cinco tipos de anotações:

a) **Comentário:** explicitação do conteúdo, para sua melhor compreensão.

b) **Informação geral:** enfoque mais amplo sobre o conteúdo geral.

c) **Glosa:** explicitação ou interpretação de um texto obscuro para torná-lo mais claro.

d) **Resumo:** síntese das ideias principais ou dos aspectos essenciais.

e) **Citações:** reprodução, entre aspas, de palavras ou trechos considerados relevantes, devido à sua importância em relação ao estudo em pauta.

Os itens *a* e *c* são muito semelhantes.

A redação mais usual de fichamento de leitura apresenta duas divisões fundamentais: resumo com as partes principais da obra lida e referências.

Deve-se registrar apenas um assunto em cada ficha; entretanto, se o conteúdo for extenso, o registro pode ser feito em duas ou mais, que ficarão agrupadas. No fichamento eletrônico, não ocorre esse problema.

Exemplo:

a) *Ficha de comentário*

> GUARDIANO, Paschoa Baldassari. **Uma leitura de São Bemardo**: a exortação litótica. Franca: UNESP, 1977. 200 p.
>
> Apresenta um aspecto do discurso narrativo de grande interesse: o estudo da enunciação e do enunciado em obras narradas em primeira pessoa. O ponto alto, porém, é a validação da retórica estrutural como instrumento adequado para o estudo das personagens e das situações em que elas atuam. É por intermédio da retórica que a A. chega a estabelecer as homologias estruturais da narrativa e a visão do mundo humanista do autor.

b) *Ficha de informação geral*

> GUARDIANO, Paschoa Baldassari. **Uma leitura de São Bernardo**: a exortação litótica. Franca: UNESP, 1977. 200 p.
>
> A obra é resultado de pesquisas que visam à elaboração de tese de doutoramento em Letras, na Faculdade de Filosofia, Ciências e Letras e Ciências Humanas da USP.
>
> Obra didática erudita; destina-se aos interessados em Literatura e Teoria Literária. Vale-se, como apoio metodológico e fundamentação teórica, do Estruturalismo Genérico de L. Goldmann e do Estruturalismo Linguístico. A obra visa à descrição e à interpretação de *S. Bernardo*, romance de Graciliano Ramos, podendo servir como modelo a análises similares. Foi editada pela UNESP, Campus de Franca, em 1977, na série Teses e Monografias.

c) *Ficha de glosa*

> GUARDIANO, Paschoa Baldassari. **Uma leitura de São Bernardo**: a exortação litótica. Franca: UNESP, 1977. 200 p.
>
> Leitura, termo utilizado no título da obra não é o ato de ler; é termo específico de Teoria da Literatura; significa descrever um texto particular, uma obra existente, utilizando os instrumentos elaborados pela **Poética** – teoria interna da Literatura – para evidenciar sua significação. Assim, a leitura de *S. Bernardo* significa a descrição da estrutura de *S. Bernardo*.

d) *Ficha de resumo*

> GUARDIANO, Paschoa Baldassari. **Uma leitura de São Bernardo**: a exortação litótica. Franca: UNESP, 1977. 200 p.
>
> Objetiva descrever a construção do discurso narrativo de *S. Bernardo*; explicitando as unidades narrativas e os princípios de coesão que fundamentam o romance. A. examina mecanismos de verossimilhança e o sistema de motivações para revelar os procedimentos indiciais e as funções das personagens. Encontrando na Retórica o instrumento adequado para desvendar a significação do texto – a palavra crítica, invariante temática de Graciliano Ramos –, opõe, como conclusão, a reificação humana à visão do mundo humanista.

e) *Ficha de citações*

> GUARDIANO, Paschoa Baldassari. **Uma leitura de São Bernardo**: exortação litótica. Franca: UNESP, 1977. 200 p.
>
> **Da obra:**
>
> "O valor final encontrado é a medida do julgamento dessa ideologia; incomunicabilidade, solidão e infelicidade foram, de fato, os resultados de sua busca." (p. 127)

> "O futuro do homem brasileiro, presumimos, sua autorrealização, dependerá do conhecimento de suas próprias limitações e da real tentativa de superá-las mediante uma fundamentação ideológica que não perca de vista os melhoramentos essenciais do ser humano: a comunicabilidade e a solidariedade." (p. 173)
>
> **Na obra:**
>
> 1. de THOMACHEVSKI, B. Thématique. In: EIKEMBAUN et al. **Théorie de la littérature**. Paris: Seuil, 1965. p. 23.
>
> "Le processus littéraire s'organise autour de deux moments importants: le choix du thème et son élaboration."
>
> 2. de PROPP, V. **Morphologie du conte**. Paris: Seuil, 1970. p. 176.
>
> "Il faut considérer le conte en raport avec son milieu, avec les situations dans laquelle il vit."

3 RESUMOS

Para os pesquisadores, os resumos, da mesma forma que as fichas, são instrumentos obrigatórios de trabalho. Por meio deles, podem ser selecionadas obras que merecem a leitura do texto completo. Entretanto, os resumos só são válidos quando contiverem tanto a natureza da pesquisa realizada, quanto os resultados e as conclusões mais importantes, destacando-se em ambos os casos o valor dos achados ou de sua originalidade.

3.1 Conceito, finalidade e caráter

O resumo é a apresentação concisa e, frequentemente, seletiva do texto, destacando-se os elementos de maior interesse e importância, isto é, as principais ideias do autor da obra.

A finalidade do resumo consiste na difusão das informações contidas em livros, artigos, teses etc., permitindo a quem o ler tomar decisão sobre a conveniência ou não de consultar o texto completo. O caráter de um resumo depende de seus objetivos: (1) apresentar um sumário narrativo das partes mais significativas, sem, porém, dispensar a leitura do texto; (2) apresentar uma condensação do conteúdo, que expõe tanto a finalidade e metodologia quanto os resultados obtidos e as conclusões da autoria, e permite a utilização em trabalhos científicos; nesse caso, dispensa a leitura posterior do texto original, pois se trata de análise interpretativa de um documento, com crítica dos diferentes aspectos inerentes ao texto.

3.2 Como resumir

Levando-se em consideração que quem escreve obedece a um plano lógico através do qual desenvolve as ideias em uma ordem hierárquica, ou seja, proposição, explicação, discussão e demonstração, faz-se, em uma primeira leitura, um esboço do texto, para captar *o plano geral da obra e seu desenvolvimento*. A seguir, volta-se a ler o trabalho para responder a duas questões: de que trata esse texto? O que pretende demonstrar? Com isso, identificam-se a *ideia central* e o *propósito* que nortearam o autor.

Em uma terceira leitura, a preocupação é com a questão: *como* o autor disse o que disse? Em outras palavras, trata-se de descobrir *as partes principais em que se estrutura o texto*. Esse passo significa a compreensão de ideias, provas, exemplos etc. que servem como explicação, discussão e demonstração da proposição original (ideia principal). Distingue-se então a *ordem em que aparecem as diferentes partes do texto*. Geralmente, quando o autor passa de uma ideia para outra, inicia novo parágrafo; entretanto, a ligação entre os parágrafos permite identificar:

a) **Consequências** pelo emprego de expressões como: *em consequência, por conseguinte, portanto, por isso, em decorrência disso* etc.

b) **Justaposição** ou **adição** por meio das seguintes expressões: *e, da mesma forma, da mesma maneira* etc.

c) **Oposição** pela utilização de: *porém, entretanto, por outra parte, sem embargo* etc.).

d) **Incorporação** de novas ideias.

e) **Complementação** do raciocínio.

f) **Repetição** ou reforço de ideias ou argumentos.

g) **Justificação** de proposições por intermédio de um exemplo, comprovação etc.

h) **Digressão**, que é o desenvolvimento de ideias até certo ponto alheias ao tema central do trabalho.

Os três últimos casos devem ser excluídos do resumo.

A última leitura deve ser feita com a finalidade de:

a) **Compreensão do sentido** de cada parte importante.
b) **Anotação das palavras-chave.**
c) **Verificação do tipo de relação entre as partes:** consequência, oposição, complementação etc.

Uma vez compreendido o texto, selecionadas as palavras-chave e entendida a relação entre as partes essenciais, passa-se à elaboração do resumo.

3.3 Tipos de resumo

Dependendo do caráter do trabalho científico que se pretende realizar, o resumo pode ser: indicativo ou descritivo; informativo ou analítico; crítico.

a) **Indicativo ou descritivo:** faz referência às partes mais importantes, componentes do texto. Utiliza frases curtas, cada uma correspondendo a um elemento importante da obra. Não é simples enumeração de palavras colhidas do sumário do trabalho. Não dispensa a leitura do texto completo, pois apenas descreve sua natureza, forma e propósito.
b) **Informativo ou analítico:** contém as informações principais apresentadas no texto e dispensa a leitura deste último; portanto, é mais amplo do que o resumo indicativo ou descritivo. Tem a finalidade de informar o conteúdo e as principais ideias do autor, salientando:
- Os objetivos e o assunto, exceto quando já se encontram explicitados no título.
- Os métodos e as técnicas, descritos de forma concisa, exceto quando um dos objetivos do trabalho é a apresentação de nova técnica.
- Os resultados e as conclusões.

Como é uma apresentação condensada do texto, esse tipo de resumo não deve conter comentários pessoais ou julgamentos de valor; também não deve formular críticas. Deve ser seletivo e não mera repetição sintetizada das *ideias* do autor. Utilizam-se, de preferência, as próprias palavras de quem fez o resumo; quando cita as do autor, apresenta-as entre aspas. Como não é uma enumeração de tópicos, o resumo informativo ou analítico deve ser composto de uma sequência corrente de frases concisas. Ao final do resumo, indicam-se as palavras-chave do texto. Da mesma forma que na redação de fichas, procura-se evitar expressões, tais como: *o autor disse, o autor falou, segundo o autor* ou *segundo ele, a seguir, este livro* (ou artigo, ou *documento*) e outras do gênero, ou seja, palavras supérfluas. Deve-se dar preferência à forma impessoal.

c) **Crítico:** formula um julgamento sobre o trabalho, uma crítica dos aspectos metodológicos, do conteúdo, do desenvolvimento da lógica da demonstração, da técnica de apresentação das ideias principais. No resumo crítico, não pode haver citações (transcrições).

A seguir, apresentamos três tipos de resumo: um indicativo ou descritivo, outro informativo ou analítico e um resumo crítico.

Resumo indicativo ou descritivo

LAKATOS, Eva Maria. *O trabalho temporário*: nova forma de relações sociais no trabalho. Tese (Livre-Docência) – Fundação Escola de Sociologia e Política de São Paulo, São Paulo, 1979. 2. v.

Etapas do desenvolvimento econômico que caracterizam a transição do feudalismo para o capitalismo. Distinção entre relações sociais formais de produção e relações sociais no trabalho, segundo as sucessivas fases de organização industrial: sistema familiar, de corporações, doméstico e fabril; também de acordo com a natureza das elites que introduzem ou determinam o processo de industrialização nas diferentes sociedades: elite dinástica, classe média, intelectuais revolucionários, administrador colonial, líder nacionalista. As elites influem ainda no processo de recrutamento da mão de obra, na integração do trabalhador na empresa, na autoridade que elabora as normas referentes à relação entre o trabalhador e a direção da empresa e no caráter da atividade da gerência sobre os trabalhadores. Conceito de trabalhador temporário. Etapas de desenvolvimento econômico das sociedades que influem no processo de trabalho. Organização do trabalho e suas alterações, causa e consequência das transformações da sociedade. Surgimento e desenvolvimento do trabalho temporário segundo as etapas de desenvolvimento econômico e da organização do trabalho. Metodologia da pesquisa, seleção da amostra, técnicas de coleta de dados, enunciado das hipóteses e variáveis. Análise e interpretação dos dados, comprovação ou refutação das hipóteses. Perfil do trabalhador temporário.

Resumo informativo ou analítico

> LAKATOS, Eva Maria. *O trabalho temporário*: nova forma de relações sociais no trabalho. Tese (Livre-Docência) – Fundação Escola de Sociologia e Política de São Paulo, São Paulo, 1979. 2. v.
>
> A partir da Idade Média, as sucessivas fases da organização industrial apresentam: (1) o sistema familiar, em que a produção era realizada pelos membros da família, para seu próprio consumo e não para a venda, pois praticamente inexistia mercado; (2) o sistema de corporações, em que a produção ficava a cargo de mestres artesãos independentes, donos da matéria-prima e das ferramentas de trabalho; os mestres artesãos eram auxiliados por aprendizes e atendiam a um mercado pequeno e estável: não vendiam seu trabalho mas o produto de sua atividade; (3) o sistema doméstico, com um mercado em expansão, em que o mestre artesão perde parte de sua independência: surge o intermediário a quem pertence a matéria-prima e, em consequência, o produto acabado; (4) o sistema fabril, que atende a um mercado cada vez mais amplo e oscilante; a produção é realizada em estabelecimentos pertencentes ao empregador e o trabalhador é totalmente dependente, pois não é mais dono dos instrumentos de produção: vende, portanto, sua força de trabalho. As relações sociais formais de produção resultam "dos direitos definidos de acesso a um particular meio de vida e de participação nos resultados do processo de trabalho". As relações sociais no trabalho compreendem "aquelas relações que se originam da associação, entre indivíduos, no processo cooperativo de produção". A Revolução Industrial não alterou as relações sociais formais de produção do sistema fabril. De acordo com a natureza da elite que orienta, introduz ou determina o processo de industrialização, as relações sociais no trabalho recebem diferentes influências. As principais são: processo empregado no recrutamento da mão de obra; na integração do trabalhador na empresa; na autoridade que elabora as normas referentes às relações entre o trabalhador e a direção da empresa; no caráter da autoridade da gerência sobre o trabalhador. A elite dinástica recruta, baseada em laços familiares; utiliza mecanismos paternalistas de integração; elabora normas através do Estado e da própria gerência e tem uma preocupação paternalista com os trabalhadores. A classe média recruta segundo a habilidade; cria mecanismos específicos de integração; a elaboração das normas é pluralista e considera o trabalhador como cidadão. Os intelectuais revolucionários realizam um recrutamento apoiados na filiação política; a integração dá-se

através do apelo ideológico; a elaboração das normas encontra-se sob a égide do partido e do Estado, e a autoridade tem de início caráter ditatorial e, mais tarde, constitucional. Os administradores coloniais recrutam segundo a naturalidade; a integração é paternalista; as normas são elaboradas pela metrópole e as formas de autoridade são ditatorial e paternalista. Os líderes nacionalistas recrutam segundo a qualificação profissional e política; a integração baseia-se na elaboração de normas; consideram o trabalhador como patriota; a elaboração de normas destaca o Estado e os dirigentes, e a autoridade depende do tipo de gerentes. Distingue-se o trabalho temporário de outras atividades, tais como: trabalho parcial, recrutamento direto, período de experiência, empréstimo de trabalhador, subcontratação, empreitada, trabalhador sazonal, diarista, trabalhador externo e trabalhador doméstico. Na conceituação de trabalhador temporário, faz-se referência a uma relação triangular entre o empregador (agência de mão de obra temporária – fornecedor), o trabalhador temporário e a empresa cliente (tomador). O trabalho temporário "é uma consequência do sistema fabril de produção, surgindo espontaneamente em determinada etapa do desenvolvimento econômico e inserindo-se, geralmente, em formas específicas de organização do trabalho – determinada pela tecnologia e pluralista – sob certas condições: organização contratual, contratos individuais e baseados na ocupação". A sociedade industrialmente desenvolvida favorece o surgimento do trabalho temporário. A ampliação deste é incentivada pelo aumento da divisão do trabalho e pela especialização: coincide sua expansão com o aumento do desemprego. O trabalhador temporário diferencia-se daquele que é fixo por um conjunto de características, em decorrência do tipo de atividade exercida, assim como do tempo de exercício da função. O trabalhador é encaminhado a essa atividade principalmente pela insuficiência de oferta de empregos fixos. O trabalhador temporário é predominantemente do sexo masculino; entre 18 e 30 anos; com primário completo; sem companheiro; família pouco numerosa, geralmente migrante do próprio Estado; responsável econômico da família; mora em casa alugada e não possui outra fonte de renda ou bens.

Palavras-chave: Sistema familiar, de corporações, doméstico e fabril. Relações sociais formais de produção. Relações sociais no trabalho. Revolução Industrial. Elite dinástica, classe média, intelectuais revolucionários, administradores coloniais e líderes nacionalistas. Trabalho temporário. Trabalhadores temporários. Características dos trabalhadores temporários.

Resumo crítico

LAKATOS, Eva Maria. *O trabalho temporário*: nova forma de relações sociais no trabalho. Tese (Livre-Docência) – Fundação Escola de Sociologia e Política de São Paulo, São Paulo, 1979. 2. v.

Traça um panorama do trabalho temporário nos dias atuais, nos municípios de São Paulo, Santo André, São Bernardo, São Caetano e Rio de Janeiro, relacionando as razões históricas, sociais e econômicas que levaram ao seu aparecimento e desenvolvimento. Divide-se em duas partes. Na primeira, geral, tem-se a retrospectiva do trabalho temporário. Partindo do surgimento da produção industrial, traça um panorama da evolução dos sistemas de trabalho. Dessa maneira são enfocadas, do ponto de vista sociológico, as relações de produção através dos tempos. Esse quadro histórico fornece a base para a compreensão dos fatores sociais e econômicos que levaram à existência do trabalho temporário tal como é conhecido hoje no contexto urbano. A parte teórica permite visualizar a realidade socioeconômica do trabalhador temporário, conduzindo, em sequência lógica, as pesquisas de campo apresentadas na segunda parte do texto. A parte essencial consiste em uma pesquisa realizada em três níveis: o trabalhador temporário, as agências de mão de obra temporária e as empresas que a utilizam. Ao abordar os três elementos atuantes no processo, a pesquisa cerca o problema e faz um levantamento dele. As técnicas utilizadas para a seleção da amostra e coleta de dados são rigorosamente corretas do ponto de vista metodológico, o que dá à pesquisa grande confiabilidade. As tabelas apresentadas confirmam ou refutam as hipóteses levantadas, permitindo que, a cada passo, se acompanhe o raciocínio que leva às conclusões do trabalho. Estas são apresentadas por tópicos e divididas conforme a parte a que se referem, permitindo ao leitor uma confrontação entre o texto comprobatório e a conclusão dele resultante. Ao final de cada capítulo, há um glossário, com os principais conceitos utilizados no texto. São ainda apresentadas anexados legislação referente ao trabalho temporário, modelo de formulário utilizado na pesquisa e lista de itens que a integra. As tabelas que apresentam os resultados da pesquisa fazem parte do segundo volume. Esse material permite que se conheçam detalhes e se possa reproduzir o processo de investigação realizado.

LEITURA RECOMENDADA

FEITOSA, Vera Cristina. *Redação de textos científicos*. 2. ed. Campinas: Papirus, 1995. Caps. 1, 2, 3 e 4.

MEDEIROS, João Bosco. *Redação científica*: a prática de fichamentos, resumos, resenhas. 13. ed. São Paulo: Atlas, 2019. Cap. 7.

MEDEIROS, João Bosco; TOMASI, Carolina. *Redação de artigos científicos*. 2. ed. São Paulo: Atlas, 2021. Caps. 5 e 7.

MORAIS, Normanda Araújo. Como escrever um resumo. *In*: KOLLER, Sílvia H.; COUTO, Maria Clara P. de Paula; HOHENDORFF, Jean Von (org.). *Manual de produção científica*. Porto Alegre: Penso, 2014. Cap. 5.

SALVADOR, Ângelo Domingos. *Métodos e técnicas de pesquisa bibliográfica*: elaboração de trabalhos científicos. 8. ed. Porto Alegre: Sulina, 1980. Parte I, Cap. 2, Seção 3.

SANTOS, Izequias Estevam dos. *Manual de métodos e técnicas de pesquisa científica*. 12. ed. Niterói: Impetus, 2016. Cap. 1.

SALOMON, Délcio Vieira. *Como fazer uma monografia*. 13. ed. São Paulo: Martins Fontes, 2014. Cap. 4.

3
Conhecimento científico e ciência

1 CONHECIMENTO CIENTÍFICO E OUTROS TIPOS DE CONHECIMENTO

Ao se falar em conhecimento científico, o primeiro passo consiste em diferenciá-lo de outros tipos de conhecimento existentes. Para tal, analisemos uma situação histórica que pode servir de exemplo.

Desde a Antiguidade até os nossos dias, um camponês, mesmo iletrado e/ou desprovido de grandes conhecimentos, sabia o momento certo da semeadura, a época da colheita, a necessidade da utilização de adubos, as providências a serem tomadas para a defesa das plantações de ervas daninhas e pragas e o tipo de solo adequado para as diferentes culturas. Tinha também conhecimento de que o cultivo do mesmo tipo, todos os anos, no mesmo local, exaure o solo. Já no período feudal, o sistema de cultivo era em faixas: duas cultivadas e uma terceira "em repouso", alternando-as de ano para ano e nunca cultivando a mesma planta, dois anos seguidos, numa única faixa.

O início da Revolução Agrícola não se prende ao aparecimento, no século XVIII, de melhores arados, enxadas e outros tipos de maquinaria, mas à introdução, na segunda metade do século XVII, da cultura do nabo e do trevo, pois seu plantio evitava o desperdício de deixar a terra em pousio: seu cultivo revitalizava o solo, permitindo seu uso constante. Hoje, a agricultura utiliza-se de sementes selecionadas, de adubos químicos, de defensivos contra pragas e tenta-se, até, o controle biológico dos insetos daninhos.

Mesclam-se nesse exemplo dois tipos de conhecimento: o primeiro, vulgar ou popular, geralmente típico do camponês, transmitido de geração para geração por meio da educação informal e baseado em imitação e experiência pessoal; portanto, empírico e desprovido de conhecimento sobre a composição do solo, das causas do desenvolvimento das plantas, da natureza das pragas, do ciclo reprodutivo dos insetos etc.; o segundo, científico, é transmitido por intermédio de treinamento apropriado, sendo um conhecimento obtido de modo racional, conduzido por meio de procedimentos científicos. Visa explicar por que e como os fenômenos ocorrem, na tentativa de evidenciar os fatos que estão correlacionados, numa visão mais globalizante do que a relacionada com um simples fato – uma cultura específica, de trigo, por exemplo.

1.1 Correlação entre conhecimento popular e conhecimento científico

O conhecimento vulgar ou popular, às vezes denominado *senso comum*, não se distingue do conhecimento científico nem pela veracidade nem pela natureza do objeto conhecido: o que os diferencia é a forma, o modo ou o método e os instrumentos do conhecer. Saber que determinada planta necessita de uma quantidade X de água e que, se não a receber de forma natural, deve ser irrigada pode ser um conhecimento verdadeiro e comprovável, mas nem por isso científico. Para que isso ocorra, é necessário ir mais além: conhecer a natureza dos vegetais, sua composição, seu ciclo de desenvolvimento e as particularidades que distinguem uma espécie de outra. Dessa forma, patenteiam-se dois aspectos:

a) A ciência não é o único caminho de acesso ao conhecimento e à verdade.

b) Um mesmo objeto ou fenômeno (uma planta, um mineral, uma comunidade ou as relações entre chefes e subordinados) pode ser matéria de observação tanto para o cientista quanto para uma pessoa comum; o que leva um ao conhecimento científico e outro ao vulgar ou popular é a forma de observação.

Para Bunge (1976, p. 20), a descontinuidade radical existente entre a ciência e o conhecimento popular, em numerosos aspectos (principalmente, no que se refere ao método), não nos deve levar a ignorar certa continuidade em outros aspectos, principalmente quando limitamos o conceito de conhecimento vulgar ao bom senso. Se excluirmos o conhecimento mítico (raios e trovões como manifestações de desagrado da divindade pelos comportamentos individuais ou sociais), verificaremos que tanto o bom senso quanto a ciência almejam ser *racionais* e *objetivos*: "são críticos e aspiram à coerência (racionalidade) e procuram adaptar-se aos fatos em vez de permitir especulações sem controle (objetividade)". Entretanto, o ideal de racionalidade, compreendido como uma sistematização coerente de enunciados fundamentados e passíveis de verificação, é obtido muito mais por intermédio de teorias, que constituem o núcleo da ciência, do que pelo conhecimento comum, entendido como acumulação de partes ou peças de informação frouxamente vinculadas. Por sua vez, o ideal de objetividade, isto é, a construção de imagens da realidade, verdadeiras e impessoais, não pode ser alcançado se não ultrapassar os estreitos limites da vida cotidiana, assim como da experiência particular. É necessário abandonar o ponto de vista antropocêntrico, para formular hipóteses sobre a existência de objetos e fenômenos além da própria percepção de nossos sentidos, submetê-los à verificação planejada e interpretada com o auxílio das teorias. Por esse motivo é que o senso comum, ou o bom senso, não pode conseguir mais do que uma objetividade limitada, assim como é limitada sua racionalidade, pois está estreitamente vinculado à percepção e à ação.

1.2 Características do conhecimento popular

O bom senso, não obstante sua aspiração à racionalidade e objetividade, só consegue atingi-la de forma muito limitada. Pode-se dizer que o conhecimento vulgar ou popular, *lato sensu*, é o modo comum, corrente e espontâneo de conhecer, que adquirimos no trato direto com as coisas e os seres humanos: ele constitui um saber que preenche nossa vida diária; é um saber que possuímos sem que o tenhamos procurado ou estudado, sem que tenhamos aplicado um método e sem que tenhamos refletido sobre algo.

Para Ander-Egg (1978, p. 13-14), o conhecimento popular caracteriza-se por ser predominantemente:

    a) **Superficial**, isto é, conforma-se com a aparência, com aquilo que se pode comprovar simplesmente estando junto das coisas: expressa-se por frases como "porque o vi", "porque o senti", "porque o disseram", "porque todo mundo o diz".

    b) **Sensitivo**, ou seja, referente a vivências, estados de ânimo e emoções da vida diária.

c) **Subjetivo**, pois é o próprio sujeito que organiza suas experiências e conhecimentos, tanto os que adquire por vivência própria quanto os "por ouvi dizer".

d) **Assistemático**, pois essa organização das experiências não visa a uma sistematização das ideias, nem na forma de adquiri-las, nem na tentativa de validá-las.

e) **Acrítico**, pois, verdadeiros ou não, a pretensão de que esses conhecimentos sejam conhecimentos não se manifesta sempre de uma forma crítica.

1.3 Tipos de conhecimento

Verificamos, dessa forma, que o conhecimento científico se diferencia do popular muito mais no que se refere ao seu contexto metodológico do que propriamente ao seu conteúdo. Essa diferença ocorre também em relação aos conhecimentos filosófico e religioso (teológico).

Trujillo Ferrari (1974, p. 11) sistematiza as características dos quatro tipos de conhecimento:

CONHECIMENTO POPULAR	CONHECIMENTO CIENTÍFICO
Valorativo Reflexivo Assistemático Verificável Falível Inexato	Real (factual) Contingente Sistemático Verificável Falível Aproximadamente, exato
CONHECIMENTO FILOSÓFICO	**CONHECIMENTO RELIGIOSO (TEOLÓGICO)**
Valorativo Racional Sistemático Não verificável Infalível Exato	Valorativo Inspiracional Sistemático Não verificável Infalível Exato

Para Nascimento e Sousa (2015, p. 47), haveria ainda o conhecimento artístico, que os os autores definem como:

Trata-se de um saber de ordem valorativa, individual e subjetivo quanto à vinculação com a realidade, pois é baseado na emotividade e na intuição de cada indivíduo. Origina-se na inspiração do sujeito para perceber o significado e o sentido do fenômeno observado, porquanto a percepção depende do liame estabelecido entre o indivíduo e a obra observada, o que é próprio da apreciação da beleza.

Por não obedecer nem à lógica nem a critério científico, ele é assistemático. É um tipo de conhecimento que se apoia em aspectos estéticos e, por isso, não goza de comprobabilidade. E, como se trata de um conhecimento intuitivo, pode favorecer a observação de aspectos da realidade que a ciência comumente desconhece.

1.3.1 Conhecimento popular

O conhecimento popular é *valorativo* por excelência, pois se fundamenta numa seleção operada com base em estados de ânimo e emoções: como o conhecimento implica uma dualidade de realidades, isto é, de um lado o sujeito cognoscente e, de outro, o objeto conhecido, e este é possuído, de certa forma, pelo cognoscente, os valores do sujeito impregnam o objeto conhecido. É também *reflexivo*, mas, estando limitado pela familiaridade com o objeto, não pode ser reduzido a uma formulação geral. A característica de *assistemático* baseia-se na organização particular das experiências próprias do sujeito cognoscente, e não em uma sistematização das ideias, na procura de uma formulação geral que explique os fenômenos observados, aspecto que dificulta a transmissão, de pessoa a pessoa, desse modo de conhecer. É *verificável*, visto que está limitado ao âmbito da vida diária e diz respeito ao que se pode perceber no dia a dia. Finalmente, é *falível* e *inexato*, pois se conforma com a aparência e com o que se ouviu dizer a respeito do objeto. Em outras palavras, não permite a formulação de hipóteses sobre a existência de fenômenos situados além das percepções objetivas.

1.3.2 Conhecimento filosófico

O conhecimento filosófico é *valorativo*, pois seu ponto de partida consiste em hipóteses, que não poderão ser submetidas à observação: "as hipóteses filosóficas baseiam-se na experiência, portanto, este conhecimento emerge da experiência e não da experimentação" (TRUJILLO FERRARI, 1974, p. 12); por esse motivo, o conhecimento filosófico é *não verificável*, já que os enunciados das hipóteses filosóficas, ao contrário do que ocorre no campo da ciência, não podem ser confirmados nem refutados. É *racional*, em virtude de consistir num conjunto de enunciados logicamente correlacionados. Tem a característica de *sistemático*, pois suas hipóteses e enunciados visam a uma representação coerente da realidade estudada, numa tentativa de apreendê-la em sua totalidade. Por último, é *infalível* e *exato*, visto que, quer na busca da realidade capaz de abranger todas as outras, quer na definição do instrumento capaz de apreender a realidade, seus postulados, assim como suas hipóteses, não são submetidos ao decisivo teste da observação (experimentação). Portanto, o conhecimento filosófico é caracterizado pelo esforço da razão pura para questionar os problemas humanos e poder discernir entre o certo e o errado, unicamente recorrendo às luzes da própria razão humana.

O conhecimento científico abrange fatos concretos, positivos, e fenômenos perceptíveis pelos sentidos, através do emprego de instrumentos, técnicas e recursos de observação. Já o objeto de análise da filosofia são ideias, relações conceptuais, exigências lógicas que não são redutíveis a realidades materiais e, por essa razão, não são passíveis de observação sensorial direta ou indireta (por instrumentos), como a que é exigida pela ciência experimental.

O método por excelência da ciência é o experimental: ela caminha apoiada nos fatos reais e concretos, afirmando somente aquilo que é autorizado pela experimentação. Ao contrário, a filosofia emprega "o método racional, no qual prevalece o processo dedutivo, que antecede a experiência, e não exige confirmação experimental, mas somente coerência lógica" (RUIZ, 1979, p. 110). O procedimento científico leva a circunscrever, delimitar, fragmentar e analisar o que se constitui o objeto da pesquisa, atingindo segmentos da realidade, ao passo que a filosofia se encontra sempre à procura do que é mais geral, interessando-se pela formulação de uma concepção unificada e unificante do universo. Para tanto, procura responder às grandes indagações do espírito humano e, até, busca leis universais que englobem e harmonizem as conclusões da ciência.

1.3.3 Conhecimento religioso

O conhecimento religioso, isto é, teológico, apoia-se em doutrinas que contêm proposições sagradas (*valorativas*), por terem sido reveladas pelo sobrenatural (*inspiracional*). Por esse motivo, tais verdades são consideradas *infalíveis* e indiscutíveis (*exatas*). É um conhecimento *sistemático* do mundo (origem, significado, finalidade e destino) como obra de um criador divino; suas evidências *não* são *verificáveis*: nele está sempre implícita uma atitude de fé perante um conhecimento revelado.

O conhecimento religioso ou teológico parte do princípio de que as verdades tratadas são infalíveis e indiscutíveis, por consistirem em revelações da divindade (sobrenatural). A adesão das pessoas passa a ser um ato de fé, pois a visão sistemática do mundo é interpretada como decorrente do ato de um criador divino, cujas evidências não são postas em dúvida nem sequer verificáveis.

A postura dos teólogos e cientistas diante da teoria da evolução das espécies, particularmente do ser humano, demonstra as abordagens diversas: de um lado, as posições dos teólogos fundamentam-se nos ensinamentos de textos sagrados; de outro, os cientistas buscam, em suas pesquisas, fatos concretos capazes de comprovar (ou refutar) suas hipóteses. Na realidade, vai-se mais longe. Se o fundamento do conhecimento científico consiste na evidência dos fatos observados e experimentalmente controlados, e o do conhecimento filosófico e de seus enunciados, na evidência lógica, fazendo com que em ambos os modos de conhecer deve a evidência resultar da pesquisa dos fatos ou da análise dos conteúdos dos enunciados, no caso do conhecimento teológico o fiel não se detém nelas à procura de evidência, pois a toma da causa primeira, ou seja, da revelação divina.

1.3.4 Conhecimento científico

Finalmente, o conhecimento científico é *real (factual)*, porque lida com ocorrências ou fatos, isto é, com toda "forma de existência que se manifesta de algum modo" (TRUJILLO FERRARI, 1974, p. 14). Constitui um conhecimento *contingente*, pois suas proposições ou hipóteses têm sua veracidade ou falsidade conhecida através da experiência e não apenas por meio da razão, como ocorre no conhecimento filosófico. É *sistemático*, visto que se trata de um saber ordenado logicamente, formando um sistema de ideias (teoria) e não conhecimentos dispersos e desconexos. Possui a característica da *verificabilidade*, a tal ponto que as afirmações (hipóteses) que não podem ser comprovadas não pertencem ao âmbito da ciência. Constitui-se em conhecimento *falível*, em virtude de não ser definitivo, absoluto ou final e, por isso, é *aproximadamente exato*: novas proposições e o desenvolvimento de técnicas podem reformular o acervo de teoria existente.

Apesar da separação metodológica entre os tipos de conhecimento popular, filosófico, religioso e científico, no processo de apreensão da realidade do objeto o sujeito cognoscente pode penetrar nas diversas áreas: ao estudar o ser humano, por exemplo, pode tirar uma série de conclusões sobre sua atuação na sociedade, com base no senso comum ou na experiência cotidiana; pode analisá-lo como um ser biológico, verificando, através de investigação experimental, as relações existentes entre determinados órgãos e suas funções; pode questioná-lo quanto à sua origem e destino, assim como quanto à sua liberdade; finalmente, pode observá-lo como ser criado pela divindade, à sua imagem e semelhança, e meditar sobre o que dele dizem os textos sagrados.

Essas formas de conhecimento podem coexistir na mesma pessoa: um cientista, voltado, por exemplo, ao estudo da física, pode ser crente praticante de determinada religião, estar filiado a um sistema filosófico e, em muitos aspectos de sua vida cotidiana, agir segundo conhecimentos provenientes do senso comum.

2 CONCEITO DE CIÊNCIA

Ciência é uma sistematização de conhecimentos, um conjunto de proposições logicamente correlacionadas sobre o comportamento de certos fenômenos que se deseja estudar: "A ciência é todo um conjunto de atitudes e atividades racionais, dirigidas ao sistemático conhecimento com objeto limitado, capaz de ser submetido à verificação" (TRUJILLO FERRARI, 1974, p. 8). Segundo uma visão tradicional e objetivista, é um tipo de conhecimento "adquirido por métodos rigorosos, sistematizados e suscetíveis de serem ensinados". Pode, ainda, ser entendida como "conhecimentos racionais, obtidos por meio de métodos, verificáveis e sistematizados referentes a objetos de igual natureza" (NASCIMENTO; SOUSA, 2015, p. 126).

A essa visão fechada e pretensiosa de ciência Demo (2012, p. 30-31) apresenta crítica vigorosa:

> A ciência, de origem religiosa em sua versão modernista eurocêntrica, mantém a mesma perspectiva [a das religiões], a começar pelo monopólio da racionalidade, da capacidade de pesquisar e analisar, bem como de definir as validades. O método científico, inventado para dar conta da realidade de modo objetivo e neutro, analítico e sistemático, tanto para descobrir quanto para manipular a realidade, por mais que se proponha afastar-se de subjetivismos humanos através de procedimentos de formalização procedimental, acaba sendo nada mais que o "ponto de vista

humano". A pretensão de inventar um método sem metodólogo ou uma ciência sem cientista, absolutamente objetiva e válida sem imisção humana (subjetividade vista aí como atrapalho), nunca passou de caricatura e hipocrisia, porque é inegável que a ciência é produto humano. Ciência é o que os cientistas produzem, representando sua intersubjetividade, que é, em geral, seu critério maior de cientificidade, ou seja, vale o que eles definem que vale. Para não tornar essa posição excessivamente subjetiv(ist)a, ou seja, para colocar a busca da realidade como critério da pesquisa, não o ponto de vista humano sobre a realidade, inventam-se método, técnica de pesquisa, estatística e empiria, procedimentos de formalização de validade pretensamente universal, na expectativa de neutralizar vieses humanos.

As ciências possuem:

a) **Objetivo ou finalidade:** preocupação em distinguir a característica comum ou as leis gerais que regem determinados eventos.
b) **Função**: aperfeiçoamento, através do crescente acervo de conhecimentos, da relação do ser humano com o seu mundo.
c) **Objeto**: que se subdivide em:
   - **Material**: o que se pretende estudar, analisar, interpretar ou verificar, de modo geral.
   - **Formal**: o enfoque especial, em face das diversas ciências que possuem o mesmo objeto material.

3   CLASSIFICAÇÃO E DIVISÃO DA CIÊNCIA

A complexidade do universo e a diversidade de fenômenos que nele se manifestam, aliadas à necessidade do ser humano de estudá-los para poder entendê-los e explicá-los, levaram ao surgimento de diversos ramos de estudo e ciências específicas. Estas necessitam de uma classificação, quer de acordo com sua ordem de complexidade, quer de acordo com seu conteúdo: objeto ou temas, diferença de enunciados e metodologia empregada.

A classificação das ciências tem sido objeto de variados autores. O CNPq prefere a expressão *áreas do conhecimento*, cuja lista pode ser encontrada em http://www.cnpq.br/documents/10157/186158/TabeladeAreasdoConhecimento.pdf. Acesso em: 6 jul. 2016.

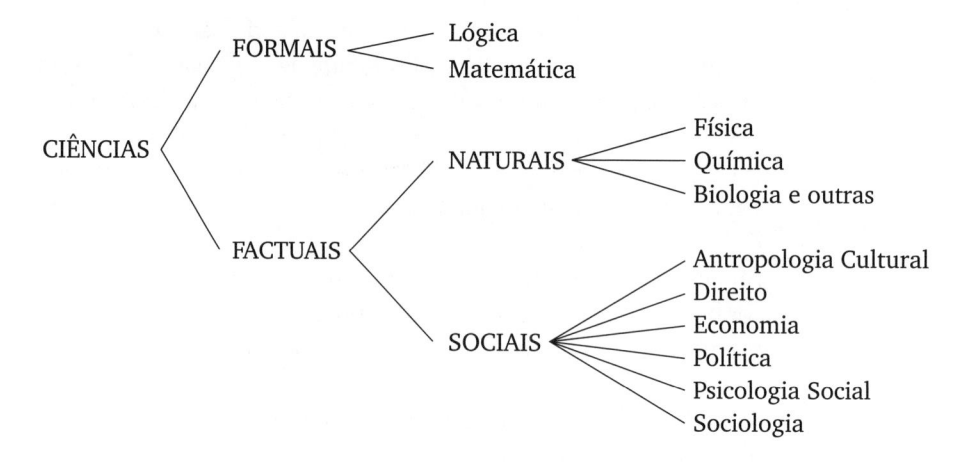

```
                    ┌─ FORMAIS ─── Lógica
                    │              Matemática
                    │
                    │                       ┌─ Física
CIÊNCIAS ─┤         │         ┌─ NATURAIS ──┤─ Química
                    │         │             └─ Biologia e outras
                    └─ FACTUAIS┤
                              │              ┌─ Antropologia Cultural
                              │              ├─ Direito
                              └─ SOCIAIS ────┤─ Economia
                                             ├─ Política
                                             ├─ Psicologia Social
                                             └─ Sociologia
```

Para Chaui (1997, p. 260), a classificação de ciência usada hoje é:

- Ciências Matemáticas ou Lógico-matemáticas: Aritmética, Geografia, Álgebra, Trigonometria, Lógica, Física pura, Astronomia pura.
- Ciências Naturais: Física, Química, Biologia, Geologia, Astronomia, Geografia Física, Paleontologia.
- Ciências Humanas ou Sociais: Psicologia, Sociologia, Antropologia, Geografia Humana, Economia, Linguística, Psicanálise, Arqueologia, História.
- Ciências Aplicadas: Direito, Engenharia, Medicina, Arquitetura, Informática.

Essas ciências subdividem-se em ramos específicos, com novas delimitações de objeto e de método de investigação. Por exemplo: a Biologia pode subdividir-se em: Botânica, Zoologia, Fisiologia, Genética; a Sociologia pode subdividir-se em: Sociologia da Educação, Sociologia Ambiental, Sociologia da Administração, Sociologia da Arte, Sociologia do Conhecimento etc.

LEITURA RECOMENDADA

BARBOSA FILHO, Manuel. *Introdução à pesquisa*: métodos, técnicas e instrumentos. 2. ed. Rio de Janeiro: Livros Técnicos e Científicos, 1980. Parte I, Caps. 1 e 2.

DEMO, Pedro. *Ciência rebelde*: para continuar aprendendo, cumpre desestruturar-se. São Paulo: Atlas, 2012. Cap. 2.

DEMO, Pedro. *Metodologia científica em ciências sociais*. 3. ed. São Paulo: Atlas, 2014. Cap. 1.

DEMO, Pedro. *Praticar ciência*: metodologias do conhecimento científico. São Paulo: Saraiva, 2011. Caps. 1, 2 e 5.

FREIXO, Manuel João Vaz. *Metodologia científica*: fundamentos, métodos e técnicas. 4. ed. Lisboa: Instituto Piaget, 2012. Cap. 1.

HEGENBERG, Leonidas. *Explicações científicas*: introdução à filosofia da ciência. 2. ed. São Paulo: EPU: Edusp, 1973. Cap. 2.

KÖCHE, José Carlos. *Fundamentos de metodologia científica*: teoria da ciência e iniciação à pesquisa. 34. ed. Petrópolis: Vozes, 2015. Caps. 1 e 2.

MICHEL, Maria Helena. *Metodologia e pesquisa científica em ciências sociais*: um guia prático para acompanhamento da disciplina e elaboração de trabalhos monográficos. 3. ed. São Paulo: Atlas, 2015. Caps. 1 e 2.

MINAYO, Maria Cecília de Souza. O desafio da pesquisa social. *In:* MINAYO, Maria Cecília de Souza (org.). *Pesquisa social*: teoria, método e criatividade. 34. ed. Petrópolis: Vozes, 2015. Cap. 1.

MORGENBESSER, Sidney (org.). *Filosofia da ciência*. Tradução de Leonidas Hegenberg, Octanny Silveira da Mota. 3. ed. São Paulo: Cultrix, 1979. Cap. 1.

4
Métodos científicos

1 CONCEITO DE MÉTODO

As ciências caracterizam-se pela utilização de métodos científicos, mas nem todos os ramos de estudo que empregam esses métodos são ciências. A utilização de métodos científicos não é, portanto, da alçada exclusiva da ciência, *mas não há ciência sem o emprego de métodos científicos*.

Método é o conjunto das atividades sistemáticas e racionais que, com maior segurança e economia, permite alcançar o objetivo de produzir conhecimentos válidos e verdadeiros, traçando o caminho a ser seguido, detectando erros e auxiliando as decisões do cientista.

2 DESENVOLVIMENTO HISTÓRICO DO MÉTODO

A preocupação em descobrir e explicar a natureza vem desde os primórdios da humanidade, quando as duas principais questões referiam-se às forças da natureza, a cuja mercê vivia o ser humano, e à morte. O conhecimento mítico voltou-se à explicação desses fenômenos, atribuindo-os a entidades de caráter sobrenatural. A verdade era impregnada de noções supra-humanas e a explicação fundamentava-se em motivações humanas, atribuídas a forças e potências sobrenaturais.

À medida que o conhecimento religioso se voltou, também, para a explicação dos fenômenos da natureza e do caráter transcendental da morte, como fundamento de suas concepções, a verdade, tida como revelação da divindade, revestiu-se de caráter dogmático. Explicavam-se os acontecimentos através de causas primeiras – os deuses –, e o acesso das pessoas ao conhecimento derivava da inspiração divina. O caráter sagrado das leis, da verdade, do conhecimento, como explicações sobre o ser humano e o universo, determina uma aceitação não crítica de tudo o que acontece, deslocando o foco das atenções para a explicação da natureza da divindade.

O conhecimento filosófico, por seu lado, volta-se para a investigação racional na tentativa de captar a essência imutável do real, através da compreensão da forma e das leis da natureza.

O senso comum, aliado à explicação religiosa e ao conhecimento filosófico, orientou as preocupações do ser humano com o universo. Somente no século XVI é que se iniciou uma linha de pensamento que propunha encontrar um conhecimento da realidade embasado em maiores garantias. Não se buscam mais as causas absolutas ou a natureza íntima das coisas; ao contrário, procura-se compreender as relações entre elas, assim como a explicação dos acontecimentos, através da observação científica aliada ao raciocínio.

Com o passar do tempo, muitas modificações foram introduzidas nos métodos existentes, inclusive surgiram outros novos. Estudaremos mais adiante esses métodos. No momento, o que nos interessa é o conceito moderno de método (independentemente do tipo). Para tal, consideramos, como Bunge (1980, p. 25), que o método científico é a teoria da investigação. Esta alcança seus objetivos, de forma científica, quando cumpre ou se propõe cumprir as seguintes etapas:

> (a) **Descobrimento do problema** ou lacuna num conjunto de conhecimentos. Se o problema não estiver enunciado com clareza, passa-se à etapa seguinte; se o estiver, passa-se à subsequente.
>
> (b) **Colocação precisa do problema**, ou ainda a recolocação de um velho problema, à luz de novos conhecimentos (empíricos ou teóricos, substantivos ou metodológicos).
>
> (c) **Procura de conhecimentos ou instrumentos relevantes ao problema** (por exemplo, dados empíricos, teorias, aparelhos

de medição, técnicas de cálculo ou de medição). Ou seja, exame do conhecido para tentar resolver o problema.

(d) **Tentativa de solução do problema com auxílio dos meios identificados.** Se a tentativa resultar inútil, passa-se para a etapa seguinte; em caso contrário, à subsequente.

(e) **Invenção de novas ideias (hipóteses, teorias ou técnicas) ou produção de novos dados empíricos** que prometam resolver o problema.

(f) **Obtenção de uma solução** (exata ou aproximada) do problema com auxílio do instrumental conceitual ou empírico disponível.

(g) **Investigação das consequências da solução obtida.** Em se tratando de uma teoria, é a busca de prognósticos que possam ser feitos com seu auxílio. Em se tratando de novos dados, é o exame das consequências que possam ter para as teorias relevantes.

(h) **Prova (comprovação) da solução:** confronto da solução com a totalidade das teorias e da informação empírica pertinente. Se o resultado é satisfatório, a pesquisa é dada como concluída, até novo aviso. Do contrário, passa-se para a etapa seguinte.

(i) **Correção das hipóteses, teorias, procedimentos ou dados empregados na obtenção da solução incorreta.** Esse é, naturalmente, o começo de um novo ciclo de investigação."

As etapas assim se apresentam, de forma esquemática:

```
                    ┌──── Problema ou lacuna ◄────────────────┐
                    │                │                        │
            Explicação          Não explicação                │
                                     │                        │
                           Colocação precisa do problema      │
                                     │                        │
                  Procura de conhecimento ou instrumentos relevantes
                                     │                        │
                          Tentativa de solução                │
                          │                 │                 │
                    Satisfatória          Inútil              │
                          │                 │                 │
                  Invenção de novas ideias ou produção de novos dados empíricos
                                     │                        │
                          Obtenção de uma solução             │
                                     │                        │
                          Prova da solução                    │
                          │                 │                 │
                    Satisfatória      Não satisfatória        │
                          │                 │                 │
                     Conclusão          Início               │
                                      de novo ciclo ─────────┘
```

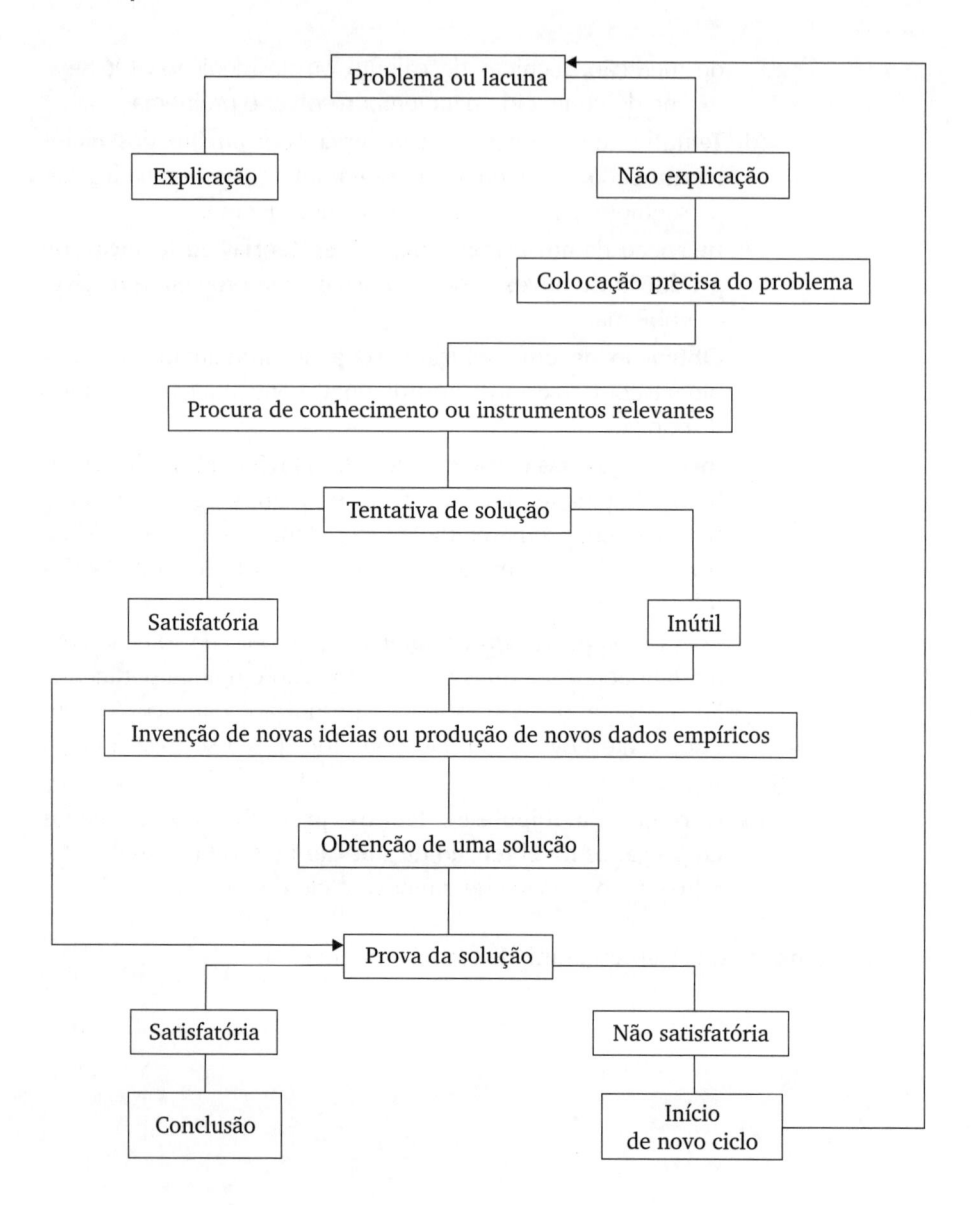

3 MÉTODO INDUTIVO

Indução é um processo mental por intermédio do qual, partindo de dados particulares, suficientemente constatados, infere-se uma verdade geral ou universal. O objetivo dos argumentos indutivos é levar a conclusões cujo conteúdo é muito mais amplo do que o das premissas nas quais se basearam.

Uma característica que não pode deixar de ser assinalada é que o argumento indutivo, da mesma forma que o dedutivo, fundamenta-se em premissas. Todavia, se nos dedutivos premissas verdadeiras levam inevitavelmente a uma conclusão verdadeira, nos indutivos premissas verdadeiras conduzem apenas a conclusões prováveis ou, no dizer de Cervo, Bervian e Silva (2014, p. 44),

> pode-se afirmar que as premissas de um argumento indutivo correto sustentam ou atribuem certa verossimilhança à sua conclusão. Assim, quando as premissas são verdadeiras, o melhor que se pode dizer é que a sua conclusão é, provavelmente, verdadeira.

Exemplos:

O corvo 1 é negro.
O corvo 2 é negro.
O corvo 3 é negro.
O corvo n é negro.
(Todo) corvo é negro.

Cobre conduz energia.
Zinco conduz energia.
Cobalto conduz energia.
Ora, cobre, zinco e cobalto são metais.
Logo, (todo) metal conduz energia.

Analisando os dois exemplos, podemos tirar uma série de conclusões relativas ao método indutivo:

a) De premissas que encerram informações acerca de casos ou acontecimentos observados, passa-se para uma conclusão que contém informações sobre casos ou acontecimentos não observados.
b) Pelo raciocínio, passa-se dos indícios percebidos a uma realidade desconhecida por eles revelada;
c) O caminho de passagem vai do especial ao mais geral, dos indivíduos às espécies, das espécies ao gênero, dos fatos às leis ou das leis especiais às leis mais gerais.
d) A extensão dos antecedentes é menor do que a da conclusão, que é generalizada pelo universalizante "todo", ao passo que os antecedentes enumeram apenas "alguns" casos verificados.

e) Quando descoberta uma relação constante entre duas propriedades ou dois fenômenos, passa-se dessa descoberta à afirmação de uma relação essencial e, em consequência, universal e necessária, entre essas propriedades ou fenômenos.

3.1 Leis, regras e fases do método indutivo

Três elementos são fundamentais para toda indução, isto é, a indução realiza-se em três etapas (fases):

a) **Observação dos fenômenos**. Nessa etapa, observamos os fatos ou fenômenos e os analisamos com a finalidade de descobrir as causas de sua manifestação.
b) **Descoberta da relação entre eles**. Na segunda etapa, procuramos, por intermédio da comparação, aproximar os fatos ou fenômenos, com a finalidade de descobrir a relação constante existente entre eles.
c) **Generalização da relação**. Nesta última etapa, generalizamos a relação encontrada na precedente, entre fenômenos e fatos semelhantes, *muitos dos quais ainda não observamos* (e muitos inclusive inobserváveis).

Portanto, como primeiro passo, observamos atentamente certos fatos ou fenômenos. Passamos, a seguir, à classificação, isto é, agrupamento dos fatos ou fenômenos da mesma espécie, segundo a relação constante que se nota entre eles. Finalmente, chegamos a uma classificação, fruto da generalização da relação observada.

> *Exemplo*: Observo que Pedro, José, João etc. são mortais; verifico a relação entre ser homem e ser mortal; generalizo dizendo que todos os homens são mortais:
>
> Pedro, José, João . . . são mortais.
> Ora, Pedro, José, João . . . são homens.
> Logo, (todos) os homens são mortais.
>
> Ou:
>
> O homem Pedro é mortal.
> O homem José é mortal.

O homem João é mortal.
[...]
(Todo) homem é mortal.

Para que não se cometam equívocos facilmente evitáveis, três regras orientam o trabalho de indução:

a) Certificar-se de que é verdadeiramente essencial a relação que se pretende generalizar; isso evita confusão entre o acidental e o essencial.
b) Assegurar-se de que sejam idênticos os fenômenos ou fatos dos quais se pretende generalizar uma relação; isso evita aproximações entre fenômenos e fatos diferentes, cuja semelhança é acidental.
c) Não perder de vista o aspecto quantitativo dos fatos ou fenômenos. Essa regra se impõe porque a ciência é primordialmente quantitativa, motivo pelo qual é possível um tratamento objetivo, matemático e estatístico.

As etapas e as regras do método indutivo repousam em "leis" (determinismo) observadas na natureza, segundo as quais:

(a) Nas mesmas circunstâncias, as mesmas causas produzem os mesmos efeitos.
(b) O que é verdade de muitas partes suficientemente enumeradas de um sujeito, é verdade para todo esse sujeito universal (NÉRICI, 1978, p. 72).

Finalmente, uma observação: o "determinismo" da natureza, muito mais observável no domínio das Ciências Físicas e Químicas do que no das Biológicas e, principalmente, Sociais e Psicológicas, é um problema propriamente filosófico, mais especificamente da Filosofia das Ciências, pois, no dizer de Jolivet (1979, p. 89), trata-se de justificar o princípio do determinismo, sobre o qual se fundamenta a indução.

A utilização da indução leva à formulação de duas perguntas:

a) **Qual a justificativa para as inferências indutivas?** A resposta é: temos expectativas e acreditamos que exista certa regularidade nas coisas, e, por esse motivo, o futuro será como o passado.

b) **Qual a justificativa para a crença de que o futuro será como o passado?** Constituem justificativa, principalmente, as observações realizadas. *Exemplo*: se o Sol vem "nascendo" há milhões de anos, pressupõe-se que "nascerá" amanhã. Portanto, as observações repetidas geram em nós a expectativa de certa regularidade no mundo, no que se refere a fatos e fenômenos. Por esse motivo, analisando vários casos singulares do mesmo gênero, estendem-se a todos (do mesmo gênero) as conclusões baseadas nas observações dos primeiros, através da "constância das leis da natureza" ou do "princípio do determinismo".

Para Jolivet (1979, p. 89), "o problema da indução científica é apenas um caso particular do problema geral do conhecimento abstrato, pois a lei científica não é mais do que um fato geral, abstraído da experiência sensível".

3.2 Formas de indução

A indução apresenta duas formas:

a) **Completa ou formal**, estabelecida por Aristóteles. Ela não se vale de alguns casos, mas de *muitos*, sendo que cada um dos elementos inferiores é comprovado pela experiência.
Exemplos: As faculdades sensitivas exteriores visual, auditiva, olfativa, gustativa e tátil são orgânicas; logo, toda faculdade sensitiva exterior é orgânica.
Segunda, terça, quarta, quinta, sexta, sábado e domingo têm 24 horas. Ora, segunda, terça, quarta, quinta, sexta, sábado e domingo são dias da semana.
Logo, todos os dias da semana têm 24 horas.
Como esta espécie de indução não leva a novos conhecimentos, é estéril, não passando de um processo de colecionar coisas já conhecidas e, portanto, não tem importância para o progresso da ciência.

b) **Incompleta ou científica**, criada por Galileu e aperfeiçoada por Francis Bacon. Não deriva de seus elementos inferiores, enumerados ou provados pela experiência, mas permite induzir, de alguns casos adequadamente observados (sob circunstâncias diferentes, sob vários pontos etc.), e às vezes de uma só observação, aquilo que se pode dizer (afirmar ou negar) dos restantes da mesma categoria. Portanto, a

indução científica fundamenta-se na causa ou na lei que rege o fenômeno ou fato, constatada em um número significativo de casos (um ou mais), mas não em todos.
Mercúrio, Vênus, Terra, Marte, Júpiter, Saturno, Urano, Netuno não têm brilho próprio.
Ora, Mercúrio, Vênus, Terra, Marte, Júpiter, Saturno, Urano, Netuno são planetas.
Logo, todos os planetas não têm brilho próprio.

Relativamente ao aspecto do método indutivo de necessitar de muitos casos ou de um só, Cohen e Nagel (1971, v. 2, p. 104, 106) registram uma indagação de John Stuart Mill acerca de por que, muitas vezes, um número elevado de casos verificados (observados, analisados) se apresenta insuficiente para estabelecer uma adequada generalização (por exemplo, que todos os corvos são negros), quando, em outras ocasiões, poucos casos (e até um) são suficientes para assegurar uma convicção (por exemplo, que certos tipos de fungos são venenosos)?

> Por que em alguns casos é suficiente um só exemplo para realizar uma indução perfeita, enquanto em outros, milhares de exemplos coincidentes, acerca dos quais não se conhece ou se presume uma só exceção, contribuem muito pouco para estabelecer uma proposição universal?

Os autores respondem a esta indagação, assinalando que,

> se bem que nunca podemos estar completamente seguros de que um caso verificado seja uma amostra imparcial de todos os casos possíveis, em algumas circunstâncias a probabilidade de que isto seja verdade é muito alta. Tal acontece quando o objeto de investigação é homogêneo em certos aspectos importantes. Porém, em tais ocasiões, torna-se desnecessário repetir um grande número de vezes o experimento confirmatório de generalização, pois, se o caso verificado é representativo de todos os casos possíveis, todos eles são igualmente bons. Dois casos que não diferem em sua natureza representativa contam simplesmente como um só caso.

Regras de indução incompleta:

a) Os casos particulares devem ser provados e experimentados na quantidade suficiente (e necessária) para que possamos dizer (ou negar) tudo o que será legitimamente afirmado sobre a espécie, gênero, categoria etc.

b) Com a finalidade de poder afirmar, com certeza, que a própria natureza da coisa (fato ou fenômeno) é que provoca a sua propriedade (ou ação), além de grande quantidade de observações e experiências, é também necessário analisar (e destacar) a possibilidade de variações provocadas por circunstâncias acidentais. Se, depois disso, a propriedade, a ação, o fato ou o fenômeno continuarem a se manifestar da mesma forma, é evidente ou, melhor dizendo, é muito provável que a sua causa seja a própria natureza da coisa (fato ou fenômeno).

Para Souza, Rego Filho, Lins Filho, Lyra, Couto e Silva (1976, p. 64), a força indutiva dos argumentos por enumeração tem como justificativa os seguintes princípios: "(a) quanto maior a amostra, maior a força indutiva do argumento; (b) quanto mais representativa a amostra, maior a força indutiva do argumento".

Como a amostra é fator importante para a força indutiva do argumento, devemos examinar alguns casos em que problemas de amostra interferem na legitimidade da inferência:

a) **Amostra insuficiente**. Ocorre a falácia da amostra insuficiente quando a generalização indutiva é feita a partir de dados insuficientes para sustentar essa generalização.
Exemplos: Geralmente, preconceitos raciais, religiosos ou de nacionalidade desenvolvem-se (em pessoas predispostas) com base na observação de um ou alguns casos desfavoráveis, a partir dos quais se fazem amplas generalizações, que abrangem todos os elementos de uma categoria. Em um pequeno vilarejo do Estado de São Paulo, de 150 moradores, em determinado ano, duas pessoas morreram: uma, atropelada por uma carroça puxada a burro e outra, por insuficiência renal. Jamais se poderia dizer que 50% da população que falece no vilarejo X são por acidentes de trânsito e 50% por insuficiência renal. Os autores referenciados (1976, p. 64) citam uma pesquisa realizada com alunos dos colégios de João Pessoa: 40, pesquisados de diversas escolas, apresentaram quociente de inteligência entre 90 e 110 pontos. Pela amostra insuficiente, não se poderia concluir que os estudantes de João Pessoa possuem um QI entre 90 e 110.

b) **Amostra tendenciosa**. A falácia da estatística tendenciosa ocorre quando uma generalização indutiva se baseia em uma amostra não representativa da população.
Exemplo: Salmon (1978, p. 83) cita o exemplo da prévia eleitoral, realizada pelo *Literary Digest*, em 1936, quando Landon e Roosevelt eram candidatos à presidência dos EUA. A revista distribuiu cerca de dez milhões de cédulas de votação. Recebeu de volta, aproximadamente, dois milhões e duzentas e cinquenta mil. A amostra era suficientemente ampla para os objetivos, mas os resultados foram desastrosos, apontando nítida vantagem de Landon, mas Roosevelt é que foi eleito. Notou-se depois um desvio da pesquisa causado pela seleção de classe socioeconômica dos investigados: os endereços para o envio das cédulas foram retirados de listas telefônicas e de registros de proprietários de automóvel (com maior poder aquisitivo, mais bem colocados socialmente e, provavelmente, republicanos).

4 MÉTODOS DE ABORDAGEM

Veremos, nesta seção e na seguinte, dois tipos de métodos: os de abordagem e os de procedimento. Eles se situam em níveis claramente distintos no que se refere à sua linha filosófica, ao seu grau de abstração, à sua finalidade mais ou menos explicativa, à sua ação nas etapas mais ou menos concretas da investigação e ao momento em que se situam.

Com uma contribuição às tentativas de fazer distinção entre os termos, diríamos que os métodos de abordagem se caracterizam por uma abordagem mais ampla, em nível de abstração mais elevado, dos fenômenos da natureza e da sociedade. Assim, como já vimos na seção anterior, teríamos:

a) **Método indutivo**: a aproximação dos fenômenos caminha geralmente para planos cada vez mais abrangentes, indo das constatações mais particulares às leis e teorias (conexão ascendente).

b) **Método dedutivo**: partindo das teorias e leis, na maioria das vezes prediz a ocorrência dos fenômenos particulares (conexão descendente).

c) **Método hipotético-dedutivo**: inicia-se pela percepção de uma lacuna nos conhecimentos, acerca da qual formula hipóteses e, pelo processo de inferência dedutiva, testa a predição da ocorrência de fenômenos abrangidos pela hipótese.

d) **Método dialético**: penetra o mundo dos fenômenos através de sua ação recíproca, da contradição inerente ao fenômeno e da mudança dialética que ocorre na natureza e na sociedade.

4.1 Método dedutivo e indutivo

Dois exemplos servem para ilustrar a diferença entre argumentos dedutivos e indutivos.

Dedutivo:
Todo mamífero tem um coração.
Ora, todos os cães são mamíferos.
Logo, todos os cães têm um coração.

Indutivo:
Todos os cães que foram observados tinham um coração.
Logo, todos os cães têm um coração.

Segundo Salmon (1978, p. 30-31), as duas características básicas que distinguem os argumentos dedutivos dos indutivos são:

DEDUTIVOS	INDUTIVOS
1. Se todas as premissas são verdadeiras, a conclusão *deve* ser verdadeira.	1. Se todas as premissas são verdadeiras, a conclusão é provavelmente verdadeira, mas não necessariamente verdadeira.
2. Toda informação ou conteúdo factual da conclusão já estava, pelo menos implicitamente, nas premissas.	2. A conclusão encerra informação que não estava, sequer implicitamente, nas premissas.

Característica 1: no argumento dedutivo, para que a conclusão "todos os cães têm um coração" fosse falsa, uma das ou as duas premissas teriam de ser falsas: ou nem todos os cães são mamíferos, ou nem todos os mamíferos têm um coração. Já no argumento indutivo, é possível que a premissa seja verdadeira e a conclusão falsa: o fato de não se ter, até o presente, encontrado um cão sem coração não é garantia de que todos os cães têm um coração.

Característica 2: quando a conclusão do argumento dedutivo afirma que todos os cães têm um coração, está dizendo alguma coisa que, na verdade, já estava incluída nas premissas; portanto, como todo argumento dedutivo, apenas reformula ou enuncia de modo explícito a informação já contida nas premissas. Dessa forma, se a conclusão, a rigor, não diz mais que as premissas, ela tem de ser verdadeira se as premissas o forem. Por sua vez, no argumento indutivo, a premissa refere-se apenas aos cães já observados e a conclusão diz respeito a cães ainda não observados; portanto, a conclusão enuncia algo não contido nas premissas. É por esse motivo que a conclusão pode ser falsa, mesmo que as premissas sejam verdadeiras, visto que pode ser falso o conteúdo adicional que encerra.

4.1.1 Propósito do argumento dedutivo e do indutivo

Os argumentos dedutivos e os argumentos indutivos têm finalidades diversas: o dedutivo tem o propósito de explicar o conteúdo das premissas; o indutivo tem o desígnio de ampliar o alcance dos conhecimentos. Analisando isso sob outro enfoque, diríamos que os argumentos dedutivos ou estão corretos ou incorretos, ou as premissas sustentam de modo completo a conclusão ou, quando a forma é logicamente incorreta, não a sustenta de forma alguma; portanto, não há graduações intermediárias. Contrariamente, os argumentos indutivos admitem diferentes graus de força, dependendo da capacidade das premissas de sustentarem a conclusão. Resumindo, os argumentos indutivos aumentam o conteúdo das premissas, com sacrifício da precisão, ao passo que os argumentos dedutivos sacrificam a ampliação do conteúdo para atingir a certeza.

Os exemplos citados mostram as características e a diferença entre os argumentos dedutivos e indutivos, mas não expressam sua real importância para a ciência. Dois exemplos, também tomados de Salmon (1978), ilustram sua aplicação significativa para o conhecimento científico.

A relação entre evidência observacional e generalização científica é de tipo indutivo. Várias observações destinadas a determinar a posição do planeta Marte serviram de evidência para a primeira lei de Kepler, segundo a qual a órbita de Marte é elíptica. Essa lei refere-se à posição do planeta, observada ou não, isto é, o movimento passado era elíptico, o futuro também o será, assim como o é quando o planeta não pode ser observado, em decorrência de condições atmosféricas adversas. A lei – conclusão – tem conteúdo muito mais amplo do que as premissas – enunciados que descrevem as posições observadas.

Os argumentos matemáticos, por sua vez, são dedutivos. Na geometria euclidiana do plano, os teoremas são todos demonstrados com base em axiomas e postulados. Não obstante o conteúdo dos teoremas já esteja fixado neles, esse conteúdo está longe de ser óbvio.

4.1.2 Argumentos condicionais

Dentre as diferentes formas de argumentos dedutivos que o estudante pode encontrar em manuais de lógica e filosofia, os que mais nos interessam são os argumentos condicionais válidos. Eles são de dois tipos: afirmação do antecedente (*modus ponens*) e negação do consequente (*modus tollens*).

O primeiro tem a seguinte forma:

Se *p*, então *q*.
Ora, *p*.
Então, *q*.

Denomina-se *afirmação do antecedente*, porque a primeira premissa é um enunciado condicional e a segunda coloca o antecedente desse mesmo enunciado condicional; a conclusão é o consequente da primeira premissa.

Exemplos:
Se José tirar nota inferior a 5, será reprovado.
José tirou nota inferior a 5.
José será reprovado.

Se uma criança for frustrada em seus esforços para conseguir algo, reagirá agressivamente.
Ora, esta criança sofreu frustração.
Então, reagirá agressivamente.

Nem sempre os argumentos são colocados na forma-padrão, mas podem ser reduzidos a ela.

Exemplo: Esta sociedade apresenta um sistema de castas? Apresentará se for dividida em grupos hereditariamente especializados, hierarquicamente sobrepostos e mutuamente opostos e se se opuser, ao mesmo tempo, às misturas de sangue, às conquistas de posição e às mudanças de ofício? Como tudo isso aparece nesta sociedade, a resposta é "sim". Ou:

Se uma sociedade for dividida em grupos hereditariamente especializados, hierarquicamente sobrepostos e mutuamente opostos; se se opuser, ao mesmo tempo, às misturas de sangue, às conquistas de posição e às mudanças de ofício, então essa sociedade terá um sistema de castas.
Ora, essa sociedade apresenta tais características.

Então, é uma sociedade de castas.

O segundo tipo de argumento condicional válido tem a seguinte forma:

Se p, então q.
Ora, não q.
Então, não p.

A denominação de *negação do consequente* deriva do fato de que a primeira premissa é um enunciado e a segunda é uma negação do consequente desse mesmo enunciado condicional.

Exemplos:
Se a água ferver, então a temperatura alcança 100°.
A temperatura não alcançou 100°.

Então, a água não ferverá.

Se José for bem nos exames, então tinha conhecimento das matérias.
Ora José não tinha nenhum conhecimento das matérias.

Então, José não foi bem nos exames.

Salmon (1978, p. 42) cita um exemplo tirado da peça *Julius Caesar*, de Shakespeare, que não apresenta a forma-padrão e omite uma premissa; contudo, torna-se fácil identificá-la:
Ele não tomaria a coroa.
Logo, é certo que ele não era ambicioso.

Ou:
Se César fosse ambicioso, então teria tomado a coroa.
Ora, ele não tomou a coroa.
Então, César não era ambicioso.

4.2 Método hipotético-dedutivo

Popper (1975a, p. 536), ao defender uma atitude racional e crítica no exame das soluções de um problema, propunha a utilização do método hipotético-dedutivo, que se caracteriza pelo estabelecimento de conjecturas, que devem ser submetidas a testes diversos, bem como à crítica intersubjetiva, ao controle mútuo pela discussão crítica, a publicidade crítica e ao confronto com os fatos, a fim de verificar que hipóteses sobrevivem como mais aptas, o que configura tentativas de refutação e falseamento. O método científico parte de um *problema* (P_1), ao qual se oferece uma espécie de solução provisória, uma *teoria-tentativa* (TT), passando-se depois a criticar a solução, com vista à *eliminação do erro* (EE). Tal como no caso da dialética, esse processo se renovaria a si mesmo, dando surgimento a *novos problemas* (P_2).

4.2.1 Etapas do método hipotético-dedutivo segundo Popper

Esquematicamente, as etapas do método hipotético-dedutivo podem ser expressas da seguinte maneira:

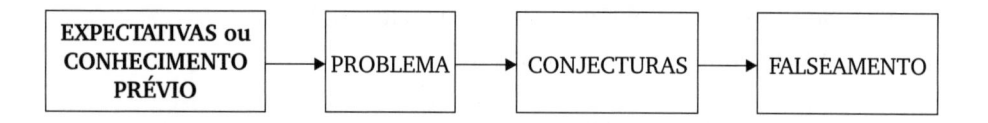

| EXPECTATIVAS ou CONHECIMENTO PRÉVIO | → | PROBLEMA | → | CONJECTURAS | → | FALSEAMENTO |

No processo investigatório, segundo Popper, temos:

1. Surgimento de um problema, originário, em geral, de conflitos ante expectativas e teorias existentes.
2. Solução proposta que consiste numa *conjectura* (nova teoria); dedução de consequências na forma de proposições passíveis de teste.
3. Testes de *falseamento* que são tentativas de refutação, entre outros meios, pela observação e experimentação.

Se a hipótese não supera os testes, estará falseada, refutada, e exige nova reformulação do problema e da hipótese, que, se superar os testes rigorosos, estará corroborada, confirmada provisoriamente, não definitivamente como querem os indutivistas.

Einstein vem em auxílio dessa característica da falseabilidade quando escreve a Popper nesses termos: "na medida em que um enunciado científico se refere à realidade, ele tem que ser falseável; na medida em que não é falseável, não se refere à realidade" (POPPER, 1975a, p. 346).

De forma completa, a proposição de Popper permite a seguinte esquematização:

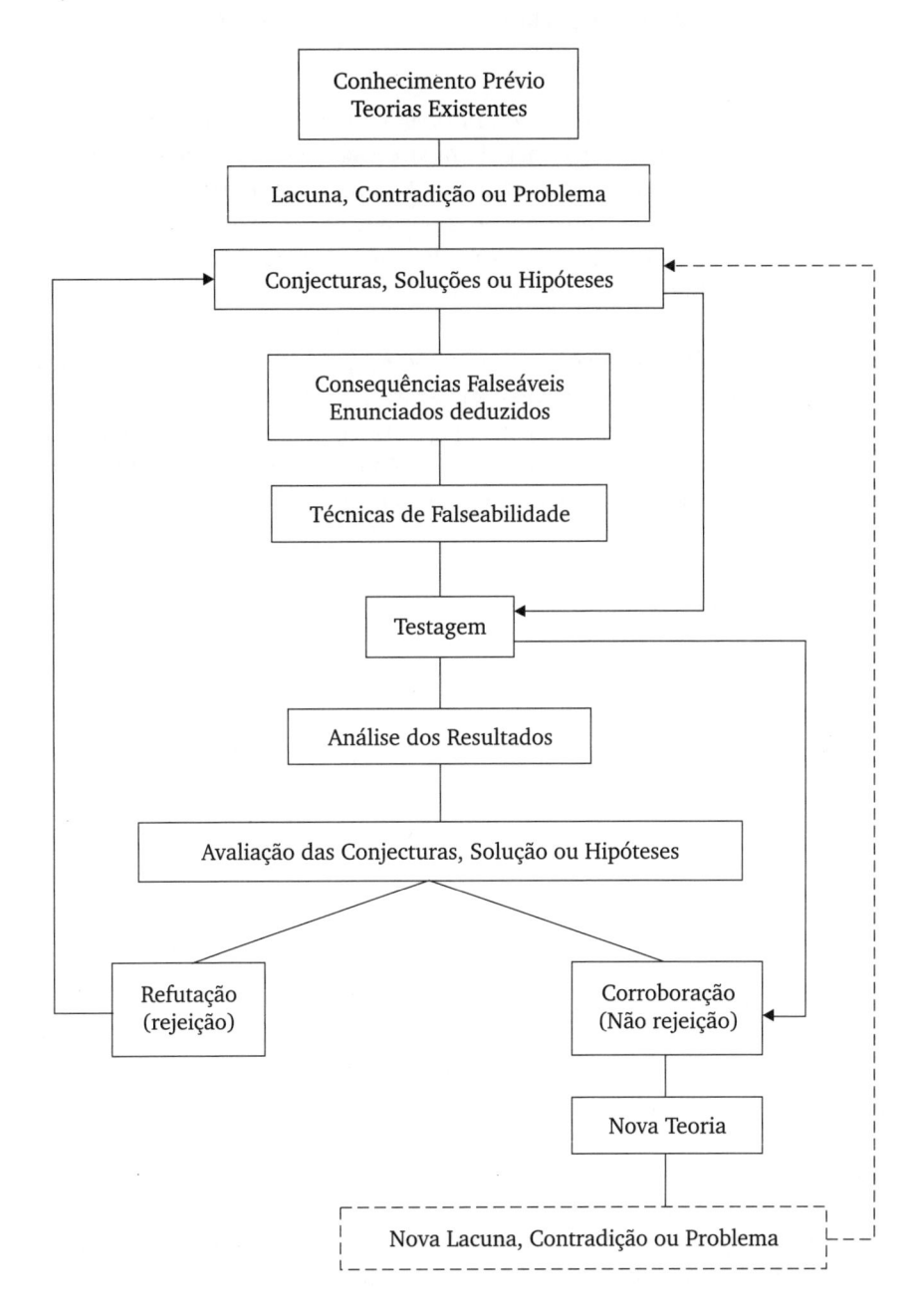

```
┌─────────────────────────┐
│  Conhecimento Prévio    │
│   Teorias Existentes    │
└───────────┬─────────────┘
            │
┌───────────┴─────────────┐
│ Lacuna, Contradição ou Problema │
└───────────┬─────────────┘
            │
┌───────────┴─────────────────────┐
│ Conjecturas, Soluções ou Hipóteses │◄─ ─ ─ ─ ┐
└───────────┬─────────────────────┘          │
            │                                 │
┌───────────┴─────────────┐                   │
│ Consequências Falseáveis │                  │
│  Enunciados deduzidos    │                  │
└───────────┬─────────────┘                   │
            │                                 │
┌───────────┴─────────────┐                   │
│ Técnicas de Falseabilidade │                │
└───────────┬─────────────┘                   │
            │                                 │
       ┌────┴────┐                            │
       │ Testagem │◄──────────────┐           │
       └────┬────┘                │           │
            │                     │           │
┌───────────┴─────────────┐       │           │
│  Análise dos Resultados  │      │           │
└───────────┬─────────────┘       │           │
            │                     │           │
┌───────────┴─────────────────────────────┐   │
│ Avaliação das Conjecturas, Solução ou Hipóteses │
└──────┬──────────────────────────┬───────┘   │
       │                          │           │
┌──────┴──────┐            ┌──────┴──────┐    │
│  Refutação   │            │ Corroboração │◄─┘
│  (rejeição)  │            │ (Não rejeição)│
└──────┬──────┘            └──────┬──────┘
       │                          │
       └─ ─ ─ ─ ─ ─ ─ ─ ─ ─       │
                                  │
                          ┌───────┴──────┐
                          │  Nova Teoria  │
                          └───────┬──────┘
                                  │
              ┌───────────────────┴──────────────┐
              │ Nova Lacuna, Contradição ou Problema │ ─ ─ ┘
              └──────────────────────────────────┘
```

A observação não é feita no vácuo e tem papel decisivo na ciência: ela é precedida por um problema, uma hipótese, enfim, algo teórico. A observação é ativa e seletiva, tendo como critério de seleção as "expectativas inatas". Só pode ser feita a partir de alguma coisa anterior. Essa coisa anterior é nosso conhecimento prévio ou nossas expectativas. Qualquer observação, escreve Popper (1977, p. 58),

> é uma *atividade com um objetivo* (encontrar ou verificar alguma regularidade que foi pelo menos vagamente vislumbrada); trata-se de uma *atividade norteada pelos problemas e pelo contexto de expectativas* ("horizonte de expectativas"). Não há experiência passiva. Não existe outra forma de percepção que não seja no contexto de interesses e expectativas, e, portanto, de regularidades e leis. Essas reflexões levaram-me à suposição de que a conjectura ou hipótese precede a observação ou percepção; temos expectativas inatas, na forma de expectativas latentes, que hão de ser ativadas por estímulos aos quais reagimos, via de regra, enquanto nos empenhamos na exploração ativa. Todo aprendizado é uma modificação de algum conhecimento anterior.

Podemos dizer que o ser humano é programado geneticamente e possui o que se chama *imprintação*. Os filhotes dos animais possuem um mecanismo inato para chegar a conclusões inabaláveis. A tartaruguinha, ao sair do ovo, corre para o mar, sem ninguém tê-la advertido do perigo que a ameaça se não mergulhar imediatamente na água; o animal, quando nasce no mato, sem ninguém tê-lo ensinado, corre e procura o lugar apropriado da mãe para alimentar-se; o recém-nascido tem expectativas de carinho e de alimento. Os processos de aprendizagem, pode-se dizer, consistem na formação de expectativas através de tentativas e erros (cf. POPPER, 1977, p. 50).

Concluindo, nascemos com expectativas e, no contexto dessas expectativas, é que se dá a observação: quando alguma coisa inesperada acontece, quando alguma expectativa é frustrada, quando alguma teoria cai em dificuldades. Portanto, a observação não é o ponto de partida da pesquisa, mas um problema. O crescimento do conhecimento marcha de velhos problemas para novos por intermédio de conjecturas e refutações.

4.2.1.1   Problema

A primeira etapa do método proposto por Popper é o surgimento do problema. Nosso conhecimento consiste em um conjunto de expectativas que formam como que uma moldura. A quebra dessa expectativa provoca uma dificuldade: o problema que vai desencadear a pesquisa. Toda investigação nasce de algum problema teórico/prático sentido, que dirá o que é relevante ou irrelevante observar, os dados que devem ser selecionados. Essa seleção exige uma hipótese, conjectura e/ou suposição, que servirá de guia ao pesquisador.

> Meu ponto de vista é [...] de que a ciência parte de problemas; que esses problemas aparecem nas tentativas que fazemos para compreender o mundo da nossa "'experiência" ("experiência" que consiste em grande parte de expectativas ou teorias, e também em parte em conhecimento derivado da observação – embora ache que não existe conhecimento derivado da observação pura, sem mescla de teorias e expectativas) (POPPER, 1972, p. 181).

4.2.1.2 Conjecturas

Conjectura é uma solução proposta em forma de proposição passível de teste, direto ou indireto, nas suas consequências, sempre dedutivamente: "Se . . . então". Se o antecedente ("se") é verdadeiro, também o será forçosamente o consequente ("então"), porque o antecedente consiste numa lei geral e o consequente é deduzido dela.

> *Exemplo*: Se – sempre que – um fio, levado a suportar um peso que excede àquele que caracteriza sua resistência, se romperá (lei universal), supondo que o peso para esse fio é de um quilo e a ele foram presos dois quilos (condições iniciais), deduzimos que esse fio se romperá (enunciado singular) (POPPER, 1975a, p. 62).

A conjectura é lançada para explicar ou prever o que despertou nossa curiosidade intelectual ou dificuldade teórica e/ou prática. No oceano dos fatos, só aquele que lança a rede das conjecturas poderá pescar alguma coisa.

As duas condições essenciais do enunciado-conjectura (hipóteses) são a compatibilidade com o conhecimento existente e a falseabilidade.

4.2.1.3 Tentativa de falseamento

Na terceira etapa do método hipotético-dedutivo, realizam-se os testes que consistem em tentativas de falseamento, de eliminação de erros. Um dos meios de teste, que não é o único, é a observação e experimentação; esse teste consiste em falsear, isto é, em tornar falsas as consequências deduzidas ou deriváveis da hipótese, mediante o *modus tollens*, ou seja, "se *p*, então *q*, ora não *q*, então não *p*"; se *q* é deduzível de *p*, mas *q* é falso, logicamente, *p* é falso.

Quanto mais falseável for uma conjectura, mais científica será, e será mais falseável quanto mais informativa e maior conteúdo empírico tiver.

> *Exemplo*: "Amanhã choverá" é uma conjectura que informa muito pouco (quando, como, onde etc.) e, por conseguinte, difícil de falsear, mas também sem maior importância. Não é facilmente falseável porque em algum lugar do mundo choverá. "Amanhã, em tal lugar, a tal hora, minuto e segundo, choverá torrencialmente" é facilmente falseável, porque tem grande conteúdo empírico, informativo. Bastará esperar naquele lugar, hora e minuto, para constatar a verdade ou falsidade da conjectura. Essas conjecturas altamente informativas são as que interessam à ciência. "É verificando a falsidade de nossas suposições que de fato estamos em contato com a realidade" (POPPER, 1975b, p. 331).

A indução tenta, a todo custo, confirmar, verificar a hipótese; busca acumular todos os casos concretos afirmativos possível. Popper, ao contrário, procura evidências empíricas para torná-la falsa, para derrubá-la. É claro que todos os casos positivos coletados não confirmarão a hipótese, como quer a indução; porém, um único caso negativo concreto será suficiente para falseá-la, como afirma Popper. Esse procedimento é mais fácil e possível de realizar. Se a conjectura resistir a testes severos, estará "corroborada", ou confirmada provisoriamente, como querem os indutivistas.

O termo *corroboração* é o correto. Confirmar uma hipótese é utópico, pois teríamos de acumular todos os casos positivos presentes, passados e futuros. Coisa impossível. No entanto, diremos que a não descoberta de caso concreto negativo corroborará a hipótese, o que, como afirma Popper, não excede o nível da provisoriedade: é válida, porquanto superou todos os testes, porém, não definitivamente confirmada, pois poderá surgir um fato que a invalide, como tem acontecido com muitas leis e teorias na história da ciência.

Toda hipótese é válida conquanto não se recuse a submeter-se ao teste empírico e intersubjetivo de falseamento. Intersubjetivo, defende Popper (1975a, p. 44-45), porque a objetividade não existe: "Direi que a objetividade dos enunciados científicos está no fato de que podem ser testados intersubjetivamente", isto é, por meio da crítica.

4.2.2 Método hipotético-dedutivo segundo Bunge

Para Bunge (1974a, p. 72), as etapas desse método são:

a) **Colocação do problema**:
   - **Reconhecimento dos fatos**: exame, classificação preliminar e seleção dos fatos que, com maior probabilidade, são relevantes no que respeita a algum aspecto.
   - **Descoberta do problema**: encontro de lacunas ou incoerências no saber existente.
   - **Formulação do problema**: colocação de uma questão que tenha alguma probabilidade de ser correta; em outras palavras, redução do problema a um núcleo significativo, com probabilidades de ser solucionado e de apresentar-se frutífero, com o auxílio do conhecimento disponível.

b) **Construção de um modelo teórico**:
   - **Seleção dos fatores pertinentes**: invenção de suposições plausíveis que se relacionem a variáveis supostamente pertinentes.
   - **Invenção das hipóteses centrais e das suposições auxiliares**: proposta de um conjunto de suposições que sejam concernentes a supostos nexos entre as variáveis (por exemplo, enunciado de leis que se espera possam amoldar-se aos fatos ou fenômenos observados).

c) **Dedução de consequências particulares**:
   - **Procura de suportes racionais**: dedução de consequências particulares que, no mesmo campo, ou campos contíguos, possam ter sido verificadas.
   - **Procura de suportes empíricos**: tendo em vista as verificações disponíveis ou concebíveis, elaboração de predições ou retrodições, tendo por base um modelo teórico e dados empíricos.

d) **Teste das hipóteses**:

- **Esboço da prova:** planejamento de meios para pôr à prova as predições e retrodições; determinação tanto das observações, medições, experimentos quanto das demais operações instrumentais.
- **Execução da prova:** realização das operações planejadas e nova coleta de dados.
- **Elaboração dos dados:** procedimentos de classificação, análise, redução e outros, referentes aos dados empíricos coletados.
- **Inferência da conclusão:** à luz de um modelo teórico, interpretação dos dados já elaborados.

e) **Adição ou introdução das conclusões na teoria:**
- **Comparação das conclusões com as predições e retrodições:** contraste dos resultados da prova com as consequências deduzidas do modelo teórico, precisando o grau em que este pode, agora, ser considerado confirmado ou não (inferência provável).
- **Reajuste do modelo:** caso necessário, eventual correção ou reajuste do modelo.
- **Sugestões para trabalhos posteriores:** caso o modelo não tenha sido confirmado, procura dos erros na teoria ou nos procedimentos empíricos; caso contrário – confirmação –, exame de possíveis extensões ou desdobramentos, inclusive em outras áreas do saber.

4.3 Método dialético

4.3.1 Leis da dialética

Os diferentes autores que interpretaram a dialética materialista não estão de acordo quanto ao número de leis fundamentais do método dialético: alguns apontam três e outros, quatro. Quanto à denominação e à ordem de apresentação, estas também variam. Numa tentativa de unificação, diríamos que as quatro leis fundamentais são:

a) Ação recíproca, unidade polar ou "tudo se relaciona".
b) Mudança dialética, negação da negação ou "tudo se transforma".
c) Passagem da quantidade à qualidade ou mudança qualitativa.
d) Interpenetração dos contrários, contradição ou luta dos contrários.

4.3.1.1 Ação recíproca

Ao contrário da metafísica, que concebe o mundo como um conjunto de coisas estáticas, a dialética o compreende como um conjunto de processos. Para Engels (*In:* POLITZER, 1979, p. 214), a dialética é a

> grande ideia fundamental segundo a qual o mundo não deve ser considerado como um complexo de *coisas acabadas*, mas como um complexo de *processos* em que as coisas, na aparência estáveis, do mesmo modo que os seus reflexos intelectuais no nosso cérebro, as ideias, passam por uma mudança ininterrupta de devir e decadência, em que, finalmente, apesar de todos os insucessos aparentes e retrocessos momentâneos, um desenvolvimento progressivo acaba por se fazer hoje.

Portanto, para a dialética, as coisas não devem ser analisadas na qualidade de objetos fixos, mas em movimento: nenhuma coisa está acabada, encontrando-se sempre em vias de se transformar, desenvolver; o fim de um processo é sempre o começo de outro. As coisas não existem isoladas, destacadas uma das outras e independentes, mas como um todo unido, coerente. Tanto a natureza quanto a sociedade são compostas de objetos e fenômenos organicamente ligados entre si, dependendo uns dos outros e, ao mesmo tempo, condicionando-se reciprocamente.

Stalin (*In:* POLITZER; BESSE; CAVEING, [197-], p. 37) refere-se a essa interdependência e ação recíproca, indicando ser por esse motivo

> que o método dialético considera que nenhum fenômeno da natureza pode ser compreendido, quando encarado isoladamente, fora dos fenômenos circundantes; porque, qualquer fenômeno, não importa em que domínio da natureza, pode ser convertido num contrassenso quando considerado fora das condições que o cercam, quando destacado destas condições; ao contrário, qualquer fenômeno pode ser compreendido e explicado, quando considerado do ponto de vista de sua ligação indissolúvel com os fenômenos que o rodeiam, quando considerado tal como ele é, condicionado pelos fenômenos que o circundam.

Politzer, Besse e Caveing ([197-], p. 38-39) citam dois exemplos práticos, referentes à primeira lei do método dialético. No primeiro exemplo, determinada mola de metal não pode ser considerada à parte do universo que a rodeia. Foi produzida pela sociedade com metal extraído da terra (natureza). Mesmo em repouso, a mola não se apresenta independente do ambiente: atuam sobre ela a gravidade, o calor, a oxidação etc., condições que podem modificá-la, tanto em sua posição quanto em sua natureza (ferrugem). Se um pedaço de chumbo for suspenso na mola, exercerá sobre ela determinada força, distendendo-a até seu ponto de resistência: o peso age sobre a mola, que também age sobre o peso; mola e peso formam um todo, em que há interação e conexão recíproca. A mola é formada por moléculas ligadas entre si por uma força de atração de tal forma que, além de certo peso, não podendo distender-se mais, a mola se quebra, o que significa o rompimento da ligação entre determinadas moléculas. Portanto, a mola não distendida, a distendida e a rompida apresentam, de cada vez, um tipo diferente de ligações entre as moléculas. Por sua vez, se a mola for aquecida, haverá uma modificação de outro tipo entre as moléculas (dilatação):

> Diremos que, em sua natureza e em suas deformações diversas, a mola se constitui por *interação* dos milhões de moléculas de que se compõe. Mas a própria interação está *condicionada* às relações existentes entre a mola (no seu conjunto) e o meio ambiente: a mola e o meio que a rodeia formam um *todo*; há entre eles *ação recíproca*.

O segundo exemplo enfoca a planta, que fixa o oxigênio do ar, mas também interfere no gás carbônico e no vapor d'água, e essa interação modifica, ao mesmo tempo, a planta e o ar. Além disso, utilizando a energia fornecida pela luz solar, opera uma síntese de matérias orgânicas, desenvolvendo-se. Ora, esse processo de desenvolvimento transforma, também, o solo. Portanto, a planta não existe a não ser em unidade e ação recíproca com ambiente.

Em resumo, todos os aspectos da realidade (da natureza ou da sociedade) prendem-se por laços necessários e recíprocos. Essa lei leva à necessidade de avaliar uma situação, um acontecimento, uma tarefa, uma coisa, do ponto de vista das condições que os determinam e, assim, os explicam.

4.3.1.2 Mudança dialética

Todas as coisas implicam um processo, como já vimos. Essa lei é verdadeira para todo o movimento ou transformação das coisas, tanto para as reais quanto para seus reflexos no cérebro (ideias). Se todas as coisas e ideias se movem, se transformam, se desenvolvem, significa que constituem processos, e toda extinção das coisas é relativa, limitada, mas seu movimento, transformação ou desenvolvimento é absoluto. Porém, ao unificar-se, o movimento absoluto coincide com o repouso absoluto.

Todo movimento, transformação ou desenvolvimento opera por meio das contradições ou mediante a negação de uma coisa – essa negação se refere à transformação das coisas. Dito de outra forma, a negação de uma coisa é o ponto de transformação das coisas em seu contrário. Ora, a negação, por sua vez, é negada. Por isso se diz que a mudança dialética é a negação da negação.

A negação da negação tem algo positivo, tanto do ponto de vista da lógica, no pensamento, quanto da realidade: como negação e afirmação são noções polares, a negação da afirmação implica negação, mas a negação da negação implica afirmação. "Quando se nega algo, diz-se não. Esta, a primeira negação. Mas, se se repete a negação, isto significa sim. Segunda negação. O resultado é algo positivo" (THALHEIMER, 1979, p. 92).

Uma dupla negação em dialética não significa o restabelecimento da afirmação primitiva, que conduziria de volta ao ponto de partida, mas resulta numa nova coisa. O processo da dupla negação engendra novas coisas ou propriedades: uma nova forma que suprime e contém, ao mesmo tempo, as primitivas propriedades. Como lei do pensamento, assume a seguinte forma: o ponto de partida é a *tese*, proposição positiva; essa proposição se nega ou se transforma em sua contrária – a proposição que nega a primeira é a *antítese* e constitui a segunda fase do processo; quando a segunda proposição, antítese, é, por sua vez, negada, obtém-se a terceira proposição ou *síntese*, que é a negação da tese e da antítese, obtida por intermédio de uma proposição positiva superior, ou seja, obtida por meio de dupla negação.

A união dialética não é uma simples adição de propriedades de duas coisas opostas, simples mistura de contrários, pois isso seria um obstáculo ao desenvolvimento. A característica do desenvolvimento dialético é que ele prossegue através de negações.

> *Exemplo*: Toma-se um grão de trigo. Para que ele seja o ponto de partida de um processo de desenvolvimento, é posto na terra. Com isso, o grão de trigo desaparece, sendo substituído pela espiga (primeira negação – o grão de trigo desapareceu, transformando-se em planta). A seguir, a planta cresce, produz, por sua vez, grãos de trigo e morre (segunda negação: a planta desaparece depois de produzir não somente o grão, que a originou, mas também outros grãos que podem, inclusive, ter qualidades novas, em pequeno grau; as pequenas modificações,

pela sua acumulação, segundo a teoria de Darwin, podem, porém, originar novas espécies). Portanto, a dupla negação, quando restabelece o ponto de partida primitivo, faz isso a um nível mais elevado, que pode ser quantitativa ou qualitativamente diferente (ou ambas).

Segundo Engels (*In*: POLITZER, 1979, p. 202),

> para a dialética não há nada de definitivo, de absoluto, de sagrado; apresenta a caducidade de todas as coisas e em todas as coisas e, para ela, nada existe além do processo ininterrupto do devir e do transitório.

Nada é sagrado significa que nada é imutável, que nada escapa ao movimento, à mudança. O devir expressa que tudo tem uma "história". Tomando como exemplo uma maçã e um lápis, veremos que a maçã resulta da flor, que resulta da árvore – macieira – e que, de fruto verde, a maçã passa a madura, cai, apodrece, liberta sementes que, por sua vez, darão origem a novas macieiras, se nada interromper a sequência. Portanto, as fases se sucedem, necessariamente, sob o domínio de forças internas que chamaremos de *autodinamismo*. Por sua vez, para que haja um lápis, uma árvore tem de ser cortada, transformada em prancha, adicionando-lhe grafite, tudo sob a intervenção do ser humano. Dessa forma, na "história" do lápis, as fases se justapõem, mas a mudança não é dialética, é mecânica.

Assim, "quem diz dialética, não diz só movimento, mas, também, autodinamismo" (POLITZER, 1979, p. 205).

4.3.1.3 Passagem da quantidade à qualidade

Trata-se aqui de analisar a mudança contínua, lenta ou a descontínua, através de saltos. Engels (*In*: POLITZER, 1979, p. 255) afirma que, "em certos graus de mudança quantitativa, produz-se, subitamente, uma conversão qualitativa". E exemplifica com o caso da água. Partindo, por exemplo, de 20°, se começarmos a elevar sua temperatura, teremos, sucessivamente, 21°, 22°, 23° ... 98°. Durante este tempo, a mudança é contínua. Se elevarmos ainda mais a temperatura, alcançaremos 99° e, ao chegarmos a 100°, ocorrerá uma mudança brusca, *qualitativa*. A água se transformará em vapor. Agindo ao contrário, esfriando a água, obteríamos 19°, 18° . . . 1°. Chegando a 0°, nova mudança brusca, a água se transforma em gelo. Assim, entre 1° e 99° temos mudanças quantitativas. Acima ou abaixo desse limite, a mudança é qualitativa.

Dessa forma, a mudança das coisas não pode ser indefinidamente quantitativa: transformando-se, em determinado momento sofrem mudança qualitativa. A quantidade transforma-se em qualidade.

Um exemplo, na sociedade, seria o do indivíduo que se apresenta como candidato, a determinado mandato. Se o número de votos necessário para que seja eleito é 5.000, com 4.999 ele continuaria a ser apenas um candidato, porque não seria eleito. Se, porém, recebesse um voto a mais, a mudança quantitativa determinaria a qualitativa: passaria de candidato a eleito. Da mesma forma, se um vestibulando necessita de 70 pontos para ser aprovado, com 69 será apenas um indivíduo que prestou exame vestibular, mas com 70 passará a universitário.

Denominamos *mudança quantitativa* o simples aumento ou diminuição de quantidade. Por sua vez, a mudança qualitativa seria a passagem de uma qualidade ou de um estado para outro. O importante é lembrar que a mudança qualitativa não é obra do acaso, pois decorre necessariamente da mudança quantitativa; voltando ao exemplo da água, do aumento progressivo do calor ocorre a transformação em vapor, a 100°, supondo-se normal a pressão atmosférica. Se ela mudar, então, como tudo se relaciona (primeira lei da dialética), mudará também o ponto de ebulição. Mas, para dado corpo e certa pressão atmosférica, o ponto de ebulição será sempre o mesmo, demonstrando que a mudança de qualidade não é uma ilusão: é um fato objetivo, material, cuja ocorrência obedece a uma lei natural. Em consequência, é previsível: a ciência pesquisa (e estabelece) quais são as mudanças de quantidade necessárias para que se produza dada mudança de qualidade.

Segundo Stalin (*In:* POLITZER; BESSE; CAVEING, [197-], p. 58),

> em oposição à metafísica, a dialética considera o processo de desenvolvimento, não como um simples processo de crescimento, em que as mudanças quantitativas não chegam a se tornar mudanças qualitativas, mas como um desenvolvimento que passa, das mudanças quantitativas insignificantes e latentes, para as mudanças aparentes e radicais, as mudanças qualitativas. Por vezes, as mudanças qualitativas não são graduais, mas rápidas, súbitas, e se operam por saltos de um estado a outro; essas mudanças não são contingentes, mas necessárias; são o resultado da acumulação de mudanças quantitativas insensíveis e graduais.

Essa colocação de Stalin não quer dizer que todas as mudanças qualitativas se operam em forma de crises, explosões súbitas. Há casos em que a passagem para a qualidade nova é realizada através de mudanças qualitativas graduais, como ocorre com as transformações de uma língua.

4.3.1.4 Interpenetração dos contrários

Considerando que toda realidade é movimento e que o movimento, sendo universal, assume as formas quantitativas e qualitativas, necessariamente ligadas entre si e que se transformam uma na outra, a pergunta que surge é: qual o *motor* da mudança e, em particular, da transformação da quantidade em qualidade ou de uma qualidade para outra nova?

Politzer, Besse e Caveing ([197-], p. 70-71), citando Stalin, indicam que,

> em oposição à metafísica, a dialética parte do ponto de vista de que os objetos e os fenômenos da natureza supõem contradições internas, porque todos têm um lado negativo e um lado positivo, um passado e um futuro; todos têm elementos que desaparecem e elementos que se desenvolvem; a luta desses contrários, a luta entre o velho e o novo, entre o que morre e o que nasce, entre o que perece e o que evolui, é o conteúdo interno do processo de desenvolvimento, da conversão das mudanças quantitativas em mudanças qualitativas.

Estudando-se a contradição, como princípio do desenvolvimento, é possível destacar seus principais caracteres:

a) **A contradição é interna**. Toda realidade é movimento e não há movimento que não seja consequência de uma luta de contrários, de sua contradição interna, isto é, essência do movimento considerado e não exterior a ele. *Exemplo*: a planta surge da semente e o seu aparecimento implica o desaparecimento da semente. Isto acontece com toda a realidade: se ela muda, é por ser, *em essência*, algo diferente dela. As contradições internas é que geram o movimento e o desenvolvimento das coisas.

b) **A contradição é inovadora**. Não basta constatar o caráter interno da contradição. É necessário, ainda, frisar que essa contradição é a *luta entre o velho e o novo*, entre o que morre e o que nasce, entre o que perece e o que se desenvolve.

Exemplo: É na criança e *contra* ela que cresce o adolescente; é no adolescente e *contra* ele que amadurece o adulto. Não há vitória sem luta. "O dialético sabe que, onde se desenvolve uma contradição, lá está a fecundidade, lá está a presença do novo, a promessa de sua vitória" (POLITZER; BESSE; CAVEING, [197-], p. 74).

c) **Unidade dos contrários**. A contradição encerra dois termos que se opõem: para isso, é preciso que seja uma *unidade*, a unidade dos contrários. *Exemplos*: existe, em um dia, um período de luz e um período de escuridão. Pode ser um dia de 12 horas e uma noite de 12 horas. Portanto, dia e noite são dois opostos que se excluem entre si, o que não impede que sejam iguais e constituam as duas partes de um mesmo dia de 24 horas. Na natureza existem o repouso e o movimento, que são contrários entre si. Para o físico, entretanto, o repouso é uma espécie de movimento e, reciprocamente, o movimento pode ser considerado como uma espécie de repouso. Portanto, existe unidade entre os contrários, apresentando-os em sua unidade indissolúvel.

Politzer, Besse e Caveing ([197-], p. 77-79) afirmam:

> Essa unidade dos contrários, essa ligação recíproca dos contrários, assume um sentido particularmente importante quando, em dado momento do processo os contrários se convertem um no outro [o dia se transforma em noite e vice-versa]; [...] a unidade dos contrários é condicionada, temporária, passageira, relativa. A luta dos contrários, que, reciprocamente, se excluem, é absoluta, como absolutos são o desenvolvimento e o movimento.

5 MÉTODOS DE PROCEDIMENTO

Os métodos de procedimento, diferentemente dos métodos de abordagem, constituem etapas mais concretas da investigação, com finalidade mais restrita em termos de explicação geral dos fenômenos e menos abstratas. Pode-se dizer até que são técnicas que, pelo uso mais abrangente, se erigiram em métodos. Pressupõem uma atitude concreta em relação ao fenômeno e estão limitados a um domínio particular.

São os seguintes os métodos de procedimento: o histórico, o comparativo, o monográfico, o estatístico, o tipológico, o funcionalista, o estruturalista, o etnográfico, o clínico.

5.1 Método histórico

Para Lakatos (1981, p. 32), o método histórico foi promovido por Boas:

Partindo do princípio de que as atuais formas de vida social, as instituições e os costumes têm origem no passado, é importante pesquisar suas raízes, para compreender sua natureza e função. Assim, o método histórico consiste em investigar acontecimentos, processos e instituições do passado para verificar a sua influência na sociedade de hoje, pois as instituições alcançaram sua forma atual através de alterações de suas partes componentes, ao longo do tempo, influenciadas pelo contexto cultural particular de cada época. Seu estudo, para uma melhor compreensão do papel que atualmente desempenham na sociedade, deve remontar aos períodos de sua formação e de suas modificações.

Exemplos: Para compreender a noção atual de família e parentesco, pesquisam-se no passado os diferentes elementos constitutivos dos vários tipos de família e as fases de sua evolução social; para descobrir as causas da decadência da aristocracia cafeeira, investigam-se os fatores socioeconômicos do passado.

Portanto, colocando os fenômenos, como, por exemplo, as instituições, no ambiente social em que nasceram, entre as suas condições "concomitantes", torna-se mais fácil sua análise e compreensão, no que diz respeito à gênese e ao desenvolvimento, assim como às sucessivas alterações; ao permitir a comparação de sociedades diferentes, o método histórico preenche os vazios dos fatos e acontecimentos, apoiando-se em um tempo, mesmo que artificialmente reconstruído, que assegura a percepção da continuidade e do entrelaçamento dos fenômenos.

5.2 Método comparativo

O método comparativo, para Lakatos (1981, p. 32), foi empregado por Tylor, que considerava que "o estudo das semelhanças e diferenças entre diversos tipos de grupos, sociedades ou povos contribui para uma melhor compreensão do comportamento humano". E continua:

> Este método realiza comparações, com a finalidade de verificar similitudes e explicar divergências. O método comparativo é usado tanto para comparações de grupos no presente, no passado, ou entre os existentes e os do passado, quanto entre sociedades de iguais ou de diferentes estágios de desenvolvimento.

Exemplos: Modo de vida rural e urbano no Estado de São Paulo; características sociais da colonização portuguesa e espanhola na América Latina; classes sociais no Brasil, na época colonial e atualmente; organização de empresas norte-americanas e japonesas; a educação entre os povos ágrafos e os tecnologicamente desenvolvidos.

Ocupando-se da explicação dos fenômenos, o método comparativo permite analisar o dado concreto, deduzindo do mesmo os elementos constantes, abstratos e gerais. Constitui uma verdadeira "experimentação indireta". É empregado em estudos de largo alcance (desenvolvimento da sociedade capitalista) e de setores concretos (comparação de tipos específicos de eleições), assim como para estudos qualitativos (diferentes formas de governo) e quantitativos (taxa de escolarização de países desenvolvidos e subdesenvolvidos). Pode ser utilizado em todas as fases e níveis de investigação: num estudo descritivo, pode averiguar a analogia entre os elementos de uma estrutura (regime presidencialista americano e francês) ou analisar tais elementos; nas classificações, permite a construção de tipologias (cultura de *folk* e civilização); finalmente, em nível de explicação, pode, até certo ponto, apontar vínculos causais entre fatores presentes e ausentes.

5.3 Método monográfico

Esse método foi criado, segundo Lakatos (1981, p. 33), por Frédéric Le Play,

> que o empregou ao estudar famílias operárias na Europa. Partindo do princípio de que qualquer caso que se estude em profundidade pode ser considerado representativo de muitos outros ou até de todos os casos semelhantes, o método monográfico consiste no estudo de determinados indivíduos, profissões, condições, instituições, grupos ou comunidades, com a finalidade de obter generalizações. A investigação deve examinar o tema escolhido, observando todos os fatores que o influenciaram e analisando-o em todos os seus aspectos.
>
> *Exemplos*: Estudo de delinquentes juvenis; da mão de obra volante; do papel social da mulher ou dos idosos na sociedade; de cooperativas; de um grupo de índios; de bairro rurais.

Em seu início, o método consistia no exame de aspectos particulares, como, por exemplo, orçamento familiar, características de profissões ou de indústrias domiciliares, custo de vida etc. Entretanto, o estudo monográfico pode, também, em vez de se concentrar em um aspecto, abranger o conjunto das atividades de um grupo social particular, como cooperativas ou um grupo indígena. A vantagem do método consiste em respeitar a "totalidade solidária" dos grupos, ao estudar, em primeiro lugar, a vida do grupo na sua unidade concreta, evitando, portanto, a prematura dissociação de seus elementos. São exemplos desse tipo de estudo as monografias regionais, as rurais, as de aldeia e, até, as urbanas.

5.4 Método estatístico

Segundo Lakatos (1981, p. 33), o método estatístico foi planejado por Adolphe Quételet:

> Os processos estatísticos permitem obter, de conjuntos complexos, representações simples e constatar se essas verificações simplificadas têm relações entre si. Assim, o método estatístico significa redução de fenômenos sociológicos, políticos, econômicos etc. a termos quantitativos e a manipulação estatística, que permite comprovar as relações dos fenômenos entre si e obter generalizações sobre sua natureza, ocorrência ou significado.
>
> *Exemplos*: Verificar a correlação entre nível de escolaridade e número de filhos; pesquisar as classes sociais dos estudantes universitários e o tipo de lazer preferido pelos estudantes de 1º e 2º graus [estudo fundamental e médio].

O papel do método estatístico é, antes de tudo, fornecer uma descrição quantitativa da sociedade, considerada como um todo organizado. Por exemplo, definem-se e delimitam-se as classes sociais, especificando as características dos membros dessas classes e, em seguida, mede-se a sua importância ou a variação, ou qualquer outro atributo quantificável que contribua para o seu melhor entendimento. A estatística, porém, pode ser considerada mais do que apenas um meio de descrição racional; é, também, um método de experimentação e prova, pois é método de análise.

5.5 Método tipológico

Lakatos (1981, p. 33-34) entende que o método tipológico "foi habilmente empregado por Max Weber". É um método que

> apresenta certas semelhanças com o método comparativo. Ao comparar fenômenos sociais complexos, o pesquisador cria tipos ou modelos ideais, construídos a partir da análise de aspectos

essenciais do fenômeno. A característica principal do tipo ideal é não existir na realidade, mas servir de modelo para a análise e compreensão de casos concretos, realmente existentes. Weber, através da classificação e comparação de diversos tipos de cidades, determinou as características essenciais da cidade; da mesma maneira, pesquisou as diferentes formas de capitalismo para estabelecer a caracterização ideal do capitalismo moderno; e, partindo do exame dos tipos de organização, apresentou o tipo ideal de organização burocrática.

Exemplo: Estudo de todos os tipos de governo democrático, do presente e do passado, para estabelecer as características típicas ideais da democracia.

Para Weber, a vocação prioritária do cientista é separar os juízos de realidade (o que é) e os juízos de valor (o que deve ser) da análise científica, com a finalidade de perseguir o conhecimento pelo conhecimento. Assim, o tipo ideal não é uma hipótese, pois se configura como uma proposição que corresponde a uma realidade concreta; portanto, é abstrato; não é uma descrição da realidade, pois só retém, através de um processo de comparação e seleção de similitudes, certos aspectos dela; também não pode ser considerado como um "termo médio", pois seu significado não emerge da noção quantitativa da realidade. O tipo ideal não expressa a totalidade da realidade, mas seus aspectos significativos, os caracteres mais gerais, os que se encontram regularmente no fenômeno estudado.

O tipo ideal, segundo Weber, diferencia-se do conceito, porque não se contenta com selecionar a realidade, mas também a enriquece. O papel do cientista consiste em ampliar certas qualidades e fazer ressaltar certos aspectos do fenômeno que pretende analisar.

Entretanto, só podem ser objeto de estudo do método tipológico os fenômenos que se prestam a uma divisão, a uma dicotomia de "tipo" e "não tipo". Os próprios estudos efetuados por Weber demonstram essa característica:

- "Cidade" – "outros tipos de povoamento".
- "Capitalismo" – "outros tipos de estrutura socioeconômica".
- "Organização burocrática" – "organização não burocrática".

5.6 Método funcionalista

Lakatos (1981, p. 34), depois de afirmar que esse método foi utilizado por Malinowski, assim o define:

É, a rigor, mais um método de interpretação do que de investigação. Levando-se em consideração que a sociedade é formada por partes componentes, diferenciadas, inter-relacionadas e interdependentes, satisfazendo, cada uma, funções essenciais da vida social, e que as partes são mais bem entendidas compreendendo-se as funções que desempenham no todo, o método funcionalista estuda a sociedade do ponto de vista da função de suas unidades, isto é, como um sistema organizado de atividades.

Exemplos: Análise das principais diferenciações de funções que devem existir num pequeno grupo isolado, para que o mesmo sobreviva; averiguação da função dos usos e costumes no sentido de assegurar a identidade cultural de um grupo.

O método funcionalista considera, de um lado, a sociedade como uma estrutura complexa de grupos ou indivíduos, reunidos numa trama de ações e reações sociais; de outro, como um sistema de instituições correlacionadas entre si, agindo e reagindo umas em relação às outras. Qualquer que seja o enfoque, fica claro que o conceito de sociedade é visto como um todo em funcionamento, um sistema em operação. E o papel das partes nesse todo é compreendido como *funções* no complexo de estrutura e organização.

Na analogia spenceriana da sociedade com um organismo biológico, a função de uma instituição social toma com Durkheim a característica de uma correspondência entre ela e as necessidades do organismo social. Durkheim chega a fazer distinção entre o funcionamento "normal" e "patológico" das instituições, mas é com Malinowski que a análise funcionalista envolve a afirmação dogmática da integração funcional de toda a sociedade, onde cada parte tem uma função específica a desempenhar no todo.

Merton, por sua vez, critica a concepção do papel indispensável de todas as atividades, normas, práticas, crenças etc. para o funcionamento da sociedade. Cria então o conceito de *funções manifestas* e *funções latentes*.

Exemplos: A função da família é ordenar as relações sexuais, atender à reprodução, satisfazer às necessidades econômicas de seus membros e às educacionais, sob a forma de socialização e transmissão de *status*; a função da escola é educar a população, inclusive no aspecto profissional. Essas finalidades, pretendidas e esperadas das organizações, são denominadas *funções manifestas*.

A análise da real atuação das organizações sociais demonstra que, ao realizar suas funções manifestas, muitas vezes elas obtêm consequências não pretendidas, não esperadas e, inclusive, não reconhecidas, denominadas *funções latentes*. Pode-se citar que a ideologia dominante em uma democracia é a de que todos devem ter as mesmas oportunidades, o que leva os componentes da sociedade à crença de que todos são iguais; ora, a função latente manifesta-se num aumento de inveja, já que até mesmo o sistema educacional amplia as desigualdades existentes entre os indivíduos, de acordo com o grau de escolaridade (e as oportunidades reais de obter educação superior são "determinadas" pela classe social).

5.7 Método estruturalista

Desenvolvido por Lévi-Strauss. O método parte da investigação de um fenômeno concreto, eleva-se a seguir ao nível do abstrato, por intermédio da constituição de um modelo que represente o objeto de estudo, retornando por fim ao concreto, dessa vez como uma realidade estruturada e relacionada com a experiência do sujeito social. Considera que uma linguagem abstrata deve ser indispensável para assegurar a possibilidade de comparar experiências à primeira vista irredutíveis que, se assim permanecessem, nada poderiam ensinar; em outras palavras, não poderiam ser estudadas. Dessa forma, o método estruturalista caminha do concreto para o abstrato e vice-versa, dispondo, na segunda etapa, de um modelo para analisar a realidade concreta dos diversos fenômenos.

> *Exemplos*: Estudo das relações sociais e da posição que elas determinam para os indivíduos e os grupos, com a finalidade de construir um modelo que passa a retratar a estrutura social onde ocorrem tais relações. Verificação das leis que regem o casamento e o sistema de parentesco das sociedades primitivas, ou modernas, através da construção do modelo que represente os diferentes indivíduos e suas relações, no âmbito do matrimônio e parentesco (no primeiro caso, basta um modelo mecânico, pois os indivíduos são pouco numerosos; no segundo, será necessário um modelo estatístico).

Para penetrar na realidade concreta, a mente constrói modelos que não são diretamente observáveis na própria realidade, mas a retratam fidedignamente, em virtude de a razão simplificante do modelo corresponder à razão explicante da mente, isto é, sob todos os fenômenos existe uma estrutura invariante e é por esse motivo que ela é objetiva. Assim, toda análise deve levar a um modelo, cuja característica é a possibilidade de explicar a totalidade do fenômeno, assim como a sua variabilidade aparente, porque, por intermédio da simplificação (representação simplificada), o modelo atinge o nível inconsciente e invariante: resume o fenômeno e propicia sua inteligibilidade. Utilizando-se o método estruturalista, não se analisam os elementos em si, mas as relações que entre eles ocorrem, pois somente estas são constantes, ao passo que os elementos podem variar. Dessa forma, não existem fatos isolados passíveis de conhecimento, pois a verdadeira significação resulta da relação entre eles.

A diferença primordial entre os métodos tipológico e estruturalista é que o "tipo ideal" do primeiro inexiste na realidade, servindo apenas para estudá-la, e o "modelo" do segundo é a única representação concebível da realidade.

5.8 Método etnográfico

Refere-se à análise descritiva das sociedades humanas, primitivas ou ágrafas, rurais e urbanas, grupos étnicos etc., de pequena escala. Mesmo o estudo descritivo requer alguma generalização e comparação, implícita ou explícita. Diz respeito a aspectos culturais.

Define-se o método etnográfico como um conjunto de técnicas utilizadas para a coleta de dados sobre valores, crenças, práticas sociais e religiosas e comportamento de um grupo social, ou levantamento de dados de determinados grupos e sua descrição, com a finalidade de conhecer-lhe melhor o estilo de vida ou sua cultura específica.

Segundo Eisman, Bravo e Pina (1997, p. 258-261), o método etnográfico "é um modo de investigar naturalista", que se baseia na observação, na descrição, no contexto aberto e profundo. O objetivo desse método é combinar o ponto de vista do observador interno com o externo, bem como descrever e interpretar a cultura de um grupo social.

De acordo com Wilcox (1993, p. 95-127), o processo de investigação implica:

a) Aceder, manter e desenvolver uma relação com as pessoas geradoras de dados. Essa atividade exige certas habilidades e recursos.

b) Empregar uma variedade de técnicas para coletar o maior número de dados e/ou informações, aspecto que redundará na validez e confiabilidade do estudo.

c) Permanecer no campo o tempo suficiente para assegurar uma interpretação correta dos fatos observados e discriminar o que é regular e/ou irregular.

d) Utilizar teorias e conhecimentos para guiar e informar as próprias observações do que viu ou ouviu, redefinir o tema e depurar o processo do estudo.

A investigação inicia-se com uma ideia global ou temática do trabalho. Não exige especificidade, mas precisa compreender o sistema de significados próprio do pesquisador. Frequentemente, não se estipulam antecipadamente hipóteses e categorias. A formulação demasiado específica do problema pode resultar contraproducente e prejudicar a descoberta dos significados. O que se deve fazer é coletar o que é importante.

A observação é a técnica-chave dessa metodologia. Além da pesquisa de campo faz-se necessário recorrer a diferentes fontes bibliográficas e outras.

Exemplos: Grupos étnicos, ágrafos, escolares etc.

5.9 Método clínico

Originalmente, *clínica* refere-se à observação realizada à cabeceira de um doente. O observador formula hipóteses e busca verificá-las seguindo determinadas regras. O doente, por sua vez, permanece impotente e se deixa observar.

Esse método, aplicado em estudo de caso, é útil no contexto da intervenção psicopedagógica.

Pode ser utilizado tanto sob o aspecto qualitativo quanto o quantitativo, uma vez que pode incluir intenção, significados, valores etc.

A metodologia qualitativa ajuda a compreender o processo de experimentação clínica e explica por que uma intervenção, às vezes, não é positiva (EISMAN; BRAVO; PINA, 1997, p. 258).

São características do método clínico:

a) Relação íntima, pessoal entre o clínico e o sujeito (paciente ou cliente).

b) Emprego de uma série de dados ou sinais.

A relação de amizade entre clínico e paciente, entre professor e aluno e outros é importante.

No método clínico, o pesquisador pode valer-se das técnicas de entrevista, história de vida, observação, psicanálise e outras de relação pessoal. O importante é deixar o pesquisado falar livremente e descobrir-lhe as tendências espontâneas.

Segundo Triviños (2015, p. 168), é um método que "depende precisamente da capacidade do pesquisador nessas duas condições fundamentais: apoio teórico e domínio do contexto".

O pesquisador deve saber o que procura, fazendo perguntas adequadas, certas, evitando ambiguidade e não deixando nada sem esclarecimento.

Exemplos: Análise de pacientes, estudantes etc.

6 MÉTODOS MISTOS

Diferenciando-se do método de abordagem, os métodos de procedimento muitas vezes são utilizados em conjunto, com a finalidade de obter vários enfoques do objeto de estudo.

Os métodos mistos incluem abordagem quantitativa e abordagem qualitativa.

Exemplos de uso concomitante de diversos métodos: Para analisar o papel que os sindicatos desempenham na sociedade, podem-se pesquisar a origem e o desenvolvimento do sindicato, bem como a forma específica em que aparece nas diferentes sociedades: método histórico e comparativo. A análise de *Garimpos e garimpeiros de Patrocínio Paulista* (tese de doutorado da Profa. Marina de Andrade Marconi) foi resultado do emprego dos métodos histórico, estatístico e monográfico. O tema exigiu pesquisa das atividades no passado dos garimpeiros, suas migrações e métodos de trabalho e investigação da característica do garimpeiro de hoje; foi empregado também o método estatístico; e, finalmente, ao limitar a pesquisa a determinada categoria, utilizou-se o método monográfico.

7 QUADRO DE REFERÊNCIA

A questão da metodologia é importante quando se analisa o quadro de referência utilizado, que pode ser compreendido como uma totalidade que abrange determinada teoria e a metodologia específica dessa teoria. Teoria, aqui, é considerada toda generalização relativa a fenômenos físicos ou sociais, estabelecida com o rigor científico necessário para que possa servir de base segura à interpretação da realidade. Metodologia, por sua vez, engloba métodos de abordagem e de procedimento e técnicas. Assim, a teoria do materialismo histórico, o método de abordagem dialético, os métodos de procedimento histórico e comparativo, juntamente com técnicas específicas de coleta de dados, formam o quadro de referência marxista. Outro exemplo diz respeito à teoria da evolução (Darwin), juntamente com o método de abordagem indutivo, o método de procedimento comparativo e respectivas técnicas (quadro de referência evolucionista).

LEITURA RECOMENDADA

BUNGE, Mário. *Epistemologia*: curso de atualização. Tradução de Claudio Navarra. São Paulo: T. A. Queiroz: Edusp, 1980. Cap. 2.

CERVO, Amado Luiz; BERVIAN, Pedro Alcino; SILVA, Roberto da. *Metodologia científica*. 6. ed. São Paulo: Pearson, 2014. Parte I, Caps. 3 e 4.

COELHO, Vera Schattan Ruas Pereira. Abordagens qualitativas e quantitativas na avaliação de políticas públicas. *In*: MÉTODOS de pesquisa em ciências sociais: Bloco quantitativo. São Paulo: Sesc São Paulo: Cebrap, 2016. Disponível em: https://www.sescsp.org.br/files/unidades/abas/eea82ab5/4675/4fdb/bfcd/2344daba73be.pdf. Acesso em: 26 mar. 2020. p. 76-99.

COPI, Irving M. *Introdução à lógica*. Tradução de Álvaro Cabral. São Paulo: Mestre Jou, 1974. Parte III, Cap. 13, seção V.

DEMO, Pedro. *Metodologia científica em ciências sociais*. 3. ed. São Paulo: Atlas, 2014. Cap. 8.

INÁCIO FILHO, Geraldo. *A monografia na universidade*. 6. ed. Campinas: Papirus, 2003. Cap. 3 e Anexo.

MAGEE, Bryan. *As ideias de Popper*. Tradução de Leonidas Hegenberg. 3. ed. São Paulo: Cultrix, 1979. Caps. 1, 2, 3 e 4.

MICHEL, Maria Helena. *Metodologia e pesquisa científica em ciências sociais*: um guia prático para acompanhamento da disciplina e elaboração de trabalhos monográficos. 3. ed. São Paulo: Atlas, 2015. Caps. 4 e 5.

POPPER, Karl S. *A lógica da pesquisa científica*. Tradução de Leonidas Hegenberg, Octanny Silveira da Mota. 2. ed. São Paulo: Cultrix, 1975a. Parte I, Capítulos 1 e 2, Parte II, Caps. 3, 4, 5 e 6.

POPPER, Karl S. *Conhecimento objetivo*: uma abordagem evolucionária. Tradução de Milton Amado. Belo Horizonte: Itatiaia; São Paulo: Edusp, 1975b. Cap. 1.

THALHEIMER, August. *Introdução ao materialismo dialético*. Tradução de Moniz Bandeira. São Paulo: Ciências Humanas, 1979. Cap. 10.

TRIVIÑOS, Augusto N. S. *Introdução à pesquisa em ciências sociais*: a pesquisa qualitativa em educação. São Paulo: Atlas, 2015. Caps. 2, 3.

VIEIRA, Sonia. *Como escrever uma tese*. 6. ed. São Paulo: Atlas, 2008. Cap. 8.

5
Fatos, teoria e leis

1   TEORIA E FATOS

O senso comum tende a considerar o fato como realidade, isto é, verdadeiro, definitivo, inquestionável e autoevidente. Da mesma forma, imagina teoria como especulação, ou seja, ideias não comprovadas. Sob o aspecto científico, entretanto, se fato é considerado uma observação empiricamente verificada, a teoria se refere a relações entre fatos ou, em outras palavras, à ordenação significativa desses fatos, consistindo em conceitos, classificações, correlações, generalizações, princípios, leis, regras, teoremas, axiomas etc.

Dessa forma, conclui-se:

a) Teoria e fato não são diametralmente opostos, mas inextrincavelmente inter-relacionados, consistindo em elementos de um mesmo objetivo: a procura da verdade; eles são indispensáveis à abordagem científica.

b) Teoria não é especulação, mas um conjunto de princípios fundamentais, que se constituem em instrumento científico apropriado na procura e principalmente na explicação dos fatos.

c) Ambos, teoria e fato, são objetos de interesse dos cientistas: não existe teoria sem ser baseada em fatos. A compilação de fatos ao acaso, sem um princípio de classificação (teoria), não produziria a ciência; haveria apenas um acúmulo de fatos não sistematizados, não relacionados, amorfos e dispersos, impossíveis de ser interligados e explicados.

d) O desenvolvimento da ciência pode ser considerado como uma inter-relação constante de teoria e fato (GOODE; HATT, 1969, p. 12-13).

1.1 Papel da teoria em relação aos fatos

Goode e Hatt (1969, p. 13-18) estudaram em detalhes a interdependência de teoria e fatos, indicando o papel daquela em relação a estes, nos aspectos relacionados a seguir.

1.1.1 Orientação sobre os objetivos da ciência

A teoria serve como orientação para restringir a amplitude dos fatos a serem estudados: a quantidade de dados que podem ser estudados em determinada área da realidade é infinita. Entretanto, cada ciência, em particular, focaliza sua atenção sobre determinados aspectos, delimitados por parâmetros, estudando os fenômenos mais importantes neles contidos, ou seja, explorando uma amplitude limitada de coisas, ao mesmo tempo que ignora ou faz suposições sobre outras. Portanto, na orientação da procura dos principais objetos das ciências, torna-se indispensável a atuação da teoria:

a) **Restringindo a amplitude dos fatos a serem estudados em cada campo de conhecimento**. Na Economia, por exemplo, orienta as investigações para as atividades humanas no campo da organização de recursos.

b) **Definindo os principais aspectos de uma investigação, precisando, portanto, os tipos de dados que devem ser abstraídos da realidade como objeto de análise**. Tomando como exemplo uma bola de futebol, verificamos que ela pode ser estudada: do ponto de vista econômico: padrões de oferta e procura; do ponto de vista químico: exame dos produtos químico-orgânicos de que é constituída; do ponto de vista físico: volume, peso, pressão e velocidade; do ponto de vista social: jogo, comunicação, formação de grupos, interação etc.

1.1.2 Oferecimento de um sistema de conceitos

A teoria serve como sistema de conceptualização e de classificação dos fatos: um fato não é somente uma observação prática ao acaso, mas também uma afirmativa empiricamente verificada sobre o fenômeno em pauta. Dessa forma, engloba tanto as observações científicas quanto um quadro de referência teórico conhecido, no qual essas observações se enquadram. No universo, a variedade de fenômenos passíveis de estudo é infinita; entretanto, a ciência seleciona aqueles que deseja estudar e, além disso, os abstrai da realidade, escolhendo alguns aspectos do fenômeno (massa, velocidade, graus de socialização etc.), não estudando, portanto, todo o fenômeno. Constitui, assim, um ato de abstração separar qualquer fenômeno de tudo aquilo com que está relacionado. Se cada ciência estuda determinados aspectos da realidade e possui um sistema abstrato de pensamento para interpretar esses segmentos, necessita de sistemas conceptuais que expressem os fenômenos de cada área do saber. Na realidade, conceitos são símbolos verbais característicos, conferidos às ideias generalizadas, abstraídas da percepção científica sobre os fenômenos, como veremos mais adiante. Para Barbosa Filho (1980, p. 17), a teoria, como sistema de conceptualização e de classificação dos fatos, tem as seguintes funções:

a) **Representar os fatos, emitindo sua verdadeira concepção.**

   Exemplo: Os componentes de uma sociedade ocupam nela posições diferentes (fato) = *status* (conceito).

b) **Fornecer um universo vocabular científico, próprio de cada ciência, facilitando a compreensão dos fenômenos e a comunicação entre os cientistas.**

   Exemplo: Para estudar os fenômenos de mudança cultural, a Antropologia Cultural deve possuir uma terminologia própria, que englobe os conceitos de aculturação (fusão de culturas); sincretismo (fusão de elementos culturais – religiosos ou linguísticos); transculturação (troca de elementos culturais) etc.

c) **Expressar uma relação entre fatos estudados.**

   Exemplo: $E = mc^2$, isto é, a energia é igual à massa multiplicada pelo quadrado de sua velocidade.

d) **Classificar e sistematizar os fenômenos, acontecimentos, aspectos e objetos da realidade.**

   Exemplo: A classificação periódica dos elementos químicos, feita por Mendeleev, de acordo com seu peso atômico, não teria sentido sem os conceitos de átomo, próton, elétron, nêutron etc.

e) **Resumir a explicação dos fenômenos, expressando sua concepção e correlação.**

Exemplo: Classe social = conjunto de agentes sociais determinados não exclusivamente, mas *principalmente* por seu lugar no *processo de produção*, ou seja, na esfera econômica. Daí significar, em *um* e *mesmo* movimento, contradições e *luta de classes...* (POULANTZAS, 1974).

1.1.3 Resumo do conhecimento

A teoria serve para resumir sinteticamente o que já se sabe sobre o objeto de estudo, através das generalizações empíricas e das inter-relações de afirmações comprovadas. Servir para sumariar o que já se sabe sobre o objeto de estudo é outra das tarefas ou papéis da teoria. Os resumos podem ser divididos em duas categorias:

a) **Generalizações empíricas.** Embora cada campo de estudo da realidade seja constituído por uma complexa estrutura de fenômenos inter-relacionados, que, para sua explicação, necessita de expressões teóricas sofisticadas (Física Quântica), uma parte significativa do trabalho científico requer apenas, preliminarmente, a simples descrição dos fatos, explicitados por intermédio de generalizações empíricas mais singulares, fundamentadas em experiências e até mesmo no senso comum.

Exemplos: (1) O sociólogo que obtém dados sobre diferenças nas práticas educacionais dos filhos, entre as diversas classes socioeconômicas. (2) O demógrafo que tabula nascimentos e mortes durante certo período, para verificar a taxa de crescimento vegetativo. Esses fatos colhidos são úteis e devem ser resumidos em relações teóricas simples ou complexas. E há, ainda, afirmações tais como "objetos caem", "madeira flutua", "estranhos são perigosos". Proposições desse tipo não são consideradas, nesse nível, como teoria, mas constituem ponto de partida para ela: encerram conhecimentos indispensáveis ao trabalho científico mais profundo.

b) **Sistema de inter-relações.** Quando um grupo de afirmações resumidas se desenvolve, é possível verificar relações entre elas, originando um sistema de inter-relações contidas nas grandes generalizações, que corresponde a um estágio de desenvolvimento científico bem avançado. Periodicamente, nas ciências, verificam-se modificações na estrutura de relações entre as proposições.

Exemplos: Mecânica newtoniana, mecânica relativista (Einstein), mecânica quântica.

1.1.4 Previsão de fatos

A teoria serve para, baseando-se em fatos e relações já conhecidos, prever novos fatos e relações: a teoria torna-se um meio de prever fatos, pois resume os fatos já observados e estabelece uma uniformidade geral que ultrapassa as observações imediatas.

> *Exemplo*: Verificamos que a introdução de tecnologia nos países ocidentais produziu acentuada redução na taxa de mortalidade e redução, não tão marcante, na taxa de nascimentos (pelo menos durante as fases iniciais). Assim, podemos prever que a introdução de tecnologia, em outros países, acarretará o aparecimento desses padrões. Esperamos a ocorrência dos mesmos padrões em virtude de:
>
> a) Acreditarmos conhecer *quais os fatores* que causam esses padrões.
> b) Acreditarmos que *esses fatores* serão encontrados na nova situação (GOODE; HATT, 1969, p. 17).

Acreditamos nisso, porque por trás de nossas generalizações empíricas, existe uma teoria que assevera que, nas condições X, Y será observado. Portanto, sempre que encontrarmos as condições X, poderemos prever o aparecimento de Y. Ou, de forma mais elaborada, se comprovarmos que o fato X leva ao acontecimento Y em dada situação A, na situação B, semelhante a A, X levará novamente ao acontecimento Y.

1.1.5 Indicação de lacunas no conhecimento

A teoria serve para indicar fatos e relações que ainda não estão satisfatoriamente explicados e áreas da realidade que demandam pesquisas: é exatamente pelo fato de a teoria resumir os fatos e também prever fatos ainda não observados que se tem a possibilidade de indicar áreas não exploradas, da mesma forma que fatos e relações até então insatisfatoriamente explicados. Assim, antes de iniciar uma investigação, o pesquisador necessita conhecer a teoria já existente, pois é ela que servirá de indicador para a delimitação do campo ou área mais necessitada de pesquisas.

> *Exemplos*: Barbara Wooton, em sua obra *Social science and social pathology* (BOTTOMORE, 1965, p. 272), selecionou e analisou 21 obras referentes ao crime e à delinquência e concluiu que elas indicam 12 diferentes fatores, possivelmente relacionados à criminalidade ou à

delinquência, e que "essa coleção de estudos, embora escolhidos pelo seu mérito metodológico comparado, só produzem generalizações insuficientes e de fundamentação duvidosa". Por sua vez, Edwin H. Sutherland, citado por Merton (1970, p. 158-159), identificou grande lacuna no conhecimento do comportamento criminoso: verificou que os estudos até então realizados sobre o comportamento criminoso e suas causas levaram a teoria a correlacionar "crimes", entendidos como assassinato, incêndio proposital, roubo, latrocínio e outros, com classes baixas; entretanto, se "crime" for conceituado como "violação da lei criminal", os mesmos estudos deixaram de lado os crimes cometidos pelas classes médias e altas (rotulados de *white collar*), resultantes das atividades comuns de comércio, cometidos inclusive pelas poderosas empresas comerciais americanas. Tanto em um caso como no outro, as preocupações teóricas seguiram novo rumo, necessitando de outras investigações sobre os fatos e suas relações por não terem sido satisfatoriamente explicados, ou por apresentarem lacunas.

1.2 Papel dos fatos em relação à teoria

Desde que se conclui que o desenvolvimento da ciência pode ser considerado como uma inter-relação constante de teoria e fato, e desde que verificamos as diferentes formas pelas quais a teoria desempenha um papel ativo na explicação dos fatos, resta-nos verificar de que maneira os fatos podem exercer função significativa na construção e no desenvolvimento da teoria.

1.2.1 O fato inicia a teoria

Um fato novo, uma descoberta, pode provocar o início de uma nova teoria. Ao longo da história, deparamos com indivíduos que, dedicando-se à observação, descreveram fatos, muitas vezes, encontrados ao acaso e, com isso, produziram teorias importantes. Talvez, o caso mais famoso, e um dos mais antigos, seja o de Arquimedes: posto perante o problema de como determinar o peso específico dos corpos, percebeu, ao se banhar, que seus membros, mergulhados na água, perdiam parte de seu peso; este fato conduziu a um dos princípios da Hidrostática, segundo o qual, "todo corpo mergulhado num fluido sofre da parte deste uma pressão vertical de baixo para cima, igual ao peso do volume de fluido que desloca". Galileu, por sua vez, observando as oscilações de uma lâmpada, suspensa na abóbada da catedral de Pisa, verificou que ela balançava de um lado para outro em tempo igual, enunciando a lei do isocronismo. E, assim, outros exemplos podem ser citados: a verificação acidental de que o fungo *Penicillium* inibe o crescimento de bactérias; de que a extirpação do pâncreas de um cão é acompanhada por sintomas de diabete; de que o elemento rádio impressiona um filme fotográfico, mesmo que ele esteja protegido por material opaco; de que, na linguagem falada, muitos erros de leitura e de percepção não são acidentais, mas têm causas profundas e sistemáticas. Todos esses fatos observados originaram enunciados de leis e teorias significativas nos diversos ramos da ciência.

Entretanto, retomando o último exemplo, muito antes de Freud elaborar uma teoria sobre o fato, muitas pessoas tinham conhecimento de que os lapsos de linguagem eram causados por outros fatores e não por acidente. Dessa forma, devemos concluir que os fatos não falam por si; é necessário que o observador ou pesquisador vá mais além, procurando explicar os fatos e suas correlações, para que eles sirvam de base objetiva para a construção de uma teoria.

Na Sociologia, é exemplo a constatação de que, em época de crise ou catástrofe, recrudesce a perseguição a grupos minoritários. Aqui, há clara relação entre *frustração*, decorrente de problemas sociopolítico-econômicos ou da natureza, e *agressão*. Ora, essa correlação já era há muito estudada pela Psicologia. Surge, porém, uma nova teoria, específica da Sociologia, que postula a interferência da própria sociedade, *inibindo* a expressão direta da agressão, e fazendo com que esta se *desloque* para grupos que, devido a seu baixo *status* social, não podem impedir a agressão, nem exercer represália ou vingar-se. Agora, com o auxílio dos conceitos de frustração, agressão, inibição e deslocamento podem-se dar explicações para fenômenos tão discrepantes, como o aumento do linchamento de negros norte-americanos na região sul dos Estados Unidos, em situações de crise econômica (baixo valor dos produtos agrícolas) e da perseguição às bruxas, por ocasião de catástrofes naturais. Dessa forma, foi uma relação observada entre fatos que deu início ao desenvolvimento da teoria.

1.2.2 O fato reformula e rejeita teorias

Os fatos podem provocar a rejeição ou a reformulação de teorias já existentes. Havendo a possibilidade de, para incluir um grupo específico de observações, serem formuladas várias teorias, concluímos que os fatos não determinam completamente a teoria. Entretanto, entre teoria e fatos, estes são os mais resistentes, pois qualquer teoria deve ajustar-se aos fatos. Quando isso não ocorre, a teoria deve ser reformulada, ou rejeitada. Assim:

a) **Os fatos não conduzem a conclusões teóricas completas e definitivas**, por produzirem constantemente novas situações.
b) **Qualquer teoria é passível de modificação**, visto que se constitui em expressão funcional das observações.
c) **Como a pesquisa é uma atividade contínua, a rejeição e a reformulação das teorias tendem a ocorrer simultaneamente com a observação de novos fatos; se as teorias existentes não podem ajustar os novos fatos à sua estrutura, devem ser reformuladas.**
d) **As observações são acumuladas gradualmente e o surgimento de novos fatos, não abrangidos pela teoria, as coloca em dúvida**, de forma que, enquanto novas verificações são planejadas, desenvolvem-se novas formulações teóricas, que procuram incluir esses fatos.

Um exemplo da atuação dos fatos em relação à teoria no campo da Sociologia pode ser dado com o trabalho de Durkheim sobre o suicídio. Fenômeno largamente estudado por outros cientistas, o suicídio foi explicado por teorias que se baseavam na psicopatologia, assim como em clima, etnia e nacionalidade; entretanto, não abarcavam todos os fatos aceitáveis. Durkheim provou que, mantendo-se constante qualquer desses aspectos, a taxa de suicídio, ao contrário do preconizado, não era constante. Partiu, portanto, para uma nova conceptualização, demonstrando que todos os fatos poderiam ser abarcados por uma classificação de *tipos* diferentes de suicídio (egoísta, altruísta e anômico) e uma teoria nova de desorganização social e pessoal, concluindo que a causa básica do suicídio é a deficiência de integração em um grupo social.

1.2.3 O fato redefine e esclarece teorias

Os fatos redefinem e esclarecem a teoria previamente estabelecida, no sentido de que afirmam em pormenores o que a teoria afirma em termos bem mais gerais. Mesmo que novos fatos descobertos confirmem a teoria existente, ela poderá sofrer modificações, em virtude de:

a) Novas situações, não previstas, conduzirem a observações mais pormenorizadas, não incluídas na teoria.
b) A teoria, explicando os fenômenos apenas em termos mais gerais, não incluir a previsão de aspectos particulares. Assim, novos fatos – mesmo que concordem com a teoria, focalizando aspectos que ela afirma apenas em termos gerais – levarão à sua redefinição.

c) Surgirem hipóteses específicas, dentro do contexto da teoria geral, que conduzem a novas inferências, exigindo sua explicação a renovação e a redefinição da teoria.

d) Novas técnicas de pesquisa empírica exercerem pressão sobre o foco de interesse da teoria, alterando-o e, em consequência, redefinindo a própria teoria.

Um exemplo pode ser dado pela previsão teórica geral de que indivíduos, quando se transferem da zona rural para o meio urbano, sofrem apreciável aumento na desorganização pessoal. Exaustivos estudos sobre migrantes (e seus filhos) demonstraram que uma série de fatores é responsável pelo aumento da desorganização, tais como aquisição de novos hábitos, técnicas, costumes, valores etc. Não sendo alguns desses fatores previstos pela teoria geral, uma redefinição e um esclarecimento se fazem necessários. Outro exemplo citado por Merton (1970, p. 178) diz respeito às teorias existentes sobre a magia: Malinowski, estudando os trobriandeses, verificou que não recorriam à magia quando realizavam a pesca em sua lagoa interna, pois nessa atividade não havia perigo, nem incerteza, nem acasos incontroláveis. A atitude era outra nas pescarias em alto-mar – pois estas traziam incerteza e graves perigos – e, em consequência, a magia florescia. Portanto, as teorias foram redefinidas para incorporarem "o surgimento das crenças mágicas em decorrência de incertezas nas buscas práticas do homem, para aumentar a confiança, para reduzir a angústia, para abrir caminhos, para escapar a impasses". Finalmente, novas técnicas de pesquisa, como as criadas por Moreno – sociométricas –, alteraram as preocupações teóricas no campo das relações interpessoais.

1.2.4 O fato clarifica os conceitos contidos nas teorias

Os fatos, descobertos e analisados pela pesquisa empírica, exercem pressão para esclarecer conceitos contidos nas teorias, pois uma das exigências fundamentais da pesquisa é a de que os conceitos (ou variáveis) com que lida sejam definidos com suficiente clareza para permitir o seu prosseguimento.

Não obstante, em geral, a clarificação de conceitos pertença à "área privativa" do teórico, muitas vezes constitui um resultado de pesquisa empírica. Se, como assinalou Rebecca West (*In*: MERTON, 1970, p. 185), podemos descobrir que A, B e C estão entrelaçados por certas conexões causais, não nos é possível apreender com exatidão a natureza de A, B e C, a menos que a teoria esclareça os conceitos relativos a eles. Quando tal exigência não é cumprida, as pesquisas contribuem para o progresso dos procedimentos de investigação, embora suas descobertas não integrem o repositório da teoria cumulativa da ciência em pauta.

Um exemplo de como as investigações empíricas forçam a clarificação dos conceitos pode ser dado em Sociologia: as concepções teóricas sustentam que os indivíduos têm múltiplos papéis sociais (derivados dos diferentes *status* ocupados na sociedade) e tendem a organizar seu comportamento em termos das expectativas estruturalmente definidas e atribuídas a cada *status* (e papel). Além disso, quanto menos integrada estiver a sociedade, maior será a frequência com que os indivíduos se submetem à pressão de papéis sociais incompatíveis. Ora, o problema de procurar predizer o comportamento do indivíduo, decorrente da incompatibilidade dos papéis, exigia o esclarecimento dos termos conceituais de *solidariedade, conflito, exigências e situação do papel*: a própria pesquisa, elaborando índices de pressões de grupos em conflito e observando o comportamento dos indivíduos em situações específicas, forçou a clarificação dos conceitos-chave implícitos no problema.

2 TEORIA E LEIS

Podemos conceituar teoria como

> um meio para interpretar, criticar e unificar leis estabelecidas, modificando-as para se adequarem a dados não previstos quando de sua formulação e para orientar a tarefa de descobrir generalizações novas e mais amplas (KAPLAN, 1975, p. 302).

Ao analisarmos teoria e fatos, deixamos de lado uma etapa intermediária, constituída pelas leis. Estas, assim como as teorias, surgem da necessidade de encontrar explicações para os fenômenos (fatos) da realidade. Os fatos ou fenômenos são apreendidos por meio de suas manifestações, cujo estudo visa conduzir à descoberta de aspectos invariáveis comuns aos diferentes fenômenos, por meio da classificação e da generalização.

Duas são as principais funções de uma lei específica:

a) Resumir grande quantidade de fatos.

b) Permitir e prever novos fatos, pois, se um fato ou fenômeno se enquadra em uma lei, ele se comportará conforme o estabelecido pela lei.

Para Kneller (1980, p. 129), a finalidade da classificação, assim como da generalização, é "conduzir à formulação de leis – enunciados que descrevem regularidades ou normas". Assim, a palavra *lei* comporta duas acepções: uma de regularidade e outra de enunciado que pretende descrevê-la (portanto, "um enunciado de lei").

Uma lei científica é geralmente formulada do seguinte modo: "Sempre que uma coisa tiver a propriedade A, terá também a propriedade B". Dessa forma, a lei pode afirmar que tudo o que tiver "A" também terá "B".

> *Exemplo*: Toda barra de ouro tem um ponto de fusão de 1.063°. Esse tipo de lei descreve uma regularidade de *coexistência*, isto é, um padrão nas *coisas*.

Uma lei também pode afirmar que, sempre que uma coisa, tendo "A", se encontrar em determinada relação com outra coisa de certa espécie, esta última terá "B".

> *Exemplo*: Sempre que uma pedra é jogada na água, ela produz na superfície da água uma série de ondas concêntricas que se expandem de igual forma do centro à periferia. Portanto, este segundo tipo de lei descreve uma regularidade de *sucessão*, ou seja, um padrão nos *eventos*.

O cientista enuncia uma lei quando propõe que as regularidades que se apresentam uniformemente constituem a manifestações de uma classe de fenômenos. Portanto, o universo de uma lei é limitado, abrangendo apenas determinada classe de fenômenos.

> *Exemplos*: A lei da queda livre dos corpos, de Galileu; as leis de Kepler, relativa à trajetória dos planetas em torno do Sol, que indicam que estas se apresentam em forma de elipse, pois os planetas estão sujeitos à atração gravitacional do Sol.

Devemos levar em consideração que, quanto mais restrita uma lei, menos provável é a sua permanência como apropriada para utilização em situações práticas de pesquisa, visto que suas implicações não podem ser continuamente testadas. Como exemplo, podemos citar uma lei que englobe certo conjunto de atitudes e valores que caracterizem uma comunidade *hippie*. A classe de fenômenos descrita para analisar o comportamento dos *hippies*, da qual decorreria uma lei, viria a desaparecer quando se desagregasse a última comunidade *hippie*.

Assim, uma lei teria mais serventia se pudesse classificar e prever comportamentos descritos como forma de desvio escapista, aplicando-se não apenas aos *hippies*, mas também a qualquer grupo com valores e atitudes semelhantes que viesse a surgir. Assim, se se pretende encontrar leis razoavelmente gerais sobre o comportamento humano, elas terão que ser complexas, para que se tornem aplicáveis a uma larga gama de fenômenos específicos.

A teoria, por sua vez, é mais ampla do que a lei, surgindo, segundo Hempel (1974, p. 92), "quando um estudo prévio de uma classe de fenômenos revelou um sistema de uniformidades que podem ser expressas em forma de leis empíricas mais amplas". Em outras palavras, se a lei declara a existência de um padrão estável em eventos e coisas, a teoria assinala o mecanismo responsável por esse padrão.

> *Exemplo*: A teoria da gravitação de Newton é muito mais ampla e abrangente do que as leis de Kepler, pois, referindo-se especificamente à trajetória dos planetas, indicou que as trajetórias são determinadas não apenas pela influência gravitacional do Sol, mas também de outros planetas; a teoria de Newton explica também a lei de Galileu, ao postular uma força gravitacional, que especifica um modo de funcionamento.

Assim, se as leis geralmente expressam enunciados de uma classe isolada de fatos ou fenômenos, as teorias caracterizam-se pela possibilidade de estruturar as uniformidades e regularidades, explicadas e corroboradas pelas leis, em um sistema cada vez mais amplo e coerente, relacionando-as, concatenando-as e sistematizando-as, com a vantagem de corrigi-las e de aperfeiçoá-las. À medida que as teorias se ampliam, passam a explicar, no universo dos fenômenos, cada vez mais uniformidades e regularidades, mostrando a interdependência existente entre eles.

O objetivo das teorias é compreender e explicar os fenômenos de forma mais ampla, através da reconstrução conceitual das estruturas objetivas deles. Dessa forma, de um lado, a compreensão e a explicação estabelecem as causas ou condições iniciais de um fenômeno e, de outro, proporcionam a derivação, tanto de consequências quanto de efeitos e, assim, possibilitam a previsão da existência ou do comportamento de outros fenômenos. Portanto, a teoria fornece-nos dois aspectos relacionados com os fenômenos: de um lado, um sistema de descrição e, de outro, um sistema de explicações gerais. Concluindo, a teoria não é mera descrição da realidade, mas uma abstração.

Köche (2015, p. 100) apresenta um quadro sinótico, que permite compreender a relação existente entre fatos ou fenômenos, leis e teoria.

Fatos, teoria e leis 131

FUNÇÕES DAS LEIS E TEORIAS

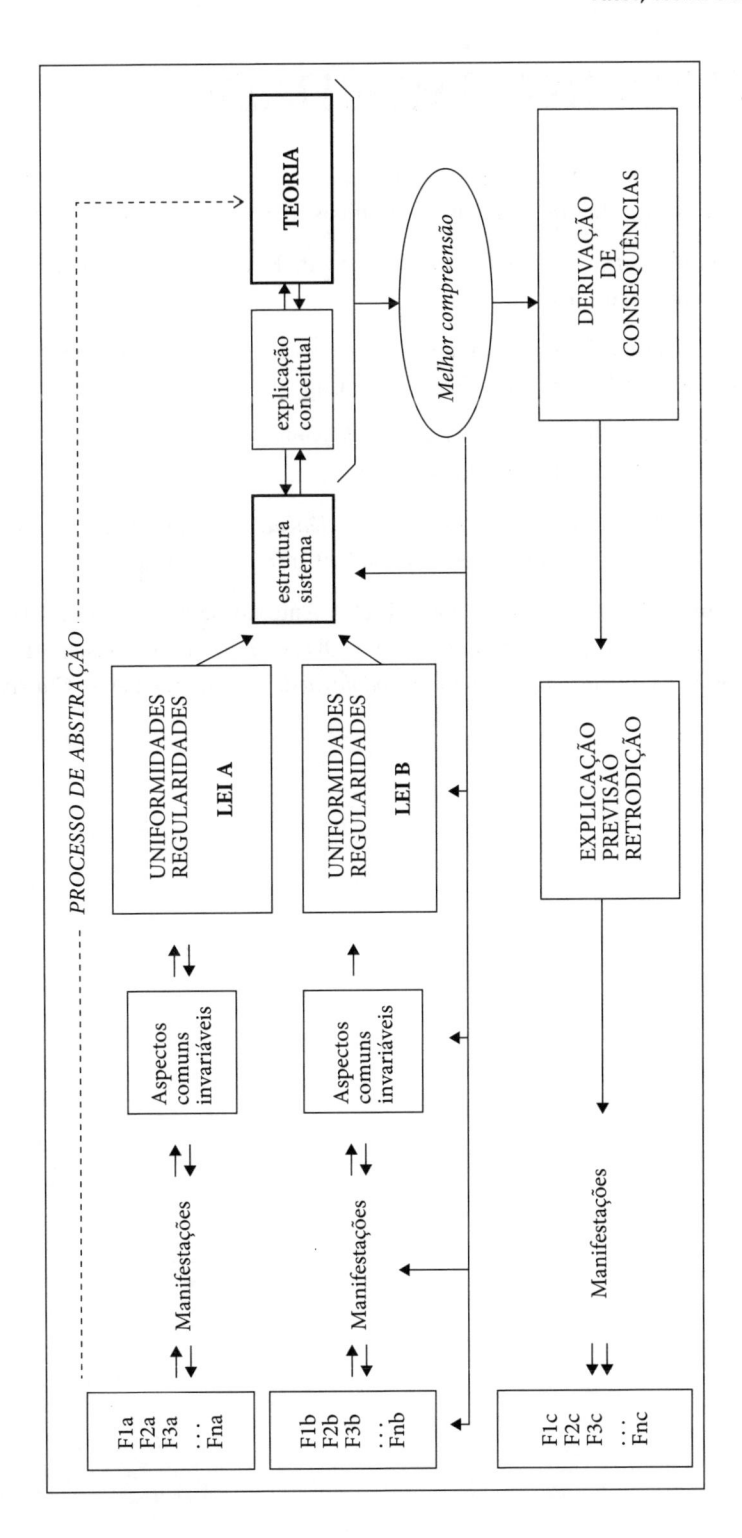

```
PROCESSO DE ABSTRAÇÃO ------>  TEORIA
                                 ↑↓
                              explicação
                              conceitual       Melhor compreensão  →  DERIVAÇÃO DE CONSEQUÊNCIAS
                                 ↑↓
                              estrutura
                               sistema    ←
                                 ↑
                    ┌────────────┴────────────┐
              UNIFORMIDADES              UNIFORMIDADES
              REGULARIDADES              REGULARIDADES
                  LEI A                      LEI B
                    ↑                          ↑
                                                              ↓
              Aspectos                   Aspectos         EXPLICAÇÃO
              comuns                     comuns           PREVISÃO
              invariáveis                invariáveis      RETRODIÇÃO
                ↑↓                         ↑↓                 ↓
              Manifestações              Manifestações     Manifestações
                ↑↓                         ↑↓                 ↓↓
              F1a                        F1b               F1c
              F2a                        F2b               F2c
              F3a                        F3b               F3c
              ...                        ...               ...
              Fna                        Fnb               Fnc
```

LEITURA RECOMENDADA

BARBOSA FILHO, Manuel. *Introdução à pesquisa*: métodos, técnicas e instrumentos. 2. ed. Rio de Janeiro: Livros Técnicos e Científicos, 1980. Parte I, Cap. 5.

BUNGE, Mario. *Teoria e realidade*. Tradução de Gita K. Guinsburg. São Paulo: Perspectiva, 1974b. Caps. 4, 6, 7 e 8.

KÖCHE, José Carlos. *Fundamentos de metodologia científica*: teoria da ciência e iniciação à pesquisa. 34. ed. Petrópolis: Vozes, 2015. Cap. 3.

MINAYO, Maria Cecília de Souza. *O desafio do conhecimento*: pesquisa qualitativa em saúde. 14. ed. São Paulo: Hucitec, 2014. Cap. 6.

MORGENBESSER, Sidney (org.). *Filosofia da ciência*. Tradução de Leonidas Hegenberg, Octanny Silveira da Mota. 3. ed. São Paulo: Cultrix, 1979. Cap. 8.

SOUZA, Aluísio José Maria de; REGO FILHO, Antonio Serafim; LINS FILHO, João Batista Correa; LYRA, José Hailton Bezerra; COUTO, Luiz Albuquerque; SILVA, Manuelito Gomes da. *Iniciação à lógica e à metodologia da ciência*. São Paulo: Cultrix, 1976. Cap. 6.

6
Hipóteses

1 CONCEITO

Podemos considerar a hipótese como um enunciado geral de relações entre variáveis (fatos, fenômenos):

a) Formulado como solução provisória para determinado problema.
b) Apresentando caráter explicativo ou preditivo.
c) Compatível com o conhecimento científico (coerência externa) e revelando consistência lógica (coerência interna).
d) Passível de verificação empírica em suas consequências.

2 TEMA, PROBLEMA E HIPÓTESE

Constituindo-se a hipótese uma suposta, provável e provisória resposta a um problema, cuja adequação (comprovação = sustentabilidade ou validez) será verificada através da pesquisa, interessa-nos o que é e como se formula um problema.

2.1 Tema e problema

O tema de uma pesquisa é o objeto que se constitui em interesse de estudo. Na música, esse termo "deve compreender elementos bem caracterizados, a fim de fornecer matéria para o desenvolvimento da composição e apresentar unidade e coerência nos planos dinâmico, melódico, rítmico e harmônico", como nos informa Rudio (2014, p. 89). Salienta, no entanto, o autor citado que, na pesquisa científica, "não interessa somente saber que o *tema da pesquisa* indica um assunto (aparecendo às vezes de modo vago, geral, indefinido)", visto que "o importante é a elaboração que se realiza, para que ele se torne 'concreto'". Em geral, o tema advém de uma dificuldade, para a qual o pesquisador se propõe procurar uma solução. Daí a necessidade de precisão, de delimitação de sua extensão, para que possa aprofundar em seu exame, avaliação crítica e solução. Determinar com precisão significa enunciar um problema, isto é, determinar o objetivo central da indagação. Assim, enquanto o tema de uma pesquisa é uma proposição até certo ponto abrangente, a formulação do problema é mais específica: indica *exatamente* qual a dificuldade que se pretende resolver. Pouco adiante, o mesmo Rudio (2014, p. 94) afirma que

> formular o problema consiste em dizer, de maneira explícita, clara, compreensível e operacional, qual a dificuldade com a qual nos defrontamos e que pretendemos resolver, limitando o seu campo e apresentando suas características. Desta forma, o objetivo da formulação do problema da pesquisa é torná-lo individualizado, específico, inconfundível.

Exemplos:
Tema: "O perfil da mãe que deixa o filho recém-nascido para adoção".
Problema: "Quais condições exercem mais influência na decisão das mães em dar o filho recém-nascido para adoção?" (BARDAVID, 1980, p. 62).
Tema: "A necessidade de informação ocupacional na escolha da profissão".
Problema: "A orientação profissional dada, no curso de 2º Grau [ensino médio], influi na segurança (certeza) em relação à escolha do curso universitário?" (SANTOS, 1980, p. 101).
Tema: "A família carente e sua influência na origem da marginalização social".
Problema: "O grau de organização interna da família carente influi na conduta (marginalização) do menor?" (LELLIS, 1980, v. 2, p. 187).

O problema, assim, consiste em um enunciado claro, compreensível e operacional, cujo melhor modo de solução ou é uma pesquisa, ou pode ser resolvido por meio de processos científicos. Kerlinger (*In:* SCHRADER, 1974, p. 18) considera que o problema se constitui em uma pergunta científica quando explicita a relação de dois ou mais fenômenos (fatos, variáveis) entre si, "adequando-se a uma investigação sistemática, controlada, empírica e crítica". Conclui-se disso que perguntas retóricas, especulativas e afirmativas (valorativas) não são perguntas científicas.

> *Exemplos*:
> "A harmonia racional depende da compreensão mútua?"
> "O método de educação religiosa A é melhor que o B para aumentar a fé?"
> "Igualdade é tão importante quanto liberdade?"

Tais enunciados têm pouco ou nenhum significado para o cientista: não há maneira de testar empiricamente tais afirmativas ou perguntas, principalmente quando envolvem julgamentos valorativos.

Schrader (1974, p. 20) enumera algumas questões que devem ser formuladas para verificar a validade científica de um problema:

a) Pode o problema ser enunciado em forma de pergunta?
b) O problema corresponde a interesses pessoais, sociais e científicos, isto é, de conteúdo e metodológicos? Esses interesses estão harmonizados?
c) Constitui-se o problema em questão científica, ou seja, relaciona entre si pelo menos dois fenômenos (fatos, variáveis)?
d) O problema pode ser objeto de investigação sistemática, controlada e crítica?
e) Pode ser empiricamente verificado em suas consequências?

2.2 Problema e hipótese

Uma vez formulado o problema, com a certeza de ser cientificamente válido, propõe-se uma resposta "suposta, provável e provisória", isto é, uma hipótese. Problemas e hipóteses são enunciados compostos de relações entre variáveis (fatos, fenômenos); a diferença reside em que o problema constitui sentença interrogativa e a hipótese, sentença afirmativa mais detalhada.

> *Exemplos*:
> **Problema:** "Quais condições exercem mais influência na decisão das mães em dar o filho recém-nascido para adoção"?

Hipótese: "As condições que representam fatores formadores de atitudes exercem maior influência na decisão das mães em dar o filho recém-nascido para adoção do que as condições que representam fatores biológicos e socioeconômicos" (BARDAVID, 1980, p. 63).
Problema: "A constante migração de grupos familiares carentes influencia em sua organização interna?"
Hipótese: "Se elevado índice de migração de grupos familiares carentes, então elevado grau de desorganização familiar" (LEHFELD, 1980, p. 130).

2.3 Formulação de hipóteses

Há várias maneiras de formular hipóteses, mas a mais comum é "Se x, então y", onde x e y são variáveis ligadas entre si por *se* e *então*.

Exemplos:
"Se privação na infância, então deficiência na realização escolar mais tarde" (KERLINGER, 1980, p. 39).
"Se elevado grau de desorganização interna na família (carente), então (maior probabilidade de) marginalização do menor" (LELLIS, 1980, v. 2, p. 187).

Os exemplos dados correlacionam apenas duas variáveis. Entretanto, muitas vezes a correlação ocorre entre mais de duas variáveis. A hipótese poderá ser simbolizada de duas formas: "Se x, então y, sob as condições r e s," ou "Se x_1 e x_2 e x_3, então y".

Exemplos:
"Se incentivo positivo (x), então aprendizagem aumentada (y), dado sexo feminino (r) e classe média (s)."
"Se incentivo positivo (x_1) e sexo feminino (x_2) e classe média (x_3), então aumento na aprendizagem (y)."
"Se elevado grau de desorganização interna na família carente (x), então maior probabilidade de marginalização do menor (y), dada baixa escolaridade do menor (r) e dado elevado grau de mobilidade geográfica – migração – da família (s)."
"Se elevado grau de desorganização interna da família carente (x_1) e baixa escolaridade do menor (x_2) e elevado grau de mobilidade

geográfica – migração – da família (x_3), então maior probabilidade de marginalização do menor (y)."

Podemos considerar que todo enunciado que tome a forma de "Se x, então y" é uma hipótese – condição suficiente, mas não necessária, já que muitas hipóteses, em vez de expressas de forma condicional, o são de maneira categórica (embora sejam equivalentes à forma condicional e nela traduzíveis).

Exemplos:
"A água ferve a 100°C."
"É maior a certeza em relação à escolha do curso universitário, entre os estudantes que receberam Orientação Profissional no curso de 2º Grau [ensino médio], do que entre os que não a tiveram" (SANTOS, 1980, p. 101).
"O comportamento de pintar com os dedos é, em parte, uma função da classe social" (KERLINGER, 1973, p. 28).

Se as hipóteses são enunciados conjecturais da relação entre duas ou mais variáveis (o que denominamos de condição nº 1), devem conduzir a implicações claras para o teste da relação colocada, isto é, as variáveis devem ser passíveis de mensuração ou potencialmente mensuráveis (condição nº 2), especificando a hipótese como essas variáveis estão relacionadas. Uma formulação que seja falha em relação a essas características (ou a uma delas) não é uma hipótese (no sentido científico da palavra).

Kerlinger (1973, p. 25-28), apresenta quatro hipóteses que podem ser analisadas no que diz respeito a essas características:

a) "O estudo em grupo contribui para alto grau de desempenho escolar", em que se correlacionam duas variáveis, "estudo em grupo" e "grau de desempenho escolar", cuja mensuração é prontamente concebida.
b) "O exercício de uma função mental não tem efeito no aprendizado futuro dessa função mental." Essa hipótese coloca a relação entre as duas variáveis, "exercício de uma função mental" e "aprendizado futuro", na forma chamada "nula", isto é, através das palavras "não tem efeito no". Dito de outra forma, "Se p, então não q". A possibilidade de resolver o problema de definir as variáveis "função mental" e "aprendizado futuro", de maneira que sejam mensuráveis, é que determinará se esse enunciado pode ou não se constituir em hipótese (científica).

c) "As crianças de classe média evitam a tarefa de pintar com os dedos com mais frequência do que as crianças de classe baixa." Aqui, a correlação entre as variáveis é indireta, dissimulada; surge na forma de um enunciado em que dois grupos, A e B, diferem em alguma característica, mas pode ser considerada como sub-hipótese de outra, ou seja: "O comportamento de pintar com os dedos é, em parte, uma função da classe social". Novamente, as variáveis são claramente mensuráveis.

d) "Indivíduos que têm ocupação igual ou similar terão atitudes similares em relação a um objeto cognitivo, significativamente relacionado com seu papel ocupacional." Como foi formulada, trata-se de uma hipótese de "diferença", que requer dois grupos, com papel ocupacional diferente, para então comparar suas atitudes (em relação a um objeto cognitivo relacionado ao papel), já que as variáveis correlacionadas são "papel ocupacional" e "atitudes referentes a um objeto cognitivo relacionado ao papel ocupacional"; ambas são mensuráveis, entendendo-se por "objetos cognitivos" todas as coisas, concretas ou abstratas, percebidas e "conhecidas" pelos indivíduos. Essa hipótese também pode ser transposta a uma forma relacional geral: "Atitudes em relação a objetos cognitivos significativamente relacionados com papéis ocupacionais são, em parte, uma função do comportamento e expectativas associadas aos papéis."

O que ocorre então com uma "boa" hipótese, que não pode ser diretamente testada? Por exemplo: "Matéria atrai matéria na razão direta das massas e na razão inversa do quadrado da distância". É claro que as variáveis aqui são mensuráveis, mas como comprovar a relação entre elas? Nesses casos, da hipótese principal deverão ser deduzidas outras hipóteses, que sejam capazes de ser submetidas à verificação. Dessa forma, a hipótese principal satisfaz às duas condições necessárias para ser uma hipótese científica.

Para Bunge (1976, p. 255), a ciência impõe três requisitos principais à formulação das hipóteses: (1) a hipótese deve ser formalmente correta e não se apresentar "vazia" semanticamente; (2) a hipótese deve estar fundamentada, até certo ponto, em conhecimento anterior; caso contrário, volta a imperar o pressuposto já indicado de que deve ser compatível, sendo completamente nova em matéria de conteúdo, com o corpo de conhecimento científico já existente; (3) a hipótese tem de ser empiricamente contrastável, por intermédio de procedimentos objetivos da ciência, ou seja, mediante sua comparação com os dados empíricos, por sua vez controlados tanto por técnicas quanto por teorias científicas.

O autor continua afirmando que "não se deve identificar a noção de hipótese com a de ficção, nem contrapô-la à de fato": a única semelhança entre elas é que as hipóteses, como as ficções, são criações mentais, ao passo que os fatos são exteriores à mente, ocorrendo no mundo real. "As hipóteses factuais, apesar de serem proposições, podem contrapor-se a proposições de outro tipo, ou seja, proposições empíricas particulares, também denominadas 'dados', isto é, elementos de informação." Um dado não é uma hipótese, muito menos vice-versa: qualquer hipótese se coloca além da evidência (dado) que procura explicar.

2.4 Importância das hipóteses

Kerlinger (1973, p. 28-35) aponta os seguintes fatores que demonstram a importância das hipóteses:

a) São "instrumentos de trabalho" da teoria, pois novas hipóteses podem ser deduzidas de uma hipótese.
b) Podem ser testadas e julgadas como provavelmente verdadeiras ou falsas.
c) Constituem instrumentos poderosos para o avanço da ciência, pois sua comprovação requer que se tornem independentes dos valores e opiniões dos indivíduos.
d) Dirigem a investigação, indicando ao investigador o que procurar ou pesquisar.
e) Pelo fato de serem comumente formulações relacionais gerais, permitem ao pesquisador deduzir manifestações empíricas específicas, com elas correlacionadas.
f) Desenvolvem o conhecimento científico, auxiliando o investigador a confirmar (ou não) sua teoria.
g) Incorporam a teoria (ou parte dela) em forma testável ou quase testável.

2.5 Função das hipóteses

Para Pereira (2013, p. 52), "nas investigações científicas, as hipóteses são formuladas previamente e orientam a realização do trabalho subsequente". Elas podem ser formuladas *a priori*, antes da análise dos dados coletados, ou *a posteriori*, depois de a análise dos dados coletados ter sido realizada. Em geral, os cientistas "dão mais credibilidade às hipóteses formuladas antes da análise dos dados". Pereira afirma ainda que "uma função da hipótese, quando bem formulada, é de se constituir em guia para a investigação e, em particular, para a coleta de dados e sua análise" (p. 260).

Segundo Jolivet (1979, p. 85-86), a função das hipóteses é:

a) Dirigir o trabalho do cientista, constituindo-se em princípio de invenção e progresso, na medida em que "auxilia de fato a imaginar os meios a aplicar e os métodos a utilizar" no prosseguimento da pesquisa e na tentativa de se chegar à certeza (hipótese preditiva ou *ante factum*).
b) Coordenar os fatos já conhecidos, ordenando os materiais acumulados pela observação. Aqui, a inexistência de uma hipótese levaria ao amontoamento de observações estéreis (hipótese preditiva ou explicativa, *post factum*).

Considerando que as hipóteses estão presentes em todos os passos da investigação, Bunge (1976, p. 309-316) indica as principais ocasiões em que elas se fazem necessárias e suas funções. Elas são necessárias quando:

a) Tentamos resumir e generalizar os resultados de nossas investigações.
b) Tentamos interpretar generalizações anteriores.
c) Tentamos justificar, fundamentando, nossas opiniões.
d) Planejamos um experimento ou uma investigação para a obtenção de mais dados.
e) Pretendemos submeter uma "conjuntura" à comprovação.

Suas principais funções são:

a) Generalizar uma experiência, quer resumindo, quer ampliando os dados empíricos disponíveis.
b) Desencadear inferências, atuando como se fossem afirmações ou conjecturas iniciais sobre o "caráter", a "quantidade" ou as "relações" entre os dados.
c) Servir de guia à investigação.
d) Atuar na tarefa de interpretação (hipóteses explicativas) de um conjunto de dados ou de outras hipóteses.
e) Funcionar como proteção de outras hipóteses.

3 FONTES DE ELABORAÇÃO DE HIPÓTESES

Não há normas ou regras fixas que limitem a possibilidade de elaborar hipóteses (não nos estamos referindo aos requisitos necessários para que uma hipótese seja científica), assim como não se limita a criatividade humana, ou se estabelecem regras para ela. Entretanto, há oito fontes fundamentais que podem originar hipóteses.

3.1 Conhecimento familiar

O conhecimento familiar ou as intuições derivadas do senso comum, perante situações vivenciadas, podem levar a correlações entre fenômenos notados e ao desejo de verificar a real correspondência existente entre eles. Não se trata aqui de comprovar cientificamente o óbvio; ao contrário, trata-se de averiguar se é "óbvio", isto é, se há ou não uma correlação de fato entre os fenômenos.

> *Exemplos*:
> O conhecimento popular atribui à "idade" e ao desejo de "afirmação" a rebeldia do adolescente.
> Na área da Psicologia, podem-se elaborar hipóteses sobre o assunto, entre elas:
> "Em determinada fase do desenvolvimento mental do jovem, a necessidade da afirmação do *ego* leva à contestação da autoridade dos pais e dos valores da sociedade".
> "Dada a 'necessidade' da afirmação do *ego*, então contestação da autoridade dos pais e dos valores da sociedade."

Outro exemplo partiria do conhecimento familiar de que as crianças, "brincando de imitar" os adultos, aprendem a se comportar na sociedade. Uma hipótese, também na área da Psicologia, seria de que "a imitação é um dos processos de aprendizagem da vida social".

3.2 Observação

Uma fonte rica para a construção de hipóteses é a observação que se realiza dos fatos ou da correlação existente entre eles. As hipóteses terão a função de comprovar (ou não) essas relações e explicá-las.

Exemplos: Partindo da constatação da correlação entre o nível socioeconômico (classe social) do aluno e o seu rendimento escolar, vários pesquisadores levantaram hipóteses sobre o menor rendimento escolar dos alunos de classe social baixa, analisando a influência da alimentação, do ambiente cultural, da profissão dos pais, do nível de aspiração educacional dos pais e até dos "valores" que a escola transmite (partindo da premissa de que ela acentua as "características" da classe alta e média).

Trujillo Ferrari (1974, p. 135), citando Baker e Allen, indica outro exemplo: biólogos dos Estados Unidos observaram que o "salmão prateado" (*Oncorhyncus Kisutch*), no nordeste da costa do Pacífico, expele seus ovos nos córregos da região. Após a incubação, os peixinhos se dirigem até o Oceano Pacífico e, quando alcançam a maturidade, retornam aos riachos onde nasceram, para a desova. Com a finalidade de explicar esse fenômeno biológico, alicerçados nas observações sobre os hábitos do salmão dourado, os pesquisadores propuseram várias hipóteses, entre elas: "o salmão *Oncorhyncus Kisutch* utiliza unicamente o estímulo visual para encontrar o riacho em que nasceu para desovar"; "o salmão *Oncorhyncus Kisutch* encontra a rota de retorno ao riacho em que nasceu através do cheiro específico das águas".

3.3 Comparação com outros estudos

Podem-se enunciar hipóteses que resultam de o pesquisador "basear-se nas averiguações de outro estudo ou estudos na perspectiva de que as conexões similares entre duas ou mais variáveis prevalecem no estudo presente" (TRUJILLO FERRARI, 1974, p. 44).

Exemplo: Sintetizando os pressupostos da obra de Durkheim, *O suicídio*, obteremos as seguintes conclusões: (a) a coesão social proporciona apoio psicológico aos membros do grupo submetidos a ansiedades e tensões agudas; (b) os índices de suicídio são função das ansiedades e tensões não aliviadas a que estão sujeitas as pessoas; (c) os católicos têm uma coesão social maior que os protestantes e, portanto; (d) é possível prever e antecipar, entre católicos, um índice menor de suicídio do que entre os protestantes. Um pesquisador, no Brasil, pode tentar verificar a validade da correlação entre essas variáveis, num novo contexto social, examinando a coesão social das diferentes profissões religiosas e os índices de suicídio entre seus membros.

3.4 Dedução lógica de uma teoria

Podem-se extrair hipóteses, por dedução lógica, do contexto de uma teoria, isto é, de suas proposições gerais é possível chegar a uma hipótese que afirma uma sucessão de eventos (fatos, fenômenos) ou a correlação entre eles, em determinado contexto.

> *Exemplo*: Ogburn, em sua obra *Social change*, apresenta a teoria da demora cultural, indicando que a transformação ou o crescimento, no movimento total de uma cultura, não se processa no mesmo ritmo em todos os setores. Se uma grande parte da herança social do homem é a cultura material, para utilizá-la são necessários ajustamentos culturais, denominados cultura adaptativa; as transformações nesta última são geralmente precedidas por transformações na cultura material. Se desejarmos realizar uma pesquisa em área rural do Brasil, onde a televisão tem penetração, podemos partir da hipótese de que ela, transmitindo ideias, crenças, conhecimentos e valores da sociedade urbana (cultura não material), para uma região rural subdesenvolvida, com poucas alterações da cultura material (técnicas e artefatos), influenciou as transformações da cultura adaptativa, fazendo com que a cultura material ficasse defasada em relação a ela.

3.5 Cultura geral na qual a ciência se desenvolve

A cultura norte-americana, variante da cultura ocidental europeia, por exemplo, dá ênfase à mobilidade e à competição, assim como à felicidade individual, ao passo que a cultura zuñi acentua os valores grupais, preocupando-se menos com a felicidade individual e procurando evitar a competição e, até certo ponto, a realização individual. Esses enfoques, dados pela cultura geral, podem levar o cientista, principalmente na área das Ciências Sociais, a se preocupar mais com determinado aspecto da sociedade, originando hipóteses sobre temas específicos.

> *Exemplos*: Goode e Hatt (1968, p. 83-85) apontam uma série de estudos realizados na sociedade norte-americana sobre "ajustamento" (com o sentido de "felicidade individual"), partindo de hipóteses que o correlacionaram com ocupação, remuneração, educação, classe social, ascendência étnica, felicidade dos pais, assim como o analisaram

nas relações de casamento, trabalho e outros grupos sociais. Indicam, ainda, que ser negro ou ser branco é considerado fator importante na determinação do comportamento humano, principalmente nas sociedades norte-americana e da África do Sul. Assim, nessas sociedades, uma série de estudos científicos teve por base hipóteses relativas às diferenças de cor da pele (a "menor" capacidade intelectual relativa a cor da pele foi cientificamente refutada por uma série de testes).

3.6 Analogias

Observações casuais da natureza, assim como a análise do quadro de referência de outra ciência, podem ser fontes de hipóteses "por analogia".

> *Exemplo*: Estudos sobre a ecologia das plantas e animais refletiram no desenvolvimento da ecologia humana: especificamente, o fenômeno da segregação, conhecido na ecologia da planta, originou a hipótese de que atividades específicas e tipos de população semelhantes podem ser encontrados ocupando o mesmo território. As análises do desenvolvimento das cidades receberam grande impulso com os autores da chamada Escola de Chicago, cujo enfoque se baseia na ecologia humana (por analogia com a ecologia vegetal e animal). Seus principais representantes são: Park, Burgess, Hollingshead, McKenzie, Harris e Ullman. Foi Hollingshead que incorporou, em sua hipótese sobre os processos que operam na organização de uma cidade, o conceito de segregação (os processos seriam: concentração, centralização, segregação, invasão, sucessão, descentralização e rotinização ou fluidez).

3.7 Experiência pessoal, idiossincrática

A maneira particular pela qual o indivíduo reage aos fatos, à cultura em que vive, à ciência, ao quadro de referência de outras ciências e às observações constitui também fonte de novas hipóteses.

> *Exemplos*: Darwin, em sua obra *A origem das espécies*, levantou a hipótese de que os seres vivos não são imutáveis, oriundos de criações distintas, mas que se modificaram. Ora, além de suas observações pessoais, Darwin reuniu vários fatos que eram conhecidos em sua época, dando-lhes uma interpretação pessoal, da qual originou sua hipótese.

Outro exemplo, citado por Goode e Hatt (1968, p. 88-89), refere-se às Ciências Sociais, especificamente a Thorstein Veblen. Sociólogo norte-americano, descendente de noruegueses, sua visão da sociedade (capitalista) norte-americana foi influenciada pelas suas origens e pela comunidade norueguesa isolada em que foi criado. Conhecedor do positivismo francês e do materialismo histórico, desenvolveu um ponto de vista particular sobre o capitalismo, que expôs em sua obra principal, *A teoria da classe ociosa*.

3.8 Casos discrepantes na própria teoria

A teoria empresta direção às pesquisas, estabelecendo um elo entre o conhecido e o desconhecido; dela também se podem fazer deduções lógicas que representam outros tantos problemas e hipóteses. Às vezes, porém, a fonte das hipóteses são as discrepâncias apresentadas em relação ao que deve acontecer em decorrência da teoria sobre o assunto.

Exemplo: Nas pesquisas sobre comunicação, estabeleceu-se a teoria, baseada nos fatos, de que há pessoas que podem ser classificadas como *líderes de opinião*. A seguir, novas pesquisas, realimentando a teoria, verificaram que essas pessoas possuíam prestígio, isto é, *status* elevado na comunidade. Como o *status* é uma decorrência de diversas variáveis, levantou-se a hipótese de que poderia existir um tipo ideal de pessoa influente. Entretanto, as pesquisas demonstraram a inexistência de muitas características comuns entre elas. Dessa discrepância surgiu a hipótese, proposta por Merton, da existência de duas categorias de pessoas, as influentes "cosmopolitas" e as "locais", que apresentam grupos de características distintivas.

LEITURA RECOMENDADA

GIL, Antonio Carlos. *Métodos e técnicas de pesquisa social*. 6. ed. São Paulo: Atlas, 2016. Cap. 5.

KERLINGER, Fred N. *Metodologia da pesquisa em ciências sociais*: um tratamento conceitual. Tradução de Helena Mendes Rotundo. São Paulo: EPU: Edusp, 1980. Cap. 3.

KÖCHE, José Carlos. *Fundamentos de metodologia científica*: teoria da ciência e iniciação à pesquisa. 34. ed. Petrópolis: Vozes, 2015. Cap. 4.

RUDIO, Franz Victor. *Introdução ao projeto de pesquisa científica*. 42. ed. Petrópolis, Vozes, 2014. Cap. 7.

SCHRADER, Achim. *Introdução à pesquisa social empírica*: um guia para o planejamento, a execução e a avaliação de projetos de pesquisa não experimentais. Tradução de Manfredo Berger. Porto Alegre: Globo: Universidade Federal do Rio Grande do Sul, 1974. Cap. 11, 12 e 13.

TRIVIÑOS, Augusto N. S. *Introdução à pesquisa em ciências sociais*: a pesquisa qualitativa em educação. São Paulo: Atlas, 2015. Cap. 4.

7
Variáveis

1 CONCEITO

Sampieri, Colado e Lucio (2013, p. 114) definem variável como

> propriedade que pode oscilar e cuja variação pode ser medida e observada. [...] As variáveis adquirem valor para a pesquisa científica quando conseguem se relacionar com outras variáveis, ou seja, se fazem parte de uma hipótese ou uma teoria. Nesse caso elas costumam ser chamadas de constructos ou construções hipotéticas.

Entendem ainda os autores citados que, "no enfoque quantitativo, se o processo de pesquisa foi realizado passo a passo, é natural que as hipóteses surjam da formulação do problema que é, conforme lembramos, reavaliado e se necessário reformulado após a revisão da literatura".

Uma variável pode ser considerada como uma classificação ou medida; uma quantidade que varia; um conceito operacional, que contém ou apresenta valores; aspecto, propriedade ou fator, discernível em um objeto de estudo e passível de mensuração. Os valores que são adicionados ao conceito operacional, para transformá-lo em variável, podem ser quantidades, qualidades, características, magnitudes, traços etc., que se alteram em cada caso particular e são totalmente abrangentes e mutuamente exclusivos. Por sua vez, o conceito operacional pode ser um objeto, processo, agente, fenômeno, problema etc.

Uma variável pode ser considerada como uma classificação ou medida; uma quantidade que varia; um conceito operacional, que contém ou apresenta valores; aspecto, propriedade ou fator, discernível em um objeto de estudo e passível de mensuração. Os valores que são adicionados ao conceito operacional, para transformá-lo em variável, podem ser quantidades, qualidades, características, magnitudes, traços etc., que se alteram em cada caso particular e são totalmente abrangentes e mutuamente exclusivos. Por sua vez, o conceito operacional pode ser um objeto, processo, agente, fenômeno, problema etc.

2 VARIÁVEIS NO UNIVERSO DA CIÊNCIA

Gil (2016, p. 79) identifica uma fase essencialmente teórica na pesquisa social, que é constituída pela formulação do problema e sua inserção em uma perspectiva mais ampla, e isso, em geral, "envolve a construção de hipóteses e a identificação dos potenciais nexos entre as variáveis". Se pretendemos que uma proposição alcance o *status* de hipótese científica, é necessário que ela possa ser refutada empiricamente. Assim, suas variáveis devem ser traduzidas em conceitos mensuráveis.

Figurativamente, podemos imaginar o universo da ciência como constituído de três níveis: no primeiro, ocorrem as observações de fatos, fenômenos, comportamentos e atividades reais; no segundo, encontramos as hipóteses; finalmente, no terceiro, surgem as teorias, hipóteses válidas e sustentáveis. O que nos interessa, na realidade, é a passagem do segundo para o primeiro nível, o que ocorre através do enunciado das variáveis. Esquematicamente:

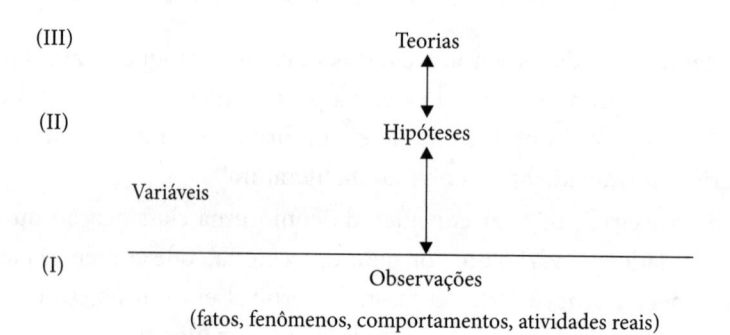

```
(III)                          Teorias
                                  ↕
(II)                           Hipóteses
                Variáveis         ↕
(I)             _____
                               Observações
                (fatos, fenômenos, comportamentos, atividades reais)
```

3 VARIÁVEIS INDEPENDENTES E DEPENDENTES
3.1 Conceito e diferenciação

Variável independente (X) é a que influencia, determina ou afeta outra variável; é fator determinante, condição ou causa para determinado resultado, efeito ou consequência. É o fator manipulado (geralmente) pelo investigador, na sua tentativa de assegurar a relação do fator com um fenômeno observado ou a ser descoberto, para verificar que influência exerce sobre um possível resultado.

Variável dependente (Y) consiste em valores (fenômenos, fatores) a serem explicados ou descobertos, em virtude de serem influenciados, determinados ou afetados pela variável independente. É o fator que aparece, desaparece ou varia à medida que o investigador introduz, tira ou modifica a variável independente. Variável dependente é ainda a propriedade ou fator que é efeito, resultado, consequência ou resposta a algo que foi manipulado (variável independente).

Em uma pesquisa, a variável independente é o antecedente e a variável dependente é o consequente. Os cientistas fazem predições *a partir* de variáveis independentes *para* variáveis dependentes. Quando, ao contrário, querem explicar um fato ou fenômeno encontrado (variável dependente), *procuram* a causa (variável independente).

Exemplos:

a) Se dermos uma pancada no tendão patelar do joelho dobrado de um indivíduo, sua perna se esticará:

X = pancada dada no tendão patelar do joelho dobrado de um indivíduo;

Y = o esticar da perna.

b) Os indivíduos cujos pais são débeis mentais têm inteligência inferior à dos indivíduos cujos pais não são débeis mentais:

X = presença ou ausência de debilidade mental nos pais:

Y = grau de inteligência dos indivíduos.

c) Em época de guerra, os estereótipos relativos às nacionalidades – dos participantes do conflito – tornam-se mais arraigados e universais:

X = época de guerra;

Y = características dos estereótipos mútuos.

d) Os indivíduos cujos pais possuem forte preconceito religioso tendem a apresentar esse tipo de preconceito em grau mais elevado do que aqueles cujos pais são destituídos de preconceito religioso:

X = presença ou ausência de preconceito religioso nos pais;

Y = grau de preconceito religioso dos indivíduos.

Quando a variável independente manifesta mais de uma condição, a utilização dos diagramas apresentados a seguir permite estabelecer qual a variável independente e qual a dependente.

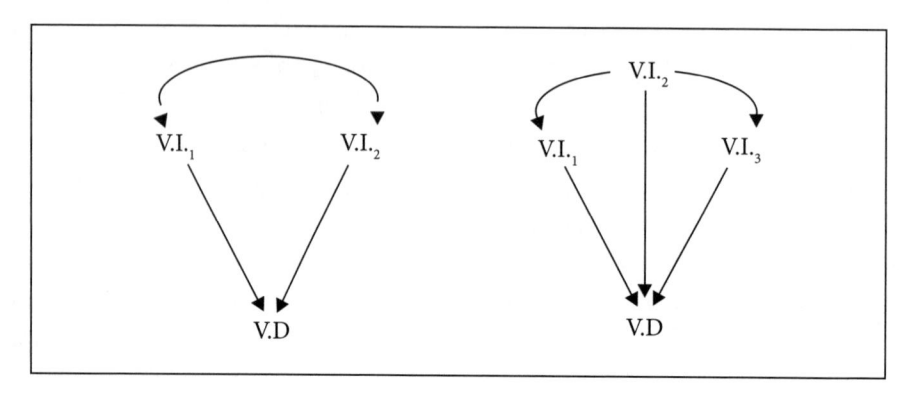

V.I.$_1$ = Primeira condição da variável independente (X_1);
V.I.$_2$ = Segunda condição da variável independente (X_2);
V.I.$_3$ = Terceira condição da variável independente (X_3);
V.D. = Variável dependente (Y).

Exemplos (variável independente com duas condições):

a) O tempo de reação a um estímulo visual é significativamente mais rápido do que o tempo de reação a um estímulo auditivo.

b) O controle social empregado num grupo pequeno e íntimo é significativamente mais natural, espontâneo, informal do que o empregado por um grupo grande e impessoal.

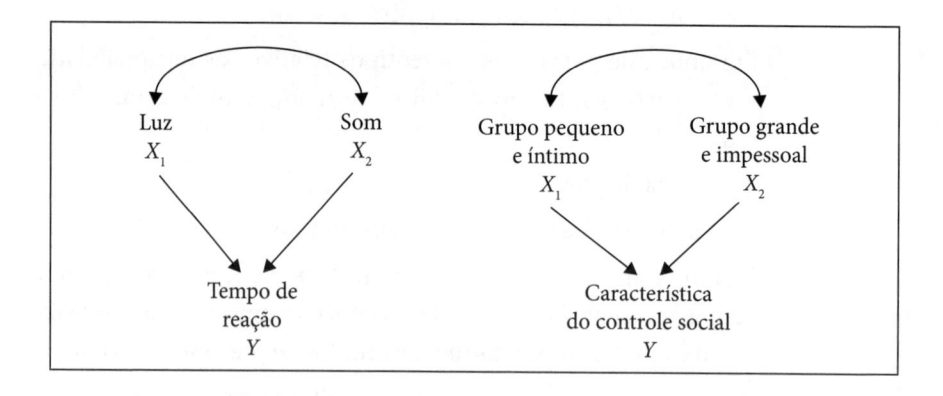

Exemplos (variável independente com três condições):

a) As variações no estado físico da matéria determinam o volume que ocupará certa quantidade dela.

b) A existência de estereótipos negativos mútuos entre dois grupos torna suas reações significativamente mais conflituosas do que as que se verificam quando os grupos em contato são destituídos desses estereótipos, ou quando eles são positivos.

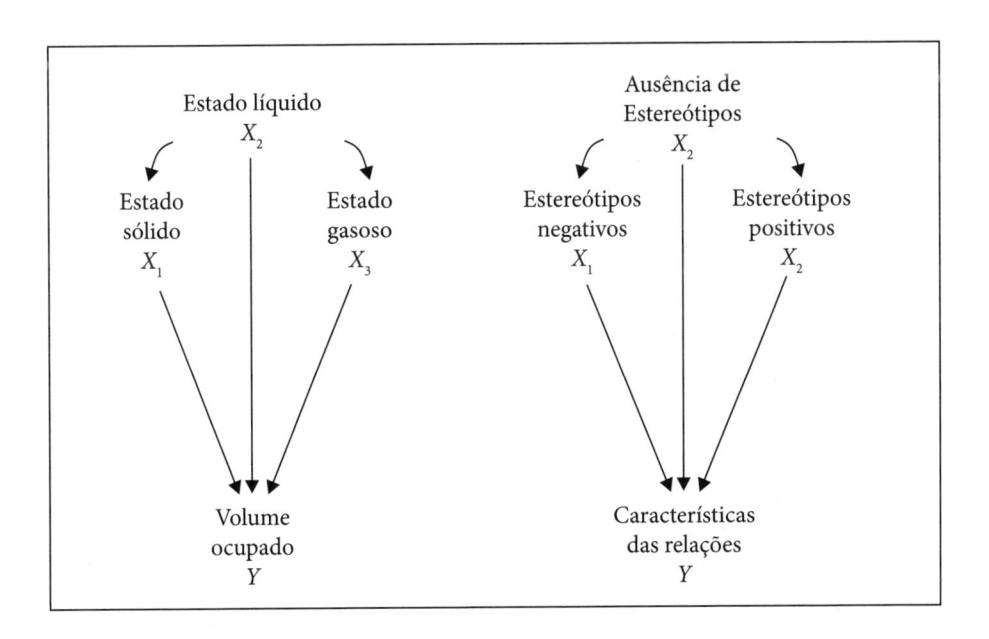

```
        Estado líquido                    Ausência de
              X₂                          Estereótipos
                                              X₂
   Estado         Estado            Estereótipos    Estereótipos
   sólido         gasoso             negativos       positivos
    X₁             X₃                   X₁             X₂

           Volume                       Características
           ocupado                       das relações
             Y                               Y
```

Podemos encontrar também hipóteses em que há apenas uma variável independente, mas mais de uma dependente.

Exemplos:

a) Quando um indivíduo se assusta com um barulho forte e inesperado, o seu pulso se acelera, ele transpira e as pupilas de seus olhos se dilatam:

X = susto com um barulho forte e inesperado;

Y = aceleração do pulso (Y_1), transpiração (Y_2) e dilatação das pupilas (Y_3).

b) A contínua migração de grupos familiares carentes ocasiona problemas de organização interna na família, choque cultural, reação imediatista aos problemas e clima de preocupação irrealista e mágica:

X = contínua migração de grupos familiares carentes;

Y = problemas de organização interna da família (Y_1), choque cultural (Y_2), reação imediatista (Y_3) e clima de preocupação irrealista e mágica (Y_4).

3.2 Fatores determinantes do sentido da relação causal entre variáveis independentes e dependentes

Em relação à questão fundamental de saber qual é a variável independente (determinante) e qual a dependente (determinada), parece impor-se, pela lógica, o critério de *suscetibilidade à influência*, ou seja, seria dependente a variável capaz de ser alterada, influenciada ou determinada pela outra, que passaria, então, a ser considerada a independente ou causal.

> *Exemplos*: Encontrando-se uma relação entre interesse político e sexo, no sentido de que os homens manifestam maior grau de interesse político do que as mulheres, é óbvio que o nível de interesse político de uma pessoa não pode determinar-lhe o sexo. Em uma relação entre idade e tipo de atitude política, em que os idosos se manifestam mais conservadores do que os jovens, só podemos supor que a idade, por algum motivo, seja responsável pela posição ou atitude política, pois ser conservador não torna uma pessoa mais velha, nem o progressismo rejuvenesce o indivíduo.

Dessa forma, dois fatores distintos encontram-se presentes na decisão a respeito do sentido de influência das variáveis:

a) A ordem temporal.
b) A fixidez ou a alterabilidade das variáveis.

3.2.1 Ordem temporal

Partindo do princípio lógico de que o acontecido depois não pode ter tido influência sobre o que ocorreu antes, a sequência temporal apresenta-se universalmente importante: a variável anterior no tempo é a independente e a que se segue é a dependente.

Exemplos: Encontrando uma relação entre a duração do noivado e a subsequente felicidade conjugal, é evidente que a duração do noivado surge antes na sequência temporal; constitui-se, indubitavelmente, na variável independente. Se constatarmos que à frustração segue-se a agressão, a primeira aparece como antecedente na ordem temporal e é a variável independente.

Lazarsfeld (*In*: BOUDON; CHAZEL; LAZARSFELD, 1979, v. 2, p. 32) pondera que, muitas vezes, a ordenação temporal, sem ser aparente, pode, entretanto, ser "reconstituída" de forma indireta.

Exemplos: Encontrando uma relação inversa entre renda e participação em organizações (por exemplo, recreativas), supor prioridade temporal da condição econômica é mais verossímil do que o contrário (dificilmente, a filiação a associações recreativas aumentaria o nível de renda, embora possa aumentar o *status*; nesse caso, seria interessante verificar uma hipótese que correlacionasse *status* e associação a organizações de prestígio: se o mais lógico seria a precedência do *status*, que leva à filiação a organizações exclusivistas, não se pode excluir que pertencer a uma associação desse tipo eleva o *status* – portanto, a sequência temporal se inverteria). Verificando uma relação entre traços de personalidade relativamente estáveis e certos tipos de êxito escolar ou profissional, a reconstituição leva a colocar como antecedente o tipo de personalidade.

Outro fator a considerar é que certas variáveis podem ser utilizadas de maneiras diversas e, de acordo com o problema pesquisado, ocupar posições diferentes na sequência temporal.

Exemplos: No enunciado, "as pessoas de mais idade têm um nível de escolaridade inferior", a idade é a variável independente, pois precede a educação (o importante é a época em que as pessoas alcançaram a idade de escolarização). Por outro lado, na proposição "há relação entre idade de falecimento e clima de determinada região", a idade é posterior e o clima é a variável independente.

Em certos casos, a ordem temporal das variáveis é indeterminada.

> *Exemplos*: Quando se constata que nos EUA os republicanos são mais conservadores do que os democratas, torna-se difícil ordenar no tempo a tendência ao conservadorismo e à filiação política (é conservador porque republicano, ou tornou-se republicano porque era conservador?). Da mesma forma, constatando-se que os povos agricultores são mais pacíficos, levanta-se a questão: são mais pacíficos porque vivem em função da exploração da terra, ou foi a sua debilidade bélica que os levou a se tornarem agricultores? (TRUJILLO FERRARI, 1974, p. 149).

Finalmente, Rosenberg (1976, p. 28-29) indica que, apesar de importante, o fator tempo não é um guia infalível quando se trata de determinar o sentido da relação causal.

> *Exemplos*: Estudando as características de indivíduos que nasceram negros e pobres e assim permaneceram por toda a vida, não se pode dizer que uma das variáveis tenha precedência temporal. Entretanto, indubitavelmente, ser negro é a variável independente, não porque apareça primeiro na sequência temporal, mas porque é inalterável, ao passo que a condição socioeconômica pode ser modificada. Outro exemplo citado pelo autor é o da relação entre o processo de educação e o hábito de ver televisão: durante os anos em que teve educação formal, o indivíduo demonstrou assistir assiduamente a programas de televisão e, durante os anos em que mostrou assiduidade à televisão, frequentou a escola. Novamente, apesar da indeterminação temporal, podemos decidir sobre o sentido da relação causal: é fácil perceber como o nível educacional pode determinar as preferências da pessoa em matéria de lazer e tipo de programa de televisão, mas é pouco provável que, de forma significativa, a preferência por certos tipos de programa de TV determine o nível educacional (excluídos, é claro, os telecursos).

3.2.2 Fixidez ou alterabilidade das variáveis

Existem algumas variáveis, muito utilizadas nas Ciências Biológicas e Sociais, que são consideradas fixas ou não sujeitas à influência. Entre elas, sexo, raça, idade, ordem de nascimento, nacionalidade.

> *Exemplos*: Os homens são mais suscetíveis ao enfarte; os negros são mais alienados do que os brancos; os jovens frequentam mais o

cinema; a estatura e o peso da criança, ao nascer, estão inversamente relacionados com a ordem de nascimento; os italianos acham que têm menos controle sobre o governo do que os norte-americanos (sofrer ou não um enfarte não determina o sexo; a alienação não altera a raça; a assiduidade ao cinema não rejuvenesce; maior estatura e peso não determinam a ordem de nascimento; atitudes para com o governo não são responsáveis pela nacionalidade).

Outras variáveis importantes são relativamente fixas, mas não absolutamente, isto é, em determinadas circunstâncias, tornam possível algum elemento de reciprocidade, como *status*, religião, classe social, residência no campo ou na cidade.

Exemplos: Correlação entre *status* e filiação a determinadas entidades (é possível que, visando elevar seu *status*, uma pessoa se filie a determinadas entidades); relação entre religião e filiação política e entre religião e saúde mental (um político, por questões eleitorais, poderá "converter-se", assim como o estado de saúde mental pode levar a uma mudança de religião); correlação entre estilo de vida e classe social (um indivíduo pode alterar seu estilo de vida para frequentar um "círculo adequado", obtendo um emprego ou função que o faça ascender na escala social, alterando-lhe, até, a classe social); relação entre tradicionalismo e residência rural (uma família pode mudar para a área rural exatamente por predominar, ali, o respeito pela tradição).

Esses exemplos de reciprocidade, entretanto, não nos devem enganar: geralmente, a influência dominante é o *status*, na filiação a entidades, a religião, na filiação partidária e na relação com a saúde mental, a classe social, no estilo de vida e a residência rural, no apego à tradição.

Bunge (*In*: ROSENBERG, 1976, p. 30) considera que a recusa em aceitar tal maneira de pensar é um atentado ao princípio causal:

> uma grave deficiência da doutrina da causalidade está em desconhecer ela o fato de que todas as ações conhecidas se acompanham ou vêm seguidas de reações, isto é, que o efeito sempre volta a reagir sobre o estímulo, a menos que este tenha deixado de existir. Sem embargo, um exame dos processos reais sugere que haja, com frequência, ações *predominantemente* (embora não exclusivamente) unidirecionais.

Em resumo, quando em uma relação entre duas variáveis se encontra uma que é fixa, não sujeita à influência ou relativamente fixa, podemos considerá-la como determinante (independente), a menos que, no caso das relativamente fixas, se avolumem provas de uma reciprocidade ou, até mesmo, da inversão do sentido da relação causal.

4 VARIÁVEIS MODERADORAS E DE CONTROLE

4.1 Variável moderadora: conceito e identificação

Variável moderadora (M) é um fator, fenômeno ou propriedade, que também é condição, causa, estímulo ou fator determinante para que ocorra determinado resultado, efeito ou consequência, situando-se, porém, em nível secundário no que respeita à variável independente (X) e apresentando importância menor do que ela. É selecionado, manipulado e medido pelo investigador, que se preocupa em descobrir se ela tem influência ou modifica a relação da variável independente com o fator ou fenômeno observado (variável dependente Y).

A variável moderadora reveste-se de importância em pesquisas cujos problemas são complexos, sabendo-se ou suspeitando-se da existência de vários fatores inter-relacionados. Uma vez afastada a possibilidade de as relações serem simétricas ou recíprocas, a variável moderadora apresenta-se relevante para saber até que ponto os diferentes fatores têm importância na relação entre as variáveis independente e dependente.

Bruce Tuckman (*In*: KÖCHE, 2015, p. 113) apresenta um exemplo da atuação da variável moderadora:

> Entre estudantes da mesma idade e inteligência, o desempenho de habilidades está diretamente relacionado com o número de treinos práticos, particularmente entre os meninos, mas menos diretamente entre as meninas. A variável independente é o *número de treinos práticos*; a dependente é o *desempenho de habilidades* e a moderadora é o *sexo* (meninos, meninas), que modifica a relação entre a independente e a dependente.

X = número de treinos práticos;

Y = desempenho de habilidades;

M = sexo dos estudantes (que modifica a relação entre X e Y).

Marconi, em estudo sobre trabalhadores temporários de São Paulo, ABC [Santo André, São Bernardo e São Caetano] e Rio de Janeiro, também identificou variáveis moderadoras na relação entre o tempo de exercício da atividade de temporário e a valorização de seu trabalho pela empresa tomadora de serviços (a empresa que utiliza a mão de obra temporária):

> entre trabalhadores temporários da mesma área de atuação (burocrática ou de produção) e tipo de atividade similar, o tempo de exercício da atividade está relacionado com o sentimento de valorização de seu trabalho pela empresa tomadora, principalmente entre os do sexo masculino e "sem companheiro" e menos acentuadamente entre os do sexo feminino e "com companheiro".

X = tempo de exercício da atividade de temporário (trabalho temporário);

Y = graduação do sentimento de valorização do trabalho pela empresa tomadora de serviços;

M = sexo (M_1) e estado conjugal do trabalhador temporário (M_2).

Analisando a atividade de garimpo e a "maior" irresponsabilidade do garimpeiro do que a de pessoas das atividades rurais, Marconi (1978, p. 128), concluiu não haver "diferença acentuada entre a atividade de garimpeiro e atividade rural no que se refere à atitude de irresponsabilidade, exceto entre os garimpeiros sem companheiro, quando é um pouco mais elevada":

X = tipo de atividade;

Y = grau de irresponsabilidade;

M = estado conjugal.

4.2 Variável de controle: conceito e aplicação

Variável de controle (C) é o fator, fenômeno ou propriedade que o investigador neutraliza ou anula propositadamente em uma pesquisa, com a finalidade de impedir que interfira na análise da relação entre as variáveis independente e dependente.

A importância da variável de controle aparece na investigação de situações complexas, quando se sabe que um efeito não tem apenas uma causa, mas pode sofrer influências de vários fatores. Não interessando ao investigador, ou não sendo possível analisar todos em determinado experimento, torna-se necessário neutralizá-los para que não interfiram, ou não exerçam influência sobre o fenômeno estudado. Em uma etapa posterior, ou mesmo em outro estudo, tais fatores poderão ser pesquisados. Em muitos casos, através de trabalhos anteriores, tem-se conhecimento de sua influência no fator ou fenômeno investigado, e se quer dar um passo adiante: além do fenômeno que exerce influência na variável dependente, existem outros fatores? Assim, anulam-se ou neutralizam-se os primeiros, para estudar a influência dos demais.

> *Exemplos*: Voltando ao estudo citado por Bruce Tuckman, sabe-se que tanto a idade da criança quanto seu grau de inteligência têm influência no desempenho de habilidades; deseja-se, agora, correlacionar este fator (desempenho de habilidades) com os treinos práticos: daí a necessidade de exercer controle sobre a idade e o grau de inteligência. Se isso não fosse feito, não se poderia avaliar e analisar a relação entre o número de treinos práticos e o desempenho de habilidades. Resumindo: idade e grau de inteligência foram selecionados como variáveis de controle e neutralizados (entre estudantes da mesma idade e inteligência...) para analisar a relação entre variável independente e dependente (o desempenho de habilidades está diretamente relacionado com o número de treinos práticos...):

C = idade (C_1) e grau de inteligência (C_2);
X = número de treinos práticos;
Y = desempenho de habilidades.

Quanto ao estudo dos trabalhadores temporários, suspeitou-se que a área de atuação (setor burocrático ou setor de produção) e a atividade exercida poderiam influenciar o sentimento do trabalhador em relação à valorização do seu trabalho pela empresa tomadora de serviços. Não interessava à investigadora analisar esse aspecto da questão, mas correlacionar o tempo de exercício da atividade de trabalhador temporário com o sentimento de valorização do trabalho. Assim, os dois fatores anteriores foram transformados em variáveis de controle (entre trabalhadores temporários da mesma área de atuação e tipo de atividade similar...) e neutralizados:

C = área de atuação (C_1) e atividade (C_2);
X = tempo de exercício da atividade de temporário;
Y = graduação no sentimento de valorização do trabalho pela empresa tomadora de serviços.

Gilda Alves Montans realizou uma pesquisa para verificar diferenças no tipo de aprendizagem musical de alunos, cuja aprendizagem se deu por meio de dois métodos distintos: o método A, convencional, e o método B, criado recentemente. Para o seu estudo, determinou exercer controle sobre quatro variáveis, que podem influenciar o grau de aprendizagem: idade do aluno; tempo em que está estudando; tipo de instrumento, temperado (como o piano) ou de afinação natural (como o violino); ambiente musical em casa, isto é, se alguma pessoa toca ou não algum instrumento na família do aluno:

C = idade (C_1), tempo de estudo (C_2), tipo de instrumento (C_3) e ambiente musical (C_4);
X = método A (X_1) e método B (X_2);
Y = tipo de aprendizagem.

Portanto, sua hipótese foi:

> crianças com a mesma idade, mesmo tempo de estudo, utilizando o mesmo tipo de instrumento e tendo o mesmo ambiente musical em casa, quando submetidas ao método B de ensino, apresentam um tipo de aprendizagem sensivelmente diferente do apresentado pelas crianças submetidas ao método A.

5 VARIÁVEIS EXTRÍNSECAS E COMPONENTES

5.1 Variáveis extrínsecas e relações espúrias

A primeira e a mais crucial dúvida de um investigador que encontra relação entre duas variáveis refere-se à questão: "trata-se de uma relação real"? Em outras palavras, trata-se de uma *ligação inerente* entre as duas variáveis, ou ela é devida a uma conexão acidental com uma variável associada? Quando este último caso ocorre, diz-se que a relação é espúria (na realidade, espúria é a interpretação da relação e não a relação em si). O que acontece é que, à primeira vista, a relação é assimétrica, mas, perante uma análise mais profunda, revela-se simétrica; esta significa que nenhuma das variáveis exerce influência sobre a outra, por serem indicadores alternativos do mesmo conceito, efeitos de uma causa comum, elementos de uma unidade funcional, partes ou manifestações de um sistema ou complexo comum, ou estão fortuitamente associadas.

Hyman (1967, p. 402-403) apresenta dois exemplos de relações espúrias:

a) Encontrou-se correlação entre a profundidade do sono e a espécie de humor que a pessoa tinha no dia seguinte. Entretanto, uma análise mais aprofundada revelou que o resultado era falso, pois a facilidade de sono é que era determinada pela espécie de humor com que o indivíduo ia para a cama, e que a má disposição permanecia de um dia para outro. Esquematicamente:

Em vez de "profundidade no sono" (X) → "tipo de humor no dia seguinte" (Y), o que havia era:

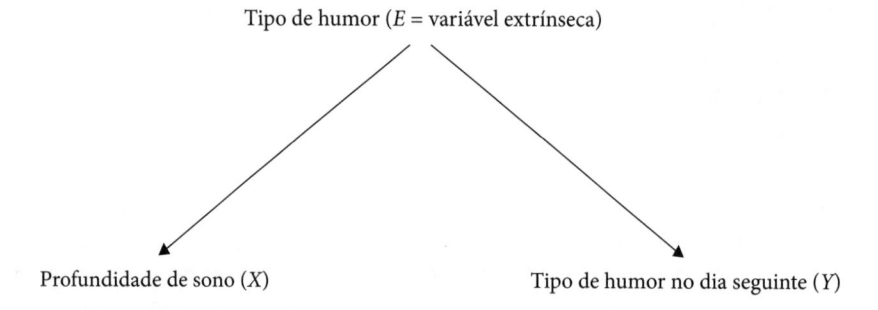

```
                Tipo de humor (E = variável extrínseca)
                       /              \
                      /                \
                     ↙                  ↘
        Profundidade de sono (X)    Tipo de humor no dia seguinte (Y)
```

O investigador não necessita abandonar a pesquisa por ter constatado que a relação original era espúria; pode deslocar seus estudos para questões de como o mau humor perturba o sono. Portanto, analisa a relação $E - X$.

b) Constatou-se que, na Suécia, existia correlação entre o número de cegonhas existentes em determinada área e a taxa de natalidade da mesma área. Não há necessidade de pensar duas vezes se há relação entre a variável independente (número de cegonhas) e a dependente (número de crianças), pois é óbvio que ambas se devem a uma terceira.

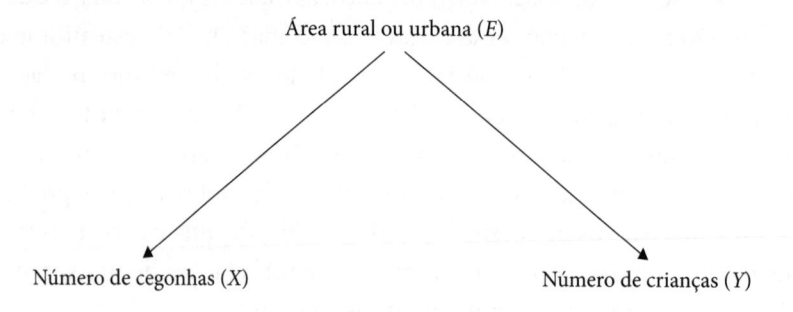

```
                Área rural ou urbana (E)
                     /            \
                    /              \
                   ↙                ↘
          Número de cegonhas (X)    Número de crianças (Y)
```

Novamente, o resultado, no caso absurdo, da relação original, pode levar a outras investigações. Como não há mistérios no fato de a zona rural conter maior número de cegonhas, interessa verificar por que essas regiões são caracterizadas por alta taxa de natalidade. Passamos, portanto, ao exame da relação E – Y.

São raros, porém, os casos em que a relação X – Y, sendo espúria, mostra-se tão absurda como no caso anterior. Muitas vezes, estudos bem fundamentados são publicados com sobejas provas para se acreditar numa relação assimétrica, significativa e inerente, entre as variáveis independente e dependente. E cabe a outros investigadores levantarem dúvidas sobre os resultados, procedendo a novas pesquisas, que demonstram a espuriedade da relação indicada.

Rosenberg (1976, p. 47-48) expõe um caso de relação que se devia a uma variável extrínseca: Miller e Swanson, em sua obra *The chaning american parent*, partiram da hipótese de que a posição ocupada pelos pais, no sistema econômico, geraria um sistema de integração familiar que exerceria influência na escolha dos processos educacionais dos filhos. Dividiram as famílias em *empreendedoras* e *burocráticas*; as primeiras eram assim classificadas se o chefe de família trabalhasse ou por conta própria ou numa organização sob reduzido nível de supervisão, se grande parte de seus rendimentos adviesse de lucros, gratificações ou comissões, ou se ele (ou a esposa) tivesse nascido na área rural ou fora dos Estados Unidos. As demais foram classificadas de burocráticas. A hipótese explicitava que as famílias empreendedoras dariam maior importância ao autocontrole, assim como a uma atitude ativa e independente em relação ao mundo, ao passo que as burocráticas dariam ênfase à acomodação e ao ajustamento. Os dados comprovaram essa relação – tipo de família (X), determinando o tipo de educação (Y).

Harber questionou esses resultados, assinalando que na década de 1930, sob a influência do behaviorismo, a orientação no que se refere à educação das crianças acentuava a restrição e o controle, ao passo que, na década seguinte, procedimentos mais liberais se difundiram, segundo as ideias de Dewey e seus seguidores. Não poderiam, assim, as diferenças de prática educacional entre famílias empreendedoras e burocráticas provir dos padrões dominantes em épocas diversas, em vez de emanar de imperativos ocupacionais e técnicos? A resposta residia na faixa etária em que se encontravam os pais empreendedores e burocráticos. Os próprios dados de Miller e Swanson confirmaram que os pais das famílias classificadas de empreendedores eram mais idosos que os classificados de burocráticos e, assim, os primeiros criaram seus filhos predominantemente nos anos de 1930, e os segundos, nos anos de 1940. Portanto, por não levarem em conta a variável extrínseca – idade dos pais –, os autores encaminharam-se para uma interpretação teórica totalmente errônea.

Resumindo: para saber se houve ou não interpretação enganosa na relação entre variável independente e variável dependente, controla-se o fator de teste, isto é, uma terceira variável que, pela lógica, pode correlacionar-se tanto com a independente quanto com a dependente; se a relação entre as duas variáveis se desvanece, ela se deve à variável extrínseca (E), ou seja, ao fator de teste escolhido.

5.2 Variáveis componentes e apresentação em bloco

As variáveis sociológicas (assim como as das demais Ciências Sociais) têm a característica de se apresentarem em blocos, isto é, indivíduos, grupos, associações, regiões etc. podem ser caracterizados em termos de uma pluralidade de dimensões. Por exemplo, vários estudos comprovaram que os operários são mais alienados do que os escriturários. Todavia, as palavras (conceitos) *operários* e *escriturários* significam apenas uma diferença no trabalho executado? Ou os operários diferem dos escriturários em vários outros aspectos? Como a resposta à segunda questão é positiva, temos entre eles diferenças de nível de escolaridade (grau de educação), de salário, de quocientes de inteligência, de capacidade de abstração de pensamento; são mais liberais ou menos liberais em questões econômicas, políticas e sociais; diferem também no estilo de vida, nas opções de lazer, incluindo a frequência de leitura de livros, revistas e jornais; originam-se também de famílias mais ou menos numerosas, e assim por diante. Dessa forma, *o que*, especificamente, na condição de operário, o leva a uma maior alienação? Dito de outra maneira, qual das variáveis componentes (P) do conceito global de operário é a responsável (ou a maior responsável) pelo efeito observado?

Portanto, o que devemos assinalar é que existem muitos conceitos globais que o investigador social manipula e que se compõem de numerosos subconceitos ou variáveis componentes.

> *Exemplos*: O conceito de classe social abrange as variáveis ocupação, renda, educação, família etc. Uma personalidade autoritária engloba convencionalismo; visão hierárquica do mundo, submissão à autoridade e agressividade no mando; idealização dos ancestrais, rigidez no pensamento, superstição e estereotipia; culto à força, à "dureza" e caráter punitivo acentuado; tendência para a destruição e cinismo, assim como

hostilidade e desprezo pela natureza humana; excessivo controle dos impulsos etc. Assim, na análise da relação entre uma variável independente global e uma variável dependente, é importante saber qual das variáveis componentes do conceito global ou quais deles associados se configuram como responsável decisivo pela variável dependente observada.

Para Rosenberg (1976, p. 64),

> uma das mais poderosas variáveis na análise sociológica é, por exemplo, o conceito de classe social. Com marcante coerência, a classe social aparece ligada a uma ampla diversidade de variáveis dependentes [...]. A classe social compõe-se, todavia, de numerosos elementos (variáveis componentes). Não se pode presumir, em consequência, que, estando a classe social relacionada a X e, também, a Y, o *mesmo* aspecto da classe social exerça efetiva influência.

Exemplos: Na relação entre classe e envolvimento em programas públicos, talvez o nível de educação seja o elemento crucial; na relação entre classe e propriedade imobiliária, talvez seja a renda; no que se refere à relação entre classe social e autoestima, é provável que seja o prestígio social; se a classe social se relaciona ao liberalismo econômico, talvez o fator de influência seja a filiação a sindicatos; se a classe está relacionada com a integração de certos grupos, talvez a tradição de família seja o fator responsável; se a classe se relaciona a certas atitudes, talvez os fatores ligados ao estilo de vida tenham implicação fundamental.

Resumindo: ao lidar com um conceito global, seleciona-se como fator de teste uma variável componente (P) que seja expressão, aspecto ou elemento da variável independente global, com a finalidade de sobre ela exercer controle. Se a relação se desvanece, então a variável componente era a responsável pelo resultado encontrado; se a relação se mantém inalterada, essa particular variável componente não tem influência no resultado observado. Finalmente, se a relação se atenua de forma acentuada – como no exemplo de classe social (X), grau de educação (P) e autoritarismo (Y) –, dizemos que a variável componente é o fator mais importante para explicar o resultado assinalado.

6 VARIÁVEIS INTERVENIENTES E ANTECEDENTES

6.1 Variáveis intervenientes

A variável interveniente (W) é a que, numa sequência causal, se coloca entre a variável independente (X) e a dependente (Y), tendo como função ampliar, diminuir ou anular a influência de X sobre Y. É, portanto, encarada como consequência da variável independente e determinante da variável dependente.

Para afirmar que uma variável é interveniente, requer-se a presença de três relações assimétricas:

a) A relação original, entre as variáveis independente e dependente ($X - Y$).

b) Uma relação entre a variável independente e a variável interveniente ($X - W$), sendo que a variável interveniente atua como se fosse dependente (efeito da independente).

c) Uma relação entre a variável interveniente e a variável dependente ($W - Y$), atuando a interveniente como independente (causa da dependente).

Exemplos: Encontrando-se uma relação entre morar na área rural ou urbana e dar ênfase, na educação das crianças, ao elemento obediência, é possível levantar a hipótese de que os habitantes do campo valoram a obediência em virtude de o seu tipo de vida conferir importância aos valores tradicionais; o apego à tradição significa aceitação, sem críticas, das normas e regras sociais em vigor; a transmissão dessas normas e regras requer, por sua vez, que se dê ênfase à obediência, na educação dos filhos. Para que o tradicionalismo seja considerado variável interveniente, precisamos das três relações assimétricas acima descritas: (a) entre residência rural-urbana e ênfase na obediência; (b) entre residência rural-urbana e tradicionalismo; (c) entre tradicionalismo e ênfase na obediência. Encontrando-se essas relações assimétricas, a variável é interveniente e, se se exercer controle sobre ela (tradicionalismo), a relação original entre morar na área rural ou urbana e dar ênfase à obediência deve desaparecer.

Nesse caso, qual a diferença entre uma variável extrínseca (E) e uma interveniente (W), se em ambos os casos a relação se deve ao fator de teste? Podemos afirmar, de saída, que a distinção não é estatística (os dados comportam-se da mesma forma), mas tem um cunho lógico e teórico: prende-se à presumida conexão causal entre as três variáveis, X-W-Y, no caso da variável interveniente, ao passo que se presume a inexistência de relação causal, inerente ou intrínseca, entre as variáveis independente e dependente, quando se trata de variável extrínseca. Esquematicamente:

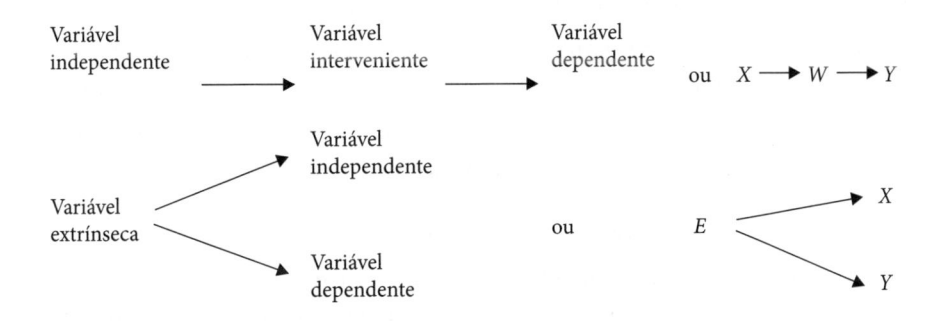

Variável independente → Variável interveniente → Variável dependente   ou $X \to W \to Y$

Variável extrínseca → Variável independente
Variável extrínseca → Variável dependente   ou $E \to X$, $E \to Y$

Quando se exerce controle sobre a variável interveniente, nem sempre a relação entre as variáveis independente e dependente se desvanece; muitas vezes, apenas se atenua. Nesses casos (estando presentes as três relações exigidas), a variável é uma das possíveis intervenientes entre X e Y. Quando a relação se atenua acentuadamente, encontramos a variável interveniente mais importante.

A relevância básica da variável interveniente, assim como da variável antecedente, que veremos a seguir, prende-se ao fato de que

> toda relação assimétrica entre duas variáveis é uma abstração feita a partir de uma interminável cadeia causal e quanto maior compreensão conseguirmos acerca dos elos dessa cadeia, melhor será nossa compreensão acerca dessa relação (ROSENBERG, 1976, p. 80).

As variáveis intervenientes e as antecedentes são elos de cadeias causais.

6.2 Variáveis antecedentes

A variável antecedente (Z) tem por finalidade explicar a relação X – Y. Ela se coloca na cadeia causal antes da variável independente, indicando uma influência eficaz e verdadeira; não afasta a relação X – Y, mas esclarece as influências que precederam essa relação, conforme representação esquemática:

Variável antecedente ⟶ Variável independente ⟶ Variável dependente   ou $Z \longrightarrow X \longrightarrow Y$

Para se afirmar que uma variável é antecedente, três requisitos estatísticos devem ser satisfeitos:

a) As três variáveis, antecedente, independente e dependente, devem relacionar-se ($Z - X - Y$).
b) Quando se exerce controle sobre a variável antecedente, não deve desaparecer a relação entre as variáveis independente e dependente.
c) Quando se exerce controle sobre a variável independente, deve desaparecer a relação entre as variáveis antecedente e dependente.

Citemos como exemplo um estudo realizado por Danhone (1980, p. 169) sobre *Menores de condutas antissociais e a organização da sociedade*. A pesquisadora encontrou clara relação entre desorganização familiar (X) e condutas antissociais do menor (Y). Desejava, entretanto, conhecer a principal causa de desorganização familiar. Aventou a possibilidade de ser ela influenciada por condições socioeconômicas baixas e precárias e elaborou a seguinte hipótese: "condições socioeconômicas baixas precárias (Z) provocam a desorganização familiar (X) e, esta, condutas antissociais no menor (Y)". Confirmada a hipótese, postula-se que:

Condições socioeconômicas ⟶ Organização familiar ⟶ Conduta do menor

Tem-se, agora, uma compreensão mais ampla da cadeia causal que levou ao comportamento observado (conduta antissocial do menor). Pode-se fazer regredir a cadeia causal tanto quanto for significativo do ponto de vista teórico, pois cada passo aumentará a compreensão do processo estudado.

O procedimento seguido para se assegurar de que uma variável é antecedente demonstra que a diferença entre ela e uma variável extrínseca, ao contrário do que ocorre com a interveniente, é de cunho estatístico: exercendo controle sobre a variável extrínseca, a relação entre as variáveis independente e dependente se desvanece, da mesma forma que ocorre com a variável interveniente; controlando-se, porém, a variável antecedente, a relação se mantém.

LEITURA RECOMENDADA

BUNGE, Mario. *Teoria e realidade*. Tradução de Gita K. Guinsburg. São Paulo: Perspectiva, 1974b. Cap. 3.

GIL, Antonio Carlos. *Métodos e técnicas de pesquisa social*. 6. ed. São Paulo: Atlas, 2016. Cap. 8.

KRLINGER, Fred N. *Metodologia da pesquisa em ciências sociais*: um tratamento conceitual. Tradução de Helena Mendes Rotundo. São Paulo: EPU: Edusp, 1980. Caps. 2 e 3.

KÖCHE, José Carlos. *Fundamentos de metodologia científica*: teoria da ciência e iniciação à pesquisa. 34. ed. Petrópolis: Vozes, 2015. Cap. 4.

SAMPIERI, Roberto Hernández; COLLADO, Carlos Fernández; LUCIO, María del Pilar Baptista. *Metodologia de pesquisa*. Tradução de Daisy Vaz de Moraes. 5. ed. Porto Alegre: Penso, 2013. Caps. 6 e 7.

8
Pesquisa

1 CONCEITO

Pesquisa, para Bagno (2010, p. 17), é uma palavra que chegou até nós pelo espanhol, que a herdou do latim:

> Havia em latim o verbo *perquiro*, que significava "procurar; buscar com cuidado; procurar por toda parte; informar-se; inquirir; perguntar; indagar bem, aprofundar na busca". [...] Perceba que os significados desse verbo em latim insistem na ideia de uma busca feita com *cuidado* e *profundidade*.

Para Ander-Egg (1978, p. 28), a pesquisa é um "procedimento reflexivo sistemático, controlado e crítico, que permite descobrir novos fatos ou dados, relações ou leis, em qualquer campo do conhecimento". A pesquisa, portanto, é um procedimento formal, com método de pensamento reflexivo, que requer tratamento científico e se constitui no caminho para conhecer a realidade ou para descobrir verdades parciais.

O desenvolvimento de um projeto de pesquisa compreende seis passos:

1. Seleção do tópico ou problema para a investigação.
2. Definição e diferenciação do problema.
3. Levantamento de hipóteses de trabalho.
4. Coleta, sistematização e classificação dos dados.
5. Análise e interpretação dos dados.
6. Relatório do resultado da pesquisa.

2 PLANEJAMENTO DA PESQUISA

Preparação da Pesquisa
1. Decisão sobre a realização da pesquisa.
2. Especificação dos objetivos.
3. Elaboração de um plano de trabalho.
4. Constituição da equipe de trabalho.
5. Levantamento de recursos e cronograma.

Fases da Pesquisa
1. Escolha do tema.
2. Levantamento de dados.
3. Formulação do problema.
4. Definição dos termos.
5. Construção de hipóteses.
6. Indicação de variáveis.
7. Delimitação da pesquisa.
8. Amostragem.
9. Seleção de métodos e técnicas.
10. Organização do instrumental de pesquisa.
11. Teste de instrumentos e procedimentos.

Execução da Pesquisa
1. Coleta de dados.
2. Elaboração (organização) dos dados.
3. Análise e interpretação dos dados.
4. Representação dos dados.
5. Conclusões.

Relatório de Pesquisa

2.1 Preparação da pesquisa

2.1.1 Decisão

É a primeira etapa de uma pesquisa, o momento em que o pesquisador toma a decisão de realizá-la, no interesse próprio, de alguém ou de alguma entidade, como, por exemplo, o Conselho Nacional de Desenvolvimento Científico e Tecnológico (CNPq).

Nem sempre é fácil determinar o que se pretende investigar, e a realização da pesquisa é ainda mais difícil, pois exige, da parte do pesquisador, dedicação, persistência, paciência e esforço contínuo.

A investigação pressupõe uma série de conhecimentos anteriores e metodologia adequada.

2.1.2 Especificação de objetivos

Toda pesquisa deve ter um objetivo determinado para saber o que se vai procurar e o que se pretende alcançar. Deve partir, afirma Ander-Egg (1978, p. 62), "de um objetivo limitado e claramente definido, sejam estudos formulativos, descritivos ou de verificação de hipóteses".

O objetivo torna explícito o problema, aumentando os conhecimentos sobre determinado assunto. Para Ackoff (1975, p. 27), "o objetivo da ciência não é somente aumentar o conhecimento, mas o de aumentar as nossas possibilidades de continuar aumentando o conhecimento".

Os objetivos podem definir "a natureza do trabalho, o tipo de problema a ser selecionado, o material a coletar" (CERVO; BERVIAN; SILVA, 2014, p. 75). Podem ser intrínsecos ou extrínsecos, teóricos ou práticos, gerais ou específicos, a curto ou de longo prazo.

Respondem às perguntas: Por quê? Para quê? Para quem?

2.1.3 Elaboração de um plano de trabalho

Desde que se tenha tomado a decisão de realizar uma pesquisa, deve-se pensar na elaboração de um plano de trabalho (esquema) que poderá ser ou não modificado e que facilite a sua viabilidade. O plano auxilia o pesquisador a alcançar uma abordagem mais objetiva, imprimindo ordem lógica ao trabalho.

Para que as fases da pesquisa se processem normalmente, tudo deve ser bem estudado e planejado, inclusive a obtenção de recursos materiais, humanos e de tempo.

2.1.4 Constituição da equipe de trabalho

Esse é outro aspecto importante no início da pesquisa: engloba recrutamento e treinamento de pessoas, distribuição das tarefas ou funções, indicação de locais de trabalho e todo o equipamento necessário ao pesquisador.

A pesquisa também pode ser realizada apenas por uma pessoa.

Responde à pergunta: Quem?

2.1.5 Levantamento de recursos e cronograma

Quando a pesquisa é solicitada por alguém ou por alguma entidade, que vai patrociná-la, o pesquisador deve fazer uma previsão de gastos necessários para sua realização, especificando cada um deles. Seria, portanto, um orçamento *aproximado* do montante de recursos indispensáveis.

Deve haver recursos financeiros para levar a cabo o estudo. Não pode faltar um cronograma, para executar a pesquisa em suas diferentes etapas.

Responde às perguntas: Quanto? Quando?

2.2 Fases da pesquisa

2.2.1 Escolha do tema

Tema é o assunto que se deseja estudar e pesquisar. O trabalho de definir adequadamente um tema pode perdurar por toda a pesquisa. Nesse caso, deverá ser frequentemente revisto.

Escolher o tema significa:

a) Selecionar um assunto de acordo com as inclinações, as possibilidades, as aptidões e as tendências de quem se propõe elaborar um trabalho científico.

b) Encontrar um objeto que mereça ser investigado cientificamente e tenha condições de ser formulado e delimitado em função da pesquisa.

O assunto escolhido deve ser exequível e adequado em termos tanto dos fatores externos quanto dos internos ou pessoais.

A disponibilidade de tempo, o interesse, a utilidade e a determinação para prosseguir o estudo, apesar das dificuldades, e para terminá-lo devem ser levados em consideração. As qualificações pessoais, em termos de *background* da formação universitária, também são importantes.

A escolha de um assunto sobre o qual, recentemente, foram publicados estudos deve ser evitada, pois uma nova abordagem torna-se mais difícil. O tema deve ser preciso, bem determinado e específico.

Responde à pergunta: O que será explorado?

2.2.2 Levantamento de dados

Para a obtenção de dados, podem ser utilizados três procedimentos: pesquisa documental, pesquisa bibliográfica e contatos diretos.

A pesquisa bibliográfica é um apanhado geral sobre os principais trabalhos já realizados, revestidos de importância, por serem capazes de fornecer dados atuais e relevantes relacionados com o tema. O estudo da literatura pertinente pode ajudar a planificar o trabalho, a evitar determinadas publicações e certos erros, e representa uma fonte indispensável de informações, podendo até orientar as indagações.

A soma do material coletado, aproveitável e adequado variará de acordo com a habilidade do investigador, de sua experiência e capacidade em descobrir indícios ou subsídios importantes para o seu trabalho.

Antes de iniciar qualquer pesquisa de campo, o primeiro passo é a análise minuciosa de fontes documentais que sirvam de suporte à investigação projetada.

A investigação preliminar (estudos exploratórios) deve ser realizada através de dois aspectos: documentos e contatos diretos.

Os principais tipos de documentos são:

a) **Fontes primárias:** dados históricos, bibliográficos e estatísticos; informações, pesquisas e material cartográfico; arquivos oficiais e particulares; registros em geral; documentação pessoal (diários, memórias, autobiografias); correspondência pública ou privada etc.
b) **Fontes secundárias:** imprensa em geral e obras literárias.

Os contatos diretos, pesquisa de campo ou de laboratório são realizados com pessoas que podem fornecer dados, ou sugerir possíveis fontes de informações úteis.

As duas tarefas, pesquisa bibliográfica e de campo, podem ser executadas concomitantemente.

2.2.3 Formulação do problema

Problema é uma dificuldade, teórica ou prática, no conhecimento de alguma coisa de real importância, para a qual se deve encontrar uma solução.

Definir um problema significa especificá-lo em detalhes precisos e exatos. Na formulação de um problema, deve haver clareza, concisão e objetividade. A colocação clara do problema pode facilitar a construção da hipótese central.

O problema deve ser levantado, formulado de forma interrogativa e delimitado com indicações das variáveis que intervêm no estudo de possíveis relações entre si.

É um processo contínuo de pensar reflexivo, cuja formulação requer conhecimentos prévios do assunto (materiais informativos), ao lado de uma imaginação criadora.

A proposição do problema é tarefa complexa, pois extrapola a mera identificação dele: exige os primeiros reparos operacionais, isolamento e compreensão dos fatores específicos, que constituem o problema no plano de hipóteses e de informações.

A gravidade de um problema depende da importância dos objetivos e da eficácia das alternativas.

Para Marinho (1980, p. 55), "a caracterização do problema define e identifica o assunto em estudo", ou seja, "um problema muito abrangente torna a pesquisa mais complexa"; quando "bem delimitado, simplifica e facilita a maneira de conduzir a investigação".

Uma vez formulado o problema, seguem-se as etapas previstas, para se atingir o proposto.

Antes de ser considerado apropriado, o problema deve ser analisado sob o aspecto de sua valoração:

a) **Viabilidade:** pode ser eficazmente resolvido através da pesquisa?
b) **Relevância:** é capaz de trazer conhecimentos novos?
c) **Novidade:** está adequado ao estádio atual da evolução científica?
d) **Exequibilidade:** com esse problema, é possível chegar a uma conclusão válida?
e) **Oportunidade:** o problema atende a interesses particulares e gerais?

Uma forma de conceber um problema científico é relacionar vários fatores (variáveis independentes) com o fenômeno em estudo.

O problema pode tomar diferentes formas, de acordo com o objetivo do trabalho. Pardinas (1977, p. 121-125) apresenta quatro tipos:

1. **Problema de estudos acadêmicos:** estudo descritivo, de caráter informativo, explicativo ou preditivo.
2. **Problema de informação:** coleta de dados a respeito de estruturas e condutas observáveis, dentro de uma área de fenômenos.

3. **Problemas de ação:** campos de ação onde determinados conhecimentos sejam aplicados com êxito.
4. **Investigação pura e aplicada:** estuda um problema relativo ao conhecimento científico ou à sua aplicabilidade.

Podem chamar-se problemas de diagnóstico, de propaganda, de planificação ou de investigação.

Responde às perguntas: O quê? Como?

2.2.4 Definição dos termos

O objetivo principal da definição dos termos é torná-los claros, compreensivos, objetivos e adequados.

É importante definir os termos que possam dar margem a interpretações errôneas. O uso de termos apropriados, consistentemente definidos, contribui para a melhor compreensão da realidade observada.

Alguns conceitos podem estar perfeitamente ajustados aos objetivos ou aos fatos que eles representam. Outros, todavia, menos usados, podem oferecer ambiguidade de interpretação e, ainda, há aqueles que precisam ser compreendidos com um significado específico. Muitas vezes, as divergências de certas palavras ou expressões são devidas às teorias ou áreas do conhecimento, que focalizam sob diferentes aspectos. Por isso, os termos devem ser definidos, esclarecidos, explicitados.

Se o termo utilizado não condiz com ou não satisfaz ao requisito que lhe foi atribuído, ou seja, não tem o mesmo significado intrínseco, causando dúvidas, deve ser substituído ou definido de forma que evite confusão de ideias.

O pesquisador não está precisamente interessado nas palavras propriamente, mas nos conceitos que elas indicam, nos aspectos da realidade empírica que elas mostram.

Há dois tipos de definições:

a) **Simples:** apenas traduzem o significado do termo ou expressão menos conhecida.
b) **Operacional:** além do significado, ajudam, com exemplos, na compreensão do conceito, tornando clara a experiência no mundo extensional.

2.2.5 Construção de hipóteses

Hipótese é uma proposição que se faz na tentativa de verificar a validade de resposta existente para um problema. É uma suposição que antecede a constatação dos fatos e tem como característica uma formulação provisória: deve ser testada para determinar sua validade. Correta ou errada, de acordo com o senso comum ou contrária a ele, a hipótese sempre conduz a uma verificação empírica.

A função da hipótese, na pesquisa científica, é propor explicações para certos fatos e, ao mesmo tempo, orientar a busca de outras informações.

A clareza da definição dos termos da hipótese é condição de importância fundamental para o desenvolvimento da pesquisa.

Praticamente, não há regras para a formulação de hipóteses de trabalho de pesquisa científica, mas é necessário que haja embasamento teórico e que elas sejam formuladas de tal maneira que possam servir de guia na tarefa da investigação.

Os resultados finais da pesquisa poderão comprovar ou rejeitar as hipóteses; neste caso, se forem reformuladas, outros testes terão de ser realizados para sua comprovação.

Na formulação de hipóteses úteis, há três dificuldades principais, apontadas por Goode e Hatt (1969, p. 75): desconhecimento ou ausência de um quadro de referência teórico claro; falta de habilidade para utilização do quadro teórico; desconhecimento das técnicas de pesquisa existentes necessárias para expressar adequadamente a hipótese.

No início de qualquer investigação, devem-se formular hipóteses, embora, nos estudos de caráter meramente exploratórios ou descritivos, seja dispensável sua explicitação formal. Entretanto, a utilização de uma hipótese é necessária para que a pesquisa apresente resultados úteis, ou seja, atinja níveis de interpretação mais altos.

2.2.6 Indicação de variáveis

Ao se colocar o problema e a hipótese, deve ser feita também a indicação das variáveis dependentes e independentes. Elas devem ser definidas com clareza e objetividade e de forma operacional.

Todas as variáveis que podem interferir ou afetar o objeto em estudo devem ser não só levadas em consideração, mas também devidamente controladas, para impedir comprometimento ou risco de invalidação da pesquisa.

2.2.7 Delimitação da pesquisa

Delimitar a pesquisa é estabelecer limites para a investigação. A pesquisa pode ser limitada em relação:

a) **Ao assunto,** se selecionamos um tópico, a fim de impedir que se torne ou muito extenso ou muito complexo.
b) **À extensão,** porque nem sempre se pode abranger todo o âmbito onde o fato se desenrola.
c) **A uma série de fatores,** como meios humanos, econômicos e de exiguidade de prazo, que podem restringir o seu campo de ação.

Nem sempre há necessidade de delimitação, pois o próprio assunto e seus objetivos podem estabelecer limites.

Ander-Egg (1978, p. 67) apresenta três níveis de limites, quanto:

a) **Ao objeto,** que consiste na escolha de maior ou menor número de variáveis que intervêm no fenômeno a ser estudado. Selecionado o objeto e seus objetivos, estes podem condicionar o grau de precisão e especialização do objeto.
b) **Ao campo de investigação,** que abrange dois aspectos: limite no tempo, quando o fato deve ser estudado em determinado momento, e limite no espaço, quando deve ser analisado em certo lugar. Trata-se, evidentemente, da indicação do quadro histórico e geográfico em cujo âmbito se localiza o assunto.
c) **Ao nível de investigação,** que engloba três estágios: exploratório, de investigação e de comprovação de hipóteses, já referidos anteriormente. Cada um deles exige rigor e refinamento metodológico.

Após a escolha do assunto, o pesquisador pode decidir ou pelo estudo de todo o universo da pesquisa ou apenas sobre uma amostra. Neste último caso, optará por um conjunto de informações que considera representativo ou significativo, pois nem sempre há possibilidade de pesquisar todos os indivíduos do grupo ou da comunidade que deseja estudar, devido à escassez de recursos ou à premência do tempo. Utiliza então o método da amostragem, que consiste em obter um juízo sobre o total (universo), mediante a compilação e o exame de apenas uma parte, a amostra, selecionada por procedimentos científicos.

O valor desse sistema depende da amostra:

a) Se ela for suficientemente representativa ou significativa.
b) Se contiver todos os traços característicos numa proporção relativa ao total do universo.

2.2.8 Amostragem

A amostra é uma parcela convenientemente selecionada do universo (população); é um subconjunto do universo.

Os processos pelos quais se determina a amostragem são descritos no Capítulo 9.

2.2.9 Seleção de métodos e técnicas

Os métodos e as técnicas a serem empregados na pesquisa científica podem ser selecionados desde a proposição do problema, da formulação das hipóteses e da delimitação do universo ou da amostra.

A seleção do instrumental metodológico está, portanto, diretamente relacionada com o problema a ser estudado. A escolha dependerá dos vários fatores relacionados com a pesquisa, ou seja, natureza dos fenômenos, objeto da pesquisa, recursos financeiros, equipe humana e outros elementos que possam surgir no campo da investigação.

Tanto os métodos quanto as técnicas devem adequar-se ao problema a ser estudado, às hipóteses levantadas que se queira confirmar, ao tipo de informantes com que se vai entrar em contato.

Nas investigações, em geral, nunca se utiliza apenas um método ou uma técnica, e nem somente aqueles que se conhece, mas todos os que forem necessários ou apropriados para determinado caso. Na maioria das vezes, há uma combinação de dois ou mais deles, usados concomitantemente.

2.2.10 Organização do instrumental de pesquisa

A elaboração ou organização dos instrumentos de investigação necessita de tempo, mas é uma etapa importante no planejamento da pesquisa.

Em geral, as obras sobre pesquisa científica oferecem esboços práticos que servem de orientação na montagem de formulários, questionários, roteiros de entrevistas, escalas de opinião ou de atitudes e outros aspectos, além de dar indicações sobre o tempo e o material necessários à realização de uma pesquisa.

Ao se falar em organização do material de pesquisa, dois aspectos devem ser apontados:

a) Organização do material para investigação, anteriormente referido.

b) Organização do material de investigação, como arquivamento de ideias, reflexões e fatos que o investigador acumulou no transcurso de sua vida.

Iniciadas as tarefas de investigação, é necessário preparar não só os instrumentos de observação, mas também o dossiê de documentação relativo à pesquisa: pastas, cadernos, livretos, principalmente fichários.

Lebret (1961, v. 1, p. 100) indica três tipos de fichários:

a) **De pessoas visitadas ou entrevistadas**, ou que se pretende visitar, com alguns dados essenciais.
b) **De documentação**, em que aparecem os documentos já lidos ou a serem consultados, com as devidas referências.
c) **Dos indivíduos pesquisados ou objetos de pesquisa**, vistos em sentido estatístico: pessoas, famílias, classes sociais, indústrias, comércios, salários, transportes etc.

O arquivo, que hoje é realizado em computadores, deve conter, também, resumos de livros, recortes de textos de periódicos, notas, artigos científicos e outros materiais necessários à ampliação de conhecimentos, mas cuidadosamente organizados.

2.2.11 Teste de instrumentos e procedimentos

Elaborados os instrumentos de pesquisa, o procedimento mais utilizado para averiguar a sua validade é o teste preliminar ou pré-teste, que consiste em testar os instrumentos da pesquisa sobre uma pequena parte da população do universo ou da amostra, antes de ser aplicado definitivamente, a fim de evitar que a pesquisa chegue a um resultado falso. Seu objetivo, portanto, é verificar até que ponto esses instrumentos têm realmente condições de garantir resultados isentos de erros.

Em geral, é suficiente realizar a mensuração em 5 ou 10% do tamanho da amostra, dependendo do número absoluto dos processos mensurados.

O pré-teste deve ser aplicado por investigadores experientes, capazes de determinar a validade dos métodos e dos procedimentos utilizados. Ele pode ser aplicado a uma amostra aleatória representativa ou intencional. Quando aplicado com muito rigor, dá origem ao que se designa por *pesquisa-piloto*.

Nem sempre é possível prever todas as dificuldades e problemas decorrentes de uma pesquisa que envolva coleta de dados. Questionários podem não funcionar; as perguntas podem ser subjetivas, mal formuladas, ambíguas, de linguagem inacessível; os respondentes podem reagir ou mostrar equívocos; a amostra pode ser inviável (grande demais). Assim, a aplicação do pré-teste poderá evidenciar possíveis erros, permitindo a reformulação da falha no questionário definitivo.

Para que o estudo ofereça boas perspectivas científicas, certas exigências devem ser levadas em consideração: fidelidade de aparelhagem, precisão e consciência dos testes; objetividade e validez das entrevistas e dos questionários ou formulários; critérios de seleção da amostra.

2.3 Execução da pesquisa

2.3.1 Coleta de dados

A coleta de dados é a etapa da pesquisa em que se inicia a aplicação dos instrumentos elaborados e das técnicas selecionadas, a fim de efetuar a coleta dos dados previstos.

É tarefa cansativa e toma, quase sempre, mais tempo do que se espera. Exige do pesquisador paciência, perseverança e esforço pessoal, além do cuidadoso registro dos dados e de um bom preparo anterior.

Outro aspecto importante é o entrosamento das tarefas organizacionais e administrativas com as científicas, obedecendo aos prazos estipulados, aos orçamentos previstos, ao preparo do pessoal. Quanto mais planejamento, menos desperdício de tempo haverá no trabalho de campo propriamente dito, facilitando a etapa seguinte.

O rigoroso controle na aplicação dos instrumentos de pesquisa é fator fundamental para evitar erros e defeitos resultantes de entrevistadores inexperientes ou de informantes tendenciosos.

São vários os procedimentos para a realização da coleta de dados, que variam de acordo com as circunstâncias ou com o tipo de investigação. Em linhas gerais, as técnicas de pesquisa são:

1. Coleta documental.
2. Observação.
3. Entrevista.
4. Questionário.

5. Formulário.
6. Medidas de opinião e de atitudes.
7. Técnicas mercadológicas.
8. Testes.
9. Sociometria.
10. Análise de conteúdo.
11. História de vida.

2.3.2 Organização dos dados

Após a coleta de dados, realizada de acordo com os procedimentos indicados anteriormente, eles são elaborados e classificados de forma sistemática. Antes da análise e interpretação, os dados devem seguir os seguintes passos: seleção, codificação, tabulação.

a) **Seleção:** é o exame minucioso dos dados. De posse do material coletado, o pesquisador deve submetê-lo a uma verificação crítica, a fim de detectar falhas ou erros, evitando informações confusas, distorcidas, incompletas, que possam prejudicar o resultado da pesquisa. Muitas vezes, o pesquisador, não sabendo quais aspectos são mais importantes, registra grande quantidade de dados; outras vezes, talvez por instruções mal compreendidas, os registros ficam incompletos, sem detalhes suficientes. A seleção cuidadosa pode apontar tanto o excesso como a falta de informações. Nesse caso, a volta ao campo para reaplicação do instrumento de observação pode sanar essa falha. A seleção concorre também para evitar posteriores problemas de codificação.

b) **Codificação:** é a técnica operacional utilizada para categorizar dados que se relacionam. Mediante a codificação, os dados são transformados em símbolos, podendo ser tabelados e contados. A codificação divide-se em duas partes: (1) classificação dos dados, agrupando-os sob determinadas categorias; (2) atribuição de um código, número ou letra, tendo cada um deles um significado. Codificar quer dizer transformar o que é qualitativo em quantitativo, para facilitar não só a tabulação dos dados, mas também sua comunicação. A técnica da codificação não é automática, pois exige certos critérios ou normas por parte do codificador, que pode ser ou não o próprio pesquisador.

c) **Tabulação:** é a disposição dos dados em tabelas, para possibilitar maior facilidade na verificação de suas inter-relações. É uma parte do processo técnico de análise estatística, que permite sintetizar os dados de observação conseguidos pelas diferentes categorias e representá-los graficamente. Dessa forma, poderão ser compreendidos e interpretados mais rapidamente. Os dados são classificados pela divisão em subgrupos e reunidos de modo que as hipóteses possam ser comprovadas ou refutadas.

Em projetos menos ambiciosos, geralmente se utiliza a técnica de tabulação manual, que requer menos tempo e esforço, lida com pequeno número de casos e com poucas tabulações mistas. Em estudos mais amplos, ou de grandes tabulações mistas, o emprego da tabulação mecânica é o indicado: economiza tempo, esforço, diminui as margens de erro. A tabulação, hoje, conta com programas de computador (*softwares*) específicos: Excel, Rotator Survey, TABWin, da Secretaria de Estado da Saúde de Santa Catarina (Disponível em: <http://portalses.saude.sc.gov.br/index.php?option=com_content&view=article&id=1327&Itemid=420>. Acesso em: 13 jul. 2016) etc. Uma pesquisa na Internet pode oferecer um sem-número de opções de programas de tabulação ao pesquisador.

2.3.3 Análise e interpretação dos dados

Uma vez manipulados os dados e obtidos os resultados, o passo seguinte é sua análise e interpretação, constituindo-se ambas no núcleo central da pesquisa.

Para Best (1972, p. 152), a análise e interpretação "representa a aplicação lógica dedutiva e indutiva do processo de investigação". A importância dos dados está não em si mesmos, mas em proporcionarem respostas às investigações.

Análise e interpretação são duas atividades distintas, mas estreitamente relacionadas e, como processo, envolvem duas operações:

1. **Análise (ou explicação):** é a tentativa de evidenciar as relações existentes entre o fenômeno estudado e outros fatores. Essas relações podem ser "estabelecidas em função de suas propriedades relacionais de causa-efeito, produtor-produto, de correlações, de análise de conteúdo etc." (TRUJILLO FERRARI, 1974, p. 178). Em síntese, a elaboração da análise, propriamente dita, é realizada em três níveis:

    a) **Interpretação:** verificação das relações entre as variáveis independente e dependente, e da variável interveniente (anterior à dependente e posterior à independente), a fim de ampliar os conhecimentos sobre o fenômeno (variável dependente).

b) **Explicação**: esclarecimento sobre a origem da variável dependente e necessidade de encontrar a variável antecedente (anterior às variáveis independente e dependente).

c) **Especificação**: explicitação sobre até que ponto as relações entre as variáveis independente e dependente são válidas (como, onde e quando).

Na análise, o pesquisador entra em maiores detalhes sobre os dados decorrentes do trabalho estatístico, a fim de conseguir respostas para suas indagações, e procura estabelecer relações necessárias entre os dados obtidos e as hipóteses formuladas. Estas são comprovadas ou refutadas, mediante a análise.

2. **Interpretação:** é a atividade intelectual que procura dar significado mais amplo às respostas, vinculando-as a outros conhecimentos. Em geral, a interpretação significa a exposição do verdadeiro significado do material apresentado, em relação aos objetivos propostos e ao tema. Esclarece não só o significado do material, mas também faz ilações mais amplas dos dados discutidos.

Na interpretação dos dados da pesquisa, é importante que eles sejam colocados de forma sintética e de maneira clara e acessível.

Dois aspectos são importantes:

a) **Construção de tipos, modelos, esquemas.** Após os procedimentos estatísticos realizados com as variáveis e a determinação das relações permitidas ou possíveis, de acordo com a hipótese ou problema, é chegado o momento de utilizar conhecimentos teóricos, a fim de obter os resultados previstos.

b) **Relação com a teoria.** Esse problema aparece desde o momento inicial da escolha do tema; é de ordem metodológica e pressupõe uma definição em relação às alternativas disponíveis de interpretação da realidade social.

Para proceder à análise e interpretação dos dados, devem-se levar em consideração dois aspectos:

a) Planejamento bem elaborado da pesquisa, para facilitar a análise e a interpretação.
b) Complexidade ou simplicidade das hipóteses ou dos problemas, que requerem abordagem adequada, mas diferente; a primeira exige mais tempo, mais esforço, sendo mais difícil sua verificação; na segunda, ocorre o contrário.

Mesmo com dados válidos, é a eficácia da análise e da interpretação que determina o valor da pesquisa.

Best (1972, p. 150-152) aponta alguns aspectos que podem comprometer o êxito da investigação:

1. **Confusão entre afirmações e fatos**. As afirmações devem ser comprovadas, tanto quanto possível, antes de serem aceitas como fatos.
2. **Incapacidade de reconhecer limitações**. Tanto em relação ao grupo quanto às situações, ou seja, tamanho, capacidade de representação e a própria composição, que pode levar a resultados falsos.
3. **Tabulação descuidada ou incompetente**. Realizada sem os cuidados necessários, apresentando, por isso, traços mal colocados (que aparecem em lugar de números), somas equivocadas etc.
4. **Procedimentos estatísticos inadequados** levam a conclusões sem validade, em consequência de conhecimentos errôneos ou limitações nesse campo.
5. **Erros de cálculo,** os enganos, podem ocorrer em virtude de se trabalhar com um número considerável de dados e de se realizarem muitas operações.
6. **Defeitos de lógica**, como falsos pressupostos, podem levar a analogias inadequadas, a confusões entre relação e causa e/ou à inversão de causa e efeito.
7. **Parcialidade inconsciente do investigador** leva a deixar-se envolver pelo problema, inclinando-se mais à omissão de resultados desfavoráveis à hipótese e à ênfase em dados favoráveis.
8. **Falta de imaginação** impede a descoberta de dados significativos e/ou a capacidade de generalizações, sutilezas que não escapariam a um analista mais sagaz. A imaginação, a intuição e a criatividade podem auxiliar o pesquisador, quando bem treinadas.

2.3.4 Representação dos dados: tabelas, quadros e gráficos

Tabelas ou quadros: é um método estatístico sistemático, de apresentar os dados em colunas verticais ou fileiras horizontais, que obedece à classificação dos objetos ou materiais da pesquisa.

É bom auxiliar na apresentação dos dados, uma vez que facilita, para o leitor, a compreensão e a interpretação rápidas da massa de dados: apenas com uma olhada, o leitor poderá apreender importantes detalhes e relações. Todavia, seu principal propósito é ajudar o investigador na distinção de diferenças, semelhanças e relações, por meio da clareza e destaque que a distribuição lógica e a apresentação gráfica oferecem às classificações.

Quanto mais simples for a tabela ou o quadro, concentrando-se sobre limitado número de informações, melhor; elas ficam mais claras, mais objetivas. Quando se há muitos dados, é preferível utilizar um número maior de tabelas para não reduzir o seu valor interpretativo.

O que caracteriza uma boa tabela é a capacidade de apresentar ideias e relações independentemente do texto de informações.

Regras para a utilização das tabelas. No texto, a tabela é identificada com um algarismo arábico. Suponhamos: Tabela 9, mas pode também receber um número indicativo do capítulo e outro relativo à sequência da tabela: Tabela 3.9 (nesse caso, está indicando que é a nona tabela do capítulo 3). Na tabela propriamente, o título aparece em letras maiúsculas e centralizado. Não se usa ponto ao final do título:

TABELA 5
PUBLICAÇÕES RELATIVAS E IMPACTO RELATIVO

O título principal deve ser curto, indicando claramente a natureza dos dados apresentados; esporadicamente, pode aparecer um subtítulo.

A fonte dos dados, representados na ilustração, deve ser colocada abaixo da tabela, com nome do autor, se houver, e a data. Por exemplo:

Fonte: Incites/FAPESP, ThomsonReuters (publicações/citações, atualização out. 2014). Banco Mundial (população).

Tabelas e quadros não são sinônimos; não se usa essa designação indiferentemente:

a) **Tabela:** é construída, utilizando-se dados obtidos pelo próprio pesquisador em números absolutos e/ou percentagens.

b) **Quadro:** é elaborado tendo por base dados secundários, isto é, obtidos de fontes como o IBGE e outros, inclusive livros, revistas etc. Dessa forma, o quadro pode ser a transcrição literal desses dados, quando então necessitam de indicação da fonte.

Além dessa distinção, entende-se também que tabela, independentemente da fonte dos dados, é uma representação visual em que ocorre o cruzamento de expressões linguísticas com números (absolutos e/ou em percentagens), distribuídos em colunas, estabelecendo relações entre eles. Tabelas são abertas nas laterais. Quadros, por sua vez, estabelecem relações apenas entre expressões linguísticas. Neles não há a presença de números e suas laterais são fechadas. Sirvam de exemplos os quadros e tabelas deste livro.

Além de quadros e tabelas, temos os **gráficos**, que são figuras que servem para a representação dos dados. O termo é usado para grande variedade de ilustrações: gráficos, esquemas, mapas, diagramas, desenhos etc. Quando utilizados com habilidade, podem evidenciar aspectos visuais dos dados, de forma clara e de fácil compreensão. Em geral, são empregados para dar destaque a certas relações significativas. A combinação de representação dos resultados estatísticos com elementos geométricos permite visualização imediata do fenômeno.

Existem numerosos tipos de gráficos estatísticos, mas todos eles podem formar dois grupos:

a) **Gráficos informativos:** objetivam dar ao público ou ao investigador um conhecimento da situação real e atual do problema estudado. Devem ser feitos de forma que o desenho impressione, tenha algo de atraente, mas este cuidado artístico não deve ser exagerado a ponto de prejudicar a apreensão fácil dos dados por parte do observador.

b) **Gráficos analíticos (históricos, políticos, geográficos):** além de informar, seu objetivo é fornecer ao pesquisador elementos de interpretação, cálculos, inferências, previsões. Devem conter o mínimo de construções e ser simples. Podem ser usados também como gráficos de informação. Tipos de gráficos: linear, de barras ou colunas, circular ou de segmentos, de setores, diagramas, pictóricos, cartogramas, organogramas etc.

2.3.5 Conclusão

A conclusão constitui a última fase do planejamento e organização do projeto de pesquisa, que explicita os resultados finais, considerados relevantes. Ela deve estar vinculada à hipótese de investigação, cujo conteúdo foi comprovado ou refutado.

Em termos formais, é uma exposição factual sobre o que foi investigado, analisado, interpretado; é uma síntese comentada das ideias essenciais e dos principais resultados obtidos, explicitados com precisão e clareza.

Ao se redigirem as conclusões, os problemas que ficaram sem solução serão apontados, a fim de que no futuro possam ser estudados pelo próprio autor ou por outros.

Em geral, não se restringem a simples conceitos pessoais, mas apresentam inferências sobre os resultados, evidenciando aspectos válidos e aplicáveis a outros fenômenos, indo além dos objetivos imediatos.

Sem a conclusão, o trabalho parece não estar terminado. A introdução e a conclusão de qualquer trabalho científico, via de regra, são as últimas partes a serem redigidas.

2.4 Relatório

Relatório define-se como exposição geral da pesquisa, desde o planejamento às conclusões, incluindo os processos metodológicos empregados. Deve ter como base a lógica, a imaginação e a precisão e ser expresso em linguagem simples, clara, objetiva, concisa e coerente.

Tem a finalidade de apresentar informações sobre os resultados da pesquisa, se possível, com detalhes, para que eles possam alcançar relevância.

São importantes a objetividade e o estilo, evitando-se frases qualificativas ou valorativas, pois a informação deve descrever e explicar, mas não intentar convencer.

Para Selltiz, Jahoda, Deutsch e Cook (1974, p. 529 s), o relatório deve abranger: apresentação de um problema, plano de investigação, método de manipulação da variável independente, natureza da amostra, técnica de coleta de dados, método de análise estatística, resultados, consequências deduzidas dos resultados.

LEITURA RECOMENDADA

BAPTISTA, Makilim Nunes; MORAIS, Paulo Rogério; CAMPOS, Dinael Corrêa de. Iniciando uma pesquisa: dicas de planejamento e execução. *In:* BAPTISTA, Makilim Nunes; CAMPOS, Dinael Corrêa de *Metodologias de pesquisa em ciências:* análises quantitativa e qualitativa. 2. ed. Rio de Janeiro: LTC, 2016. Cap. 2.

BOOTH, Wayne C.; COLOMB, Gregory G.; WILLIAMS, Joseph M. *A arte da pesquisa.* Tradução de Henrique A. Rego Monteiro. 3. ed. São Paulo: Martins Fontes, 2019. Caps. 7, 9 e 10.

CASTRO, Cláudio Moura. *A prática da pesquisa.* 2. ed. São Paulo: Pearson, 2014. Cap. 8.

GIL, Antonio Carlos. *Métodos e técnicas de pesquisa social.* 6. ed. São Paulo: Atlas, 2016. Caps. 3 e 6.

INÁCIO FILHO, Geraldo. *A monografia na universidade.* 6. ed. Campinas: Papirus, 2003. Cap. 3.

MARINHO, Pedro. *A pesquisa em ciências humanas.* Petrópolis: Vozes, 1980. Caps. 1 e 2.

RUDIO, Franz Victor. *Introdução ao projeto de pesquisa científica.* 42. ed. Petrópolis: Vozes, 2014 [3. ed. 1980]. Caps. 6, 7 e 8.

SALOMON, Délcio Vieira. *Como fazer uma monografia.* 13. ed. São Paulo: WMF Martins Fontes, 2014. Parte II, Cap. 7 e 8.

TRIVIÑOS, Augusto N. S. *Introdução à pesquisa em ciências sociais:* a pesquisa qualitativa em educação. São Paulo: Atlas, 2015. Cap. 4.

9
Técnicas de pesquisa

1 QUE SÃO TÉCNICAS DE PESQUISA?

Técnica é um conjunto de procedimentos de que se serve uma ciência ou arte; é a habilidade para usar esses preceitos ou normas. Toda ciência utiliza inúmeras técnicas na obtenção de seus propósitos.

Michel (2015, p. 81) afirma a necessidade, por parte do pesquisador, de procedimentos para sistematizar, categorizar e tornar possível a análise de dados brutos coletados na pesquisa, que lhe permita chegar a resultados de pesquisa significativos. Define então técnicas de pesquisa, como "instrumentos utilizados para se coletar dados e informações em pesquisa de campo, que devem ser escolhidos e elaborados criteriosamente, visando à análise e explicação de aspectos teóricos estudados". Segundo ainda Michel, é por meio das técnicas de pesquisa que as fontes de informação "falam": "são, portanto, ferramentas essenciais para a pesquisa e merecem todo o cuidado na sua elaboração, para garantir fidelidade, qualidade e completude dos resultados".

Os dados classificam-se em: primários (depoimentos, entrevistas, questionários); secundários (coletados por meio de análise documental (documentos escritos, relatórios, livros, revistas, jornais, *sites*) e terciários (citados ou fornecidos por terceiros).

2 PESQUISA DOCUMENTAL

Toda pesquisa implica o levantamento de dados de variadas fontes, quaisquer que sejam os métodos ou técnicas empregadas. Esse material-fonte geral é útil não só por trazer conhecimentos que servem de *background* ao campo de interesse, como também para evitar possíveis duplicações e/ou esforços desnecessários; pode, ainda, sugerir problemas e hipóteses e orientar para outras fontes de coleta.

O levantamento de dados é a fase da pesquisa realizada com intuito de recolher informações prévias sobre o campo de interesse. Ele se constitui de um dos primeiros passos de qualquer pesquisa científica e é feito de duas maneiras: pesquisa documental (ou de fontes primárias) e pesquisa bibliográfica (ou de fontes secundárias).

A característica da pesquisa documental é tomar como fonte de coleta de dados apenas documentos, escritos ou não, que constituem o que se denomina de fontes primárias. Estas podem ter sido feitas no momento em que o fato ou fenômeno ocorre, ou depois.

Utilizando essas três variáveis (fontes escritas ou não; fontes ou secundárias; contemporâneas ou retrospectivas), podemos apresentar um quadro que auxilia a compreensão do universo da pesquisa documental. É evidente que dados secundários, obtidos de livros, revistas, jornais, publicações avulsas e teses, cuja autoria é conhecida, não se confundem com documentos, isto é, dados de fontes primárias. Existem registros, porém, em que a característica "primária" ou "secundária" não é tão evidente; isso também ocorre com algumas fontes não escritas. Daí nossa tentativa de estabelecer uma diferenciação.

O antropólogo, ao estudar as sociedades pré-letradas, encontra grande dificuldade em analisar essas sociedades, já que elas não possuem registros escritos. Deve o pesquisador de campo, além das observações efetuadas, lidar com tradições orais. Estas tendem, ao longo das gerações, a adquirir elementos fantasiosos, transformando-se geralmente em lendas e mitos. Hoje, tanto o antropólogo social quando o sociólogo se encontram em outra situação: as sociedades, na sua maioria, são complexas, letradas, com acúmulo de documentos de séculos. Talvez o problema agora seja o excesso de documentação.

Para que o investigador não se perca numa floresta de textos, um dos primeiros passos de seu estudo será a definição dos objetivos, para poder estabelecer que tipo de documentação será adequado à sua pesquisa. Será necessário também conhecer os riscos que corre com relação às suas fontes, que podem ser inexatas, distorcidas ou errôneas. Por esse motivo, para cada tipo de fonte fornecedora de dados, o investigador precisa conhecer meios e técnicas para testar tanto a validade quanto a fidedignidade das informações.

2.1 Fontes de documentos

A. ARQUIVOS PÚBLICOS

Arquivos públicos podem ser municipais, estaduais e nacionais. Em sua maior parte, eles contêm:

a) Documentos oficiais, tais como: ordens régias, leis, ofícios, relatórios, correspondências, anuários, alvarás etc.
b) Publicações parlamentares: atas, debates, documentos, projetos de lei, impressos, relatórios etc.
c) Documentos jurídicos, oriundos de cartórios: registros de nascimentos, casamentos, desquites e divórcios, mortes; escrituras de compra e venda, hipotecas; falências e concordatas; testamentos, inventários etc.
d) Iconografia.

B. ARQUIVOS PARTICULARES

Considerando os arquivos particulares, eles se distinguem pelo local em que se encontram (domicílios e instituições), bem como pelo material que armazenam. Vejamos:

a) Domicílios particulares: correspondência, memórias, diários, autobiografias etc.
b) Instituições de ordem privada, tais como bancos, empresas, sindicatos, partidos políticos, escolas, igrejas, associações e outros, onde se encontram: registros, ofícios, correspondência, atas, memoriais, programas, comunicados etc.
c) Instituições públicas, do tipo delegacias, postos etc., voltadas ao trabalho, trânsito, saúde, ou que atuem no setor de alistamento militar, atividade eleitoral, atividades de bairro e outros, podendo-se colher dados referentes a: criminalidade, detenções, prisões, livramentos condicionais; registro de automóveis, acidentes; contribuições e benefícios de seguro social; doenças, hospitalizações; registro de eleitores, comparecimento à votação; registros profissionais etc.

C. FONTES ESTATÍSTICAS

Vários órgãos, particulares e oficiais, se ocupam da coleta e elaboração de dados estatísticos, inclusive censitários, como: Instituto Brasileiro de Geografia e Estatística (IBGE), Instituto Brasileiro de Opinião Pública (IBOP), Departamentos Municipais e Estaduais de Estatística, Instituto Gallup etc. Os dados coletados são os mais diversos:

a) Características da população: idade, sexo, raça, escolaridade, profissão, religião, estado civil, renda etc.
b) Fatores que influem no tamanho da população: fertilidade, nascimentos, mortes, doenças, suicídios, emigração, imigração etc.
c) Distribuição da população: *habitat* rural e urbano, migração, densidade demográfica etc.
d) Fatores econômicos: mão de obra economicamente ativa, desemprego, distribuição dos trabalhadores pelos setores primário, secundário e terciário da economia, número de empresas, renda *per capita*, Produto Interno Bruto etc.
e) Moradia: número e estado das moradias, número de cômodos, infraestrutura (água, luz, esgotos etc.), equipamentos etc.
f) Meios de comunicação: rádio, televisão, telefone, gravadores, carros etc.

Os exemplos citados são os mais comuns, porém as fontes estatísticas abrangem os mais variados aspectos das atividades de uma sociedade, incluindo as manifestações patológicas e os problemas sociais.

2.2 Tipos de documentos

A. ESCRITOS

a) Documentos oficiais constituem geralmente a fonte mais fidedigna de dados. Podem dizer respeito a atos individuais, ou a atos da vida política, de alcance municipal, estadual ou nacional. O cuidado do pesquisador diz respeito ao fato de que não exerce controle sobre a forma como os documentos foram criados. Assim, deve não só selecionar o que lhe interessa, como também interpretar e comparar o material, para torná-lo utilizável.
b) Publicações parlamentares, geralmente, são registros textuais das diferentes atividades das Câmaras e do Senado. Dificilmente se pode questionar sua fidedignidade, por contarem com um corpo de profissionais qualificados que fazem o registro das informações. Entretanto, há exceções, como as apontadas por Mann (1970, p. 67-68), que reproduz as

palavras de Isaac Deutscher sobre o 22º Congresso do Partido Comunista: "As atas oficiais e enganadoras maciçamente emendadas, do Congresso...". Assim, existem países onde a história é regularmente reescrita, o mesmo acontecendo com as publicações parlamentares.

c) Documentos jurídicos constituem uma fonte rica de informes do ponto de vista sociológico, mostrando como uma sociedade regula o comportamento de seus membros e de que forma se apresentam os problemas sociais. O pesquisador, porém, deve saber que decisões jurídicas, constantes de documentos, são a ponta de um *iceberg*, principalmente quando se trata de julgamento por crimes políticos: muitos réus chegam ao tribunal com confissões "espontâneas", que servem de base para todo o processo posterior; assim, a decisão jurídica está viciada desde a base.

d) Fontes estatísticas, os dados estatísticos, são colhidos diretamente e a intervalos geralmente regulares, quer abrangendo a totalidade da população (censos), quer utilizando-se da técnica da amostragem e generalização dos resultados para toda a população. Em outras palavras, em épocas regulares, as estatísticas recolhem dados semelhantes em lugares diferentes. A própria generalização de dados relevantes sobre a população permite ao investigador procurar correlações entre seus próprios resultados e os que apresentam as estatísticas nacionais ou regionais. Partindo, de um lado, do princípio de que as pesquisas com a utilização de questionários e, principalmente, formulários são bastante onerosas e, geralmente, de aplicação limitada, o confronto dos dados obtidos com as estatísticas, mais extensas no espaço e no tempo, permite obter resultados mais significativos. De outro lado, se as estatísticas são mais abrangentes, também são menos precisas. Os principais fatores que levam a erros são:

- Negligência: alguns erros clássicos em listas eleitorais devem-se ao fato de muitos falecidos continuarem inscritos, aumentando a percentagem de abstenção, principalmente, entre idosos; os jovens que prestam serviço militar são obrigatoriamente inscritos, resultando em maior abstenção entre rapazes do que moças (os militares em atividade não votam e as jovens que se dão ao trabalho de inscrever-se geralmente comparecem às urnas), principalmente em países onde o voto não é obrigatório.

- Forma de coleta de dados: o aumento do número de acidentes de automóvel ocasionados por embriaguez deve-se principalmente a um controle mais severo das condições do motorista; em países subdesenvolvidos, o aumento de certas taxas, como a de câncer, analfabetismo e outras, provém de diagnósticos mais exatos e registros mais precisos.

- Definição dos termos: uma modificação na definição do tipo e faixa de renda suscetível de pagar impostos fará variar o número de indivíduos isentos deles; uma alteração na definição de população economicamente ativa, computando-se à parte os que trabalham meio-período e/ou executam trabalhos temporários, impedirá a comparação dos resultados estatísticos e modificará o nível de desemprego; o estabelecimento de categorias profissionais, tendo por base a indicação dos pesquisados, levará a muitos desvios se a população não souber exatamente o conceito empregado pelos órgãos coletores.
- Informações recolhidas dos interessados: as principais distorções ocorrem quando o pesquisado não é *capaz* de dar a resposta correta (número de cabeças de gado, em estatísticas rurais), ou tem *razões* para fornecer dados inexatos (fraude fiscal); pode ocorrer também que o entrevistado deseje valorizar-se, declarando-se bacharel quando só tem diploma de ensino fundamental. Grawitz (1975, v. 2, p. 122) especifica os principais cuidados que deve tomar o pesquisador que se utiliza de fontes estatísticas:

> encontrar a definição exata da unidade coletada e generalizada; verificar a homogeneidade do elemento generalizado; verificar a homogeneidade da relação entre a quantidade medida mediante o total e seus diversos elementos, assim como a quantidade que interessa ao investigador; saber com referência a que deve calcular as percentagens.

Diversas são as formas pelas quais as estatísticas podem ser utilizadas pelos pesquisadores, mas as três a seguir exemplificadas são as principais:

- Correlação entre uma pesquisa limitada e os dados censitários: J. Riley (Apud GRAWITZ, 1975, v. 2, p. 119) cita uma pesquisa em que, por intermédio de questionários, procurou-se verificar a atitude das mulheres das novas gerações com relação ao trabalho da mulher casada. O primeiro passo da pesquisa foi um estudo das estatísticas, que revelou aumento de mulheres casadas economicamente ativas, principalmente em correlação com o grau de escolaridade (correlação positiva); na segunda fase, a aplicação do questionário revelou opinião positiva em relação à atividade da mulher casada, uniformemente distribuída entre as jovens, independentemente da categoria econômica de seus pais; na terceira etapa, a análise dos dados estatísticos revelou o aumento do número de mulheres que trabalham em correlação positiva com o nível de instrução, porém apontou também um decréscimo de mulheres empregadas em função da renda do marido. Ora, esses dois fatores – nível de instrução e nível econômico – geralmente atuam no mesmo sentido, mas isso não estava ocorrendo, e esse fator só pode ser verificado com a confrontação dos dados colhidos na pesquisa de campo com as estatísticas.

- Estudo baseado exclusivamente na análise e interpretação de dados existentes: Kenesaw M. Landis (*Apud* SELLTIZ; JAHODA; DEUTSCH; COOK, 1974 , p. 358) demonstrou o grau de segregação racial existente em Washington, utilizando publicações do Departamento de Recenseamento "para indicar pressões sobre os negros para que vivessem reunidos em grande número e em pequena área, e para exemplificar as más condições de habitação de que dispunham". Usou estatísticas oficiais de saúde com a finalidade de apontar as consequências advindas de tais condições, como maior índice de mortalidade, principalmente ocasionada por tuberculose. Para demonstrar discriminação no trabalho utilizou dados oficiais sobre emprego e registros de uma empresa industrial. Empregou dados coligidos pelo *Department of Research of the Washington Council of Social Agencies* para demonstrar a relação existente entre as más condições de habitação e as prisões de jovens, efetuadas pela polícia da cidade.

- Utilização de dados estatísticos existentes para a verificação de uma teoria social. Em sua *obra O suicídio*, Émile Durkheim (1987) deu um exemplo do emprego de dados estatísticos. Outros pesquisadores antes dele já haviam tentado correlacionar os suicídios com estados psicopáticos, imitação, fatores raciais, fatores hereditários, fatores cósmicos e clima. Durkheim provou que, mantendo-se esses fatores constantes, o mesmo não acontecia com a taxa de suicídio. Em particular, para o clima, realizou uma análise mais extensa: verificou que, de fato, o índice de suicídios cresce regularmente de janeiro até junho, depois declina até dezembro. Porém, se se deseja correlacionar suicídios com a temperatura, os dados não são consistentes: mais suicídios ocorrem na primavera do que no outono, quando as temperaturas médias são mais elevadas; o pique dos suicídios ocorre em junho e não nos meses mais quentes, que são julho e agosto. Dessa forma, as regularidades sazonais realmente existentes nos índices de suicídio não podem, de forma alguma, ser explicadas pela temperatura. Propôs, então, que o índice de suicídio estaria relacionado com as atividades sociais e que o suicídio varia conforme o grau de integração dos grupos de que faz parte o indivíduo. Para Durkheim, como a autonomia do indivíduo em relação aos imperativos coletivos tende a aumentar nas sociedades modernas, também em igual proporção reduz-se o alcance de valores e de crenças comuns, característica das sociedades tradicionais, em que vigora a solidariedade; essa redução do alcance de valores e de crenças ameaça de desintegração a vida coletiva. Daí afirmar Durkheim (1987, p. 199): "O suicídio varia na razão inversa do grau de integração dos grupos sociais de que faz parte o indivíduo." A análise estatística dos dados comprovou a existência de índices menores de suicídio durante períodos de grande efervescência social e política, como ocorre durante uma guerra, por exemplo. Diante do perigo comum, a integração dos indivíduos tende a aumentar, reduzindo, consequentemente, o número de suicídios (cf. VARES, 2017, p. 25).

e) Publicações administrativas: sua fidedignidade é menor do que a dos documentos oficiais e jurídicos e das publicações parlamentares. Mais do que registro acurado do que se disse e fez, visa à imagem da organização quando dirigida aos clientes e ao público em geral, e à imagem e filosofia do administrador, quando é de uso interno. É necessário um estudo do momento político, interno e externo, em que os documentos foram elaborados, para compensar certos desvios.

f) Documentos particulares: consistindo principalmente em cartas, diários, memórias e autobiografias, os documentos particulares são importantes sobretudo por seu conteúdo não oferecer apenas fatos, mas também o significado que eles tiveram para aqueles que os viveram. Não é fácil diferenciar diários, memórias e autobiografias, pois, além de correlacionados, uns podem conter partes de outros. Diário seria o documento escrito na ocasião dos acontecimentos que descreve; memórias consistem em reminiscências do autor em relação a determinado período, auxiliado ou não por diários, mas ele próprio pode não ser a personagem central; autobiografia é um registro cronológico e sistemático da vida do autor, que se configura como personagem principal. Os principais problemas enfrentados pelo pesquisador ao lidar com documentos pessoais são:

- Falsificação: tentativa deliberada de fazer passar por autoria de determinada pessoa documento escrito por outra, para criar dificuldades a um estudioso ou obtenção de lucro.
- Apresentação errada do próprio autor: se se deve a autoengano, isto é, distorção da visão de si próprio, não traz problemas para o pesquisador que está interessado na autoimagem do autor. As discrepâncias entre esta e a imagem que outras pessoas têm do autor podem ser fonte interessante de estudo. Se, porém, o motivo é de autopromoção, ocorre distorção deliberada, que se configura em sério impedimento para análise do autor e seu papel em determinados acontecimentos.
- Desconhecimento dos objetivos: todo documento pessoal visa a determinado objetivo: expressar ideias e pontos de vista, relembrar acontecimentos e sentimentos, servir de libelo póstumo contra atos de arbítrio e de terror, justificativa de decisões tomadas etc. Quando o documento visa ao consumo público em data posterior, os variados objetivos introduzem diferentes distorções na exposição.

B. OUTROS

a) Iconografia: abrange a documentação por imagem, compreendendo gravuras, estampas, desenhos, pinturas etc., porém exclui a fotografia. É fonte preciosa sobre o passado, pois compreende os únicos testemunhos do aspecto humano da vida, permitindo verificar tendências do vestuário e quem o vestia, a forma de disposição dos móveis e utensílios, assim como outros fatores, favorecendo a reconstituição do ambiente e o estilo de vida das classes sociais do passado, da mesma forma que o cotidiano de nossos antepassados.

b) Fotografias: têm a mesma finalidade da iconografia, porém referem-se a um passado menos distante.

c) Objetos: principalmente para os etnógrafos, os objetos constituem fator primordial de estudos. Outras ciências, todavia, também fazem deles o cerne de algumas análises ou abordagens. Assim, os objetos permitem, em relação às diversas sociedades, verificar:
   - O nível de evolução: objetos de osso, barro, bronze, ferro ou, atualmente, número de veículos, telefones, televisores ou aparelhos eletrodomésticos.
   - O sentido da evolução: desde a invenção da roda até os progressos da automatização, do cachimbo e óculos até aviões e robôs, os objetos materiais desenvolvidos pela tecnologia rudimentar ou avançada permitem obter informações sobre como evolui uma sociedade.
   - Os meios de produção: essenciais para a análise marxista, por constituírem a infraestrutura que determina a superestrutura, ou seja, as formas que terão as relações sociais, políticas etc. Atualmente, muitos autores interessam-se pelas diferenciações que se apresentam entre os operários em função dos progressos técnicos, especificamente a automatização e a introdução do uso de robôs na linha de montagem.
   - A significação valorativa: isto é, tanto o sentido do objeto símbolo (cachimbo da paz, cruz, bandeira) quanto os que adquirem um valor em decorrência do uso em determinado contexto (anel de noivado e de grau, distintivo de associações).
d) Canções folclóricas: traduzem, por um lado, sentimentos e valores de determinada sociedade, em dado contexto; por outro lado, as canções de autoria conhecida, muito antes da imprensa escrita ou falada, têm constituído um meio de expressão para a oposição tanto política como social.
e) Vestuário: por um lado, dependendo da sociedade, não constitui apenas um símbolo de *status*, mas também de momentos sociais (enfeites e pinturas de guerra dos nossos indígenas); por outro lado, na Índia, a sociedade de castas levou ao auge o vestuário como sinal de posição social: quantidade de peças, qualidade dos tecidos, cores, disposição, enfeites eram características de cada casta e subcasta, permitindo, ao primeiro olhar, a diferenciação e, em consequência, a atitude hierarquizada das pessoas em relação a outras.
f) Folclore: constituindo-se de rico acervo de costumes, objetos, vestuário, cantos, danças etc., o folclore permite a reconstituição do modo de vida da sociedade no passado, tanto de atos ligados a aspectos festivos, como de atividades do dia a dia.

No Quadro 9.1, apresentamos um resumo de todas essas informações.

Técnicas de pesquisa

	ESCRITOS		OUTROS	
	PRIMÁRIOS	SECUNDÁRIOS	PRIMÁRIOS	SECUNDÁRIOS
CONTEMPORÂNEOS	Compilados na ocasião pelo autor **Exemplos** Documentos de arquivos públicos Publicações parlamentares e administrativas Estatísticas (censos) Documentos de arquivos privados Cartas Contratos	Transcritos de fontes primárias contemporâneas **Exemplos** Relatórios de pesquisa baseados em trabalho de campo de auxiliares Estudo histórico com apoio em documentos originais Pesquisa estatística baseada em dados do recenseamento Pesquisa usando a correspondência de outras pessoas	Feitos pelo autor **Exemplos** Fotografias Gravações Filmes Gráficos Mapas Outras ilustrações	Feitos por outros **Exemplos** Material cartográfico Filmes comerciais Rádio Cinema Televisão
RETROSPECTIVOS	Compilados após o acontecimento pelo autor **Exemplos** Diários Autobiografias Relatos de visitas a instituições Relatos de viagens	Transcritos de fontes primárias retrospectivas **Exemplos** Pesquisa apoiada em diários ou autobiografias	Analisados pelo autor **Exemplos** Objetos Gravuras Pinturas Desenhos Fotografias Canções folclóricas Vestuário Folclore	Feitos por outros **Exemplos** Filmes comerciais Rádio Cinema Televisão

3 PESQUISA BIBLIOGRÁFICA

A pesquisa bibliográfica, ou de fontes secundárias, abrange toda a bibliografia já tornada pública em relação ao tema de estudo, desde publicações avulsas, boletins, jornais, revistas, livros, pesquisas, monografias, teses, artigos científicos impressos ou eletrônicos, material cartográfico e até meios de comunicação oral: programas de rádio, gravações, audiovisuais, filmes e programas de televisão. Sua finalidade é colocar o pesquisador em contato direto com tudo o que foi escrito, dito ou filmado sobre determinado assunto, inclusive conferências seguidas de debates que tenham sido transcritas de alguma forma.

Para Manzo (1971, p. 32), a bibliografia pertinente "oferece meios para definir, resolver, não somente problemas já conhecidos, como também explorar novas áreas em que os problemas não se cristalizaram suficientemente" e tem por objetivo permitir ao cientista "o reforço paralelo na análise de suas pesquisas ou manipulação de suas informações" (TRUJILLO FERRARI, 1974, p. 230). Dessa forma, a pesquisa bibliográfica não é mera repetição do que já foi dito ou escrito sobre certo assunto, visto que propicia o exame de um tema sob novo enfoque ou abordagem, chegando a conclusões inovadoras.

Em relação aos tipos e fontes bibliográficas, podemos dizer que, da mesma forma que as fontes de documentos, as bibliográficas variam, fornecendo ao pesquisador muitas informações e exigindo manipulação e procedimentos diferentes.

a) **Imprensa escrita:** compreende jornais e revistas; sua utilização requer a análise dos seguintes aspectos:
- Independência: nos países totalitários, com raras exceções, toda a imprensa está submetida às diretrizes do partido que esteja no poder: portanto a margem de independência das fontes é praticamente nula. O pressuposto teórico dos países democráticos, por sua vez, é de independência dos órgãos de informação, pois o princípio da liberdade de imprensa é considerado corolário da liberdade de expressão assegurada pelo regime. Entretanto, existe distinção entre o princípio político e a realidade: o capital necessário para a manutenção da independência do órgão depende de uma série de fatores, sendo o principal a fonte de publicidade, que pode efetivamente controlar as diretrizes do órgão. Da mesma

forma, os modos de regulamentação e a censura exercem efeitos de maior ou menor influência.

- Conteúdo e orientação: vários tipos de investigação podem ser levados a cabo sob esse aspecto: tendências e espaço dedicados à política nacional e internacional, fatos diversos, notícias locais, esporte, acontecimentos policiais, publicidade etc., como são tratadas questões relativas à população, como educação, saúde etc., tom da mensagem, pessimismo, otimismo, sentimentalismo etc.
- Difusão e influência: pode-se verificar a zona geográfica de distribuição e o tipo de população que é influenciada; a correlação entre posições do órgão e os resultados eleitorais; o prestígio do editorialista e outros profissionais que assinam suas matérias; o que as pessoas mais leem e a influência que sobre elas exercem as opiniões expressas e as informações.
- Grupos de interesses: na chamada imprensa alternativa e na específica de categorias profissionais, pode-se verificar como esses grupos sociais apresentam as ideias dos dirigentes sobre seus objetivos, a atuação dos poderes públicos, os interesses regionais, nacionais e até internacionais etc.

b) **Meios audiovisuais:** de certa forma, o que ficou dito para a imprensa escrita pode ser aplicado para os meios audiovisuais, programas de rádio, filmes, programas de televisão. Para ambas as formas de comunicação, é necessário analisar o conteúdo da própria comunicação, que apresenta os seguintes objetivos, segundo Berelson, citado por Selltiz, Jahoda, Deutsch e Cook (1974, p. 377-378):

"*Questões referentes às características do conteúdo*:
- Descrever tendências no conteúdo da comunicação.
- Delinear o desenvolvimento da erudição.
- Revelar diferenças internacionais no conteúdo da comunicação.
- Comparar os meios ou 'níveis' de comunicação.
- Examinar o conteúdo da comunicação com relação aos objetivos.
- Construir e aplicar padrões de comunicação.
- Auxiliar operações técnicas de pesquisa.
- Revelar as técnicas de propaganda.
- Medir a 'legibilidade' de materiais de comunicação.
- Descobrir características estilísticas.

Questões referentes aos criadores ou às causas do conteúdo:
- Identificar as intenções e outras características dos transmissores.
- Verificar o estado psicológico de pessoas e grupos.
- Identificar a existência de propaganda (fundamentalmente com objetivos legais).
- Obter informação política e militar.

Questões referentes à audiência ou efeitos do conteúdo:
- Refletir atitudes, interesses e valores ('padrões culturais') de grupos da população.
- Revelar o foco de atenção.
- Descrever as respostas de atitudes e de comportamento às comunicações."

c) **Material cartográfico:** varia segundo o tipo de investigação que se pretende. Entre os mais importantes, figuram os seguintes:
- Mapa com divisão política e administrativa.
- Mapa hidrográfico.
- Mapa de relevo.
- Mapa climatológico.
- Mapa ecológico.
- Mapa etnográfico.
- Mapa de densidade de população.
- Mapa de rede de comunicação.
- Mapa com indicação de cultivos, modo de ocupação do solo, suas formas de utilização etc.
- Gráfico e pirâmide da população.
- Gráfico de importações e exportações, Produto Interno Bruto etc.

d) **Publicações:** livros, teses, monografias, publicações avulsas, pesquisas, artigos científicos impressos e eletrônicos etc. formam o conjunto de publicações, cuja pesquisa compreende quatro fases distintas:
- Identificação.
- Localização.
- Compilação.
- Fichamento (que, com o uso do computador, se faz eletronicamente).

4   PESQUISA DE CAMPO

Pesquisa de campo constitui-se, em geral, de levantamento de dados no próprio local onde os fenômenos ocorrem.

Pesquisa de campo é que se utiliza com o objetivo de conseguir informações e/ou conhecimentos sobre um problema, para o qual se procura uma resposta, ou sobre uma hipótese, que se queira comprovar, ou, ainda, com o propósito de descobrir novos fenômenos ou relações entre eles. Ela consiste na observação de fatos e fenômenos tal como ocorrem espontaneamente, na coleta de dados a eles referentes e no registro de variáveis que se presume relevantes para analisá-los. A pesquisa de campo propriamente dita

> não deve ser confundida com a simples coleta de dados (este último corresponde à segunda fase de qualquer pesquisa); é algo mais que isso, pois exige contar com controles adequados e com objetivos preestabelecidos que discriminam suficientemente o que deve ser coletado (TRUJILLO FERRARI, 1982, p. 229).

As fases da pesquisa de campo, em primeiro lugar, requerem a realização de uma pesquisa bibliográfica sobre o tema em questão, que serve para se saber em que estado se encontra o problema, que trabalhos já foram realizados a seu respeito e quais são as opiniões reinantes sobre o assunto, bem como estabelecer um modelo teórico inicial de referência; auxilia ainda na determinação das variáveis e elaboração do plano geral da pesquisa. Em segundo lugar, de acordo com a natureza da pesquisa, devem-se determinar as técnicas que serão empregadas na coleta de dados e na determinação da amostra, que deverá ser representativa e suficiente para apoiar as conclusões. Por último, antes que se realize a coleta de dados, é preciso estabelecer tanto as técnicas de registro desses dados, como as técnicas que serão utilizadas em sua análise posterior.

Se a pesquisa de campo envolver um experimento, após a pesquisa bibliográfica deve-se: (a) selecionar e enunciar um problema, levando em consideração a metodologia apropriada; (b) apresentar os objetivos da pesquisa, sem perder de vista as metas práticas; (c) estabelecer a amostra correlacionada com a área de pesquisa e o universo de seus componentes; (d) estabelecer os grupos experimentais e de controle; (e) introduzir os estímulos; (f) controlar e medir os efeitos.

Em relação aos tipos de pesquisa de campo, elas se dividem, segundo Tripodi, Fellin e Meyer (1975, p. 42-71), em três grandes grupos: quantitativo-descritivos, exploratórios e experimentais, com as respectivas subdivisões.

a) **Quantitativo-descritivos:** consistem em investigações de pesquisa empírica, cuja principal finalidade é o delineamento ou a análise das características de fatos ou fenômenos, a avaliação de programas ou o isolamento de variáveis principais ou chave. Qualquer desses estudos pode utilizar métodos formais, que se aproximam dos projetos experimentais, caracterizados pela precisão e controle estatísticos, com a finalidade de fornecer dados para a verificação de hipóteses. Todos eles empregam artifícios quantitativos, tendo por objetivo a coleta sistemática de dados sobre populações, programas ou amostras de populações e programas. Utilizam várias técnicas, como entrevistas, questionários, formulários etc. e empregam procedimentos de amostragem. Subdividem-se em:

- Estudos de verificação de hipótese: estudos quantitativo-descritivos que contêm, em seu projeto de pesquisa, hipóteses explícitas que devem ser verificadas. Essas hipóteses são derivadas da teoria e, por esse motivo, podem consistir em declarações de associações entre duas ou mais variáveis, sem referência a uma relação causal entre elas.

- Estudos de avaliação de programa: consistem nos estudos quantitativo-descritivos que dizem respeito à procura dos efeitos e resultados de todo um programa ou método específico de atividades de serviços ou auxílio, que podem dizer respeito a grande variedade de objetivos, relativos à educação, saúde e outros. As hipóteses podem ou não estar explicitamente declaradas e, com frequência, derivam dos objetivos do programa ou método que está sendo avaliado e não da teoria. Empregam larga gama de procedimentos que podem aproximar-se do projeto experimental.

- Estudos de descrição de população: compreendem estudos quantitativo-descritivos que possuem como função primordial a exata descrição de certas características quantitativas de toda uma população, organizações ou outras coletividades específicas. Geralmente, contêm grande número de variáveis e utilizam técnicas de amostragem para que apresentem caráter representativo. Quando pesquisam aspectos qualitativos como atitudes e opiniões, empregam escalas que permitem a quantificação.

- Estudos de relações de variáveis: são uma forma de estudos quantitativo-descritivos que se referem à descoberta de variáveis pertinentes a determinada questão ou situação, da mesma forma que à descoberta de relações relevantes entre variáveis. Geralmente, nem hipóteses preditivas (*ante factum*) nem perguntas específicas são *a priori* formuladas, de modo que se inclui no estudo grande número de variáveis potencialmente relevantes e o interesse se centraliza em encontrar as de valor preditivo.

b) **Exploratórios:** são investigações de pesquisa empírica, cujo objetivo é a formulação de questões ou de um problema, com tripla finalidade: (1) desenvolver hipóteses; (2) aumentar a familiaridade do pesquisador com um ambiente, fato ou fenômeno, para a realização de uma pesquisa futura mais precisa; (3) modificar e clarificar conceitos. Empregam-se geralmente procedimentos sistemáticos ou para a obtenção de observações empíricas ou para as análises de dados (ou ambas, simultaneamente). Obtêm-se frequentemente descrições tanto quantitativas quanto qualitativas do objeto de estudo, e o investigador deve conceituar as inter-relações entre as propriedades do fenômeno, fato ou ambiente observado. Uma variedade de procedimentos de coleta de dados pode ser utilizada como entrevista, observação participante, análise de conteúdo etc., para o estudo relativamente intensivo de um pequeno número de unidades, mas em geral sem o emprego de técnicas probabilísticas de amostragem. Muitas vezes, ocorre a manipulação de uma variável independente com a finalidade de descobrir seus efeitos potenciais. Dividem-se em:

- Estudos exploratório-descritivos combinados: têm por objetivo descrever completamente determinado fenômeno, como, por exemplo, o estudo de um caso para o qual são realizadas análises empíricas e teóricas. Podem ser encontradas tanto descrições quantitativas e/ou qualitativas quanto acumulação de informações detalhadas, como as obtidas por intermédio da observação participante. Dá-se precedência ao caráter representativo sistemático e, em consequência, aos procedimentos de amostragem flexíveis.

- Estudos que usam procedimentos específicos para a coleta de dados para o desenvolvimento das ideias: compreendem os estudos exploratórios que utilizam exclusivamente determinado procedimento, como, por exemplo, análise de conteúdo, para extrair generalizações com o propósito de produzir categorias conceituais que possam vir a ser operacionalizadas em um estudo subsequente.

Dessa forma, não apresentam descrições quantitativas exatas entre as variáveis determinadas.

- Estudos de manipulação experimental: consistem em estudos exploratórios que têm por finalidade manipular uma variável independente, a fim de localizar variáveis dependentes que, potencialmente, estejam associadas a ela, estudando-se o fenômeno em seu meio natural. O propósito desses estudos, geralmente, é demonstrar a viabilidade de determinada técnica ou programa como uma solução, potencial e viável, para determinados programas práticos. Os procedimentos de coleta de dados variam bastante e técnicas de observação podem ser desenvolvidas durante a realização da pesquisa.

c) **Experimentais:** consistem em investigações de pesquisa empírica, cujo objetivo principal é o teste de hipóteses que dizem respeito a relações de causa-efeito. Todos os estudos desse tipo utilizam projetos experimentais que incluem os seguintes fatores: grupos de controle (além do experimental), seleção da amostra por técnica probabilística e manipulação das variáveis independentes com a finalidade de controlar ao máximo os fatores pertinentes. As técnicas rigorosas de amostragem têm o objetivo de possibilitar a generalização das descobertas a que se chega pela experiência. Por sua vez, para que possam ser descritas quantitativamente, as variáveis relevantes são especificadas. Os diversos tipos de estudos experimentais podem ser desenvolvidos tanto em campo, ou seja, no ambiente natural, quanto em laboratório, onde o ambiente é rigorosamente controlado.

O interesse da pesquisa de campo está voltado para o estudo de indivíduos, grupos, comunidades, instituições, visando à compreensão de vários aspectos da sociedade. Ela apresenta vantagens e desvantagens.

Vantagens:

a) Acúmulo de informações sobre determinado fenômeno, que também podem ser analisadas por outros pesquisadores, com objetivos diferentes.
b) Facilidade na obtenção de uma amostragem de indivíduos, sobre determinada população ou classe de fenômenos.

Desvantagens:

a) Pequeno grau de controle sobre a situação de coleta de dados e a possibilidade de que fatores desconhecidos para o investigador possam interferir nos resultados.

b) O comportamento verbal ser relativamente de pouca confiança, pelo fato de os indivíduos poderem falsear suas respostas.

Entretanto, muita coisa pode ser feita para aumentar as vantagens e diminuir as desvantagens; por exemplo: lançar mão de pré-testes, utilizar instrumental mais completo etc.

Diversas ciências e ramos de estudo utilizam a pesquisa de campo para o levantamento de dados; entre elas figuram a Sociologia, a Antropologia Cultural e Social, a Psicologia Social, a Política, o Serviço Social e outras.

5 PESQUISA DE LABORATÓRIO

A pesquisa de laboratório é um procedimento de investigação mais difícil, porém mais exato. Ela descreve e analisa o que será ou ocorrerá em situações controladas. Exige instrumental específico, preciso e ambientes adequados.

O objetivo da pesquisa de laboratório depende do que se propôs alcançar; deve ser previamente estabelecido e relacionado com determinada ciência ou ramo de estudo. As técnicas utilizadas também variam de acordo com o estudo a ser feito.

Na pesquisa de laboratório, as experiências são efetuadas em recintos fechados (casas, laboratórios, salas) ou ao ar livre, em ambientes artificiais ou reais, de acordo com o campo da ciência; as experiências se restringem a determinadas manipulações.

Quatro aspectos devem ser levados em consideração: objeto, objetivo, instrumental e técnicas. Especificamente, os estudos tanto podem ser de pessoas como de animais, tanto de vegetais quanto de minerais. Na pesquisa de laboratório, com pessoas, estas são colocadas em ambiente controlado pelo pesquisador, que efetua a observação sem tomar parte pessoalmente.

No laboratório, o cientista observa, mede e pode chegar a certos resultados, esperados ou inesperados. "Todavia, muitos aspectos importantes da conduta humana não podem ser observados em condições idealizadas em laboratório" (BEST, 1972, p. 114). Às vezes, tem-se de observar o comportamento de indivíduos ou grupos em circunstâncias mais naturais e sob controles menos rígidos. A propósito, podem ser consultadas a Resolução n. 196/96 versão 2012, que trata normas regulamentadoras de pesquisas que envolvem seres humanos, bem como a Lei n. 11.794, de 8 de outubro de 2008 (ambas disponíveis na Internet).

A pesquisa de laboratório, para observação de indivíduos ou grupos, está mais relacionada aos campos da Psicologia Social e da Sociologia.

6 OBSERVAÇÃO

A observação direta intensiva é realizada através de duas técnicas: observação e entrevista. Para Michel (2015, p. 83-90), as técnicas de observação indireta intensiva compreendem: a observação (assistemática, sistemática, não participante, participante, individual, em equipe, na vida real ou naturalista, em laboratório), a entrevista (padronizada ou estruturada, despadronizada semiestruturada ou livre), a análise de conteúdo, a análise do discurso, o grupo de foco.

A observação é uma técnica de coleta de dados para conseguir informações que utiliza os sentidos na obtenção de determinados aspectos da realidade. Não consiste apenas em ver e ouvir, mas também em examinar fatos ou fenômenos que se deseja estudar.

É um elemento básico da investigação científica, utilizado na pesquisa de campo e se constitui na técnica fundamental da Antropologia.

A observação ajuda o pesquisador a identificar e a obter provas a respeito de objetivos sobre os quais os indivíduos não têm consciência, mas que orientam seu comportamento. Desempenha papel importante nos processos observacionais, no contexto da descoberta, e obriga o investigador a um contato mais direto com a realidade. É o ponto de partida da investigação social.

Para Selltiz, Jahoda, Deutsch e Cook (1974, p. 233), a observação torna-se científica à medida que: (a) convém a um plano de pesquisa; (b) é planejada sistematicamente; (c) é registrada metodicamente, bem como relacionada a proposições gerais, e não se apresenta como uma série de curiosidades interessantes; (d) está sujeita a verificações e controles sobre sua validade e segurança.

Do ponto de vista científico, a observação oferece uma série de vantagens e limitações, como as outras técnicas de pesquisa, havendo, por isso, necessidade de se aplicar mais de uma técnica ao mesmo tempo.

Vantagens:

a) Possibilita meios diretos e satisfatórios para estudar uma ampla variedade de fenômenos.

b) Exige menos do observador do que as outras técnicas.

c) Permite a coleta de dados sobre um conjunto de atitudes comportamentais típicas.
d) Depende menos da introspecção ou da reflexão.
e) Permite a evidência de dados não constantes do roteiro de entrevistas ou de questionários.

Limitações:

As técnicas da observação apresentam uma série de limitações, entre as quais se destacam:

a) O observado tende a criar impressões favoráveis ou desfavoráveis no observador.
b) A ocorrência espontânea não pode ser prevista, o que impede, muitas vezes, o observador de presenciar o fato.
c) Fatores imprevistos podem interferir na tarefa do pesquisador.
d) A duração dos acontecimentos é variável: pode ser rápida ou demorada e os fatos podem ocorrer simultaneamente; nos dois casos, torna-se difícil a coleta dos dados.
e) Vários aspectos da vida cotidiana, particular, podem não ser acessíveis ao pesquisador.

Na investigação científica, são empregadas várias modalidades de observação, que variam de acordo com as circunstâncias. Ander-Egg (1978, p. 96) apresenta quatro tipos:

(a) Segundo os meios utilizados:
Observação não estruturada (assistemática).
Observação estruturada (sistemática).
(b) Segundo a participação do observador:
Observação não participante.
Observação participante.
(c) Segundo o número de observações:
Observação individual.
Observação em equipe.
(d) Segundo o lugar onde se realiza:
Observação efetuada na vida real (trabalho de campo).
Observação efetuada em laboratório.

6.1 Observação assistemática

A técnica da observação não estruturada ou assistemática, também denominada *espontânea, informal, ordinária, simples, livre, ocasional e acidental*, consiste em recolher e registrar os fatos da realidade sem que o pesquisador utilize meios técnicos especiais ou precise fazer perguntas diretas. É mais empregada em estudos exploratórios e não tem planejamento e controle previamente elaborados.

O que caracteriza a observação assistemática é

> o fato de o conhecimento ser obtido através de uma experiência casual, sem que se tenha determinado de antemão quais os aspectos relevantes a serem observados e que meios utilizar para observá-los (RUDIO, 2014, p. 42).

O êxito da utilização dessa técnica depende do observador, de estar ele atento aos fenômenos que ocorrem no mundo que o cerca, de sua perspicácia, discernimento, preparo e treino, além de ter uma atitude de prontidão. Muitas vezes, há uma única oportunidade para estudar certo fenômeno; outras vezes, essas ocasiões são raras. Todavia, a observação não estruturada pode apresentar perigos: quando o pesquisador pensa que sabe mais do que o realmente presenciado, ou quando se deixa envolver emocionalmente. A fidelidade, no registro dos dados, é fator importantíssimo na pesquisa científica.

Para Ander-Egg (1978, p. 97), a observação assistemática "não é totalmente espontânea ou casual, porque um mínimo de interação, de sistema e de controle se impõe em todos os casos, para chegar a resultados válidos".

De modo geral, o pesquisador sempre sabe o que observar.

6.2 Observação sistemática

A observação sistemática também recebe várias designações: *estruturada, planejada, controlada*. Utiliza instrumentos para a coleta dos dados ou fenômenos observados.

Realiza-se em condições controladas, para responder a propósitos preestabelecidos. Todavia, as normas não devem ser padronizadas nem rígidas demais, pois tanto as situações quanto os objetos e objetivos da investigação podem ser muito diferentes. Deve ser planejada com cuidado e sistematizada.

Na observação sistemática, o observador sabe o que procura e o que carece de importância em determinada situação; deve ser objetivo, reconhecer possíveis erros e eliminar sua influência sobre o que vê ou recolhe.

Vários instrumentos podem ser utilizados na observação sistemática: quadros, anotações, escalas, dispositivos mecânicos, câmeras etc.

6.3 Observação não participante

Na observação não participante, o pesquisador toma contato com a comunidade, grupo ou realidade estudada, mas não se integra a ela: permanece de fora. Presencia o fato, mas não participa dele; não se deixa envolver pelas situações; faz mais o papel de espectador. Isso, porém, não quer dizer que a observação não seja consciente, dirigida, ordenada para um fim determinado. O procedimento tem caráter sistemático.

Alguns autores dão à observação não participante a designação de *observação passiva*, sendo o pesquisador apenas um elemento a mais.

6.4 Observação participante

Consiste na participação real do pesquisador na comunidade ou grupo. Ele se incorpora ao grupo, confunde-se com ele. Fica tão próximo à comunidade quanto um membro do grupo que está estudando e participa das atividades normais deste.

Para Mann (1970, p. 96), a observação participante é uma "tentativa de colocar o observador e o observado do mesmo lado, tornando-se o observador um membro do grupo" de modo que possa vivenciar o que eles vivem e trabalhar dentro do sistema de referência deles.

O observador participante enfrenta grandes dificuldades para manter a objetividade, pelo fato de exercer influência no grupo, ser influenciado por antipatias ou simpatias pessoais, e pelo choque do quadro de referência entre observador e observado.

O objetivo inicial seria ganhar a confiança do grupo, fazer os indivíduos compreenderem a importância da investigação, sem ocultar o seu objetivo ou sua missão, mas, em certas circunstâncias, há mais vantagem no anonimato.

Em geral, são apontadas duas formas de observação participante:

a) **Natural:** o observador pertence à mesma comunidade ou grupo que investiga.

b) **Artificial:** o observador integra-se ao grupo com a finalidade de obter informações.

6.5 Observação individual

Como o próprio nome indica, observação individual é uma técnica de observação realizada por um pesquisador. Nesse caso, a personalidade dele se projeta sobre o observado, fazendo algumas inferências ou distorções, pela limitada possibilidade de controles. Todavia, pode intensificar a objetividade de suas informações, indicando, ao anotar os dados, quais são os eventos reais e quais são as interpretações. É uma tarefa difícil, mas não impossível. Algumas observações só podem ser feitas individualmente.

6.6 Observação em equipe

A observação em equipe é mais aconselhável do que a individual, pois o grupo pode observar a ocorrência por vários ângulos.

Quando uma equipe está vigilante, registrando o problema na mesma área, surge a oportunidade de confrontar seus dados posteriormente, para verificar as predisposições.

A observação em equipe, segundo Ander-Egg (1978, p. 100), pode realizar-se de diferentes formas: (a) todos observam o mesmo fato ou fenômeno e procuram corrigir distorções que possam advir de cada investigador em particular; (b) cada participante observa um aspecto diferente do objeto da pesquisa; (c) enquanto a equipe recorre à observação, alguns membros empregam outros procedimentos; (d) a observação em equipe é constituída por uma rede de observadores, distribuídos em uma cidade, região ou país. A observação em equipe é uma técnica denominada também de *observação maciça* ou *observação em massa*.

6.7 Observação na vida real

Normalmente, as observações são feitas no ambiente real, registrando-se os dados à medida que forem ocorrendo, espontaneamente, sem a devida preparação.

A melhor ocasião para o registro de observações é o local onde o evento ocorre. Isto reduz tendências seletivas e deturpação na reevocação.

6.8 Observação em laboratório

A observação em laboratório é a que tenta descobrir a ação e a conduta, que teve lugar em condições cuidadosamente dispostas e controladas. Entretanto, muitos aspectos importantes da vida humana não podem ser observados sob condições idealizadas no laboratório.

A observação em laboratório tem, até certo ponto, um caráter artificial; por isso, é importante estabelecer condições o mais próximo do natural, que não sofram influências indevidas, pela presença do observador ou por seus aparelhos de medição e registro.

O uso de instrumentos adequados possibilita a realização de observações mais refinadas do que as proporcionadas apenas pelos sentidos.

7 ENTREVISTA

A entrevista é um encontro entre duas pessoas, a fim de que uma delas, mediante conversação, obtenha informações a respeito de determinado assunto. É um procedimento utilizado na investigação social, para a coleta de dados, ou para ajudar no diagnóstico ou no tratamento de um problema social.

A entrevista, para Goode e Hatt (1969, p. 237), "consiste no desenvolvimento de precisão, focalização, fidedignidade e validade de certo ato social como a conversação".

Trata-se, pois, de uma conversação efetuada face a face, de maneira metódica, que proporciona ao entrevistado, verbalmente, a informação necessária.

Alguns autores consideram a entrevista como o instrumento por excelência da investigação social. Quando realizado por um investigador experiente, "é muitas vezes superior a outros sistemas de obtenção de dados", afirma Best (1972, p. 120).

A entrevista é importante instrumento de trabalho nos vários campos das Ciências Sociais ou de outros setores de atividades, como da Sociologia, da Antropologia, da Psicologia Social, da Política, do Serviço Social, do Jornalismo, das Relações Públicas, da Pesquisa de Mercado e outras.

7.1 Objetivos

O objetivo principal de uma entrevista é a obtenção de informações do entrevistado, sobre determinado assunto ou problema.

Quanto ao conteúdo, Selltiz, Jahoda, Deutsch e Cook (1974, p. 286-295) apresentam seis tipos de objetivos:

a) **Averiguação de fatos:** descobrir se as pessoas que estão de posse de certas informações são capazes de compreendê-las.
b) **Determinação das opiniões sobre os fatos:** conhecer o que as pessoas pensam ou acreditam que os fatos sejam.
c) **Determinação de sentimentos:** compreender a conduta de alguém através de seus sentimentos e anseios.
d) **Descoberta de planos de ação:** descobrir, por meio das definições individuais dadas, qual a conduta adequada em determinadas situações, a fim de prever qual seria a sua. As definições adequadas da ação apresentam em geral dois componentes: os padrões éticos do que *deveria* ter sido feito e considerações práticas do que é *possível* fazer.
e) **Conduta atual ou do passado:** inferir que conduta a pessoa terá no futuro, conhecendo a maneira pela qual ela se comportou no passado, ou se comporta no presente, em determinadas situações.
f) **Motivos conscientes para opiniões, sentimentos, sistemas ou condutas:** descobrir quais fatores podem influenciar opiniões, sentimentos e conduta e por quê.

7.2 Tipos de entrevistas

Há diferentes tipos de entrevistas, que variam de acordo com o propósito do entrevistador:

a) **Padronizada ou estruturada:** é aquela em que o entrevistador segue um roteiro estabelecido; as perguntas são previamente determinadas. Ela segue um formulário (ver mais adiante) elaborado e é efetuada de preferência com pessoas selecionadas de acordo com um plano. O motivo da padronização é obter dos entrevistados respostas às mesmas perguntas e permitir "que todas elas sejam comparadas com o mesmo conjunto de perguntas"; as diferenças das respostas devem refletir diferenças dos respondentes e não diferenças nas perguntas (LODI, 1974, p. 16). O pesquisador não é livre para adaptar suas perguntas a determinada situação, de alterar a ordem dos tópicos, ou de fazer outras perguntas.
b) **Despadronizada ou não estruturada:** o entrevistador tem liberdade para desenvolver cada situação em qualquer direção que considere adequada. É uma forma de poder explorar mais amplamente uma

questão. Em geral, as perguntas são abertas e podem ser respondidas dentro de uma conversação informal. Esse tipo de entrevista, segundo Ander-Egg (1978, p. 110), apresenta as seguintes modalidades:

- Entrevista focalizada: há um roteiro de tópicos relativos ao problema que se vai estudar e o entrevistador tem liberdade de fazer as perguntas que quiser: sonda razões e motivos, dá esclarecimentos, não obedecendo a uma estrutura formal. Para isso, são necessárias habilidade e perspicácia por parte do entrevistador. Em geral, é utilizada em estudos de situações de mudança de conduta.
- Entrevista clínica: trata-se de estudar os motivos, os sentimentos, a conduta das pessoas. Para esse tipo de entrevista, pode ser organizada uma série de perguntas específicas.
- Não dirigida: há liberdade total por parte do entrevistado, que poderá expressar suas opiniões e sentimentos. A função do entrevistador é de incentivo, levando o informante a falar sobre determinado assunto, sem, entretanto, forçá-lo a responder.

c) **Painel:** consiste na repetição de perguntas, de tempos em tempos, às mesmas pessoas, a fim de estudar a evolução das opiniões em períodos curtos. As perguntas devem ser formuladas de maneira diversa, para que o entrevistado não distorça as respostas com essas repetições.

7.3 Vantagens e limitações

Como técnica de coleta de dados, a entrevista oferece várias vantagens e limitações:

Vantagens:

a) Pode ser utilizada com todos os segmentos da população: analfabetos ou alfabetizados.
b) Fornece uma amostragem muito melhor da população geral: o entrevistado não precisa saber ler ou escrever.
c) Há maior flexibilidade, podendo o entrevistador repetir ou esclarecer perguntas, formular de maneira diferente; especificar algum significado, como garantia de estar sendo compreendido.
d) Oferece maior oportunidade para avaliar atitudes, condutas, podendo o entrevistado ser observado naquilo que diz e como diz: registro de reações, gestos etc.

e) Dá oportunidade para a obtenção de dados que não se encontram em fontes documentais e que sejam relevantes e significativos.

f) Há possibilidade de conseguir informações mais precisas, podendo ser comprovadas, de imediato, as discordâncias.

g) Permite que os dados sejam quantificados e submetidos a tratamento estatístico.

Limitações:

A entrevista apresenta algumas limitações ou desvantagens, que podem ser superadas ou minimizadas se o pesquisador for uma pessoa com bastante experiência ou tiver bom senso. As limitações são:

a) Dificuldade de expressão e comunicação de ambas as partes.

b) Incompreensão, por parte do informante, do significado das perguntas da pesquisa, que pode levar a uma falsa interpretação.

c) Possibilidade de o entrevistado ser influenciado, consciente ou inconscientemente, pelo entrevistador, pelo seu aspecto físico, suas atitudes, ideias, opiniões etc.

d) Disposição do entrevistado em dar as informações necessárias.

e) Retenção de alguns dados importantes, receando que sua identidade seja revelada.

f) Pequeno grau de controle sobre uma situação de coleta de dados.

g) Tempo despendido muito grande e dificuldade de realização.

7.4 Preparação da entrevista

A preparação da entrevista é uma etapa importante da pesquisa: requer tempo (o pesquisador deve ter uma ideia clara da informação de que necessita) e exige algumas medidas:

a) Planejamento da entrevista: ter em vista o objetivo a ser alcançado.

b) Conhecimento prévio do entrevistado: verificar o grau de familiaridade dele com o assunto.

c) Oportunidade da entrevista: marcar com antecedência a hora e o local, para assegurar-se de que será recebido.

d) Condições favoráveis: garantir ao entrevistado o segredo de suas confidências e de sua identidade.

e) Contato com líderes: para obter maior entrosamento com o entrevistado e maior variabilidade de informações.
f) Conhecimento prévio do campo: para evitar desencontros e perda de tempo.
g) Preparação específica: organizar roteiro ou formulário com as questões importantes.

7.5 Diretrizes da entrevista

A entrevista, que visa obter respostas válidas e informações pertinentes, é uma verdadeira arte, que se aprimora com o tempo, com treino e com experiência. Exige habilidade e sensibilidade; não é tarefa fácil, mas é básica.

Quando o entrevistador consegue estabelecer certa relação de confiança com o entrevistado, pode obter informações que de outra maneira talvez não fossem possíveis.

Para maior êxito da entrevista, devem-se observar algumas normas:

a) **Contato inicial:** o pesquisador deve entrar em contato com o informante e estabelecer, desde o primeiro momento, uma conversação amistosa, explicando a finalidade da pesquisa, seu objeto, relevância e ressaltar a necessidade de sua colaboração. É importante obter e manter a confiança do entrevistado, assegurando-lhe o caráter confidencial de suas informações, bem como criar um ambiente que estimule e que leve o entrevistado a ficar à vontade e a falar espontânea e naturalmente, sem tolhimentos de qualquer ordem. A conversa deve ser mantida numa atmosfera de cordialidade e de amizade (*rapport*). Mediante a técnica da entrevista, o pesquisador pode levar o entrevistado a uma penetração maior em sua própria experiência, explorando áreas importantes, mas não previstas no roteiro de perguntas. O entrevistador pode falar, mas principalmente deve ouvir, procurando sempre manter o controle da entrevista.

b) **Formulação de perguntas:** as perguntas devem ser feitas de acordo com o tipo da entrevista: (i) se padronizada, deve obedecer ao roteiro ou formulário preestabelecido; (ii) se não padronizada, deve deixar o informante falar à vontade e, depois, ajudá-lo com outras perguntas, entrando em maiores detalhes. Para não confundir o entrevistado, deve-se fazer uma pergunta de cada vez e, primeiro, as que não tenham probabilidade de ser recusadas. Deve-se permitir ao informante restringir ou limitar suas informações. Toda pergunta que sugere uma resposta deve ser evitada.

c) **Registro de respostas:** as respostas, se possível, devem ser anotadas no momento da entrevista, para maior fidelidade e veracidade das informações. O uso do gravador é ideal, se o informante concordar com a sua utilização. A anotação posterior apresenta duas inconveniências: (i) falha de memória; (ii) distorção do fato, quando não se guardam todos os elementos. O registro deve ser feito com as mesmas palavras que o entrevistado usar, evitando-se resumi-las. Outra preocupação é manter o entrevistador atento em relação aos erros; por isso, deve conferir as respostas, sempre que puder. Se possível, anotar gestos, atitudes e inflexões de voz. Ter em mãos todo o material necessário para registrar as informações.

d) **Término da entrevista:** a entrevista deve terminar como começou, isto é, em clima de cordialidade, para que o pesquisador, se necessário, possa voltar e obter novos dados, sem que o informante se oponha a isso. Uma condição para o êxito da entrevista é que mereça aprovação por parte do informante.

e) **Requisitos importantes:** as respostas de uma entrevista devem atender aos seguintes requisitos:
- Validade: comparação com a fonte externa, com a de outro entrevistador, observando dúvidas, incertezas e hesitações demonstradas pelo entrevistado.
- Relevância: importância em relação aos objetivos da pesquisa.
- Especificidade e clareza: referência precisa a dados, datas, nomes, lugares, quantidades, percentagens, prazos etc. A exatidão dos termos colabora na especificidade.
- Profundidade: está relacionada com sentimentos, pensamentos e lembranças do entrevistado, sua intensidade e intimidade.
- Extensão: amplitude da resposta.

8   QUESTIONÁRIO E FORMULÁRIO

8.1 Questionário

Questionário é um instrumento de coleta de dados, constituído por uma série ordenada de perguntas, que devem ser respondidas por escrito e sem a presença do entrevistador. Em geral, o pesquisador envia o questionário ao informante, pelo correio ou por um portador (hoje se pode fazer por *e-mail*); depois de preenchido, o pesquisado devolve-o da mesma forma que o recebeu (se for usado *e-mail*, maiores chances de retorno, sobretudo pela praticidade).

Junto com o questionário, deve-se enviar um texto explicando a natureza da pesquisa, sua importância e a necessidade das respostas, procurando despertar o interesse do recebedor, para preencher e devolver o questionário dentro de um prazo razoável.

Em média, os questionários expedidos pelo pesquisador alcançam 25% de devolução.

8.1.1 Vantagens e desvantagens

Como toda técnica de coleta de dados, o questionário também apresenta uma série de vantagens e desvantagens:

Vantagens:
- a) Economiza tempo, viagens e obtém grande número de dados.
- b) Atinge maior número de pessoas simultaneamente.
- c) Abrange uma área geográfica mais ampla.
- d) Economiza pessoal, tanto em treinamento quanto em trabalho de campo.
- e) Obtém respostas mais rápidas e mais precisas.
- f) Há maior liberdade nas respostas, em razão do anonimato.
- g) Há mais segurança, pelo fato de as respostas não serem identificadas.
- h) Há menos risco de distorção, pela não influência do pesquisador.
- i) Há mais tempo para responder e em hora mais favorável.
- j) Há mais uniformidade na avaliação, em virtude da natureza impessoal do instrumento.
- k) Obtém respostas que materialmente seriam inacessíveis.

Desvantagens:
- a) Percentagem pequena de devolução de questionários.
- b) Grande número de perguntas sem respostas.
- c) Inaplicação a pessoas analfabetas.
- d) Impossibilidade de ajudar o informante em questões mal compreendidas.

e) Dificuldade de compreensão, por parte dos informantes, leva a uma uniformidade aparente.
f) Possibilidade de, na leitura de todas as perguntas, antes de respondê-las, poder uma questão influenciar a outra.
g) Devolução tardia prejudicar o calendário ou sua utilização.
h) Desconhecimento das circunstâncias em que foram preenchidos os questionários, o que torna difícil o controle e a verificação.
i) Possibilidade de o escolhido não ser quem responde ao questionário, invalidando, portanto, as questões.
j) Exigência de um universo mais homogêneo.

8.1.2 Elaboração de questionário

A elaboração de um questionário requer a observância de normas precisas, a fim de aumentar sua eficácia e validade. Em sua organização, devem ser levados em conta os tipos, a ordem, os grupos de perguntas, a formulação delas e também tudo o que "se sabe sobre percepção, estereótipos, mecanismos de defesa, liderança etc." (AUGRAS, 1974, p. 143).

O pesquisador deve conhecer bem o assunto para poder dividi-lo, organizando uma lista de 10 a 12 temas, e, de cada um deles, extrair duas ou três perguntas.

O processo de elaboração é longo e complexo: exige cuidado na seleção das questões, levando em consideração a sua importância, isto é, se oferece condições para a obtenção de informações válidas. Os temas escolhidos devem estar de acordo com os objetivos geral e específico. Deve estar acompanhado por instruções definidas e notas explicativas, para que o informante tome ciência do que se deseja dele. O aspecto material e a estética também devem ser observados: tamanho, facilidade de manipulação, espaço suficiente para as respostas, disposição dos itens, de forma que seja facilitada a computação dos dados.

O questionário deve ser limitado em extensão e em finalidade. Se for muito longo, causa fadiga e desinteresse; se curto demais, corre o risco de não oferecer suficientes informações. Deve conter de 20 a 30 perguntas e ultrapassar cerca de 30 minutos para ser respondido. É claro que esse número não é fixo: varia de acordo com o tipo de pesquisa e dos informantes.

Identificadas as questões, elas devem ser codificadas, a fim de facilitar posterior tabulação.

Outro aspecto importante do questionário é a indicação da entidade ou organização patrocinadora da pesquisa. Por exemplo: CNPq.

8.1.3 Pré-teste

Depois de redigido, o questionário precisa ser testado antes de sua utilização definitiva, aplicando-se alguns exemplares em uma pequena população escolhida.

A análise dos dados, após a tabulação, evidenciará possíveis falhas existentes: inconsistência ou complexidade das questões; ambiguidade ou linguagem inacessível; perguntas supérfluas ou que causam embaraço ao informante; se as questões obedecem a determinada ordem, ou se são muito numerosas etc.

Verificadas as falhas, deve-se reformular o questionário, conservando, modificando, ampliando ou eliminando itens; explicitando melhor alguns ou modificando a redação de outros. Perguntas abertas podem ser transformadas em fechadas se não houver variabilidade de respostas.

O pré-teste pode ser aplicado mais de uma vez, tendo em vista o seu aprimoramento e o aumento de sua validade. Deve ser aplicado em populações com características semelhantes, mas nunca naquela que será alvo de estudo.

O pré-teste serve também para verificar se o questionário apresenta três importantes elementos:

a) **Fidedignidade:** qualquer pessoa que o aplique obterá sempre os mesmos resultados.
b) **Validade:** os dados recolhidos são necessários à pesquisa.
c) **Operatividade:** vocabulário acessível e significado claro.

O pré-teste permite também a obtenção de uma estimativa sobre os futuros resultados.

8.1.4 Classificação das perguntas

As perguntas classificam-se segundo a forma, o objetivo e em direta (pessoal) e indireta (impessoal).

8.1.4.1 Forma

Quanto à forma, as perguntas, em geral, são classificadas em três categorias: abertas, fechadas e de múltipla escolha.

a) **Perguntas abertas**, também chamadas livres ou não limitadas, são as que permitem ao informante responder livremente, usando linguagem própria, e emitir opiniões. Possibilitam investigações mais profundas e precisas; entretanto, apresentam alguns inconvenientes: dificultam a resposta ao próprio informante, que deverá redigi-la, o processo de tabulação, o tratamento estatístico e a interpretação. A análise é difícil, complexa, cansativa e demorada.

Exemplos:

1. Qual é sua opinião sobre a legalização do aborto?

   _____
   _____
   _____
   _____
   _____

2. Em sua opinião, quais são as principais causas da delinquência no Brasil?

   _____
   _____
   _____
   _____
   _____

b) **Perguntas fechadas ou dicotômicas**, também denominadas limitadas ou de alternativas fixas, são aquelas que o informante escolhe sua resposta entre duas opções: *sim* e *não*.

Exemplos:

1. Os sindicatos devem ou não formar um partido político?
   1. Sim   ( )
   2. Não   ( )

2. Você é favorável ou contrário ao celibato dos padres?
   1. Favorável ( )
   2. Contrário ( )

Esse tipo de pergunta, embora restrinja a liberdade das respostas, facilita o trabalho do pesquisador e também a tabulação: as respostas são mais objetivas.

Há duas formas de fazer perguntas dicotômicas: a primeira seria indicar uma das alternativas, ficando implícita a outra; a segunda, apresentar as duas alternativas para escolha. A maior eficiência desta segunda forma está diretamente relacionada a dois aspectos: em primeiro lugar, não induzir a resposta e, em segundo, ao fato de uma pergunta enunciada de forma negativa receber, geralmente, uma percentagem menor de respostas do que a de forma positiva (BOYDE; WESTFALL, 1978, p. 296-297).

Os resultados de experiências realizadas para testar os efeitos de perguntas com apenas uma alternativa expressa de forma positiva ou de forma negativa são os seguintes:

Forma A: Você acha que os Estados Unidos deveriam permitir discursos públicos contra a democracia?

Forma B: Você acha que os Estados Unidos deveriam proibir discursos públicos contra a democracia?

Forma A		Forma B	
Deveriam permitir	21%	Não deveriam proibir	39%
Não deveriam permitir	62%	Deveriam proibir	46%
Não deram opinião	17%	Não deram opinião	15%

Em conclusão, pode-se dizer que a fórmula que engloba as duas alternativas, na própria pergunta, é a mais aconselhável, pois, sendo neutra, não induz a resposta:

– Você acha que os Estados Unidos deveriam permitir ou proibir discursos públicos contra a democracia?

Quando é acrescentado mais um item, "não sei", a pergunta denomina-se tricotômica.

Exemplos:

1. Você acha que deveria ser permitido ou não aos divorciados mais de um casamento?
    1. Sim   ( )
    2. Não   ( )
    3. Não sei ( )
2. Você é favorável ou contrário à política econômica do governo?
    1. Favorável ( )

2. Contrário ( )

3. Não sei ( )

c) **Perguntas de múltipla escolha**, que são perguntas fechadas, que apresentam uma série de possíveis respostas, abrangendo várias facetas do mesmo assunto.

- **Perguntas com mostruário** (perguntas leque ou cafeterias). As respostas possíveis estão estruturadas junto à pergunta, devendo o informante assinalar uma ou várias delas. Têm a desvantagem de sugerir respostas. (Deve-se explicitar quando se deseja uma só resposta.)

    Exemplos:
    1. Qual é, para você, a principal vantagem do trabalho temporário? (ESCOLHER APENAS UMA RESPOSTA)
        1. Maior liberdade no trabalho ( )
        2. Maior liberdade em relação ao chefe ( )
        3. Variações no serviço ( )
        4. Poder escolher um bom emprego para se fixar ( )
        5. Desenvolvimento e aperfeiçoamento profissional ( )
        6. Maiores salários ( )
    2. Quais são as principais causas da inflação no Brasil?
        1. Procura de produtos maior do que a oferta ( )
        2. Correção monetária ( )
        3. Aumento dos custos (matéria-prima, salários) ( )
        4. Manutenção de margem de lucro por empresas que têm certo poder monopolístico (indústria de automóveis) ( )
        5. Expansão do crédito maior do que o crescimento das poupanças ( )
        6. Aumento correspondente dos salários sem correspondente aumento da produção ( )

- **Perguntas de estimação ou avaliação:** consistem em emitir um julgamento através de uma escala com vários graus de intensidade para um mesmo item. As respostas sugeridas são quantitativas e indicam um grau de intensidade crescente ou decrescente.

Exemplos:
1. As relações com seus companheiros de trabalho são, em média:
   1. Ótimas   ( )
   2. Boas   ( )
   3. Regulares ( )
   4. Más   ( )
   5. Péssimas   ( )
2. Você se interessa pela política nacional?
   1. Muito   ( )
   2. Pouco   ( )
   3. Nada   ( )
3. Você assiste a novelas na TV?
   1. Sempre   ( )
   2. Às vezes ( )
   3. Raramente ( )
   4. Nunca   ( )

A técnica da escolha múltipla é facilmente tabulável e proporciona exploração em profundidade quase tão boa quanto a de perguntas abertas. A combinação de respostas de múltipla escolha com respostas abertas possibilita mais informações sobre o assunto, sem prejudicar a tabulação.

Exemplos:
1. Você escolhe um livro para ler, pelo:
   1. Assunto   ( )
   2. Autor   ( )
   3. Capa e apresentação   ( )
   4. Texto da orelha   ( )
   5. Recomendação de amigos   ( )
   6. Divulgação pelos meios de comunicação de massa ( )

7. Outro ( )
Qual? _____

2. Você escolhe um candidato pelo:
   1. Partido político ( )
   2. Qualidades pessoais ( )
   3. Plataforma política ( )
   4. Facilidade de expressão ( )
   5. Aparência ( )
   6. Outra ( )
   Qual? _____

8.1.4.2   Objetivo

Quanto ao objetivo, as perguntas podem ser:

a) **Perguntas de fato** dizem respeito a questões concretas, tangíveis, fáceis de precisar; portanto, referem-se a dados objetivos: idade, sexo, profissão, domicílio, estado civil ou conjugal, religião etc. Geralmente, não se fazem perguntas diretas sobre casos em que o informante sofra constrangimento.

   Exemplos:
   1. Qual é a sua profissão?
      _____
   2. Propriedade do domicílio:
      1. Própria ( )
      2. Alugada ( )
      3. Cedida ( )

b) **Perguntas de ação** referem-se a atitudes ou decisões tomadas pelo indivíduo. São objetivas, às vezes diretas demais, podendo, em alguns casos, despertar certa desconfiança por parte do informante, influindo no seu grau de sinceridade. Devem ser redigidas com bastante cuidado.

Exemplos:
1. Em qual candidato a deputado estadual você votou na última eleição?

   _____

2. O que você fez no último fim de semana?
   1. Viajou   ( )
   2. Ficou em casa   ( )
   3. Visitou amigos   ( )
   4. Praticou esportes   ( )
   5. Assistiu a algum espetáculo ( )
   6. Outro   ( )
      Qual? _____

c) **Perguntas de ou sobre intenção** tentam averiguar o procedimento do indivíduo em determinadas circunstâncias. Não se pode confiar na sinceridade da resposta; entretanto, os resultados podem ser considerados aproximativos. É um tipo de pergunta empregado em grande escala nas pesquisas pré-eleitorais.

   Exemplos:
   1. Nas eleições diretas para presidente, em quem você votará?

      _____

   2. Em relação ao seu emprego atual, pretende:
      1. Permanecer nele   ( )
      2. Mudar de empresa   ( )
      3. Mudar de profissão   ( )

d) **Perguntas de opinião** representam a parte básica da pesquisa.

   Exemplos:
   1. Em sua opinião, deve-se dar a conhecer a um filho adotivo essa condição?
      1. Sim   ( )
      2. Não   ( )
      3. Não sei   ( )

2. Você acha que o cigarro:
    1. É prejudicial à saúde ( )
    2. Não afeta a saúde ( )
    3. Não tem opinião ( )

e) **Pergunta-índice ou pergunta-teste** é utilizada sobre questões que suscitam medo; quando formulada diretamente, faz parte daquelas consideradas socialmente inaceitáveis. Mediante esse tipo de pergunta, procura-se estudar um fenômeno através de um sistema ou índice revelador dele. É utilizada no caso em que a pergunta direta é considerada imprópria, indiscreta.

Em geral, é errado perguntar diretamente ao entrevistado quanto ele ganha. A maioria das organizações de pesquisa classifica os entrevistados em categorias socioeconômicas, através de um sistema de pontuação, obtido por intermédio de uma série de perguntas, que englobam, na maioria dos casos, itens de conforto doméstico (aparelhos eletrodomésticos, televisão etc.), carro (marca e ano), habitação (própria ou alugada), escolaridade do chefe de família e renda familiar. Para cada resposta, é atribuído um valor; obtém-se a classificação dos pesquisados, em nível socioeconômico, através da soma desses pontos.

Normalmente, perguntas relativas a aspectos íntimos ou a vícios (consumo de drogas etc.) são consideradas indiscretas, da mesma forma que aquelas que abordam aspectos relacionados a preconceitos. Para contornar essa dificuldade, pode-se fazer a pergunta de forma indireta, dando-se ao entrevistado uma série de opções, que, até certo ponto, podem medir o seu grau de preconceito.

Exemplos:
1. Qual a sua opinião sobre casamento inter-racial?
    1. Proibiria seus filhos ( )
    2. Em geral é contra ( )
    3. Em alguns casos é aceitável ( )
    4. Não tenho opinião formada ( )
    5. É favorável ( )

8.1.4.3 Perguntas diretas e indiretas

As perguntas diretas são formuladas em termos pessoais, incluindo a pessoa do informado.

Exemplo:
1. Como você...

As perguntas indiretas ou impessoais são formuladas visando a outras pessoas.

Exemplo:
1. Deveriam os brasileiros...

8.1.5 Conteúdo, vocabulário, bateria

Em relação ao conteúdo,

> o pesquisador deve estar seguro de que a pergunta ou questão é necessária à investigação; se requer ou não apoio de outras perguntas; se os entrevistadores têm a informação necessária para responder a pergunta (PARDINAS, 1977, p. 87).

Quanto ao vocabulário, as perguntas devem ser formuladas de maneira clara, objetiva, precisa, em linguagem acessível ou usual do informante, para serem entendidas com facilidade. Perguntas ambíguas, que impliquem ou insinuem respostas, ou que induzam a inferências ou generalizações, não devem ser propostas.

As perguntas também não devem ser indiscretas e, sempre que possível, umas devem confirmar outras. Precisam ser examinadas também sob o aspecto das alternativas: verificar se estão bem expressas e/ou se provocam reações ou distorções.

Bateria é uma série de perguntas que têm a finalidade de aprofundar algum ponto importante da investigação e do questionário ou formulário. Não convém colocá-las em seguida, para evitar o perigo da contaminação ou da distorção.

8.1.6 Ordem das perguntas

Outro aspecto que merece atenção é a regra geral de se iniciar o questionário com perguntas gerais, chegando pouco a pouco às específicas (técnicas do *funil*), e colocar no final as *questões de fato*, para não causar insegurança. No decorrer do questionário, devem-se colocar as perguntas pessoais e impessoais alternadas.

A disposição das perguntas precisa seguir uma "progressão lógica", afirmam Goode e Hatt (1969, p. 177), para que o informante:

a) Seja conduzido a responder pelo interesse despertado, sendo as perguntas atraentes e não controvertidas.

b) Seja levado a responder, indo das perguntas mais fáceis para as mais complexas.

c) Não se defronte prematura e subitamente com informações pessoais – questões delicadas devem vir mais no fim.

d) Seja levado gradativamente de um quadro de referência a outro – facilitando o entendimento e as respostas.

As primeiras perguntas, de descontração do entrevistado, são chamadas de *quebra-gelo*, porque têm a função de estabelecer contato, colocando-o à vontade. Além isso, "deve-se fugir, o quanto possível, do chamado efeito do contágio, ou seja, à influência da pergunta precedente sobre a seguinte" (AUGRAS, 1974, p. 156).

> *Exemplos*:
> Suponha-se que seja apresentada a seguinte sequência de perguntas:
> Você é católico? (resposta positiva)
> É praticante? (resposta positiva)
> Conhece a posição do Vaticano sobre o aborto? (resposta positiva)
> Tomou conhecimento da declaração do Papa sobre o aborto? (resposta positiva)
> Você é favorável ou contrário ao aborto?

A tendência será o aumento de respostas "contrário", mesmo que a pessoa seja favorável: a sequência de perguntas pode levar o entrevistado assumir uma atitude contrária ao aborto, alterando sua resposta.

Para evitar o efeito de contágio, as perguntas relativas ao mesmo tema devem aparecer separadas: primeiro a opinião e, por último, as perguntas de fato. Pode ocorrer, também, o contágio emocional e, para evitá-lo, devem-se alternar as perguntas simples, dicotômicas ou tricotômicas, com as perguntas mais complexas, abertas ou de múltipla escolha.

8.2 Formulário

O formulário é um dos instrumentos essenciais para a investigação social, cujo sistema de coleta de dados consiste em obter informações diretamente do entrevistado, que, acionado, preenche determinados vazios do texto, ou responde ao pesquisador, que os preenche com as respostas do informante.

Nogueira (1968, p. 129) define formulário como

> uma lista formal, catálogo ou inventário destinado à coleta de dados resultantes quer da observação, quer de interrogatório, cujo preenchimento é feito pelo próprio investigador, à medida que faz as observações ou recebe as respostas, ou pelo pesquisado, sob sua orientação.

O que caracteriza o formulário é o contato face a face entre pesquisador e informante e ser o roteiro de perguntas preenchido pelo entrevistador ou entrevistado no momento da entrevista.

São três as qualidades essenciais de todo formulário, apontadas por Ander-Egg (1978, p. 125): "(a) Adaptação ao objeto de investigação. (b) Adaptação aos meios que se possui para realizar o trabalho. (c) Precisão das informações em um grau de exatidão suficiente e satisfatório para o objetivo proposto".

8.2.1 Vantagens e desvantagens

O formulário, assim como o questionário, apresenta uma série de vantagens e desvantagens.

Vantagens:

a) Utilizado em quase todo o segmento da população: alfabetizados, analfabetos, populações heterogêneas etc., porque seu preenchimento é feito pelo entrevistador.
b) Oportunidade de estabelecer *rapport* (sintonia e empatia com o entrevistado), devido ao contato pessoal.
c) Presença do pesquisador, que pode explicar os objetivos da pesquisa, orientar o preenchimento do formulário e elucidar significados de perguntas que não estejam muito claras.
d) Flexibilidade, para adaptar-se às necessidades de cada situação, podendo o entrevistador reformular itens ou ajustar o formulário à compreensão de cada informante.

e) Obtenção de dados mais complexos e úteis.
f) Facilidade na aquisição de um número representativo de informantes, em determinado grupo.
g) Uniformidade dos símbolos utilizados, pois é preenchido pelo próprio pesquisador.

Desvantagens:

a) Menos liberdade nas respostas, em virtude da presença do entrevistador.
b) Risco de distorções, pela influência do aplicador.
c) Menos prazo para responder às perguntas; não havendo tempo para pensar, elas podem ser invalidadas.
d) Mais demorado, por ser aplicado a uma pessoa de cada vez.
e) Insegurança das respostas, por falta de anonimato.
f) Pessoas possuidoras de informações necessárias podem estar em localidades muito distantes, tornando a resposta difícil, demorada e dispendiosa.

8.2.2 Apresentação do formulário

A observância de alguns aspectos é necessária na construção do formulário, para facilitar seu manuseio e sua posterior tabulação.

Além do tipo (fonte tipográfica ou, simplesmente, fonte), do tamanho e do formato do papel, merecem cuidados a estética e o espaçamento. Cada item deve ter espaço suficiente para a redação das respostas. Os itens e subitens precisam ser indicados com letras ou números e as perguntas ter certa disposição, conservando distância razoável entre si. O formulário deve ser digitado e impresso em uma só face do papel. É importante numerar as folhas.

As formas de registro escolhidas para assinalar as respostas – traço, círculo, quadrado ou parêntesis – devem permanecer sempre as mesmas em todo o instrumento.

A redação das perguntas segue a ordem direta: sujeito + verbo + predicado: a concisão é o ideal. Itens em demasia devem ser evitados. "Causam má impressão questionários ou formulários antiestéticos em termos de papel, disposição das perguntas, grafia etc.", afirma Witt (1973, p. 46).

LEITURA RECOMENDADA

CALAIS, Sandra Leal. Delineamento de levantamento ou *survey*. *In:* BAPTISTA, Makilim Nunes; CAMPOS, Dinael Corrêa de. *Metodologias de pesquisa em ciências*: análises quantitativa e qualitativa. 2. ed. Rio de Janeiro: LTC, 2016. Cap. 9.

FEITOSA, Vera Cristina. *Redação de textos científicos*. 2. ed. Campinas: Papirus, 1995. Anexo 1.

GIL, Antonio Carlos. *Métodos e técnicas de pesquisa social*. 6. ed. São Paulo: Atlas, 2016.

GOMES, Romeu. Análise e interpretação de dados de pesquisa qualitativa. *In:* MINAYO, Maria Cecília de Souza (org.). *Pesquisa social*: teoria, método e criatividade. 34. ed. Petrópolis: Vozes, 2015. Cap. 4.

KAPLAN, Abraham. *A conduta na pesquisa*: metodologia para as ciências do comportamento. Tradução de Leonidas Hegenberg, Octanny Silveira da Mota. 2. ed. São Paulo: EPU: Edusp, 1975. Caps. 4 e 5.

KAUFMANN, Jean-Claude. *A entrevista compreensiva*: um guia para pesquisa de campo. 3. ed. Petrópolis: Vozes; Maceió: Edufal, 2013. Caps. 1, 2 e 3.

LODI, João Bosco. *A entrevista*: teoria e prática. 2. ed. São Paulo: Pioneira, 1974.

MICHEL, Maria Helena. *Metodologia e pesquisa científica em ciências sociais*. 3. ed. São Paulo: Atlas, 2015.

MINAYO, Maria Cecília de Souza. Trabalho de campo: contexto de observação, interação e descoberta. *In:* MINAYO, Maria Cecília de Souza (org.). *Pesquisa social*: teoria, método e criatividade. 34. ed. Petrópolis: Vozes, 2015. Cap. 3.

MINAYO, Maria Cecília de Souza. *O desafio do conhecimento*: pesquisa qualitativa em saúde. 14. ed. São Paulo: Hucitec, 2014. Cap. 10.

10
Projeto de pesquisa e relatório de pesquisa

1 NOÇÕES PRELIMINARES

O projeto é uma das etapas componentes do processo de elaboração, execução e apresentação de uma pesquisa. Esta necessita ser planejada com rigor, para que o investigador, a certa altura, não se encontre perdido num emaranhado de dados colhidos, sem saber como dispor deles, ou até desconhecer seu significado e importância.

Em uma pesquisa, nada se faz ao acaso. Desde a escolha do tema, fixação dos objetivos, determinação da metodologia, delineamento da pesquisa, coleta dos dados, análise e interpretação, elaboração do relatório final, tudo é previsto no projeto de pesquisa. Este, portanto, deve responder às clássicas questões: o quê? por quê? para quê? para quem? onde? Como? com quê? quanto? quando? quem? com quanto?

Entretanto, antes de redigir um projeto de pesquisa, alguns passos devem ser dados: (1) **Estudos preliminares** que permitirão verificar o estado da questão que se pretende desenvolver sob o aspecto teórico e de outros estudos e pesquisas já elaborados. Tal esforço não se constitui em desperdiçado, pois qualquer tema de pesquisa necessita de adequada integração na teoria existente. A análise do material já disponível será incluída no projeto sob o título de "revisão da bibliografia". (2) **Elaboração de um anteprojeto de pesquisa**, cuja finalidade é a integração dos diferentes elementos em quadros teóricos e aspectos metodológicos adequados, permitindo também ampliar e especificar os quesitos do projeto, a "definição dos termos". (3) **Preparação do projeto definitivo**, mais detalhado, apresentando rigor e precisão metodológicos.

2 ESTRUTURA DO PROJETO DE PESQUISA

As instituições de fomento à pesquisa têm exigências próprias para a elaboração de projetos de pesquisa, como é o caso, por exemplo, da Fapesp, que dispõe de um Sistema de Apoio à Gestão (SAGe), que é

> um sistema informatizado da FAPESP que permite ao pesquisador acesso *on-line*, provido pela Internet, utilizado para recebimento de propostas de financiamento a projetos de pesquisa científica e tecnológica e para administração de projetos aprovados em suas linhas de apoio. Ele tem como objetivos: facilitar o fornecimento de informações por parte dos pesquisadores, agilizar procedimentos e possibilitar maior visibilidade das ações da FAPESP, entre outros (MANUAL SAGe VERSÃO 1.2).

Trataremos neste capítulo da estrutura de um projeto de pesquisa segundo a NBR 15287 da ABNT (parágrafo 4 e suas divisões).

Segundo a NBR 15287, da ABNT (parágrafos 4.1, 4.2 e suas divisões), é a seguinte a estrutura de um projeto de pesquisa:

A. **Parte externa**
- Capa (elemento opcional)
- Lombada (elemento opcional)

B. **Parte interna**

1. **Elementos pré-textuais**
   - Folha de rosto (elemento obrigatório)
   - Lista de ilustrações (elemento opcional)
   - Lista de tabelas (elemento opcional)
   - Lista de abreviaturas e siglas (elemento opcional)
   - Lista de símbolos (elemento opcional)
   - Sumário (elemento obrigatório)

2. **Elementos textuais**

A norma especifica, porém, no parágrafo 4.2.2:

> O texto deve ser constituído de uma parte introdutória, na qual devem ser expostos o tema do projeto, o problema a ser abordado, a(s) hipótese(s), quando couber(em), bem como o(s) objetivo(s) a ser(em) atingido(s) e a(s) justificativa(s). É necessário que sejam indicados o referencial teórico que o embasa, a metodologia a ser utilizada, assim como os recursos e o cronograma necessários à sua consecução.

3. **Elementos pós-textuais**
   - Referências (elemento obrigatório)
   - Glossário (elemento opcional)
   - Apêndice e anexo (elementos opcionais)
   - Índice remissivo (elemento opcional)

2.1 Capa e folha de rosto

A capa dos projetos de pesquisa não é elemento obrigatório. Se o pesquisador optar por apresentá-la, são os seguintes seus elementos, segundo o parágrafo 4.1.1 da NBR 15287 da ABNT:

- Nome da entidade à qual será submetido o projeto.
- Nome(s) do(s) autor(es).
- Título do projeto.
- Subtítulo do projeto (se houver, é precedido de dois-pontos).
- Número do volume (se houver mais de um, constará em cada capa a especificação do respectivo volume).
- Local (cidade) da entidade onde será apresentado.

A folha de rosto de um projeto de pesquisa, segundo o parágrafo 4.2.1.1 da NBR 15287, é elemento obrigatório. Compreende os seguintes elementos:

- Nome(s) do(s) autor(es) do projeto.
- Título do projeto.
- Subtítulo (se houver).

- Número do volume (se houver mais de um, constará em cada folha de rosto a especificação do respectivo volume).
- Tipo de projeto de pesquisa e nome da entidade à qual será submetido.
- Nome do orientador, coorientador ou coordenador, se houver.
- Local (cidade) da entidade onde será apresentado o projeto.
- Ano de depósito do projeto (ano da entrega do projeto).

A apresentação do projeto de pesquisa, respondendo à questão *quem?*, inicia-se propriamente com a folha de rosto (a capa é elemento opcional). Na folha de rosto, são indicados os elementos essenciais à compreensão do estudo que se pretende realizar. Nas universidades, é comum o projeto iniciar-se com o nome da instituição à qual o orientador pertence.

O título, acompanhado ou não por subtítulo, difere do tema. Enquanto este último sofre um processo de delimitação e especificação, para tornar viável a realização da pesquisa, aquele, o título, sintetiza o conteúdo dela. Portanto, o título de uma pesquisa não corresponde ao *tema*, nem à *delimitação do tema*, mas emana dos *objetivos geral e específicos*, quase como uma "síntese" deles. Pode comportar um subtítulo; neste caso, o *título* será mais abrangente, ficando a caracterização para o *subtítulo*.

O nome da universidade (instituição, organização, empresa, escola) corresponde ao daquela a que, de algum modo, está ligado o orientador ou coordenador. Esse nome também pode referir à entidade que financia a pesquisa, ou pessoa e/ou entidade que custeia sua realização.

Toda pesquisa tem um responsável, que se denomina coordenador. Em raros casos, mais de uma pessoa partilha essa posição. O nome do coordenador deve vir em destaque e, frequentemente, é o único que aparece, seguido da indicação "coord.", quando uma pesquisa já realizada é publicada. Portanto, seu âmbito de responsabilidade é muito amplo. Nas universidades, esse papel é exercido por um orientador, que é um professor doutor.

O local independe daquele em que se pretende coletar os dados. Refere-se à cidade em que se encontra sediada a entidade ou a equipe de pesquisa, tendo o coordenador precedência sobre ela. O ano de realização do projeto é suficiente; é supérflua a indicação do mês.

2.2 Objeto

Objeto (tema) é o assunto que se deseja provar ou desenvolver. Pode surgir de uma dificuldade prática enfrentada pelo investigador, da sua curiosidade científica, de desafios encontrados na leitura de outros trabalhos ou da própria teoria. Pode: (1) ter sido sugerido pela entidade responsável pelos recursos financeiros, portanto, encomendado (o que não lhe tira o caráter científico, desde que não interfira no desenrolar da pesquisa); ou (2) encaixar-se em temas amplos, determinados por uma entidade que se dispõe a financiar pesquisas e que promove concorrência entre pesquisadores, distribuindo a verba de que dispõe entre os que apresentam os melhores projetos. Independentemente de sua origem, o tema é, nessa fase, necessariamente amplo, mas deve estabelecer com precisão o assunto geral sobre o qual se deseja realizar a pesquisa.

Dotado necessariamente de um objeto, o tema passa por um processo de especificação. O processo de delimitação do tema só é dado por concluído quando se faz a sua limitação geográfica e espacial, com vistas na realização da pesquisa. Muitas vezes, as verbas disponíveis determinam limitação maior do que o desejado pelo coordenador, mas, se se pretende um trabalho científico, é preferível o aprofundamento à extensão.

2.3 Problema

A formulação do problema prende-se ao tema proposto: ela esclarece a dificuldade específica com a qual se defronta e que se pretende resolver por intermédio da pesquisa.

2.4 Hipótese básica e hipóteses secundárias

É constituída pelo ponto básico do tema, individualizado e especificado na formulação do problema; ela apresenta uma resposta, provável, suposta e provisória a uma dificuldade sentida, compreendida e definida. A principal resposta é denominada hipótese básica, podendo ser complementada por outras, que recebem a denominação de secundárias. Entre as diferentes formas de hipóteses, temos:

a) As que afirmam, em dada situação, a presença ou ausência de certos fenômenos.

b) As que se referem à natureza ou características de determinados fenômenos, em uma situação específica.
c) As que apontam a existência ou não de determinadas relações entre fenômenos.
d) As que preveem variação concomitante, direta ou inversa, entre certos fenômenos etc.

Hipóteses secundárias são afirmações (toda hipótese é uma afirmação) complementares da básica, podendo:

a) Abarcar em detalhes o que a hipótese básica afirma em geral.
b) Englobar aspectos não especificados na básica.
c) Indicar relações deduzidas da primeira.
d) Decompor em pormenores a afirmação geral.
e) Apontar outras relações que sejam possíveis de ser encontradas etc.

2.5 Variáveis

Enquanto toda hipótese é um enunciado geral de relações entre, pelo menos, duas variáveis, variável é um conceito que contém ou apresenta valores, tais como: quantidades, qualidades, características, magnitudes, traços etc.; conceito, por sua vez, compreende objeto, processo, agente, fenômeno, problema etc. Outras informações sobre problema, hipóteses, variáveis e conceitos podem ser encontradas nos Capítulos 6 e 7 deste livro e nos Capítulos 4 e 5 do livro *Metodologia científica*, das mesmas autoras deste livro (publicado pelo Grupo GEN).

2.6 Objetivo

Há dois tipos de objetivo: o geral e o específico. A formulação do objetivo de uma pesquisa responde às questões *para quê?* e *para quem?*

O objetivo geral relaciona-se com a visão global e abrangente do tema. Relaciona-se com o conteúdo intrínseco, quer dos fenômenos e eventos, quer das ideias estudadas. Vincula-se diretamente à própria significação da tese proposta pelo projeto.

Os objetivos específicos apresentam caráter mais concreto. Têm função intermediária e instrumental, permitindo, de um lado, atingir o objetivo geral e, de outro, aplicá-lo a situações particulares.

2.7 Justificativa

É o único item do projeto que apresenta respostas à questão *por quê?* De suma importância, geralmente é o elemento que contribui mais diretamente na aceitação da pesquisa pela(s) pessoa(s) ou entidades que vão financiá-la. Consiste numa exposição sucinta, porém completa, das razões de ordem teórica e dos motivos de ordem prática que tornam importante a realização da pesquisa. Deve enfatizar:

a) O estágio em que se encontra a teoria relativamente ao tema.
b) As contribuições teóricas que a pesquisa pode trazer:
   - Confirmação geral.
   - Confirmação na sociedade particular em que se insere a pesquisa.
   - Especificação para casos particulares.
   - Clarificação da teoria.
   - Resolução de pontos obscuros etc.
c) Importância do tema do ponto de vista geral.
d) Importância do tema para os casos particulares em questão.
e) Possibilidade de sugerir modificações no âmbito da realidade abarcada pelo tema proposto.
f) Descoberta de soluções para casos gerais e/ou particulares etc.

A justificativa não apresenta citações de outros autores. Quando se trata de analisar as razões de ordem teórica, ou de se referir ao estágio de desenvolvimento da teoria, não se pretende explicitar o referencial teórico que se irá adotar, mas apenas ressaltar a importância da pesquisa no campo da teoria.

Deduz-se dessas características que ao conhecimento científico do pesquisador soma-se boa parte de criatividade e capacidade de convencer, para a redação da justificativa.

2.8 Metodologia

A especificação da metodologia da pesquisa é a que abrange maior número de itens, pois responde, a um só tempo, às questões *como?*, *com quê?*, *onde?*, *quanto?* Corresponde aos seguintes componentes:

2.8.1 Métodos de abordagem

A maioria dos especialistas faz, hoje, distinção entre método e métodos, por se situarem em níveis claramente distintos, no que se refere à sua inspiração filosófica, ao seu grau de abstração, à sua finalidade mais ou menos explicativa, à sua ação nas etapas mais ou menos concretas da investigação e ao momento em que se situam.

Partindo do pressuposto dessa diferença, o método se caracteriza por uma abordagem mais ampla, em nível mais elevado de abstração, dos fenômenos da natureza e da sociedade. É, portanto, denominado método de abordagem, que engloba o indutivo, o dedutivo, o hipotético-dedutivo e o dialético. Esses métodos foram apresentados nas seções 3, 4, 5 e 6 do Capítulo 4.

2.8.2 Métodos de procedimento

Constituem etapas mais concretas da investigação, com finalidade mais restrita em termos de explicação geral dos fenômenos menos abstratos. Pressupõem atitude concreta em relação ao fenômeno e estão limitados a um domínio particular. Nas Ciências Sociais os principais métodos de procedimento são:

- Histórico.
- Comparativo.
- Monográfico ou estudo de caso.
- Estatístico.
- Tipológico.
- Funcionalista.
- Estruturalista.

Em geral, em uma pesquisa, paralelamente ao método de procedimento estatístico, podem-se utilizar outros, que devem ser assinalados.

Os métodos de procedimento foram apresentados na seção 7 do Capítulo 4.

2.8.3 Técnicas de pesquisa

Consideradas como um conjunto de preceitos ou processos de que se serve uma ciência, as técnicas constituem, também, a habilidade para usar esses preceitos ou normas na obtenção de seus propósitos. Correspondem, portanto, à parte prática de coleta de dados. Apresentam duas grandes divisões: *documentação indireta*, abrangendo a pesquisa documental e a bibliográfica, e *documentação direta*. Esta última subdivide-se em:

a) **Observação direta intensiva.** É constituída pelas seguintes técnicas:
   - Observação: utiliza os sentidos na obtenção de determinados aspectos da realidade. Não consiste apenas em ver e ouvir, mas também em examinar fatos ou fenômenos que se deseja estudar. Pode ser: sistemática, assistemática; participante, não participante; individual, em equipe; na vida real, em laboratório.
   - Entrevista: é uma conversação efetuada face a face, de maneira metódica; proporciona ao entrevistador, oralmente, a informação necessária. Tipos: padronizada ou estruturada, despadronizada ou não estruturada, painel.

b) **Observação direta extensiva.** Compreende as seguintes técnicas:
   - Questionário: constituído por uma série de perguntas que devem ser respondidas por escrito e sem a presença do pesquisador.
   - Formulário: roteiro de perguntas enunciadas pelo entrevistador e preenchidas por ele com as respostas do pesquisado.
   - Medidas de opinião e de atitudes: instrumento de padronização, por meio do qual se pode assegurar a equivalência de diferentes atitudes e opiniões, com a finalidade de compará-las.
   - Testes: instrumentos utilizados com a finalidade de obter dados que permitam medir o rendimento, a frequência, a capacidade ou a conduta de indivíduos, de forma quantitativa.
   - Sociometria: técnica quantitativa que procura explicar as relações pessoais entre indivíduos de um grupo.
   - Análise de conteúdo: permite a descrição sistemática, objetiva e quantitativa do conteúdo da comunicação.
   - História de vida: tenta obter dados relativos à experiência íntima de alguém que tenha significado importante para o conhecimento do objeto em estudo.
   - Pesquisa de mercado: é a obtenção de informações sobre o mercado, de maneira organizada e sistemática, tendo em vista ajudar o processo decisivo nas empresas, minimizando a margem de erros.

Independentemente da(s) técnica(s) escolhida(s), deve-se descrever tanto a característica de sua aplicação, quanto sua forma, indicando, inclusive, como se pensa codificar e tabular os dados obtidos.

2.8.4 Delimitação do universo (descrição da população)

Conceituando, universo ou população é o conjunto de seres animados ou inanimados que apresentam pelo menos uma característica em comum. Como N é o número total de elementos do universo ou população, ele pode ser representado pela letra maiúscula X, tal que $X_N = X_1; X_2; X_3; \ldots; X_N$. A delimitação do universo consiste em explicitar que pessoas ou coisas, fenômenos etc. serão pesquisados, enumerando suas características comuns, como, por exemplo, sexo, faixa etária, organização a que pertencem, comunidade onde vivem etc.

2.8.5 Tipo de amostragem

Se a pesquisa é censitária, temos uma investigação sobre a totalidade dos componentes do seu universo; nesse caso, não temos amostragem. Se, porém, temos necessidade de investigar apenas uma parte dessa população, é preciso realizar uma amostragem. O problema da amostragem é, portanto, escolher uma parte (ou amostra), de tal forma que ela seja a mais representativa possível do todo e, a partir dos resultados obtidos, relativos a essa parte, poder inferir, o mais legitimamente possível, os resultados da população total, se esta fosse verificada. O conceito de amostra é ser uma porção ou parcela, convenientemente selecionada do universo (população); é um subconjunto do universo. Como n é o número de elementos da amostra, esta pode ser representada pela letra minúscula x, tal que $x_n = x_1\ x_2; x_3; \ldots; x_n$ onde $x_n < X_N$ e $n \leq N$. Há duas grandes divisões no processo de amostragem: a *não probabilista* e a *probabilista*.

A amostragem não probabilista, não fazendo uso de uma forma aleatória de seleção, não pode ser objeto de certos tipos de tratamento estatístico, o que diminui a possibilidade de inferir para o todo os resultados obtidos para a amostra. É por esse motivo que ela é pouco utilizada. Apresenta os tipos: intencional, por *juris*, por tipicidade e por quotas.

A amostragem probabilista baseia-se na escolha aleatória dos pesquisados, significando o aleatório que a seleção se faz de forma que cada membro da população tenha a *mesma probabilidade* de ser escolhido. Essa maneira permite a utilização de tratamento estatístico, que possibilita compensar erros amostrais e outros aspectos relevantes para a representatividade e significância da amostra. Divide-se em: aleatória simples, sistemática, aleatória de múltiplo estágio, por área, por conglomerados ou grupos, de vários degraus ou estágios múltiplos, de fases múltiplas (multifásica ou em várias etapas), estratificada e amostra-tipo (amostra principal, amostra *a priori* ou amostra-padrão). Finalmente, se a pesquisa necessitar, podem-se selecionar grupos rigorosamente iguais pela técnica de comparação de par, comparação de frequência e randomização.

Além de caracterizar o tipo de amostragem utilizado, devem-se descrever as etapas concretas de seleção da amostra.

2.9 Embasamento teórico

Respondendo ainda à questão *como?*, aparecem aqui os elementos de fundamentação teórica da pesquisa e, também, a definição dos conceitos empregados.

2.9.1 Teoria de base

A finalidade da pesquisa científica não é apenas um relatório ou descrição de fatos levantados empiricamente, mas o desenvolvimento de caráter interpretativo, no que se refere aos dados obtidos. Para tal, é imprescindível correlacionar a pesquisa com o universo teórico, optando-se por um modelo teórico que sirva de embasamento à interpretação do significado dos dados e fatos colhidos ou levantados.

Todo projeto de pesquisa deve conter premissas ou pressupostos teóricos sobre os quais o pesquisador (o coordenador e os principais elementos de sua equipe) fundamentará sua interpretação.

Pode-se tomar como exemplo um estudo que correlaciona atitudes individuais e grupais de autoridade e subordinação na organização da empresa, tendo como finalidade discernir comportamentos rotulados como de chefia e liderança, relacionando-os com a maior ou menor eficiência no cumprimento dos objetivos da organização. Uma das possíveis teorias que se aplicam às atitudes dos componentes da empresa é a do tipo ideal de autoridade legítima, descrita por Weber.

Para esse autor, a autoridade *tradicional* fundamenta-se na crença da "santidade" das tradições e na legitimidade do *status* dos que derivam sua autoridade da tradição. A autoridade em base *racional, legal, burocrática* repousa na crença em normas ou regras impessoais e no direito de comandar dos indivíduos que adquirem autoridade de acordo com essas normas. A autoridade *carismática* tem suas raízes no devotamento à "santidade" específica e excepcional, ao heroísmo, ou no caráter exemplar (sendo o *exemplar* determinado pelas circunstâncias e necessidades específicas do grupo) de um indivíduo e nos modelos normativos por ele revelados ou determinados. O modelo teórico da autoridade legítima não exclui sistemas concretos de autoridade que incorporam dois ou mais elementos dos três tipos.

2.9.2 Revisão da bibliografia

Pesquisa alguma parte da estaca zero. Mesmo que exploratória, isto é, de avaliação de uma situação concreta desconhecida, em um dado local, alguém ou um grupo, em algum lugar, já deve ter feito pesquisas iguais ou semelhantes, ou mesmo complementares de certos aspectos da pesquisa pretendida. Uma procura de tais fontes, documentais ou bibliográficas, torna-se imprescindível para a não duplicação de esforços, a não "descoberta" de ideias já expressas, a não inclusão de lugares-comuns no trabalho.

A citação das principais conclusões a que outros autores chegaram permite salientar a contribuição da pesquisa realizada, demonstrar contradições, ou reafirmar comportamentos e atitudes. Tanto a confirmação, em dada comunidade, de resultados obtidos em outra sociedade quanto a enumeração das discrepâncias são de grande importância.

2.9.3 Definição dos termos

A ciência lida com conceitos, isto é, termos simbólicos que sintetizam as coisas e os fenômenos perceptíveis na natureza, no mundo psíquico do ser humano ou na sociedade, de forma direta ou indireta. Para que se possa esclarecer o fato ou fenômeno que se está investigando e ter possibilidade de comunicá-lo, de forma não ambígua, é necessário defini-lo com precisão.

Termos como *temperatura, QI, classe social* precisam ser especificados para a compreensão de todos: o que significa *temperatura elevada*? Acima de 30°C ou 100°C? A representação do QI compreende os conceitos de capacidade mental, criatividade, discernimento etc.; portanto, devem ser esclarecidos. E a classe social? Entende-se por ela a inserção do indivíduo no sistema de produção ou sua distribuição em camadas segundo a renda? Até expressões como *pessoa idosa* requerem definição: a partir de que idade o indivíduo é considerado idoso para fins de pesquisa? 60, 65, 70 ou mais?

Outro fato que deve ser levado em consideração é que os conceitos podem ter significados diferentes, de acordo com o quadro de referência ou a ciência que os emprega. Por exemplo, *cultura* pode ser entendido como conhecimento literário (popular), conjunto dos aspectos materiais, espirituais e psicológicos que caracteriza um grupo (Sociologia e Antropologia) e cultivo de bactérias (Biologia). Além disso, uma mesma palavra, por exemplo, *função*, pode ter vários significados dentro da própria ciência que a utiliza. Dessa forma, a definição dos termos esclarece e indica o emprego dos conceitos na pesquisa.

2.10 Cronograma

A elaboração do cronograma responde à pergunta *quando?* A pesquisa deve ser dividida em partes, fazendo-se a previsão do tempo necessário para passar de uma fase a outra. Não esquecer que, se determinadas partes podem ser executadas simultaneamente, pelos vários membros da equipe, existem outras que dependem das anteriores, como é o caso da análise e interpretação, cuja realização depende da codificação e tabulação, só possíveis depois de colhidos os dados.

2.11 Orçamento

Respondendo à questão *com quanto?*, o orçamento distribui os gastos por vários itens, que devem necessariamente ser separados. Inclui:

a) Pessoal: inclui do coordenador aos pesquisadores de campo; todos os elementos devem ter computados os seus ganhos, quer globais, mensais, semanais quer por hora/atividade, incluindo os programadores de computador.

b) Material, subdividido em:
- Elementos consumidos no processo de realização da pesquisa, como papel, canetas, lápis, cartões ou plaquetas de identificação dos pesquisadores de campo, hora/computador, datilografia, xerox, encadernação etc.
- Elementos permanentes, cuja posse pode retornar à entidade financiadora, ou que possam ser alugados.

2.12 Instrumento de pesquisa

Ainda indicando *como* a pesquisa será realizada, devem-se anexar ao projeto os instrumentos referentes às técnicas selecionadas para a coleta de dados. Desde os tópicos da entrevista, passando pelo questionário e formulário, até os testes ou escalas de medida de opiniões e atitudes, a apresentação dos instrumentos de pesquisa deve ser feita, dispensando-se tal quesito apenas no caso em que a técnica escolhida for a de observação.

2.13 Referências bibliográficas

As referências bibliográficas apresentadas no projeto de pesquisa abrangem livros, artigos, publicações periódicas impressas e eletrônicas e documentos utilizados, nas diferentes fases. Elas são organizadas conforme normas expostas no Capítulo 13 deste livro.

3 PESQUISA-PILOTO OU PRÉ-TESTE

Uma vez terminado o projeto de pesquisa definitivo, a tentação de iniciar imediatamente a pesquisa é muito grande. Todas as etapas foram previstas, as hipóteses enunciadas, as variáveis identificadas, a metodologia minuciosamente determinada, incluindo as provas estatísticas a que serão submetidos os dados colhidos; portanto, por que não começar sem demora a coleta de dados?

A resposta encontra-se em toda parte: por exemplo, nenhuma fábrica de automóveis lança um novo modelo sem antes construir protótipos e testá-los. Qual a razão desse comportamento? A resposta é que muitos fatos não podem ser previstos em uma prancheta de desenho, no que respeita ao desempenho real do carro, com seus inúmeros componentes. Dessa forma, o automóvel deve ser testado em condições concretas de funcionamento, pois se forem encontrados defeitos, poupam-se tempo e dinheiro com seu aperfeiçoamento, antes que o modelo entre em linha de montagem.

Com a pesquisa ocorre o mesmo. Como exemplo, tome-se o instrumento de coleta de dados, que pode ser o questionário. A equipe de especialistas que o preparou vivenciou o problema durante certo espaço de tempo. Todas as perguntas parecem necessárias e bem formuladas, mas e o entrevistado? Tomará contato com o assunto no momento da pesquisa. Só pensará nele quando um pesquisador estiver entrevistando-o. Compreenderá ele todas as perguntas? Estarão elas redigidas utilizando a linguagem que lhe é comum? Ou terá dúvidas sobre o significado das questões e sobre o sentido de algumas palavras? Só a experiência o dirá. Dessa forma, a pesquisa-piloto tem como uma das principais funções testar o instrumento de coleta de dados. É por esse motivo que se recomenda, mesmo se o instrumento definitivo for um questionário, a utilização, no pré-teste, de um formulário com espaço suficiente para que o pesquisador anote as reações do entrevistado, sua dificuldade de entendimento, sua tendência para esquivar-se de questões polêmicas ou delicadas, seu embaraço com questões pessoais etc.

A pesquisa-piloto evidenciará ainda: ambiguidade das questões, existência de perguntas supérfluas, adequação ou não da ordem de apresentação das questões, se são muito numerosas ou, ao contrário, necessitam ser complementadas etc. Uma vez constatadas as falhas, reformula-se o instrumento, conservando, modificando, ampliando, desdobrando ou alterando itens; explicitando melhor algumas questões ou modificando a redação de outras. Perguntas abertas (e uma grande parte deve ser aberta na pesquisa-piloto) podem ser fechadas, utilizando as próprias respostas dos entrevistados, desde que não haja muita variabilidade.

Ainda em relação ao questionário, o pré-teste poderá evidenciar se ele apresenta ou não três elementos de suma importância:

a) **Fidedignidade:** isto é, serão obtidos sempre os mesmos resultados, independentemente da pessoa que o aplica?
b) **Validade:** os dados obtidos são todos necessários à pesquisa? Nenhum fato, dado ou fenômeno foi deixado de lado na coleta?
c) **Operatividade:** o vocabulário é acessível a todos os entrevistados e o significado das questões é claro?

Outra importante finalidade da pesquisa-piloto é verificar a adequação do tipo de amostragem escolhido. O pré-teste é sempre aplicado a uma amostra reduzida, cujo processo de seleção é *idêntico* ao previsto para a execução da pesquisa, mas os elementos entrevistados não poderão figurar na amostra final (para evitar contaminação). Muitas vezes, descobre-se que a seleção é por demais onerosa ou viciada. Em suma, inadequada, necessitando ser modificada. A aplicação da pesquisa-piloto é também um bom teste para os pesquisadores.

Finalmente, o pré-teste permite também a obtenção de uma estimativa sobre os futuros resultados, podendo, inclusive, alterar hipóteses, modificar variáveis e a relação entre elas. Dessa forma, haverá maior segurança e precisão para a execução da pesquisa.

4 RELATÓRIO TÉCNICO E/OU CIENTÍFICO: ESTRUTURA

Um dos gêneros textuais que circula no meio acadêmico é o relatório das mais diversas atividades, salientando entre elas o de uma pesquisa científica. Configura-se como texto em que se relata detalhadamente o desenvolvimento de um trabalho ou de uma pesquisa científica em determinado período. Como todo gênero textual, os relatórios também têm uma estrutura relativamente estável, que orienta tanto seu produtor como seu leitor.

Os relatórios técnicos e/ou científicos são regulados pela NBR 10719 da ABNT. Segundo seu parágrafo 4, são seus elementos constitutivos:

Parte externa:
- Capa (opcional)
- Lombada (opcional)

Parte interna:
- Elementos pré-textuais
- Elementos textuais
- Elementos pós-textuais

Os elementos pré-textuais são constituídos de:
- Folha de rosto (obrigatório)
- Errata (opcional)
- Agradecimentos (opcional)
- Resumo na língua vernácula (obrigatório) [não há a versão em língua estrangeira]
- Lista de ilustrações (opcional)
- Lista de tabelas (opcional)
- Lista de abreviaturas e siglas (opcional)
- Lista de símbolos (opcional)
- Sumário (obrigatório)

Os elementos textuais são:
- Introdução (obrigatório)
- Desenvolvimento (obrigatório)
- Conclusão (obrigatório)

Os elementos pós-textuais compreendem:
- Referências (obrigatório)
- Glossário (opcional)
- Apêndice (opcional)
- Anexo (opcional)

- Índice (opcional)
- Formulário de identificação (opcional)

Fazemos em seguida breves comentários sobre algumas das seções do relatório técnico e/ou científico, visto que seus elementos estruturais coincidem com os do projeto de pesquisa já vistos.

4.1 Capa e folha de rosto

A NBR 10719 estabelece no parágrafo 4.1.1.1 que é recomendável incluir na capa: "nome e endereço da instituição responsável; número do relatório; ISSN (se houver), elaborado conforme a ABNT NBR 10525; título e subtítulo (se houver); classificação de segurança (se houver)". Na segunda, terceira e quarta capa, não se inserem informações. A lombada é elemento opcional.

O anverso da folha de rosto é composto de (parágrafo 4.2.1.1.1):

- Nome do órgão ou entidade responsável que solicitou ou gerou o relatório.
- Título do projeto, programa ou plano a que o relatório está relacionado.
- Título do relatório.
- Subtítulo do relatório. Se houver, será precedido de dois-pontos. Se o relatório compreende mais de um volume, ele terá um título geral e cada volume poderá ter um título específico.
- Número do volume (se houver mais de um, constará em cada folha de rosto a especificação do respectivo volume, em algarismo arábico).
- Código de identificação ("se houver, recomenda-se que seja formado pela sigla da instituição, indicação da categoria do relatório, data, indicação do assunto e número sequencial do relatório na série").
- Classificação de segurança. Os "órgãos, privados ou públicos, que desenvolvem pesquisa de interesse nacional de conteúdo sigiloso, devem informar a classificação adequada, conforme a legislação em vigor".
- Nome do autor ou autor-entidade. Ao nome do autor pode-se acrescentar sua qualificação ou a função do autor, "pois servem para indicar sua autoridade no assunto". Se a instituição solicitante do relatório for a mesma que o gerou, suprime-se o nome da instituição no campo de autoria.

- Local (cidade) da instituição responsável e/ou solicitante.
- Ano de publicação, em algarismos arábicos.

Constituem elementos do verso da folha de rosto (parágrafo 4.2.1.1.2):
- Equipe técnica (elemento opcional): compreende a comissão de estudo, colaboradores, coordenação geral, entre outros. Podem-se acrescentar a titulação e a qualificação ou a função do autor, visto que servem para indicar sua autoridade no assunto.
- Dados internacionais de catalogação na publicação (elemento opcional). A catalogação é feita segundo o Código de Catalogação Anglo-Americano vigente. Os dados internacionais de catalogação são obrigatórios quando não utilizado o formulário de identificação.

4.2 Resumo

O resumo consiste numa síntese do trabalho realizado. Conforme o parágrafo 3.1 da NBR 6028 da ABNT, "o resumo deve ressaltar o objetivo, o método, os resultados e as conclusões do documento". A norma estabelece ainda no parágrafo 3.3: "O resumo deve ser composto de uma sequência de frases concisas, afirmativas e não de enumeração de tópicos. Recomenda-se o uso de parágrafo único." É escrito com verbo na voz ativa e na terceira pessoa do singular. Em relação à extensão, a norma estabelece que ele conterá de 150 a 500 palavras no caso de trabalhos acadêmicos (teses de doutorado, dissertações de mestrado e outros) e relatórios técnico-científicos.

Para a ABNT, pertence à estrutura dos relatórios técnicos e/ou científicos apenas um resumo em português.

4.3 Sumário

Relação de partes, capítulos, seções, subseções do trabalho, com a respectiva indicação do número da página inicial.

4.4 Introdução

A introdução abrange tema da pesquisa (o objeto), problema, hipótese ou hipóteses (se couber ou couberem), objetivos e justificativa. E, ainda, referencial teórico que embase a pesquisa, a metodologia e os instrumentos de pesquisa.

4.5 Revisão bibliográfica

Igual à do projeto, com os acréscimos de novas obras ou trabalhos que tenham chegado ao conhecimento do(s) pesquisador(es), já que a pesquisa bibliográfica não se encerra com a elaboração do projeto.

4.6 Metodologia

Igual à do projeto, exceto as alterações determinadas pelo pré-teste. A descrição do desenho da pesquisa, dos instrumentos utilizados, de como se deu a amostragem e a coleta dos dados, a constituição de hipóteses (se for adequada ao trabalho), dos programas de computador utilizados (no caso de análises estatísticas), tudo é minuciosamente descrito.

4.7 Embasamento teórico

O que não foi alterado pela pesquisa-piloto deve ser repetido no relatório.

4.8 Desenvolvimento: discussão e resultados

O desenvolvimento é a fase de apresentação das discussões e dos resultados. Fase de análise e interpretação.

A quantidade e a natureza dos dados a serem apresentados determinarão a divisão dessa parte. A ordem da divisão deve estar relacionada com a colocação das hipóteses, isto é, das sucessivas afirmações nelas contidas.

Os dados serão apresentados de acordo com sua análise estatística, incorporando no texto apenas tabelas, quadros, gráficos e outras ilustrações estritamente necessárias à compreensão do desenrolar do raciocínio; os demais deverão vir em apêndice.

A função de um relatório não é aliciar o leitor, mas demonstrar as evidências a que se chegou através da pesquisa. Portanto, na seleção do material a ser apresentado (e terá de haver seleção), o pesquisador não pode ser dirigido pelo desejo natural de ver confirmadas suas previsões à custa de dados que as refutam. Todos os dados pertinentes e significativos devem ser apresentados, e se algum resultado for inconclusivo tem de ser apontado.

Relações e correlações entre os dados obtidos constituem o cerne dessa parte do relatório; aqui são oferecidas evidências à verificação das hipóteses, cujo processamento se dá na seção seguinte.

A interpretação dos resultados corresponde à parte mais importante do relatório. É aqui que são transcritos os resultados, agora sob a forma de evidências para a confirmação ou a refutação das hipóteses. Estas se dão segundo a relevância dos dados, demonstrados na parte anterior. Quando os dados são irrelevantes, inconclusivos, insuficientes, não se pode nem confirmar nem refutar a hipótese, e tal fato deve ser apontado agora não apenas sob o ângulo da análise estatística, mas também correlacionado com a hipótese enunciada.

É necessário assinalar:

a) As discrepâncias entre os fatos obtidos e os previstos nas hipóteses.
b) A comprovação ou a refutação da hipótese, ou a impossibilidade de realizá-la.
c) Especificação da maneira pela qual foi feita a validação das hipóteses no que concerne aos dados.
d) Qual é o valor da generalização dos resultados para o universo, no que se refere aos objetivos determinados.
e) Maneiras pelas quais se pode maximizar o grau de verdade das generalizações.
f) Medida segundo a qual a convalidação empírica permite atingir o estágio de enunciado de leis.
g) Como as provas obtidas mantêm a sustentabilidade da teoria, determinam sua limitação ou, até, a sua rejeição.

4.9 Conclusões

A apresentação e a análise dos dados, assim como a interpretação dos resultados, encaminham naturalmente às conclusões. Estas devem:

a) Evidenciar as conquistas alcançadas com o estudo.
b) Indicar as limitações e as reconsiderações.
c) Apontar a relação entre os fatos verificados e a teoria.

A maneira de redigir as conclusões deve ser precisa e categórica; elas devem ser pertinentes e ligadas às diferentes partes do trabalho. Dessa forma, não podem perder-se em argumentações, mas, ao contrário, têm de refletir a relação entre os dados obtidos e as hipóteses enunciadas.

4.10 Recomendações e sugestões

As recomendações consistem em indicações, de ordem prática, de intervenções na natureza ou na sociedade, de acordo com as conclusões da pesquisa.

As sugestões, por sua vez, são importantes para o desenvolvimento da ciência: apresentam novas temáticas de pesquisa, inclusive levantando novas hipóteses, abrindo caminho a outros pesquisadores.

4.11 Referências bibliográficas

Inclui todas as obras já apresentadas no projeto, acrescidas das que foram sendo sucessivamente utilizadas durante a execução da pesquisa e a redação do relatório. É recomendável redigir a lista de referências enquanto se desenvolve a redação do texto. Sempre que um autor é citado, retoma-se o arquivo das referências bibliográficas e acrescenta-se o autor citado. No Capítulo 13 deste livro apresentamos as normas da ABNT que regulam referências bibliográficas.

4.12 Apêndices

Apresentam-se no(s) apêndice(s) tabelas, quadros, gráficos e outras ilustrações que não figuram no texto; assim como o(s) instrumento(s) de pesquisa. O apêndice é composto de material trabalhado pelo próprio pesquisador.

4.13 Anexos

Os anexos são constituídos de textos esclarecedores que não foram compostos pelo próprio autor do relatório, mas pertencem a terceiros. Devem ser limitados, incluindo apenas o estritamente necessário à compreensão de partes do relatório.

LEITURA RECOMENDADA

CASTRO, Cláudio de Moura. *A prática da pesquisa*. 2. ed. São Paulo: Pearson, 2014. Cap. 3, 7 e 9.

DESLANDES, Suely Ferreira. O projeto de pesquisa como exercício científico e artesanato intelectual. *In:* MINAYO, Maria Cecília de Souza (org.). *Pesquisa social*: teoria, método e criatividade. 34. ed. Petrópolis: Vozes, 2015. Cap. 2.

GALLIANO, A. Guilherme. *O método científico*: teoria e prática. São Paulo: Harbra, 1986. Cap. 9 e 10.

GIL, Antonio Carlos. *Métodos e técnicas de pesquisa social*. 6. ed. São Paulo: Atlas, 2016. Cap. 16.

INÁCIO FILHO, Geraldo. *A monografia na universidade*. 6. ed. Campinas: Papirus, 2003. Cap. 3 e Anexo II.

KÖCHE, José Carlos. *Fundamentos de metodologia científica*: teoria da ciência e iniciação à pesquisa. 34. ed. Petrópolis: Vozes, 2015. Cap. 6.

MARINHO, Pedro. *A pesquisa em ciências humanas*. Petrópolis: Vozes, 1980. Cap. 2.

MICHEL, Maria Helena. *Metodologia e pesquisa científica em ciências sociais*. 3. ed. São Paulo: Atlas, 2016. Cap. 7.

SALOMON, Délcio Vieira. *Como fazer uma monografia*: elementos de metodologia do trabalho científico. 13. ed. São Paulo: Martins Fontes, 2014. Parte II, Cap. 4.

11
Trabalhos acadêmico-científicos

1   CONCEITO

Trabalho científico é uma expressão genérica para gêneros acadêmico-científicos, como: artigo científico, comunicação científica, dissertação de mestrado, ensaio científico, fichamento, informe científico, inventário acadêmico, mapa conceitual, memorial, monografia, *paper*, plano de pesquisa, pôster, pré-projeto de pesquisa, projeto de pesquisa, relatório, resenha, resumo, tese de doutorado, trabalho de conclusão de grupo (cf. BRASILEIRO, 2013, p. 69-167). Neste livro, tratamos alguns desses trabalhos neste capítulo e outros no Capítulo 12, que trata de publicações científicas.

Os trabalhos científicos devem ser elaborados de acordo com normas preestabelecidas e com os fins a que se destinam, bem como ser inéditos ou originais e contribuir não só para a ampliação de conhecimentos, ou a compreensão de certos problemas, mas também servir de modelo ou oferecer subsídios para outros trabalhos.

Para Salvador (1980, p. 11), os trabalhos científicos originais devem permitir a outro pesquisador, baseado nas informações dadas:

(a) Reproduzir as experiências e obter os resultados descritos, com a mesma precisão e sem ultrapassar a margem de erro indicada pelo autor.

(b) Repetir as observações e julgar as conclusões do autor.

(c) Verificar a exatidão das análises e deduções que permitiram ao autor chegar às conclusões.

Rey (1978, p. 29) aponta como trabalhos científicos:

(a) **Observações ou descrições originais** de fenômenos naturais, espécies novas, estruturas e funções, mutações e variações, dados ecológicos etc.
(b) **Trabalhos experimentais** cobrindo os mais variados campos e representando uma das mais férteis modalidades de investigação, por submeter o fenômeno estudado às condições controladas da experiência.
(c) **Trabalhos teóricos** de análise ou síntese de conhecimentos, levando à produção de conceitos novos por via indutiva ou dedutiva; apresentação de hipóteses, teorias etc.

Os trabalhos científicos podem ser realizados com base em fontes de informações primárias ou secundárias e elaborados de várias formas, de acordo com a metodologia e com os objetivos propostos.

2 ESTRUTURA DOS TRABALHOS ACADÊMICO-CIENTÍFICOS: MONOGRAFIA DO TCC, DISSERTAÇÃO DE MESTRADO, TESE DE DOUTORADO

Trabalhos acadêmicos, como o TCC, a dissertação de mestrado, a tese de doutorado, têm sempre a mesma estrutura. Varia, porém, o grau de profundidade da pesquisa e das análises. Eles são compostos de:

Parte externa
- Capa (obrigatório)
- Lombada (opcional)

Parte interna
- Elementos pré-textuais
- Elementos textuais
- Elementos pós-textuais

Os elementos pré-textuais são compostos de:
- Folha de rosto (obrigatório)

- Errata (opcional)
- Folha de aprovação (obrigatório)
- Dedicatória (opcional)
- Agradecimentos (opcional)
- Epígrafe (opcional)
- Resumo na língua vernácula (obrigatório)
- Resumo em língua estrangeira (obrigatório)
- Lista de ilustrações (opcional)
- Lista de tabelas (opcional)
- Lista de abreviaturas e siglas (opcional)
- Lista de símbolos (opcional)
- Sumário (obrigatório)

Os elementos textuais contêm:
- Introdução
- Desenvolvimento
- Conclusão

Os elementos pós-textuais compreendem:
- Referências bibliográficas (obrigatório)
- Glossário (opcional)
- Apêndice (opcional)
- Anexo (opcional)
- Índice remissivo (opcional)

3 MONOGRAFIA

3.1 Conceito

Descrição ou tratado especial de determinada parte de uma ciência qualquer, dissertação ou trabalho escrito que trata especialmente de determinado ponto da ciência, da arte, da história etc.

Trata-se, portanto, de um estudo sobre um tema específico ou particular, com suficiente valor representativo e que obedece a rigorosa metodologia. Investiga determinado assunto não só em profundidade, mas também em todos os seus ângulos e aspectos, dependendo dos fins a que se destina.

A monografia tem como base a escolha de uma unidade ou elemento social, sob duas circunstâncias: (1) ser suficientemente representativo de um todo cujas características se analisam; (2) ser capaz de reunir os elementos constitutivos de um sistema social ou de refletir as incidências e fenômenos de caráter autenticamente coletivo.

3.2 Características

São características da monografia:

a) Trabalho escrito, sistemático e completo.
b) Tema específico ou particular de uma ciência ou parte dela.
c) Estudo pormenorizado e exaustivo, abordando vários aspectos e ângulos do caso.
d) Tratamento extenso em profundidade, mas não em alcance (nesse caso, é limitado).
e) Metodologia específica.
f) Contribuição importante, original e pessoal para a ciência.

A extensão não é característica essencial da monografia, mas é o caráter do trabalho (tratamento de um tema delimitado) e a qualidade da tarefa, isto é, o nível da pesquisa, que está intimamente relacionado aos objetivos propostos para a sua elaboração.

A monografia implica originalidade, mas até certo ponto, uma vez que é impossível obter total novidade em um trabalho. A ciência está sujeita a contínuas revisões.

3.3 Tipos de monografia

Os estudantes, ao longo de suas carreiras, precisam apresentar uma série de trabalhos que se diferenciam uns dos outros quanto ao nível de escolaridade e quanto ao conteúdo. Em geral, ao término do curso de graduação, os estudantes têm o compromisso de elaborar um trabalho baseado em fontes bibliográficas (Trabalho de Conclusão de Curso – TCC), que não precisa ser extenso nem muito específico. À medida que ascendem na carreira universitária, esses trabalhos vão exigindo maior embasamento, mais reflexão, mais amplitude e criatividade.

Alguns autores, como Salomon (2014, p. 260), incluem entre os trabalhos monográficos:

a) **Dissertação monográfica** ou tratamento escrito de assunto específico, com metodologia adequada e de caráter eminentemente didático.
b) **Dissertação científica** ou tratamento escrito, original, de assunto específico, com metodologia própria que resulte de pesquisa pura ou aplicada.
c) **Memória científica:** "monografias publicamente comunicadas em congressos, jornadas, academias, sociedades científicas, seguindo normas que tais associações estipulam".
d) **Tese doutoral:** "é um trabalho de pesquisa de fôlego, de alto nível de qualificação, de conteúdo original, de profunda reflexão no tratamento das questões teóricas, mesmo quando se identifica com pesquisa empírica".

Como se vê, apesar de se dar o nome genérico de monografia a todos os trabalhos científicos, eles se diferenciam uns dos outros de acordo com o nível da pesquisa, a profundidade e a finalidade do estudo, a metodologia utilizada e a originalidade do tema e das conclusões.

De modo geral, distinguem-se três tipos: monografia (apresentada ao final de um curso de graduação, que normalmente é chamada de TCC), dissertação de mestrado (para obtenção do título de mestre) e tese de doutorado (para obtenção do título de doutor). Esses trabalhos orientam-se por graus variados de originalidade, profundidade e extensão.

3.4 Estrutura da monografia

Os trabalhos acadêmicos, como já expusemos, sejam eles TCC (chamados *monografia*), dissertações de mestrado, sejam tese de doutorado, têm sempre a mesma estrutura. Varia, porém, o grau de profundidade da pesquisa. Não se exige, por exemplo, de uma simples monografia de final de curso de graduação um levantamento bibliográfico exaustivo. Pode haver diferenças quanto ao material, o enfoque dado, a utilização de um ou outro método, de uma ou outra técnica, mas não em relação à sua estrutura.

As monografias referentes ao grau de conclusão do estudante universitário não podem ser consideradas verdadeiros trabalhos de pesquisa (para o qual os estudantes não estão ainda capacitados, salvo raras exceções); são estudos iniciais de pesquisa.

O trabalho de investigação (teórico ou prático, bibliográfico ou de campo) dá oportunidade ao estudante para explorar determinado tema ou problema, levando-o a um estudo com maior ou menor profundidade e/ou extensão. Possibilita o desenvolvimento de sua capacidade de coletar, organizar e relatar informações obtidas e, mais, de analisar e até de interpretar os dados de maneira lógica e apresentar conclusões.

Comentamos a seguir apenas alguns elementos de uma monografia:

3.4.1 Escolha do tema e revisão bibliográfica

Na escolha do tema, o estudante poderá tomar a iniciativa, selecionando um assunto ou problema de trabalho, de acordo com suas preferências, evidenciadas durante o curso de graduação. Pode aceitar o tema indicado pelo professor, ou escolher um tópico, constante de uma relação oferecida pelo orientador, tendo sempre em vista o seu interesse.

Outros pontos importantes a serem considerados: relevância do assunto, áreas controvertidas ou obscuras, natureza e extensão da contribuição.

Quanto ao assunto escolhido, devem-se ainda observar algumas qualidades importantes:

a) Ser proporcional (em suas partes).
b) Ter valor científico.
c) Não ser extenso demais ou muito restrito.
d) Ser claro e bem delineado.

Escolhido o tema, a primeira coisa a fazer é procurar conhecer o que a ciência atual sabe sobre ele, para não cair no erro de apresentar como novo o que já é conhecido há tempos, de demonstrar o óbvio, ou de preocupar-se em demasia com detalhes sem grande importância para o estudo.

Esse trabalho prévio abrange três aspectos:

a) Orientação geral sobre a matéria que vai ser desenvolvida.
b) Conhecimento da bibliografia pertinente.
c) Reunião, seleção e ordenação do material levantado.

A bibliografia relacionada com o estudo, muitas vezes, é indicada pelo próprio professor e/ou orientador. Nesse caso, o estudante tem à sua disposição o material necessário ao seu trabalho. No conhecimento da bibliografia, faz-se necessário consultar, ler e fichar os estudos já realizados sobre o tema, com espírito crítico. Valendo-se da literatura especializada, parte-se dos trabalhos mais gerais para, a seguir, alcançar os estudos mais específicos.

3.4.2 Introdução, desenvolvimento e conclusão

Vejamos agora as três partes que compõem o corpo de um trabalho monográfico:

a) **Introdução:** formulação precisa do tema da investigação; é a apresentação sintética da questão, importância da metodologia e rápida referência a trabalhos anteriores, realizados sobre o mesmo assunto.

b) **Desenvolvimento:** fundamentação lógica do trabalho de pesquisa, cuja finalidade é expor e demonstrar. No desenvolvimento, podem-se levar em consideração três fases ou estágios: explicação, discussão e demonstração:

- **Explicação** "é o ato pelo qual se faz explícito o implícito, claro o escuro, simples o complexo" (ASTI VERA, 1979, p. 169). Explicar é apresentar o sentido de uma noção, é analisar e compreender, procurando suprimir o ambíguo ou obscuro.
- **Discussão** é o exame da argumentação da pesquisa: explica, discute, fundamenta e enuncia as proposições.
- **Demonstração** é a dedução lógica do trabalho; implica o exercício do raciocínio. Demonstra que as proposições, para atingirem o objetivo formal do trabalho e não se afastarem do tema, devem obedecer a uma sequência lógica.

c) **Conclusão:** fase final do trabalho de pesquisa, mas não somente um fim. Como a introdução e o desenvolvimento, possui uma estrutura própria.

A conclusão consiste numa síntese da argumentação dos dados e dos exemplos constantes das duas primeiras partes do trabalho. Dela deve constar a relação existente entre as diferentes partes da argumentação, bem como deve estar de acordo com o que se expôs na introdução: observar se tudo o que foi prometido foi realizado. O objetivo foi atingido?

4 DISSERTAÇÃO DE MESTRADO

4.1 Conceitos

Dissertação é "um estudo teórico, de natureza reflexiva, que consiste na ordenação de ideias sobre determinado tema" (SALVADOR, 1980, p. 35); "aplicação de uma teoria existente para analisar determinado problema" (REHFELDT, 1980, p. 62).

Dissertação é, portanto, um tipo de trabalho científico apresentado ao final do curso de pós-graduação, visando obter o título de mestre. Requer defesa das teses apresentadas no trabalho a uma banca formada por professores doutores, em geral três. Tem caráter didático, pois se constitui em um treinamento ou iniciação à investigação. O nome *dissertação* sem nenhum qualificativo é impróprio, visto que todo trabalho científico é dissertativo, mas essa é a designação difundida. Para evitar essa impropriedade, diz-se *dissertação de mestrado*.

Como estudo teórico, de natureza reflexiva, requer sistematização, ordenação e interpretação dos dados. Por ser um estudo formal, exige metodologia própria do trabalho científico.

Situa-se entre a monografia que se apresenta ao final de cursos de graduação e a tese de doutorado, porque aborda temas em maior extensão e profundidade do que a primeira e é fruto de reflexão e de rigor científico, próprio da tese de doutorado.

A estrutura e o plano de trabalho da dissertação de mestrado praticamente são idênticos aos da tese de doutorado, mas esta se distingue daquela pela contribuição significativa na solução de problemas importantes, colaborando para o avanço científico na área em que o estudo se realiza.

4.2 Tipos

Para Salvador (1980, p. 35), a dissertação pode ser:

a) **Expositiva:** reúne e relaciona material obtido de diferentes fontes, expondo o assunto com fidedignidade e demonstrando habilidade não só de levantamento, mas também de organização.

b) **Argumentativa:** requer interpretação das ideias apresentadas e posicionamento do pesquisador.

A dissertação de mestrado (tese de mestrado) é de natureza semelhante à tese de doutorado (memória doutoral), no sentido de que contribui, de modo substancial, na solução de problemas importantes.

Além dos aspectos de qualidade, existem as limitações de tempo, de fundos e de esforços, que geralmente restringem a extensão e a quantidade do estudo, aspectos que não podem deixar de ser considerados em trabalhos desse tipo.

4.3 Escolha do tema

Dado que o tema de uma dissertação de mestrado requer tratamento científico, ele deve ser especializado. Como não é possível um indivíduo dominar a totalidade de uma ciência específica, faz-se necessário selecionar um tema que possa ser tratado em profundidade.

São vantagens da especialização:

a) Possibilidade de investigar em profundidade uma parte da ciência, chegando a conclusões e deduções mais concretas.
b) Facilidade de encontrar um método mais adequado, que leve ao conhecimento aprofundado por meio de técnicas e instrumentos de trabalho.
c) Viabilidade na consulta de monografias e artigos especializados, o que será impossível, dada sua quantidade, se o campo não for restrito. Entretanto, não se devem perder de vista os perigos que a especialização apresenta, ou seja, ela impede o trabalho de síntese e de correlação entre as ciências, dá uma visão unilateral das coisas e prejudica outros conhecimentos que extrapolam a especialização.

Em relação ao tema escolhido, ele precisa, relativamente à qualidade:

a) Ser adequado à cultura geral, às preferências pessoais, aos idiomas que o pesquisador conhece e à especialidade que domina.
b) Ser relativo aos meios físicos (tempo e recursos financeiros) de que dispõe.
c) Encontrar disponibilidade de orientação acadêmica da área em questão.
d) Ter importância; deve estar ligado a uma questão teórica ou concreta que afeta um segmento substancial da sociedade.
e) Não deve ser nem demasiado extenso nem muito restrito; a extensão prejudica a profundidade e a restrição leva ao desenvolvimento de questões sem importância.
f) Ser claro e bem delimitado, para ser bem compreendido e objetivo, facilitando o domínio do tema.
g) Ser original, quer na abordagem, quer nas conclusões a que se chega.
h) Ser exequível: possibilidade de se chegar a uma conclusão válida.

Para uma adequada seleção do tema, faz-se necessário responder às seguintes questões:

- Que conhecimento e/ou experiências possuo do tema?
- De que documentação e/ou experimentação necessito?
- Posso obter a documentação com facilidade?
- Existem técnicas adequadas de experimentação?
- Que possíveis enfoques prevejo?
- Interesso-me pela procura de soluções para o problema?
- Tenho possibilidade de conseguir orientação de um especialista no assunto?
- Em uma segunda fase, deve-se tentar compreender o tema, ou seja:

a) Levantar conjecturas sobre os possíveis enfoques, planejando a estratégia do caminho a percorrer.
b) Delimitar o tema, fugindo das grandes formulações, assim como de aspectos distantes da experiência pessoal e dos meios de documentação.
c) Analisar a formulação do tema em sua totalidade, isto é, seu significado literal explícito e seu significado implícito (BARQUERO, 1979, p. 34-35).

4.4 Problemas, hipóteses e variáveis

Enquanto o tema de uma pesquisa é uma proposição até certo ponto abrangente, a formulação do problema é mais específica: indica exatamente qual a dificuldade que se pretende resolver. Para Rudio (2014, p. 94),

> *formular o problema* consiste em dizer, de maneira explícita, clara, compreensível e operacional, qual a dificuldade com a qual nos defrontamos e que pretendemos resolver, limitando seu campo e apresentando suas características. Desta forma, o objetivo da formulação do problema da pesquisa é torná-lo individualizado, específico, inconfundível.

O problema, antes de ser considerado apropriado, deve ser analisado sob o aspecto de sua valoração:

a) **Viabilidade:** pode ser eficazmente resolvido, por meio da pesquisa.
b) **Relevância:** deve ser capaz de trazer conhecimentos novos.

c) **Novidade:** estar adequado ao estágio atual da evolução científica e trazer novo enfoque e/ou soluções.
d) **Exequibilidade:** poder chegar a uma conclusão válida.
e) **Oportunidade:** atender a interesses particulares e gerais.

Uma vez formulado o problema, com a certeza de ser cientificamente válido, propõe-se uma resposta suposta, provável e provisória, isto é, uma hipótese. Problemas e hipóteses são enunciados de relações entre variáveis (fatos, fenômenos); a diferença reside em que o problema se constitui em sentença interrogativa e a hipótese, em sentença afirmativa mais específica.

A hipótese é um enunciado geral de relações entre variáveis (fatos, fenômenos), formulado com solução provisória para determinado problema; apresenta caráter explicativo ou preditivo, compatível com o conhecimento científico (coerência externa), e revela consistência lógica (concorrência interna). Deve ser passível de verificação empírica em suas consequências.

Uma variável pode ser considerada uma classificação ou medida; uma quantidade que varia; um conceito, constructo ou conceito operacional, que contém ou apresenta valores. Ela é um aspecto, uma propriedade ou fator discernível em um objeto de estudo e passível de mensuração. Os valores que são adicionados ao conceito, constructo ou conceito operacional, para transformá-lo em variável, podem ser quantidade, qualidades, características, magnitude, traços etc., que se alteram em cada caso particular e são totalmente abrangentes e mutuamente exclusivos. O conceito operacional, por sua vez, pode ser um objeto, processo, agente, fenômeno, problema etc.

Qualquer estudo deve ter pelo menos duas variáveis: uma independente e outra dependente. Para análise dos tipos e relações entre variáveis, ver *Metodologia científica*, das mesmas autoras (também publicada pelo Grupo GEN).

> *Exemplo*:
> **Tema**: O artesanato na região de Franca.
> **Problema**: Continua o artesanato uma atividade tradicional, transmitida de geração em geração, ou configura-se como uma opção para a mão de obra ociosa?
> **Hipótese**: O artesanato é uma atividade complementar que tende a uma diminuição, em face da concorrência dos produtos industrializados.

Variáveis

- X (variável independente): concorrência dos produtos industrializados;
- Y_1 (primeira variável dependente): diminuição da atividade de artesanato;
- Y_2 (segunda variável dependente): transformação do artesanato em atividade complementar.

4.5 Plano de trabalho

A elaboração de um plano de trabalho (esquema) obedece à estrutura comum dos trabalhos científicos.

As partes componentes, como foi explicitado quando tratamos da monografia, englobam:

a) **Introdução:** "apresenta os objetivos do trabalho e as razões de sua elaboração" (NBR 14724). Em geral, as introduções contêm: tema da pesquisa (objeto), problema, hipótese ou hipóteses (se couber ou couberem), objetivos e justificativa. E, ainda, referencial teórico que embase a pesquisa, metodologia e instrumentos de pesquisa, orçamento, cronograma de sua execução.

b) **Desenvolvimento:** corpo da dissertação. Inclui: revisão da literatura, formulação do problema, hipóteses e variáveis, pressupostos teóricos, descrição dos métodos e técnicas da pesquisa, explicitação dos conceitos, análise e interpretação dos dados. A disposição do corpo da dissertação faz-se em três estágios: explicação, discussão e demonstração. O desenvolvimento é subdividido em partes ou capítulos.

c) **Conclusão:** apresentação dos principais resultados obtidos, vinculados à hipótese de investigação, cujo conteúdo foi comprovado ou refutado.

4.6 Avaliação metodológica do trabalho

Realizado o primeiro esquema, deve-se revê-lo cuidadosamente, utilizando as seguintes indagações:

a) A hipótese está explícita?
b) Foram apresentados os antecedentes de observação e leitura que conduziram à hipótese?
c) Os problemas e hipótese foram propostos em termos científicos?

d) O plano de pesquisa foi apresentado em pormenores, de modo que sua lógica seja aparente?
e) As várias subproposições foram derivadas e relacionadas com as observações contidas no trabalho?
f) O corpo do trabalho realmente resume e indica nova pesquisa?

4.7 Redação

A redação de um trabalho científico orienta-se pelos requisitos do método científico. Além da utilização da variedade linguística em uso no meio acadêmico (a chamada norma culta), outros cuidados são necessários, como a observância das normas da Associação Brasileira de Normas Técnicas (ABNT), relativamente a citações, diretas e indiretas, organização do texto (particularmente em relação à ordem de exposição das partes do texto), referências bibliográficas.

Em relação ao uso da pessoa gramatical, hoje já se admite o uso da primeira do plural e da terceira pessoa do singular; dependendo da área, é possível encontrar até mesmo o uso da primeira pessoa do singular. Inútil falar em impessoalidade verbal no trabalho científico, visto que o enunciador deixa marcas de sua subjetividade no texto, quer na escolha do vocabulário, quer no uso de adjetivos e advérbios (modalizações). A própria escolha de uma teoria de base já revela uma preferência do enunciador.

5 TESE DE DOUTORADO

Tese de doutorado é uma das modalidades de trabalho científico cuja origem se encontra na Idade Média. Na época, a defesa de tese representava "o momento culminante de quem aspirava ao título de 'doutor'" (SALOMON, 2014, p. 268-269). Hoje, a exigência da tese faz-se em dois níveis: para obtenção do título de doutor e para o de livre-docente.

Tal como o termo *dissertação* é impróprio para designar trabalhos de pesquisa científica para obtenção do grau de mestre (visto que os trabalhos científicos são dissertativos), o que leva a substituí-lo por *dissertação de mestrado*, o termo *tese*, sem qualificativo, também se revela impróprio, visto que nas dissertações de metrado também se defende uma tese. Daí acrescentar-lhe um qualificativo: *tese de doutorado*.

5.1 Conceito

São várias as definições de teses, formuladas por diferentes autores.

Tese é: "opinião ou posição que alguém sustenta e está preparado para defender" (BARRASS, 1979, p. 152). Para Leite (1978, p. 1), a tese é "um instrumento de pesquisa destinado a promover a aquisição de novos conhecimentos com o objetivo de interpretação, predição e controle do fenômeno em estudo". Severino (2016, p. 234) considera que tese de doutorado "é considerada o tipo mais representativo do trabalho científico monográfico. Trata-se da abordagem de um único tema, que exige pesquisa própria da área científica em que se situa, com os instrumentos metodológicos específicos". Ela pode ser de ordem teórica, de campo, documental, experimental, histórica ou filosófica.

A tese de doutorado apresenta o mais alto nível de pesquisa e requer não só exposição e explicação do material coletado, mas também análise e interpretação dos dados. É um tipo de trabalho científico que levanta e soluciona problemas; argumenta e apresenta razões baseadas na evidência dos fatos, com o objetivo de provar se as hipóteses levantadas são falsas ou verdadeiras. Ela pode ser considerada como um teste de conhecimento para o candidato, que deve demonstrar capacidade de imaginação, de criatividade e habilidade não só para relatar o trabalho, mas também para apresentar soluções para determinado problema. Como ela é um trabalho de pesquisa, requer do pesquisador algumas qualidades: "capacidade de planejar, iniciar, conduzir e concluir um projeto de pesquisa" e saber "utilizar os conhecimentos adquiridos". Deve ser um "estudo exaustivo da literatura científica", diretamente relacionado "com o tema escolhido", e contribuir para o "enriquecimento do saber no âmbito do assunto focalizado" (LEITE, 1978, p. 1).

A tese de doutorado requer reflexão, iniciativa e persistência no trabalho, dado que engloba a exposição de um problema e sua correspondente solução. O pesquisador ocupa-se de resolver um problema específico, de investigar em profundidade um objeto, objetivando contribuir para o desenvolvimento da ciência.

Deve conter uma proposição, uma teoria que a identifique, caracterize e diferencie de outros trabalhos científicos e sua conclusão deve assumir um caráter mais amplo e abrangente.

5.2 Objetivo

O objetivo de uma tese, como atividade acadêmica, é a obtenção do título de doutor ou de livre-docente. Em si mesmo, seria o de adquirir novos conhecimentos e colaborar na solução de determinado problema.

Pode resultar de estudo teórico ou de pesquisa de campo, de trabalho de laboratório ou experimental.

5.3 Eficiência do trabalho

A tese de doutoramento constitui-se em um trabalho original de pesquisa, devendo o estudioso conhecer a fundo quanto já foi dito sobre o tema que escolheu. Prende-se à maturidade e à capacidade de trabalho do candidato.

Para uma pesquisa eficiente, três regras são básicas:

a) **Precisão:** ou exatidão dos dados no que diz respeito à pesquisa. Há que se observar as referências bibliográficas, origem dos documentos, datas e outros detalhes. A precisão deve acompanhar o pesquisador em todo o desenrolar de seu trabalho, do início ao fim, evitando, dessa forma, perda de tempo com procuras em fases mais adiantadas do processo.

b) **Exaustão:** significa exaurir o assunto, anotando os dados interessantes ou alguma passagem útil ao trabalho. Todavia, essas anotações devem estar relacionadas e limitadas ao tema escolhido. Leitura consistente pode indicar as diretrizes e o caminho a seguir na pesquisa.

c) **Clareza:** ou qualidade do que é inteligível, transparente, distinto. Na tese, devem-se incluir: análise, reflexão, preocupação do pesquisador em informar, explicar e descrever ao leitor determinado assunto.

O objetivo, para quem escreve para os outros, é dar informações precisas e sérias, de modo simples, direto, objetivo e bem definido.

5.4 Estrutura

A estrutura da tese é a mesma da monografia (TCC) e da dissertação de mestrado, já exposta na seção 2 deste capítulo. Ressaltamos, porém, que varia o grau de aprofundamento da pesquisa e das análises.

5.4.1 Introdução

A. Objeto da pesquisa

A ideia central do trabalho deve ser exposta de modo claro e preciso. Tanto nos trabalhos teóricos quanto nos que se voltam para atividades práticas, é importante que o pesquisador estabeleça limites no tempo e no espaço. Isto porque se torna impossível conhecer e analisar dados referentes a um período muito longo ou área muita extensa. O espaço físico precisa ser decididamente considerado. Para delimitar um objeto de pesquisa, adicionam-se ao tema adjetivos ou locuções adjetivas e advérbios temporais: Suponhamos: "Estudo de grupos *familiares migrantes durante o período de 1964-1985*".

B. Problema de pesquisa

Toda investigação começa com um problema de pesquisa. Sem a existência de um problema, não há o que pesquisar.

C. Objetivo

A formulação dos objetivos significa definir com precisão o que se visa com o trabalho sob dois aspectos: geral e específico.

- **Geral**, relacionado à ideia central que serve de fio condutor no estudo proposto de fenômenos e eventos particulares; o objetivo geral relaciona-se com a compreensão geral do todo, vinculando-se diretamente à própria significação da tese que se propôs defender e explanar;
- **Específico**, em âmbito mais restrito, compreende etapas intermediárias, que, sob aspectos instrumentais, permitem o objetivo geral.

D. Justificativa

A justificativa deve enfocar um ou mais dos seguintes aspectos:
- Relevância do estudo para a ciência.
- Esclarecimentos de aspectos obscuros.
- Complementação de estudos anteriores.
- Contribuição para a solução de problemas.
- Originalidade, importância, viabilidade e disponibilidade.

E. **Metodologia**

Exposição dos métodos de abordagem e de procedimentos, assim como das técnicas de pesquisa utilizadas. Descrição minuciosa do desenho da pesquisa.

F. **Teoria de base**

Embasamento teórico que dá sustentação à pesquisa; a linha de pesquisa que será seguida.

5.4.2 Desenvolvimento

Parte principal do corpo da tese. Descreve o desenvolvimento e apresenta os resultados obtidos.

A. **Revisão da literatura**

Consiste em uma síntese, a mais completa possível, referente ao trabalho e aos dados pertinentes ao tema, dentro de uma sequência lógica.

B. **Metodologia ou procedimentos metodológicos**

Os procedimentos metodológicos incluem:

- Formulação do problema, enunciado de hipóteses, determinação das variáveis e indicação dos tipos de relação entre os diversos elementos.
- Explicitação dos procedimentos metodológicos, incluindo a descrição dos instrumentos de pesquisa (observação, questionário, formulário, testes, escalas etc.).
- Indicação do tratamento e inferência estatística.
- Seleção do sujeito (universo ou amostra).
- Informações sobre a coleta dos dados.

C. **Construção dos argumentos**

Para Galliano (1977, p. 130-131), há três tipos de técnicas de argumentação:

1. **Oposição:** apresentação de duas oposições fundamentais no enfoque do assunto, para o desenvolvimento do tema.

2. **Progressão:** relacionamento de diferentes elementos, mas encadeados em sequência lógica, havendo sempre relação entre um elemento e seu antecedente.
3. **Cronologia:** técnica baseada na sequência temporal dos acontecimentos. As técnicas mais empregadas são: a oposição e a progressão.

Fiorin (2016, p. 242 s) considera a existência dos seguintes tipos de desenvolvimento da argumentação:

1. Dialético: argumento a favor da tese, argumentos a favor da antítese e síntese.
2. Causas e soluções.
3. Comparações: semelhanças em que se fundam a comparação e diferenças entre elas.
4. Ilustração e explicitação de uma afirmação.
5. Combinação de diferentes planos de desenvolvimento argumentativo.

D. **Apresentação, análise e interpretação dos dados**

A apresentação, a análise e a interpretação dos dados compreendem:

- Apresentação e discussão dos resultados alcançados, correlacionados com sentido intrínseco da(s) hipótese(s) da pesquisa.
- Demonstração das relações existentes entre fato ou fenômeno estudados e outros fatores.
- Interpretação crítica dos dados, verificando se os mesmos comprovam ou refutam a(s) hipótese(s), por meio dos testes de hipóteses.

5.4.3 Referências bibliográficas, apêndices, anexos, glossário, índice remissivo

A. **Referências bibliográficas**: organizadas segundo normas da ABNT expostas no Capítulo 13 deste livro.

B. **Apêndice e anexos**

Tanto no caso do apêndice (material elaborado pelo autor), quanto no do anexo (dados complementares de outra autoria), somente o que é essencial à compreensão do desenvolvimento do raciocínio e seu fundamento deve ser apresentado.

C. **Glossário**

Dispensável, quando, na definição dos termos, o autor explicou todos os conceitos adotados.

D. **Índice remissivo**

É opcional. Entretanto, facilita a pesquisa e a utilização do conteúdo do trabalho por estudiosos. Ele pode ser de dois tipos: por assunto tratado no trabalho; por nome de autores referenciados.

5.5 Construção de conceitos

Os conceitos representam fatos, fenômenos ou seus aspectos que são investigados. Em consequência, ao formular uma proposição, utilizam-se conceitos como símbolos dos fenômenos que estão inter-relacionados.

Trujillo Ferrari considera os conceitos construções lógicas, estabelecidas de acordo com o sistema de referência que forma parte deles; como não são dados pela experiência, é preciso procurá-los por meio da análise.

São considerados ou como instrumentos de trabalho do cientista ou como termos técnicos do vocabulário da ciência. Em outras palavras, a imagem que se tem do fato ou fenômeno, captada pela percepção, é que necessita ser objetivo de conceituação, pois, mediante um dispositivo conceitual, pode tornar inteligíveis os acontecimentos ou experiências que se dão no mundo real.

Assim,

> a função da conceituação é refletir, por meio de conceitos precisos, aquilo que ocorre no mundo dos fenômenos existenciais. A conceituação, então, consiste em ajustar o termo mais adequado, capaz de exprimir, através de seu significado, o que realmente oferece a realidade social; [não é] a realidade existencial [que tem] que se ajustar ao conceito (TRUJILLO FERRARI, 1974, p. 96-98).

5.6 Redação

A redação do trabalho científico consiste na expressão, por escrito, dos resultados da investigação. Trata-se de uma exposição bem fundamentada do material coletado, estruturado, analisado e elaborado de forma objetiva, clara e precisa.

Há três tipos de redação, segundo Salvador (1980, p. 192):

a) **Coloquial:** informal, popular.

b) **Literária:** estética, elegante.
c) **Técnica:** cognoscitiva e racional.

5.6.1 Linguagem

O trabalho científico utiliza linguagem técnica (acadêmica e didática), cuja finalidade é transmitir conhecimento.

A variedade linguística comum no meio acadêmico é a que se chama tecnicamente de *norma culta*, que, simplificando, é a variedade de uso de pessoas com grau de escolarização superior. Variedade que se aproxima da variedade padrão, que é estritamente gramatical. Seguir de perto regras gramaticais constitui também um fator de consistência argumentativa, de persuasão.

Evita-se não só o vocabulário popular, vulgar, mas também o pomposo. Se uma das finalidades é a objetividade, o trabalho científico deve ter caráter impessoal.

Na redação do trabalho científico, são orientações:

a) Saber o que vai escrever, para que ou quem.
b) Escrever sobre o que conhece.
c) Concatenar as ideias e informar de maneira lógica.
d) Respeitar as regras gramaticais.
e) Evitar argumentação demasiadamente abstrata.
f) Usar vocabulário técnico quando estritamente necessário.
g) Evitar a repetição de detalhes supérfluos.
h) Manter a unidade e o equilíbrio das partes.
i) Rever o que escreveu.

5.6.2 Estilo

Embora cada pessoa tenha um estilo próprio, devem-se observar os seguintes aspectos na redação de um trabalho científico:

a) Clareza e objetividade.
b) Linguagem direta, precisa e acessível.
c) Frases curtas e concisas.
d) Simplicidade, evitando-se estilo prolixo, retórico ou confuso.

LEITURA RECOMENDADA

BARRASS, Robert. *Os cientistas precisam escrever*. Tradução de Leila Novaes, Leonidas Hegenberg. São Paulo: T.A. Queiroz: Edusp, 1979. Caps. 4 a 8 e 12.

CASTRO, Cláudio de Moura. *A prática da pesquisa*. 2. ed. São Paulo: Pearson, 2014. Cap. 9.

FEITOSA, Vera Cistina. *Redação de textos científicos*. 2. ed. Campinas: Papirus, 1995. Cap. 1, 2 e 3.

GALLIANO, A. Guilherme. *O método científico*: teoria e prática. São Paulo: Harper & Row do Brasil, 1986. Caps. 9 e 10.

GARCIA, Othon M. *Comunicação em prosa moderna*. 18. ed. Rio de Janeiro: Fundação Getulio Vargas, 2000. Cap. 8.

INÁCIO FILHO, Geraldo. *A monografia na universidade*. 6. ed. Campinas: Papirus, 2003. Cap. 3.

MEDEIROS, João Bosco. *Redação científica*: a prática de fichamentos, resumos, resenhas. 13. ed. São Paulo: Atlas, 2019. Caps. 10, 11, 12 e 13.

SEVERINO, Antônio Joaquim. *Metodologia do trabalho científico*. 24. ed. São Paulo: Cortez, 2016. Cap. 5.

SALOMON, Délcio Vieira. *Como fazer uma monografia*. 13. ed. São Paulo: Martins Fontes, 2014. Caps. 9, 10, 11 e 12.

12
Publicações científicas

1 COMUNICAÇÃO: TRABALHOS APRESENTADOS EM CONGRESSOS

Comunicação é uma palavra de origem latina: *comunicare,* que tem o significado de tornar comum, partilhar, repartir, trocar opiniões. Para Rabaça e Barbosa (1978, p. 106), comunicar implica participação, interação, troca de mensagens. Como processo de participação de experiência, ela modifica a disposição mental das partes em interação. Nesse sentido, Barros (*In:* FIORIN, 2004, p. 42) afirma que a comunicação não deve ser pensada "como um fenômeno de mão única, do emissor ao receptor, mas como um sistema interacional".

1.1 Comunicação científica

Refere-se à informação apresentada em congressos, simpósios, semanais, reuniões, academias, sociedades científicas etc. a ser posteriormente publicada em anais e revistas, impressas ou eletrônicas.

A comunicação consiste, pois, na informação, ao público em geral e particular, de "conhecimentos 'extraídos' de obras de pesquisa científica e/ou tratados à maneira científica, com o fim de informar" (SALOMON, 2014, p. 209).

É importante apresentar ideias, teoria ou experiências novas.

Pardinas (1969, p. 38) entende por conhecimento científico "aquele voltado para a obtenção e comunicação de resultados desconhecidos até o momento da publicação do livro ou do artigo, com fins de explicação e/ou predição do comportamento de certos fenômenos".

Para Salvador (1980, p. 23), "um texto pertence a essa categoria quando traz informações científicas novas, mas não permite, devido à sua redação, que os leitores possam verificar informações: as notas simplesmente informam". Assim, o texto das comunicações, ao contrário das teses científicas, não permite ao leitor reproduzir as experiências e obter os mesmos resultados, verificar os resultados da análise ou julgar as conclusões do autor, embora contribua com uma ou várias informações ou abordagens novas.

A comunicação, em geral, traz informações científicas novas e é limitada em sua extensão, isto é, não é longa. Deve ser clara, precisa e exata.

Em congressos, simpósios, semanas etc., geralmente, estipula-se um tempo para o participante expor seu trabalho: de 10 a 20 minutos, mais ou menos. Embora apresentado oralmente, a comunicação científica deve ser escrita, principalmente se o autor tiver em mente sua publicação. Ela não dispensa a elaboração de um plano.

Um dos fatores mais importantes da comunicação é a "atualização de um tema ou de um problema, pois representa estimável contribuição ao desenvolvimento do conhecimento", afirma Asti Vera (1979, p. 164).

A comunicação científica pode constituir-se do estudo de um tema novo ou revisão crítica dos estudos realizados. Ela não precisa de abundantes aspectos analíticos, mas é necessário que a experiência, as ideias ou a teoria sejam bem fundamentadas.

Nestes tempos de necessidade de enriquecimento do currículo Lattes, a procura por participar de eventos científicos, apresentando comunicações científicas, tem aumentado a cada dia.

1.2 Aspectos da comunicação

A comunicação científica leva em conta os seguintes aspectos:

1.2.1 Finalidade

Uma das finalidades da comunicação científica é levar as pessoas à reflexão, fazendo-as perceber as coisas do cotidiano de modo diferente e persuadindo-as com argumentos. Para Galliano (1977, p. 50), a pessoa que comunica tem como objetivo tornar comum "a outras pessoas os frutos de seu saber, de seu aprendizado, de sua atividade".

1.2.2 Informações

Apresentar determinados temas ou problemas originais, criativos, inéditos, a leitores ou ouvintes em geral, ou especializados, bem como divulgar os últimos resultados das pesquisas científicas e/ou do desenvolvimento das ciências.

São elementos relevantes quando o cientista se ocupa de informar: saber o que se quer comunicar, para quem, quando e onde.

1.2.3 Estrutura

Disposição do informe de acordo com os padrões internacionais estabelecidos para trabalhos científicos. Os assuntos podem divergir quanto ao conteúdo, ao material, mas não em relação ao aspecto formal.

A estrutura da comunicação abrange três partes organicamente unidas:

a) **Introdução:** formulação clara e simples do tema da pesquisa. Apresentação sintética do problema e ligeira referência a trabalhos anteriores, relacionados com ele. Inclui: justificativa, objetivos, delimitação, ângulo de abordagem e exposição precisa da ideia central. Tem por objetivo situar o leitor na questão e deixá-lo a par da importância e do método de abordagem.

b) **Desenvolvimento:** texto ou corpo do trabalho. Apresentação das informações e argumentos de forma detalhada. Consiste na fundamentação lógica do trabalho e tem por objetivo expor e demonstrar as principais ideias. A subdivisão do corpo da comunicação em seções ou subseções permite ao leitor ou ouvinte melhor compreensão. É importante observar certo equilíbrio entre as frases, ou seja, longas intercaladas de curtas, para evitar o cansaço e favorecer a assimilação.

c) **Conclusão:** constitui a parte final do processo. Apresenta uma síntese completa dos resultados da pesquisa, o resumo das principais informações ou argumentos.

1.2.4 Linguagem

A comunicação científica, como qualquer trabalho científico, exige rigor no uso da linguagem, obedecendo às normas básicas de redação: uso da norma linguística culta e conformidade ao gênero textual.

O significado das palavras empregadas no texto deve ser claro, preciso, não deixando margem a dúvidas. Se houver divergências relativas a palavras ou expressões com significados diferentes do uso em algumas teorias ou áreas científicas, elas devem ser esclarecidas, a fim de evitar erros de interpretação. É, pois, de suma importância a definição de alguns termos, dando a eles seu exato significado. Para evitar esse tipo de problema, aconselha Rudio (2014, p. 26): "A condição para nos comunicarmos bem com os outros é apresentarmos convenientemente os conceitos e utilizarmos apropriadamente as *palavras* ou *termos*."

O processo de comunicação só é eficaz se o leitor ou ouvinte entender o que leu ou viu, compreender o que foi transmitido.

Para Salomon (2014, p. 358), depois de afirmar haver, costumeiramente, "tendência a descuidar-se da linguagem quando se redige um trabalho científico ou técnico, talvez sob a alegação de que não se trata de trabalho literário", entende que, "mesmo sem `fazer literatura', não se concebem, num tratamento científico escrito, certos defeitos relevantes". Segundo o autor citado, são aspectos fundamentais a considerar: a correção gramatical ("convém sempre solicitar a contribuição de um conhecedor da língua e da gramática para nos auxiliar"), a exposição clara, concisa e objetiva, o cuidado com a extensão dos períodos (períodos excessivamente longos prejudicam a compreensão), a simplicidade (evitando-se, porém, a coloquialidade, a vulgaridade, a "ironia causticante"), a linguagem direta, a precisão e o rigor com o vocabulário técnico (sem, porém, cair no hermetismo).

Barras (1979, p. 31-33) afirma que, em primeiro lugar, há necessidade de levar em consideração as necessidades do leitor, e acrescenta alguns itens:

(a) **Imparcialidade**: o autor deve indicar como, quando e onde obteve os dados de que se valeu e especificar as limitações do trabalho. Deixar explícitos os pressupostos de sua argumentação.

(b) **Ordem**: a informação e as ideias devem ser apresentadas numa ordem lógica para melhor compreensão.

(c) **Acuidade**: cuidado nas observações, precisão das mensurações e de atenção no registro das observações medidas. Cada experimento pode ser passível de reprodução e cada conclusão deve ser passível de verificação. Acuidade e clareza dependem de meticulosa escolha de palavras e de seu precioso emprego.

1.2.5 Abordagem

Modo pelo qual o pesquisador interpreta um programa. Posição tomada em face de determinada situação.

1.3 Tipos de comunicação

Salvador (1980, p. 23) apresenta os seguintes tipos de comunicação:

a) Estudos breves sobre algum aspecto da ciência.
b) Sugestões para a solução de certo problema.
c) Textos filosóficos para esclarecer uma questão.
d) Apreciação: interpretação ou correção dos textos.
e) Fixação do enfoque para a colocação de questões.
f) Recensão particular de um livro: abordagem nova.
g) Crônicas inéditas de congressos, seminários etc.
h) Breves apreciações.

A comunicação deve ser sempre clara, precisa e exata.

1.4 Estrutura da comunicação

O preparo da comunicação científica escrita requer a elaboração de um plano de trabalho, que deve apresentar as seguintes partes:

a) Folha de rosto
   - Designação do congresso, simpósio etc.
   - Local de realização.
   - Data do evento.
   - Patrocinadores.
   - Título do trabalho.
   - Nome do autor.
   - Credenciais do autor.
b) Sinopse: resumo analítico do trabalho redigido pelo próprio autor ou editor e publicado ao mesmo tempo que a obra. Pode ser colocado após o título do texto ou ao final da publicação. Deve ser escrito em português, inglês ou outra língua de difusão internacional. É mera apresentação condensada do texto de uma publicação ou suas principais ideias, sem emissão de juízo de valor (SALVADOR, 1980, p. 16). A redação da sinopse deve:
   - Facilitar a consulta do periódico que a publicou e tornar o trabalho menos oneroso e mais rápido.

- Conter, de forma sucinta, os fatos encontrados no trabalho e suas conclusões, sem emitir juízo de valor.
- Dar ao leitor uma visão global do conteúdo.
- Indicar a maneira como o tema foi abordado.
- Apontar os fatos novos e as conclusões tiradas.
- Ser a mais concisa possível.

c) Conteúdo
- Introdução.
- Texto (desenvolvimento).
- Conclusão e recomendações.

d) Referências bibliográficas.

1.5 Elaboração da comunicação

Todo trabalho científico requer a elaboração de um plano; assim, a comunicação escrita não pode fugir à regra. Se a comunicação consistir apenas em uma informação ou resumo de obra, a rigor, não necessita de um plano, mas, em se tratando de uma comunicação original, inédita, ele é indispensável.

A escolha do tema, se for livre, deve recair sobre algo ao alcance do interessado, evitando-se assuntos ambiciosos, complexos ou extensos demais. Convém planejar o tempo para a pesquisa documental, bibliográfica ou de campo, delimitando o objeto, o campo e o nível de investigação.

De posse do material, estabelecida a sequência do assunto, dá-se início à redação provisória, mas abrangendo a totalidade de seu problema.

1.6 Estágios da comunicação

A comunicação obedece a três estágios ou fases:

a) **Preparação:** familiaridade e domínio do que se pretende comunicar. O autor deve estar apto, portanto, para responder às perguntas que poderão ser formuladas.

b) **Apresentação:** pronunciar com clareza o que está escrito. Imprimir velocidade razoável à leitura, tentando prender a atenção dos ouvintes. Dar ênfase às palavras-chaves.

c) **Arguição:** prestar atenção às questões formuladas para respondê-las adequadamente. Se não souber responder, seja sincero: reconheça a falta de conhecimento preciso. Entretanto, pode-se sugerir uma resposta.

1.7 Apresentação formal

As comunicações feitas em congressos, simpósios e outros eventos científicos têm caráter formal. A mesa, geralmente, é constituída por um presidente, um secretário e um orador. O tempo de exposição é estabelecido com antecedência, assim como o da arguição, que pode ser feita por escrito ou oralmente. Se as questões forem orais, devem ser anotadas pelo orador, para não haver engano de respostas. Quando escritas, se surgirem muitas, envolvendo o mesmo assunto, o presidente da mesa pode agrupá-las, para facilitar a resposta.

A seguir, apresentamos um exemplo de comunicação:

B 17 Sociologia 407

Crianças em situação de rua: trabalho e estratégias de sobrevivência. Liliane Capilé Charbel Novais. Mestrado em Serviço Social – UFBP. Professora Auxiliar UFMT – CAPES/PICD.

Esta pesquisa se propõe analisar as estratégias de sobrevivência das crianças em situação de rua. Dentro deste recorde, pretende enfocar a questão da exclusão social, marginalidade urbana e a dualidade do trabalho infantil/criança abandonada, buscando identificar a contribuição das ocupações desenvolvidas pelas crianças em situação de rua no orçamento da família trabalhadora, como também identificar as representações sociais das diversas formas de ocupação. O questionamento principal se situa na compulsoriedade das estratégias de sobrevivência para as crianças pobres, e a condição de criança abandonada enquanto mascaramento do trabalho infantil. O *locus* desta pesquisa será o trabalho infantil desenvolvido "informalmente" em um bairro da cidade de Cuiabá – MT. Será adotada a metodologia da pesquisa qualitativa; serão utilizados como instrumento: observação sistemática e participante, entrevistas semiestruturadas com objetivo de levantar a história de vida desses atores sociais.

[NOVAIS, Liliane Capilé Charbel. Crianças em situação de rua: trabalho e estratégias de sobrevivência. In: REUNIÃO ANUAL DA SBPC, 47., 1995. São Luís. Anais [...]. São Luís: Universidade Federal do Maranhão, 9 a 14 jul., 1995. v. 2: Comunicações.]

2 ARTIGOS CIENTÍFICOS

Os artigos científicos são pequenos estudos, porém completos, que tratam de uma questão científica. Apresentam o resultado de estudos ou pesquisas e distinguem-se dos diferentes tipos de trabalhos científicos pela sua reduzida dimensão e conteúdo.

São publicados em revistas ou periódicos especializados, impressos ou eletrônicos, e formam a seção principal deles.

Concluído um trabalho de pesquisa – documental, bibliográfico ou de campo –, para que os resultados sejam conhecidos faz-se necessária sua publicação. Esse tipo de trabalho proporciona não só a ampliação de conhecimentos, como também a compreensão de certas questões.

Os artigos científicos, por serem completos, permitem ao leitor, mediante a descrição da metodologia empregada, do processamento utilizado e resultados obtidos, repetir a experiência.

2.1 Estrutura do artigo científico

O corpo do artigo é constituído por uma estrutura que compreende: introdução, métodos, resultados e conclusão (IMRD) (cf. MEDEIROS; TOMASI, 2020).

Um artigo científico é composto de:

1. **Preliminares**
    a) Cabeçalho: título (e subtítulo) do trabalho.
    b) Autor(es).
    c) Credenciais do(s) autor(es).
    d) Local de atividades.
2. **Resumo**
3. **Corpo do artigo**
    a) **Introdução:** apresentação do assunto, objetivo, metodologia, limitações e proposição.
    b) **Texto:** exposição, explicação e demonstração do material; avaliação dos resultados e comparação com obras anteriores.
    c) **Comentários e conclusões:** dedução lógica, baseada e fundamentada no texto, de forma resumida.
4. **Parte referencial**
    a) Referência bibliográfica.

b) Apêndices ou anexos (quando houver necessidade).

c) Agradecimentos.

d) Data (importante para salvaguardar a responsabilidade de quem escreve um artigo científico, em face da rápida evolução da ciência e da tecnologia e demora na publicação de trabalhos).

2.2 Conteúdo do artigo científico

O conteúdo pode abranger os mais variados aspectos e, em geral, apresenta temas ou abordagens novas, atuais, diferentes. Pode:

a) Versar sobre um estudo pessoal, uma descoberta, ou dar um enfoque contrário ao já conhecido.

b) Oferecer soluções para questões controvertidas.

c) Levar ao conhecimento do público intelectual ou especializado no assunto ideias novas, para sondagem de opiniões ou atualização de informes.

d) Abordar aspectos secundários, levantados em alguma pesquisa, mas que não seriam nela utilizados.

O estabelecimento de um esquema, para expor de maneira lógica, sistemática, os diferentes itens de um assunto, evita repetições ou omissões ao longo da dissertação.

O público a que se destina o artigo também deve ser levado em consideração; isto pode ser mais ou menos previsto, conhecendo-se de antemão a natureza da revista: científica, didática, de divulgação.

2.3 Tipos de artigos científicos

Segundo a NBR 6022 (2003, n. 5.1-5.3), os artigos científicos classificam-se em: **artigo original** e **artigo de revisão** (n. 3.3 e 3 3.4). O artigo de revisão é "parte de uma publicação que resume, analisa e discute informações já publicadas"; o artigo original é "parte de uma publicação que apresenta temas ou abordagens originais".

Os artigos científicos podem ainda ser classificados em artigos de argumento teórico, de análise e classificatório.

2.3.1 Artigo de argumento teórico

Tipo de artigo que apresenta argumentos favoráveis ou contrários a uma opinião. Inicialmente, enfoca-se determinado argumento e, depois, os fatos que possam prová-lo ou refutá-lo. O desenrolar da argumentação leva a uma tomada de posição.

Essa forma de trabalho requer pesquisa profunda e intensa a fim de coletar dados válidos e suficientes. É uma forma de documentação difícil, sendo empregada, geralmente, por especialistas experientes.

Roteiro

a) Exposição da teoria.

b) Fatos apresentados.

c) Síntese dos fatos.

d) Conclusão.

2.3.2 Artigo de análise

Nesse tipo de artigo, o autor faz análise de cada elemento constitutivo do assunto e sua relação com o todo.

A análise engloba: descrição, classificação e definição do assunto, tendo em vista a estrutura, a forma, o objetivo e a finalidade do tema. Entra em detalhes e apresenta exemplos.

Não é muito comum, na literatura moderna, artigo totalmente analítico.

Roteiro

a) Definição do assunto.

b) Aspectos principais e secundários.

c) Partes.

d) Relações existentes.

2.3.3 Artigo classificatório

O autor, nesse caso, procura classificar os aspectos de determinado assunto e explicar suas partes. Primeiramente, faz a divisão do tema em forma tabular, ou seja, em classes, com suas características principais. Depois apresenta: definição, descrição objetiva e análise. Dentre as formas de documentação técnica é a mais útil.

Roteiro

a) Definição do assunto.

b) Explicação da divisão.
c) Tabulação dos tipos.
d) Definição de cada espécie.

2.4 Motivação

Várias oportunidades podem ser motivo para a redação de um artigo científico. Por exemplo, quando:

a) Certos aspectos de um assunto não foram estudados, ou o foram superficialmente; ou, ainda, se já tratados amplamente por outros, novos estudos e pesquisas permitem encontrar uma solução diferente.
b) Uma questão antiga, conhecida, pode ser exposta de maneira nova.
c) Os resultados de uma pesquisa ainda não se constituem em material suficiente para a elaboração de um livro.
d) Ao se realizar um trabalho, surgem questões secundárias que não serão aproveitadas na obra.
e) O surgimento de um erro ou de assuntos controvertidos permite refutar, convenientemente, o erro, ou resolver de modo satisfatório a controvérsia.

2.5 Estilo

O estilo deve ser claro, conciso, objetivo; a linguagem seguirá a norma padrão; necessariamente, ela será precisa, coerente e simples. Adjetivos supérfluos, rodeios e repetições ou explicações inúteis devem ser evitadas, assim como a forma excessivamente compacta, que pode prejudicar a compreensão do texto.

O título corresponderá rigorosamente ao conteúdo.

2.6 Avaliação

A avaliação de um artigo científico é feita por especialistas da confiança do editor do periódico. Constitui a chamada revisão "por seus pares" (normalmente, dois), ou seja, professores doutores da área leem o texto, sugerem a publicação, ou fazem observações sobre necessidade de acertos, ou avaliam que o texto não deve ser publicado. Em geral, ela compreende: exame do objeto da pesquisa, do problema que se constituiu interesse do pesquisador, dos objetivos do artigo e sua pertinência, da metodologia e desenho da pesquisa, dos instrumentos de medida e coleta de dados, dos procedimentos de amostragem, da análise e interpretação dos dados, dos resultados alcançados, da linguagem (cf. HOPPEN; LAPOINTE; MOREAU, 1996).

Barrass (1979, p. 166) salienta entre os requisitos para a avaliação de um trabalho científico:

a) Adequado, original, inédito, completo, imparcial.
b) Claro, conciso, preciso, coerente, objetivo.
c) Equilíbrio, unidade, honestidade e exatidão.

Devem-se avaliar também a metodologia, as conclusões e a parte referencial, e verificar se a contribuição tem realmente algum valor.

3 INFORME CIENTÍFICO

O informe científico é um tipo de relato escrito que divulga os resultados parciais ou totais de uma pesquisa, as descobertas realizadas, ou os primeiros resultados de uma investigação em curso.

É o mais sucinto dos trabalhos científicos e se restringe à descrição de resultados obtidos através da pesquisa de campo, de laboratório ou documental.

O informe consiste, pois, no relato das atividades de pesquisa desenvolvida. Deve ser redigido de maneira que a comprovação de procedimentos, técnicas e resultados obtidos possa ser repetida pelo principiante que se interesse pela investigação.

4 RESENHA CRÍTICA

4.1 Conceito e finalidade

Resenha é uma descrição minuciosa do conteúdo de uma obra. Consiste na realização pelo resenhista de leitura, resumo, crítica e formulação de um conceito de valor da obra.

A resenha, em geral, é elaborada por um especialista que, além do conhecimento sobre o assunto, tem capacidade de juízo crítico. Também pode ser realizada por estudantes; nesse caso, como um exercício de compreensão e crítica.

A finalidade de uma resenha é informar o leitor, de maneira objetiva e cortês, sobre o assunto tratado no livro, evidenciando a contribuição do autor em relação a novas abordagens, novos conhecimentos, novas teorias. A resenha visa, portanto, apresentar uma síntese das ideias fundamentais da obra.

O resenhista deve resumir o assunto e apontar falhas de informação encontradas, sem entrar em muitos pormenores e, ao mesmo tempo, tecer elogios aos méritos da obra, desde que sinceros e ponderados.

Entretanto, mesmo que o resenhista tenha competência na matéria, isso não lhe dá o direito de deturpar o pensamento do autor.

O resenhista não deve

> tentar dizer que poderia ter produzido obra melhor; não deve procurar ressaltar suas próprias qualidades às custas de quem escreveu o livro comentado; e não há lugar, numa resenha científica, para perguntas retóricas ou para sarcasmo (BARRAS, 1979, p. 139).

4.2 Requisitos básicos

Para a elaboração de uma resenha crítica, são necessários, segundo Salvador (1980, p. 139), alguns requisitos básicos: "(a) conhecimento completo da obra; (b) competência na matéria; (c) capacidade de juízo de valor; (d) independência de juízo; (e) correção e urbanidade; (f) fidelidade ao pensamento do autor".

4.3 Importância da resenha

Ante a explosão da literatura técnica e científica e a exiguidade de tempo do trabalho intelectual, sem condições de ler tudo o que aparece sobre o campo de seu interesse, o recurso é voltar-se para a resenha. A resenha crítica foi uma das formas encontradas para solucionar esse problema que afligia os cientistas de modo geral.

No campo da comunicação técnica e científica, a resenha é de grande utilidade, porque facilita o trabalho de seleção de obras que poderão servir como embasamento da pesquisa a ser realizada por um estudioso. Com base nas informações dela constantes, ele pode decidir sobre a leitura ou não da obra.

A resenha, segundo Barrass (1979, p. 139), deve ocupar-se do assunto e de suas características, bem como da abordagem realizada; manifestar conhecimentos anteriores e informar sobre o público a quem se dirige a obra; ser acessível, interessante e agradável; ser útil; fazer comparações, apresentar os fatos conforme foram dispostos na obra; fazer referência a ilustrações se houver.

4.4 Estrutura da resenha

A estrutura da resenha crítica é a seguinte:

1. **Referência bibliográfica**
   Autor(es)
   Título (subtítulo)
   Elementos de imprenta (local da edição, editora, data)
   Número de páginas
   Ilustração (tabelas, gráficos, fotos etc.)
2. **Credenciais do autor**
   Informações gerais sobre o autor
   Autoridade no campo científico
   Quem fez o estudo?
   Quando? Por quê? Onde?
3. **Conhecimento**
   Resumo detalhado das ideias principais
   De que trata a obra? O que diz?
   Possui alguma característica especial?
   Como foi abordado o assunto?
   Exige conhecimentos prévios para entendê-lo?
4. **Conclusão do autor**
   O autor apresenta conclusões? (ou não?)
   Onde foram colocadas? (final do livro ou dos capítulos?)
   Quais foram?
5. **Quadro de referências do autor**
   Modelo teórico
   Que teoria serviu de embasamento?
   Qual o método utilizado?
6. **Apreciação**
   a) Julgamento da obra. Como se situa o autor em relação:
      - Às escolas ou correntes científicas, filosóficas, culturais?
      - Às circunstâncias culturais, sociais, econômicas, históricas etc.?
   b) Mérito da obra:

- Qual a contribuição dada?
- Ideias verdadeiras, originais, criativas?
- Conhecimentos novos, amplos, abordagem diferente?

c) Estilo:
- Conciso, objetivo, simples?
- Claro, preciso, coerente?
- Linguagem gramatical (norma padrão)?
- Ou o contrário?

d) Forma:
- Lógica, sistematizada?
- Há originalidade e equilíbrio na disposição das partes?

e) Indicação da obra:
- A quem é dirigida: grande público, especialistas, estudantes?

Seguindo a estrutura que se espera de uma resenha crítica, o Prof. Antonio Rubbo Müller, diretor da Escola Pós-Graduada de Ciências Sociais, da Fundação Escola de Sociologia e Política de São Paulo, instituição complementar da Universidade de São Paulo, criou um modelo simplificado que apresenta as partes necessárias para a compreensão do texto resenhado. Divide-se em nove itens, assim relacionados:

1. **Obra**
   a) Autoria (autor ou autores).
   b) Título (incluindo o subtítulo, se houver).
   c) Comunidade onde foi publicada.
   d) Empresa publicadora.
   e) Ano de publicação.
   f) Edição (a partir da segunda).
   g) Número de páginas ou de volumes.
   h) Ilustrações (tabelas, gráficos, desenhos etc.).
   i) Formato (em cm).
   j) Preço.

2. **Credenciais da autoria**
   a) Nacionalidade.
   b) Formação universitária ou especializada.

c) Títulos.
   d) Cargos exercidos.
   e) Outras obras.
3. **Conclusões da autoria**
   a) Quer separadas no final da obra, quer apresentadas no final dos capítulos, devem ser sintetizadas as principais conclusões a que o autor da obra resenhada chegou em seu trabalho.
   b) Caso não se apresentem separadas do corpo da obra, o resenhista, analisando o trabalho, deve indicar os principais resultados obtidos pelo autor.
4. **Digesto**
   a) Resumo das principais ideias expressas pelo autor.
   b) descrição sintetizada do conteúdo dos capítulos ou partes em que se divide a obra.
5. **Metodologia da autoria**
   a) Método de abordagem (indutivo, dedutivo, hipotético-dedutivo, dialético).
   b) Método de procedimento (histórico, comparativo, monográfico, estatístico, tipológico, funcionalista, estruturalista, etnográfico etc.).
   c) Modalidade empregada (geral, específica, intensiva, extensiva, técnica, não técnica, descritiva, analítica etc.).
   d) Técnicas utilizadas (observação, entrevista, formulários, questionários, escalas de atitudes e de opinião etc.).
6. **Quadro de referência da autoria**
   a) Corrente a que se filia: evolucionismo, materialismo histórico, historicismo, funcionalismo etc.
   b) Modelo teórico: teoria da ação social, teoria sistêmica, teoria da dinâmica cultural etc.
7. **Quadro de referência do resenhista**

   O resenhista pode aceitar e utilizar, na análise da obra, o quadro de referência empregado pelo autor ou, ao contrário, utilizar outro ajustado a sua formação científica. É necessária a explicitação do quadro de referência do resenhista, pois terá influência decisiva tanto na seleção dos tópicos e partes que considera mais importantes para a análise quanto na elaboração da crítica que se segue.

8. **Crítica do resenhista**
   a) Julgamento da obra do ponto de vista metodológico:
      - Coerência entre a posição central e a explicação, discussão e demonstração.
      - Adequado emprego de métodos e técnicas específicas.
   b) Mérito da obra:
      - Originalidade.
      - Contribuição para o desenvolvimento da ciência, quer por apresentar novas ideias e/ou resultados, quer por utilizar abordagem diferente.
   c) Estilo empregado.
9. **Indicações do resenhista**
   a) A quem é dirigida (especialistas, estudantes, leitores em geral)?
   b) Fornece subsídios para o estudo de que disciplina(s)?
   c) Pode ser adotado em que tipo de curso?

5 CONFERÊNCIA

Trata-se de uma preleção pública sobre assunto literário ou científico. Em geral, consiste em uma exposição oral, mas pode destinar-se à publicação. Nesse caso, convém preparar o texto com essa finalidade.

Se a conferência for oral, deverá ser mais simples, sem muita minúcia, para que o público possa melhor compreendê-la. Se for escrita, poderá, posteriormente, ser ampliada, acrescentando-se mais detalhes.

Os primeiros passos, objetivando realizar uma conferência, são: pensar, planejar e, depois, escrever e rever. O orador precisa saber para quem vai falar.

Pensar e planejar ajudam a iniciar o trabalho e encaminham o autor na direção correta, ou seja, na complementação da tarefa.

Devem-se, primeiramente, definir os objetivos e, depois, selecionar os dados importantes que precisam ser desenvolvidos em uma sequência lógica.

Cabe ao conferencista transmitir as ideias essenciais com clareza. Uma boa apresentação resulta de uma preparação com certa antecedência.

Na organização da conferência, podem constar dados bibliográficos, desde que atualizado; o conferencista também pode valer-se de recursos visuais, para melhor explicação do tema. Hoje, é comum o uso de *data show* ou de projetor multimídia. Nesse caso, se o conferencista não domina com habilidade o equipamento, é necessário valer-se de um auxiliar. De toda forma, preparar-se com antecedência, informando-se sobre as condições do local onde se apresentará, proporciona melhores resultados e dá mais segurança ao conferencista.

Geralmente, é aos congressos, simpósios, reuniões etc. que os especialistas levam sua contribuição, expondo aspectos concretos da pesquisa. Com frequência, apresentam as fases ou os resultados finais de seu trabalho.

Na exposição, o conferencista deve transmitir as ideias essenciais com clareza e ser breve.

5.1 Estrutura da conferência

A estrutura da conferência segue o mesmo esquema de outros trabalhos científicos, ou seja:

a) **Introdução (breve):** consiste em: objeto da conferência, objetivos, problema a ser tratado.
b) **Desenvolvimento ou corpo do trabalho (texto):** refere-se à apresentação das principais ideias, expostas em frases curtas e claras. Repetição do que foi dito na introdução, valendo-se de outras palavras, para que os assistentes possam compreender as etapas da conferência.
c) **Conclusão:** aborda os principais tópicos do texto, procurando deixar o tema central na mente do ouvinte.

5.2 Apresentação

O conferencista, de pé ou sentado, permanece, em local apropriado da sala, em frente ao público assistente, sem fixar diretamente uma ou outra pessoa, tentando atrair a atenção e o respeito daqueles que o ouvem, desde o início.

Evitar cacoetes e tiques, variar o tom de voz e a velocidade. Falar com autoridade e clareza são outros requisitos importantes.

Outro ponto que se deve recomendar é o uso do vocabulário técnico, porém adequado, compreensível e cuidadosamente escolhido, visando ao nível e ao número de pessoas presentes.

A conferência para grande público tem sempre caráter formal. Adequa-se o vocabulário, o enfoque do tema e a velocidade da exposição aos interesses da plateia.

5.3 Avaliação do tempo

A conferência ideal ocupa mais ou menos 30 minutos; cinco para introdução e cinco para a conclusão; os restantes 20 minutos são dedicados à exposição do assunto.

Um conferencista experiente relaciona o número de pontos a destacar com o tempo disponível e com as expectativas do auditório.

Do tempo disponível, precisam ser reservados alguns minutos para ilustrações apresentadas com o uso de equipamento eletrônico (*data* show ou projetor multimídia), ou para escrever alguma coisa em quadro de giz ou cavalete *flip-chart* e algum tempo para debates, esclarecimentos e discussões, após a conferência, tendo em vista que o prazo reservado para os debates, em geral, é curto. As questões, as respostas e os comentários devem ser breves, e as perguntas dos ouvintes precisam ser anotadas, para que sejam dadas respostas adequadas.

Ao final da exposição, o conferencista precisa fazer um resumo dos pontos principais, para levar as pessoas do auditório às conclusões desejadas.

LEITURA RECOMENDADA

BRASILEIRO, Ada Magaly Matias. *Manual de produção de textos acadêmicos e científicos*. São Paulo: Atlas, 2013. Cap. 4.

GARCIA, Othon M. *Comunicação em prosa moderna*. 18. ed. Rio de Janeiro: FGV, 2000. Parte 4, Cap. 1, 2; Parte 7, Cap. 4; Parte 8, Cap. 1.

HABIGZANG, Luísa. Como preparar e realizar apresentações orais. *In*: KOLLER, Sílvia H.; COUTO, Maria Clara P. de Paula; HOHENDORFF, Jean Von (org.). *Manual de produção científica*. Porto Alegre: Penso, 2014. Cap. 10.

MARCONI, Marina de Andrade; LAKATOS, Eva Maria. *Metodologia do trabalho científico*. 7. ed. São Paulo: Atlas, 2017a. Cap. 3.

MEDEIROS, João Bosco. *Redação científica*: a prática de fichamentos, resumos, resenhas. 13. ed. São Paulo: Atlas, 2019. Cap. 11.

MEDEIROS, João Bosco; TOMASI, Carolina. *Redação de artigos científicos*. 2. ed. São Paulo: Atlas, 2021. Caps. 3 e 4.

MICHEL, Maria Helena. *Metodologia e pesquisa científica em ciências sociais*: um guia prático para acompanhamento da disciplina e elaboração de trabalhos monográficos. 3. ed. São Paulo: Atlas, 2016. Cap. 10.

SALOMON, Délcio Vieira. *Como fazer uma monografia*. 13. ed. São Paulo: Martins Fontes, 2014. Caps. 3 e 5.

TRZESNIAK, Piotr. Hoje vou escrever um artigo científico: a construção e a transmissão do conhecimento. *In*: KOLLER, Sílvia H.; COUTO, Maria Clara P. de Paula; HOHENDORFF, Jean Von (org.). *Manual de produção científica*. Porto Alegre: Penso, 2014. Cap. 1.

13
Apresentação de citações diretas e indiretas e elaboração de referências bibliográficas

1 CITAÇÕES DIRETAS E INDIRETAS

Citações diretas e indiretas são normatizadas pela Associação Brasileira de Normas Técnicas (ABNT), na NBR 10520. Ao pesquisador cabe, quando faz citações, observar a fidelidade da transcrição (se se tratar de transcrição literal), ou de rigor na paráfrase (citação indireta) que fizer. É sempre necessário não equivocar-se nas citações, afirmando que determinado autor disse o que não disse. Nas citações, observar com precisão o sentido dos verbos, substantivos e expressões que estabelecem limites de sentido, ou que o restringem. Outra preocupação diz respeito aos verbos introdutores das citações: *afirmar, sustentar, definir, descrever, argumentar* etc. A escolha apropriada do verbo introdutor do texto alheio é fundamental, para evitar afirmações indevidas. Finalmente, a ética na pesquisa impede a apropriação de textos alheios. Os créditos de toda citação, direta ou indireta, devem ser referenciados.

1.1 Citação direta

A citação direta consiste na transcrição literal das palavras do autor, respeitando suas características. Deve ser transcrita sempre entre aspas quando ocupar até três linhas (parágrafo 5.2 da NBR 10520) e ser mantida no próprio parágrafo em que aparece. Nesse caso, se houver alguma palavra ou expressão destacada com aspas, estas serão simples (não duplas). Se ocupar mais de três linhas, elas são apresentadas em parágrafo à parte, com recuo lateral à esquerda de 4 cm.

No texto seguinte, Demo (2012, p. 116-117) faz uma breve citação de Cerulo, que, ao final do livro, constará de suas referências bibliográficas [CERULO, K. A. *Non humans in social interaction*. New York: Amazon Digital Service, 2011]. Vejamos a citação:

> Diz Cerulo (2011, p. 446): "Se a vida social é, em larga medida, construída e não programada, então os sociólogos precisam periodicamente considerar e revisar o foco de suas pesquisas". [...] Assim como assegurar que a realidade é invariável rigorosamente, estruturada fixamente, lógico-experimental é uma petição hipotética, não é menos assegurar que a realidade seja dinâmica complexa não linear, híbrida, feita de redes abertas de associações de suas entidades.

Havendo coincidência de autores com o mesmo sobrenome e data, acrescentam-se as iniciais de seus prenomes. Se, ainda assim, houver coincidência, "colocam-se os prenomes por extenso" (parágrafo 6.1.2 da NBR 10520). Exemplo:

(CASTRO, B., 1989, p. 56)
(CASTRO, B., 1989, p. 21)
(OLIVEIRA, Andrade, 2016, p. 53)
(OLIVEIRA, Almeida, 2016, p. 53)

Se houver necessidade de citar diversos documentos de um mesmo autor, cujas datas de publicação coincidam, eles serão distinguidos "pelo acréscimo de letras minúsculas, em ordem alfabética, após a data e sem espaçamento" (parágrafo 6.1.4). Exemplo:

(BUNGE, 1974a, p. 12)
(BUNGE, 1980b, p. 208)

Dentro dos parênteses, os sobrenomes são separados por ponto e vírgula. Fora dos parênteses, são separados pela conjunção *e* se forem dois, e por vírgula e pela conjunção *e* se mais de dois. Exemplo:

(MARCONI; LAKATOS, 2017a, p. 15)
Afirmam Marconi e Lakatos (2017a, p. 15)...
(MARCONI; LAKATOS, 2017a, p. 83; MINAYO, 2014, p. 166)
(BOOTH; COLOMB; WILLIAMS, 2019, p. 222)
Ressaltam Booth, Colomb e Williams (2019, p. 222)...

Se várias obras de um mesmo autor são citadas, o ano de publicação aparece separado por vírgula. Exemplo:

Em três oportunidades, Marconi e Lakatos (2017a, 2017b, 2017c) destacam...

Citações com mais de três linhas, como já dissemos, são transcritas em parágrafo próprio, "destacada com recuo de 4 cm da margem esquerda, com letra menor que a do texto utilizado e sem as aspas" (parágrafo 5.3). Exemplo:

> Para Demo (2011, p. 60), as áreas do conhecimento não são superiores umas às outras e seria fundamental superar a tendência de considerar as Ciências Humanas e sociais menores ou não ciências. Afirma:
>
> ← 4 cm → Do ponto de vista do método científico de cariz lógico-experimental, as Ciências Humanas e sociais mostram dificuldades de aí se encaixarem, embora sempre seja possível esse esforço. Não há qualidade humana que não tenha base quantitativa. Parte da crítica, no entanto, pode ser adequada, porque é comum em Ciências Humanas e sociais o desprezo pela empiria, por exemplo, contentando-se com discursos frouxos, filosofantes, verbosos.

A norma distingue ainda duas formas para as chamadas: (1) se o sobrenome do autor citado ou nome de uma instituição for colocado entre parênteses, ele será grafado com letras maiúsculas; (2) se o sobrenome do autor citado ou nome da instituição de onde o texto provém aparecer fora dos parênteses, ele é grafado apenas com a letra inicial em maiúscula (parágrafo 5 da NBR). Observe a referência a Demo (apenas com a letra inicial em maiúscula) no exemplo anterior e a DEMO no próximo exemplo (agora, entre parênteses e com todas as letras em maiúsculas):

> Através do método científico bem utilizado, conseguimos ver melhor, embora nunca tudo. Desfaz-se, assim, a pretensão de devassar a realidade analiticamente, voltando à modéstia de Einstein: nossas teorias veem facetas seletivas e pequenas; como somos parte da natureza, a vemos como parte, parcialmente (DEMO, 2012, p. 20).

Agora, um exemplo de texto retirado de um livro de uma instituição:

> Lembre que *gender* (gênero) refere-se ao papel, não ao sexo biológico, e é cultural. Evite ambiguidade na identidade sexual ou no papel do gênero utilizando substantivos, pronomes e adjetivos que descrevem especificamente seus participantes. Tendenciosidades sexistas podem ocorrer quando os pronomes são usados sem cuidado, como, por exemplo, quando o pronome masculino *he* (ele) é usado para se referir a ambos os sexos ou quando o pronome masculino ou feminino é usado exclusivamente para definir os papéis pelo sexo (p. ex., *the nurse... she"* [ela]). O uso de *man* (homem) como substantivo genérico ou na terminação de um título ocupacional (por exemplo, *policeman* em vez de *police officer*) pode ser ambíguo e erroneamente sugerir que todas as pessoas do grupo são do sexo masculino. Especifique claramente se você está ser referindo a um ou a ambos os sexos (AMERICAN PSYCHOLOGICAL ASSOCIATION, 2012, p. 96).

Se o nome da instituição aparecer fora dos parênteses, temos:

> Afirma a American Psychological Association (2012, p. 96):
>
>> Lembre que *gender* (gênero) refere-se ao papel, não ao sexo biológico, e é cultural. Evite ambiguidade na identidade sexual ou no papel do gênero utilizando substantivos, pronomes e adjetivos que descrevem especificamente seus participantes. Tendenciosidades sexistas podem ocorrer quando os pronomes são usados sem cuidado, como, por exemplo, quando o pronome masculino *he* (ele) é usado para se referir a ambos os sexos ou quando o pronome masculino ou feminino é usado exclusivamente para definir os papéis pelo sexo (p. ex., *the nurse... she"* [ela]). O uso de *man* (homem) como substantivo genérico ou na terminação de um título ocupacional (por exemplo, *policeman* em vez de *police officer*) pode ser ambíguo e erroneamente sugerir que todas as pessoas do grupo são do sexo masculino. Especifique claramente se você está ser referindo a um ou a ambos os sexos.

Se a obra referenciada é composta de mais de um volume, temos, no corpo do texto:

(SOBRENOME, 2018, v. 1, p. 22-28)

Na lista de referências, temos, por exemplo, se forem dois os volumes:

SOBRENOME, Prenomes. *Título da obra*. Edição. Local: Editora, ano. 2 v.

1.2 Citação indireta

Citações indiretas são constituídas por paráfrases de texto de terceiros. Podem conter um resumo das ideias apresentadas nesse texto de terceiros, ou um comentário, ou uma crítica a ele etc. O parágrafo 3.4 da NBR 10520 assim define *citação indireta*: "texto baseado na obra do autor consultado". Como não se trata de transcrição literal, mas de uma paráfrase, esse tipo de citação não admite aspas.

Duas são as formas de citar textos alheios: fazer referência genérica a toda uma obra e fazer referência precisa a uma página. Na primeira forma, segundo o sistema autor-data, citamos apenas o sobrenome do autor (em letras maiúsculas) e o ano da obra entre parênteses. Referimo-nos nesse caso a toda a obra. Se o sobrenome aparecer no enunciado ("Segundo Silva...."; "como define Medeiros..."), o sobrenome é grafado apenas com a letra inicial em maiúscula. Na segunda forma, temos uma referência a um trecho específico de uma obra, a um parágrafo ou um enunciado. Suponhamos no primeiro caso que estejamos fazendo referência ao livro *Metodologia das ciências sociais*, de Max Weber (5ª edição, publicado pela Cortez Editora em coedição com a Editora Unicamp, em 2016):

> Para Weber (2016), a objetividade das Ciências Sociais apoia-se na neutralidade valorativa. Daí, sua preocupação com o rigor da explicação causal.

A afirmação é genérica; constitui o tema da obra de Weber. Por isso, não se refere a uma página específica. Todavia, se fizermos referência ao conceito de *dominação legal* e nos basearmos em um trecho específico de sua obra, então a indicação precisa da página é necessária:

> Para Weber (2016, p. 544), o tipo mais comum e tecnicamente mais puro de dominação legal é a dominação burocrática. Postula, no entanto, que nenhuma dominação é exclusivamente burocrática, visto que nenhuma é exercida apenas por funcionários contratados.

Se houver necessidade de fazer referência a mais de uma obra de um autor, onde defende as mesmas ideias, o ano das obras é separado por vírgulas. Suponhamos que estejamos nos referindo ao tratamento que Pedro Demo dá ao argumento de autoridade em *Metodologia científica em ciências sociais* (2014) e *Introdução à metodologia da ciência* (2015). No caso da citação genérica, temos:

> Para Demo (2014, 2015), o argumento de autoridade...

No caso da citação precisa:

> Para Demo (2014, p. 41, 2015, p. 38), não se confundem o argumento de autoridade com a autoridade do argumento.

Se forem relacionados simultaneamente diversos textos de vários autores, estes são separados por ponto e vírgula, em ordem alfabética (parágrafo 6.1.5 da NBR 10520):

> Os livros de metodologia científica (DEMO, 2014, p. 104-122, 2015, p. 90-100; MINAYO, 2014, p. 166; TRIVIÑOS, 2015, p. 21-24), em geral, por causa de sua importância nos estudos sociais, dedicam-se, às vezes extensamente, a explicar o conceito de dialética.

1.3 Citação de citação

De modo geral, deve-se evitar fazer citação que terceiros citaram, o que se denomina *citação de citação*, ou seja, não se teve contato com a obra citada, mas por meio de uma citação de terceiros. Todavia, há casos em que se revela impossível a consulta ao original. Nesse caso, faz-se a citação, valendo-se da expressão latina *apud*. Exemplo:

> Em pesquisa científica, "não formular o problema é andar às cegas" (DEWEY *apud* RUDIO, 2014, p. 19).

1.4 Supressão e acréscimo

Supressões em um texto citado literalmente são indicadas por meio de colchetes e reticências [...]. Da mesma forma, se quem está citando, por necessidade de esclarecimento, fizer alguma interpolação, esta aparecerá entre colchetes. Exemplos:

> Para Minayo (2014, p. 144), "a fenomenologia da *vida cotidiana* trabalha com o fato de que as pessoas se situam na vida com suas angústias e preocupações, em intersubjetividade com seus semelhantes [...] e isso constitui a existência social".
>
> Lima (2007, p. 420) sustenta que "o cientista [aqui, Lima refere-se ao cientista da área de ciências exatas] e o historiador operam com um sistema de filtragem", constituído pela teoria que utiliza: "a ausência de um quadro teórico torna tanto a experiência científica quanto o documento aglomerados cegos".

1.5 Destaque

Se houver necessidade de destacar alguma expressão do texto citado, ao final da citação deve aparecer, entre colchetes, a expressão *destaque nosso* [destaque nosso]. Exemplo:

> Afirma Lima (2007, p. 459) que "não há gênero [refere-se a gêneros textuais] sem a adoção de certas regras básicas, as quais *têm menos uma função normativa do que orientadora do processo de comunicação desejável* [destaque nosso].

1.6 Sistemas de chamada

Dois são os sistemas de chamada: sistema autor-data e o sistema numérico.

No **sistema autor-data**, a referência se dá "pelo sobrenome de cada autor ou pelo nome de cada entidade responsável até o primeiro sinal de pontuação, seguido(s) da data de publicação do documento e da(s) página(s) da citação, no caso de citação direta, separados por vírgula e entre parênteses". Se não há indicação de autoria, faz-se a referência "pela primeira palavra do título seguida de reticências [...], seguida da data de publicação do documento e da(s) página(s) da citação" (NBR 10520, n. 6.3). A norma estabelece ainda que "se o título iniciar por artigo (definido ou indefinido), ou monossílabo [uma preposição acompanhada ou não de artigo definido], este deve ser incluído na indicação da fonte". Exemplo:

No texto, teríamos (além da grafia do título, observar a posição do ano (omite-se a data) e da página):

> Este é um comportamento difícil de entender (REAÇÃO..., 2020, p. A2).
> Faltou um pouco de elegância (A CARTA..., 2020, p. A2).
> É uma administração que provoca calafrios (UM GOVERNO..., 2020, p. A3).
> Como são tortuosos os caminhos dos acordos! (ENFIM um acordo, 2020, p. A3).

Na lista de referências (além da grafia das primeiras palavras do título, observar a posição da página e da data completa):

> REAÇÃO corporativa. *Folha de S. Paulo*, São Paulo, ano 100, n. 33.210, p. A2, 6 mar. 2020.
> A CARTA de Regina. *Folha de S. Paulo*, São Paulo, ano 100, n. 33.210, p. A2, 6 mar. 2020.
> UM GOVERNO de outro mundo. *O Estado de S. Paulo*, São Paulo, ano 141, n. 46.161, p. A3, 6 mar. 2020.
> ENFIM um acordo. *O Estado de S. Paulo*, São Paulo, ano 141, n. 46.161, p. A3, 6 mar. 2020.

No **sistema numérico**, as referências são numeradas sequencialmente, em geral considerando os capítulos (se o texto é dividido por capítulos). A NBR 10520 afirma no parágrafo 6.2:

> Neste sistema, a indicação da fonte é feita por uma numeração única e consecutiva, em algarismos arábicos, remetendo à lista de referências ao final do trabalho, do capítulo ou da parte, na mesma ordem em que aparecem no texto. Não se inicia a numeração das citações a cada página.

Para a norma, ainda, no parágrafo 6.2.1, "a indicação da numeração pode ser feita entre parênteses, alinhada ao texto, ou situada pouco acima da linha do texto em expoente à linha do mesmo, após a pontuação que fecha a citação" (a segunda forma é mais comum):

> Para Demo (1), "a fé dispensa argumento, estabelecendo um vínculo forte e afetivo com entidade transcendental que não cabe no método científico".
> Para Demo,[1] "a fé dispensa argumento, estabelecendo um vínculo forte e afetivo com entidade transcendental que não cabe no método científico".

Na lista de referências, temos:

> ¹ DEMO, Pedro. *Praticar ciência*: metodologia do conhecimento científico. São Paulo: Saraiva, 2011. p. 153.

No sistema numérico, ao final do capítulo ou de todo o texto, faz-se uma lista de referências, segundo a ordem em que foram aparecendo no texto, diferentemente, pois, do sistema autor-data, em que a ordenação da lista de referências se faz alfabeticamente pelo sobrenome do autor. Poderíamos, por exemplo, ter numa possível lista de um sistema numérico:

> 1. MARCONI, Marina de Andrade; LAKATOS, Eva Maria. *Metodologia científica*. 7. ed. São Paulo: Atlas, 2017.
> 2. BOOTH, Wayne C.; COLOMB, Gregory G.; WILLIAMS, Joseph M. *A arte da pesquisa*. Tradução de Henrique A. Rego Monteiro. São Paulo: Martins Fontes, 2019.

Se optássemos pelo sistema autor-data, a lista de referências seria por ordem alfabética, com entrada pelo sobrenome do autor:

> BOOTH, Wayne C.; COLOMB, Gregory G.; WILLIAMS, Joseph M. *A arte da pesquisa*. Tradução de Henrique A. Rego Monteiro. São Paulo: Martins Fontes, 2019.
> MARCONI, Marina de Andrade; LAKATOS, Eva Maria. *Metodologia científica*. 7. ed. São Paulo: Atlas, 2017.

No sistema numérico, se um mesmo autor é citado mais de uma vez, temos o uso de expressões latinas grafadas com destaque.

• Se duas ou mais citações de um mesmo autor e de uma mesma obra são feitas em sequência, utiliza-se a expressão latina *idem* (que significa mesmo autor):

No texto, teríamos:

> Para Demo,¹ "método, em ciência, possui a pretensão de oferecer garantias mais ou menos negociáveis, em especial em nos guiar para o destino procurado de produção de conhecimento confiável".

> Ainda segundo Demo,[2] "não sabemos, porém, como a realidade é, porque a interpretamos, mesmo usando método científico".

Na lista de referências, teríamos:

> 1. DEMO, Pedro. *Ciência rebelde*: para continuar aprendendo cumpre desestruturar-se. São Paulo: Atlas, 2012. p. 65.
> 2. *Idem*, 2012, p. 66.

- Também pode aparecer em referências a expressão *ibidem* (= na mesma obra). *Ibidem* é expressão usada quando duas ou mais notas de rodapé se referem à mesma obra. Exemplo:

> 1. DEMO, Pedro. *Ciência rebelde*: para continuar aprendendo cumpre desestruturar-se. São Paulo: Atlas, 2012. p. 65.
> 2. *Idem, ibidem*, p. 66.

O número da referência é destacado, ou seja, a segunda linha de uma referência (quando ela ocupa mais de uma linha) começa sob a primeira letra da linha anterior.

- Se, porém, as citações de um mesmo autor são entremeadas por outro, é outra a expressão latina utilizada (*op. cit.*).

No texto, teríamos:

> Para Demo,[1] "método, em ciência, possui a pretensão de oferecer garantias mais ou menos negociáveis, em especial em nos guiar para o destino procurado de produção de conhecimento confiável".
> A American Psychological Association[2] orienta o pesquisador a reconhecer "as limitações de sua pesquisa" e a abordar "explicações alternativas dos resultados", bem como a discutir "a generalizabilidade, ou validade externa dos resultados".
> Ainda segundo Demo,[3] "não sabemos, porém, como a realidade é, porque a interpretamos, mesmo usando método científico".

Na lista de referências, teríamos:

> 1. DEMO, Pedro. *Ciência rebelde*: para continuar aprendendo cumpre desestruturar-se. São Paulo: Atlas, 2012. p. 65.
> 2. AMERICAN PSYCHOLOGICAL ASSOCIATION. *Manual de publicação APA*. Tradução de Daniel Bueno. Porto Alegre: Penso, 2012. p. 56.
> 3. DEMO, Pedro. *Op. cit.*, p. 66.

A numeração das referências pode ser feita no nível do texto (veja exemplo anterior), ou elevada:

> [1] DEMO, Pedro. *Ciência rebelde*: para continuar aprendendo cumpre desestruturar-se. São Paulo: Atlas, 2012. p. 65.
> [2] AMERICAN PSYCHOLOGICAL ASSOCIATION. *Manual de publicação APA*. Tradução de Daniel Bueno. Porto Alegre: Penso, 2012. p. 56.
> [3] DEMO, Pedro. *Op. cit.*, p. 66.

A expressão *op. cit.* significa que se está referindo a uma obra citada nas páginas anteriores. É usada logo após o nome do autor ou do título (quando a obra não tiver autor), seguida do número da página da citação. Evite o uso de *op. cit.* para referência de capítulo anterior. Sempre que iniciar novo capítulo, ainda que uma obra tenha sido citada em capítulo anterior, repita as informações completas na primeira vez.

Outras expressões latinas usadas em referências:

- ***Passim*** (= aqui e ali): Essa expressão é usada para indicar que a informação obtida é tratada em várias passagens ao longo do texto referido. Exemplo:

> [33] CASTRO, C. M. *Estrutura e apresentação de publicações científicas*. São Paulo: McGraw-Hill do Brasil, 1990. *Passim*.

- ***Apud*** (= citado por). É expressão usada quando se transcrevem palavras textuais ou conceitos de um autor a que não se teve acesso diretamente, mas por meio de terceiros. Exemplo:

> [22] CASTRO, 1976. *Apud* KOTAIT, I. *Editoração científica*. São Paulo: Ática, 1981. p. 12.

- **Et al.** Para a NBR 6023 (n. 8.1.1.2), "quando houver quatro ou mais autores, *convém indicar todos*. Permite-se que se indique apenas o primeiro, seguido da expressão *et al.*" [destaque nosso].

Com até três autores, todos são citados:

> CERVO, Amado Luis; BERVIAN, Pedro Alcino; SILVA, Roberto da. *Metodologia científica*. 6. ed. São Paulo: Pearson, 2014.

Com mais de três autores, duas são as formas: (1) citação de todos os autores (forma recomendável). (2) Citação do primeiro autor acompanhado da expressão *et al.* (forma apenas permitida).

No texto, poderíamos ter algo como:

> "Como a interpretação está inextricavelmente ligada à análise [...], pode ser bom apresentar, antes da discussão de processos analíticos, um esclarecimento do processo de interpretação (SELLTIS; JAHODA; DEUTSCH; COOK, p. 439).

Ou:

> "Como a interpretação está inextricavelmente ligada à análise [...], pode ser bom apresentar, antes da discussão de processos analíticos, um esclarecimento do processo de interpretação (SELLTIS *et al.*, p. 439).
> Conforme Selltiz, Jahoda, Deutsch e Cook (1974, p. 275), ...

Ou:

> Conforme Selltiz *et al.* (1974, p. 275), ...

Na lista de referências, teríamos:

> SELLTIZ, Claire; JAHODA, Marie; DEUTSCH, Morton; COOK, Stuart W. *Métodos de pesquisa nas relações sociais*. Tradução de Dante Moreira Leite. São Paulo: Editora Pedagógica e Universitária, 1974.

Ou:

> SELLTIZ, Claire et al. *Métodos de pesquisa nas relações sociais*. Tradução de Dante Moreira Leite. São Paulo: Editora Pedagógica e Universitária, 1974.

- **In.** Expressão usada em duas ocasiões: citação de um capítulo de uma obra do mesmo autor do livro; citação de um capítulo de obra de outro autor. Exemplos:

No texto, poderíamos ter:

> Para Candido (*In*: ABDALA JUNIOR, 2019, p. 27), o incesto, em *Os Maias*, de Eça de Queirós, "não é apenas coragem naturalista, nem truque sensacional. É também semente de significados profundos, é ironia trágica reveladora das nossas impossibilidades".

Na lista de referências, teríamos:

> CANDIDO, Antonio. Eça de Queirós, passado e presente. *In*: ABDALA JUNIOR, Benjamin (org.). *Ecos do Brasil*: Eça de Queirós, leituras brasileiras e portuguesas. São Paulo: Edições Sesc, 2019. p. 15-30.

Agora, imaginemos que um capítulo de Habermas tenha sido sugerido como leitura. Teríamos:

> HABERMAS, Jürgen. Teoria da sociedade de Talcott Parsons: problemas de construção. *In*: HABERMAS, Jürgen. *Teoria do agir comunicativo*: sobre a crítica da razão funcionalista. Tradução de Flávio Beno Siebeneichler. São Paulo: WMF Martins Fontes, 2012. Cap. 7.

Na lista de referências:

> HABERMAS, Jürgen. Teoria da sociedade de Talcott Parsons: problemas de construção. *In*: HABERMAS, Jürgen. *Teoria do agir comunicativo*: sobre a crítica da razão funcionalista. Tradução de Flávio Beno Siebeneichler. São Paulo: WMF Martins Fontes, 2012. v. 2, p. 357-542.

Observações: (1) A expressão latina *In* é acompanhada de dois-pontos. (2) O nome da parte (capítulo) não é destacado (não se grafa com itálico).

(3) Ao final da referência, coloca-se a informação das páginas iniciais e finais em que o texto se encontra (**não** se abrevia a citação das páginas: p. 122-3; p. 450-69).

- *Sic*. Essa expressão latina é usada para salientar uma informação ou uma grafia indevida que ocorre no texto transcrito. Significa "assim" (= "assim mesmo no original"). Recomenda-se que seu uso se atenha à imprescindibilidade. É de lembrar que a transcrição de textos em trabalhos acadêmico-científicos não segue as mesmas regras da fidelidade exigida em textos de processos judiciais. A transcrição em trabalhos científicos tem relação com o conteúdo da informação. Não se trata de uma "prova", que não pode ser tocada para não perder a validade. O leitor pode estranhar, por exemplo, o rigor de um autor que, numa transcrição literal, depois da palavra *eficiencia* venha a colocar (*sic*), mas, cinco páginas adiante, venha ele mesmo a escrever intrin*s*icamente. Nesse caso, seria preferível colocar o acento em *eficiência,* deixando de salientar a falta de acento (que, convenhamos, é insignificante).

2 PRÁTICA DE ELABORAÇÃO DE REFERÊNCIAS BIBLIOGRÁFICAS

A elaboração de referências bibliográficas no Brasil orienta-se pela NBR 6023, da Associação Brasileira de Normas Técnicas (ABNT). Outra norma utilizada sobretudo em publicações internacionais é a de Vancouver. Trataremos neste capítulo das normas da ABNT, que define referência como "conjunto padronizado de elementos descritivos, retirados de um documento, que permite sua identificação individual" (parágrafo 3.9), e faremos breves comentários com relação à norma Vancouver.

Em regras gerais de apresentação, a norma citada estabelece que, na lista de referências, "as referências devem ser elaboradas em espaço simples, alinhadas à margem esquerda do texto e separadas entre si por uma linha em branco de espaço simples" (n. 6.3). Elas podem aparecer: em rodapé (cada dia menos frequente, e isso se se optar pelo sistema numérico), ao final de capítulos, partes ou de todo o texto (livro), em lista de referências ao final de todo o texto, antes de resumos, resenhas e erratas. A norma estabelece, ainda, em 6.7 que as referências são "ordenadas em uma única lista".

As informações bibliográficas são retiradas do frontispício da obra. Transcreve-se com rigor o nome do(s) autor(es), bem como o título da obra, local de publicação, nome da editora, ano de publicação.

2.1 Livros

A entrada de uma referência é constituída pelo sobrenome do autor, em letras maiúsculas, seguido por seus prenomes: "O autor deve ser indicado pelo último sobrenome, em letras maiúsculas, seguido do prenome e outros sobrenomes, abreviados ou não, *conforme consta do documento*" (NBR 6023, n. 8.1.1) [destaque nosso]. (Diferentemente da norma Vancouver, em que o sobrenome aparece apenas com a letra inicial maiúscula e os prenomes abreviados, sem pontuação. Exemplo: para Lilia Moritz Schwarcz e Heloisa Murgel Starling, teríamos: Schwarcz LM, Starling HM.) Se os autores forem mais de um, eles são separados por ponto e vírgula (na norma Vancouver, eles são separados por vírgula, como podemos ver no exemplo apresentado). Na referência a obras que apresentam um organizador, coloca-se a abreviatura *org.*, entre parênteses logo após o nome do organizador. Não se pluraliza essa abreviatura, ainda que sejam dois ou mais os organizadores. Exemplos:

> MINAYO, Maria Cecília de Souza. *O desafio do conhecimento*: pesquisa qualitativa em saúde. 14. ed. São Paulo: Hucitec, 2014.
> TRAVAGLIA, Luiz Carlos; FINOTTI, Luisa Helena Borges; MESQUITA, Elisete Maria Carvalho de (org.). *Gêneros de texto*: caracterização e ensino. Uberlândia: Edufu, 2008.
> BOOTH, Wayne C.; COLOMB, Gregory G.; WILLIAMS, Joseph M. *A arte da pesquisa*. Tradução de Henrique A. Rego Monteiro. 3. ed. São Paulo: Martins Fontes, 2019.

Até três autores, todos são nomeados. De quatro em diante, há duas possibilidades: (1) nomear todos (recomendável), ou (2) nomear o primeiro e, em seguida, colocar a expressão latina *et al*. A NBR 6023 (ABNT) estabelece em 8.1.1.2: "Quando houver quatro ou mais autores, *convém* indicar todos. Permite-se que se indique apenas o primeiro, seguido da expressão *et al.*" [destaque nosso]. Temos então (forma recomendável):

PADUA, Jorge; AHMAN, Ingvar; APEZECHEA; Héctor; BORSOTI, Carlos. *Técnicas de investigación aplicadas a las ciencias sociales*. México: Fondo de Cultura Económica, 1979.

Ou (forma permitida):

PADUA, Jorge et al. *Técnicas de investigación aplicadas a las ciencias sociales*. México: Fondo de Cultura Económica, 1979.

Observações:

- **Nome dos autores:** entrada pelo sobrenome simples ou composto se dele fizer parte relação de parentesco (filho, neto, sobrinho). Todavia, serão grafados compostamente "autores com nomes hispânicos, nomes compostos, com grau de parentesco e com sobrenomes com prefixos":

BARBOSA FILHO, Manuel
ABDALA JUNIOR, Benjamin
DELORENZO NETO, Antonio
GARCÍA MÁRQUEZ, Gabriel.
VAN DIJK, Teun A.

Quando uma entidade coletiva assume integral responsabilidade por um trabalho, ela é tratada como autor. Temos:

ASSOCIAÇÃO BRASILEIRA DE NORMAS TÉCNICAS. *ABNT NBR 6023*: informação e documentação: referências: elaboração. Rio de Janeiro: ABNT, 2018.
IBGE. Diretoria Técnica. *Geografia do Brasil*. Rio de Janeiro: Sergraf-IBGE, 1977. 5 v.

- **Título:** é grafado em destaque; em geral, usa-se *itálico*. Título é elemento essencial. Se a entrada da referência (por não haver autor) se dá pelo título, a primeira palavra do título é escrita em letras maiúsculas. Se a primeira palavra é acompanhada de artigo definido ou indefinido, temos então duas palavras grafadas com letras maiúsculas:

MODERNA enciclopédia Melhoramentos. São Paulo: Melhoramentos, 1976.

- **Subtítulo:** é grafado sem nenhum destaque e é precedido de dois-
-pontos. Subtítulo (se houver) é elemento essencial (ou seja, não pode ser omitido).
- **Edição:** se se tratar da primeira edição, não se faz referência a edição; da segunda em diante, usa-se um número arábico, seguido de ponto (a norma não usa números ordinais) e da abreviatura da palavra *edição* (ed.). A abreviatura do numeral ordinal da edição é transcrita conforme consta do texto citado. Poderá ser, por exemplo, 2nd.; 3rd.; 4th. (em inglês, segunda, terceira, quarta); 2nd; 3ème (em francês, segunda, terceira).
- **Local de publicação:** o nome do local (cidade) de publicação é indicado tal como figura no documento. Se o local da publicação não aparece na obra, mas pode ser identificado, ele deve aparecer nas referências entre colchetes. Por exemplo: [Belo Horizonte]. Se houver ausência de local de publicação da obra, usa-se a abreviatura [*S.l.*], que é abreviatura de *sine loco* (= sem local). Observar que o *S* da abreviatura é maiúsculo. No caso de localidades com o mesmo nome, acrescenta-se o nome do Estado, do país etc. Exemplos:

Presidente Bernardes (SP)
Presidente Bernardes (MG)

Se há mais de um local para uma editora no frontispício da obra, indica-se a primeira mencionada na publicação.

- **Editora:** grafa-se apenas o nome que a identifica, eliminando-se as palavras que designam a natureza jurídica ou comercial, como: "Cia.", "S.A." etc. Palavras como *Editora, Livraria*, se constarem do nome da editora, são eliminadas, desde que dispensável para sua identificação. Para referência a editoras universitárias, ou outro tipo de instituição, no entanto, se usa a palavra *editora*. Exemplos:

Editora da Unicamp
Editora UFMG
Editora Senac

Se são duas as editoras, mas da mesma cidade, a separação das editoras se faz com dois-pontos:

São Paulo: Brasiliense: Edusp, 2020

Rio de Janeiro: José Olympio: Editora UFRJ

Se duas são as editoras e de localidades diferentes, temos o uso de ponto e vírgula separando as localidades e editoras:

LAVILLE, Christian; DIONNE, Jean. *A construção do saber*. Tradução de Heloísa Monteiro e Francisco Settineri. Porto Alegre: Artmed; Belo Horizonte: Editora UFMG, 2007.

Se o nome da editora ou do editor não constar do frontispício nem de nenhum outro lugar do livro, utiliza-se a abreviatura de *sine nomine* (= sem nome): [s.n.]. Se o local e o editor não são identificados na obra, utilizam-se ambas as expressões: [S.l.: s.n.].

- **Ano de publicação:** é indicado em algarismos arábicos. Quando não é localizado no frontispício da obra, mas pode ser encontrado em algum lugar do texto (prefácio, orelha, ou no colofão), faz-se referência ao ano entre colchetes. A norma estabelece: "Se nenhum ano de publicação, distribuição, copirraite, impressão, entre outros, puder ser localizado no documento, deve ser indicado um ano, entre colchetes" (n. 8.6.1.3):

Ano certo, mas não indicado [2019]

Ano aproximado: [ca. 2016]

Ano provável: [2016?]

Ano: um ou outro: [1950 ou 1951]

Ano indicado com intervalo menor de 20 anos [entre 1906 e 1912]

Década certa: [199-]

Década provável: [199-?]

Século certo: [20--]

Século provável: [20--?]

Em algumas referências publicadas em livros ou em artigos científicos, o leitor pode encontrar o ano de publicação entre parênteses, logo depois do nome do autor. Para a NBR 6023, o ano da publicação é posto ao final, depois do nome da editora, separado por vírgula. Exemplo:

BRANDÃO, Carlos Rodrigues (org.). *Pensando a pesquisa participante*. São Paulo: Brasiliense, 1984.

Embora não estejamos tratando da norma Vancouver, destacamos que também nela o local do ano é ao final da referência, separando-se da editora, porém com ponto e vírgula; não é entre parênteses, depois do nome do(s) autor(es).

- **Página e volume:** a página é indicada depois do ano de publicação. Se entre parênteses, no sistema autor-data, ela aparece depois da vírgula:

(BRANDÃO, 1984, p. 35)

Se necessário citar o número de páginas na lista de referências (caso que se dá quando se cita um capítulo de um livro que se encontra em uma obra sob a responsabilidade de um organizador, ou capítulo de um mesmo autor), a referência às páginas aparece depois do ano da publicação com a abreviação de página (p.), com *p* minúsculo e os números das páginas:

CALAIS, Sandra Leal. Delineamento de levantamento ou *survey*. In: BAPTISTA, Makilim Nunes; CAMPOS, Dinael Corrêa de. *Metodologias de pesquisa em ciências*: análises quantitativa e qualitativa. 2. ed. Rio de Janeiro: LTC, 2016. p. 105-114.
HABERMAS, Jürgen. Teoria da sociedade de Talcott Parsons: problemas de construção. *In*: HABERMAS, Jürgen. *Teoria do agir comunicativo*: sobre a crítica da razão funcionalista. Tradução de Flávio Beno Siebeneichler. São Paulo: WMF Martins Fontes, 2012. v. 2, p. 357-542.

- **Elementos complementares:** para a norma da ABNT, se necessário, "acrescentam-se elementos complementares à referência para melhor identificar o documento" (n. 7.1.1) [destaque nosso]. Observar que, uma vez utilizado elemento complementar em uma referência, mantém-se o padrão, a uniformidade com relação a outras referências, como é o caso de uma **tradução**. Se introduzimos o tradutor em uma referência a obra traduzida, todas as obras traduzidas que da lista constarem terão referência ao tradutor. O nome do tradutor é posto imediatamente ao título ou subtítulo se houver. Exemplos de elementos complementares:

LAVILLE, Christian; DIONNE, Jean. *A construção do saber*. Tradução de Heloísa Monteiro e Francisco Settineri. Adaptação de Lana Mara Siman. Porto Alegre: Artmed; Belo Horizonte: Editora UFMG, 2007.

WEBER, Max. *Metodologia das ciências sociais*. Tradução de Augustin Wernet. Introdução à edição brasileira de Maurício Tragtenberg. 5. ed. São Paulo: Cortez; Campinas: Editora Unicamp, 2016.

- **Citação de mais de um livro do mesmo autor**. Nesse caso, há duas possibilidades: (1) expor as referências em ordem cronológica decrescente do ano de publicação, ou (2) seguir a ordem alfabética dos títulos das obras. Teríamos então:

Ordem cronológica decrescente (da mais atual para a mais antiga):

DEMO, Pedro. *Introdução à metodologia científica*. 2. ed. São Paulo: Atlas, 2015.

DEMO, Pedro. *Ciência rebelde*: para continuar aprendendo, cumpre desestruturar-se. São Paulo: Atlas, 2012.

DEMO, Pedro. *Praticar ciência*: metodologias do conhecimento científico. São Paulo: Saraiva, 2011.

Ou ordem alfabética dos títulos das obras:

DEMO, Pedro. *Ciência rebelde*: para continuar aprendendo, cumpre desestruturar-se. São Paulo: Atlas, 2012.

DEMO, Pedro. *Introdução à metodologia científica*. 2. ed. São Paulo: Atlas, 2015.

DEMO, Pedro. *Praticar ciência*: metodologias do conhecimento científico. São Paulo: Saraiva, 2011.

Se o ano de publicação coincidir, para diferenciar as referências de um mesmo autor usam-se letras depois do ano:

MARCONI, Marina de Andrade; LAKATOS, Eva Maria. *Fundamentos de metodologia científica*. 8. ed. São Paulo: Atlas, 2017a.

MARCONI, Marina de Andrade; LAKATOS, Eva Maria. *Metodologia do trabalho científico*. 8. ed. São Paulo: Atlas, 2017b.

MARCONI, Marina de Andrade; LAKATOS, Eva Maria. *Técnicas de pesquisa*. 8. ed. São Paulo: Atlas, 2017c.

- **Citação de livros que apresentam "indicação explícita de responsabilidade pelo conjunto da obra" (org.; coord.).** A entrada é feita pelo nome do responsável, que pode ser um coordenador, um editor, um organizador. A abreviatura dessas expressões é feita no singular e posta entre parênteses:

BRANDÃO, Alfredo de Barros L. (comp.). *Modelos de contratos, procurações, requerimentos e petições*. 5. ed. São Paulo: Trio, 1974.

SOUSA, Maria Margarete Fernandes de; LEAL, Abniza Pontaes de Barros; SILVA, Luciene Helena da; IRINEU, Lucineudo Machado (org.). *Gêneros*: do texto ao discurso. Campinas: Pontes, 2018.

2.2 Parte de um livro (capítulo)

Considera-se parte de um livro: uma seção, um capítulo, uma parte com título próprio. O autor pode ser o mesmo do livro, ou um autor próprio. Exemplos:

DEMO, Pedro. Positivismo e pretensão de validade absoluta. *In*: DEMO, Pedro. *Ciência rebelde*: para continuar aprendendo, cumpre desestruturar-se. São Paulo: Atlas, 2012. p. 5-26.

LE BOTERF, Guy. Pesquisa participante e reflexões metodológicas. *In*: BRANDÃO, Carlos Rodrigues (org.). *Repensando a pesquisa participante*. São Paulo: Brasiliense, 1984. p. 51-81.

NABUCO, Joaquim. A escravidão atual. *In*: NABUCO, Joaquim. *O abolicionismo*. Rio de Janeiro: Nova Fronteira; São Paulo: Publifolha, 2000. p. 85-96.

O autor do capítulo não é o autor (ou organizador) da obra:

FRANÇA, Jean M. Carvalho. Capistrano de Abreu: caminhos para uma história do Brasil. *In*: ABREU, Capistrano de. *Capítulos de história colonial*: 1500-1800. Edição revista, anotada e prefaciada por José Honório Rodrigues. 7. ed. Belo Horizonte: Itatiaia; São Paulo: Publifolha, 2000. p. 273-279.

Observar que, quando se cita parte de um livro, necessariamente, depois do ano de publicação deve aparecer a referência às páginas onde se encontra o texto.

2.3 Trabalhos acadêmicos: teses de doutorado e dissertações de mestrado

A ordem dos elementos é a seguinte: autor, título, subtítulo (se houver), ano do depósito, tipo de trabalho (tese, dissertação, TCC), vinculação acadêmica, local da defesa, ano. Exemplo:

LAKATOS, Eva Maria. *O trabalho temporário*: nova forma de relações sociais. 1979. Tese (Livre-docência em Sociologia) – Escola de Sociologia e Política de São Paulo, São Paulo, 1979. 2 v.

SCHWARTZMANN, Saulo Nogueira. *Semiótica da composição pictural*: o jogo tensivo entre o figurativo e o plástico na série das Ligas de Wesley Duke Lee. 2014. Dissertação (Mestrado em Semiótica) – Faculdade de Filosofia, Letras e Ciências Humanas, Universidade de São Paulo, São Paulo, 2014.

HOLANDA, Rita de Cássia. *Percepções da reconceituação no curso de Serviço Social*. Franca, 1985. Trabalho de Conclusão de Curso (Bacharelado em Serviço Social) – Faculdade de História, Direito e Serviço Social da Universidade Estadual Paulista – Franca, 1985.

Com elementos complementares, temos (com orientador e número de folhas):

SCHWARTZMANN, Saulo Nogueira. *Semiótica da composição pictural*: o jogo tensivo entre o figurativo e o plástico na série das Ligas de Wesley Duke Lee. Orientador: Ivã Carlos Lopes. 2014. 152 f. Dissertação (Mestrado em Semiótica) – Faculdade de Filosofia, Letras e Ciências Humanas, Universidade de São Paulo, São Paulo, 2014.

Apenas com o número de folhas (sem informação sobre o orientador):

LAKATOS, Eva Maria. *O trabalho temporário*: nova forma de relações sociais. 1979. XXX f. Tese (Livre-docência em Sociologia) – Escola de Sociologia e Política de São Paulo, São Paulo, 1979. 2 v.

HOLANDA, Rita de Cássia. *Percepções da reconceituação no curso de Serviço Social*. 1985. 57 f. Trabalho de Conclusão de Curso (Bacharelado em Serviço Social) – Faculdade de História, Direito e Serviço Social da Universidade Estadual Paulista – Franca, 1985.

2.4 Artigos de periódicos (revistas)

São elementos essenciais para citar um número inteiro: título do periódico (em letras maiúsculas), local da publicação, editora, data de início e de encerramento da publicação (se houver), período consultado. Exemplo:

REVISTA BRASILEIRA DE ANTROPOLOGIA. São Paulo: USP, 1986. 29 v.
CONJUNTURA ECONÔMICA. *As 500 maiores empresas do Brasil*. Rio de Janeiro: FGV, v. 38, n. 9, set. 1984. 135 p. Edição especial.

Para citar um artigo publicado em um periódico impresso, são elementos essenciais: autor, título do artigo, título do periódico, local de publicação, numeração do ano e/ou volume, número e/ou edição, páginas inicial e final, data da publicação. Exemplos:

FAGUNDES, Gustavo Gonçalves. O racismo no caso brasileiro e as raízes da superexploração do proletariado negro. *Em Pauta*, Rio de Janeiro, Faculdade de Serviço Social da Universidade da UERJ, v. 18, n. 45, v. 18, p. 55-68, 1º semestre de 2020.
COSTA, V. R. À margem da lei: o Programa Comunidade Solidária. *Em Pauta*, Rio de Janeiro, Faculdade de Serviço Social da UFRJ, n. 12, p. 131-148, 1998.
CARMONA, Carlos Alberto. Arbitragem e jurisdição. *Revista de Processo*, São Paulo, v. 15, n. 38, p. 33-40, abr./jun. 1990.
QUEIROZ, Christina. O gênero da ciência. *Pesquisa Fapesp*, São Paulo, edição 289, p. 19-25, mar. 2020.
BOURDIEU, Pierre. Espaço físico, espaço social e espaço físico apropriado. *Estudos Avançados*, São Paulo, Universidade de São Paulo, v. 27, n. 79, p. 133-144, 2013.

Se se tratar de publicação periódica em meio eletrônico, acrescentam-se o endereço eletrônico e a data de acesso ao texto. Exemplos:

BARBOSA, Antonio Rafael. Política e moral nas prisões brasileiras. *Tempo Social*, São Paulo, v. 31, n. 3, set./dez. 2019. Disponível em: http://www.scielo.br/scielo.php?script=sci_arttext&pid=S0103-20702019000300121&lng=pt&nrm=iso&tlng=pt. Acesso em: 10 mar. 2020.

QUEIROZ, Christina. O gênero da ciência. *Pesquisa Fapesp*, São Paulo, edição 289, p. 19-25, mar. 2020. Disponível em: https://revistapesquisa.fapesp.br/2020/03/04/o-genero-da-ciencia/. Acesso em: 11 mar. 2020.

BOURDIEU, Pierre. Espaço físico, espaço social e espaço físico apropriado. *Estudos Avançados*, São Paulo, Universidade de São Paulo, v. 27, n. 79, p. 133-144, 2013. Disponível em: http://www.revistas.usp.br/eav/article/view/68707/71287. Acesso em: 18 mar. 2020.

Se não constar nome do autor, temos:

MANDADO DE INJUNÇÃO. *Revista de Direito Público*, São Paulo, v. 23, n. 94, p. 146-151, abr./jun. 1990.

2.5 Artigos de jornais

São elementos essenciais: autor, título do artigo, nome do jornal, local de publicação, numeração do ano e/ou volume (se houver), data de publicação, caderno. Estabelece a norma que, se o artigo não se encontra em caderno especial, a paginação do artigo precede a data; caso contrário, a paginação é o último elemento, ou seja, se o artigo consta de um caderno especial, o último elemento da referência é a paginação. Exemplos:

ARGUETA, Katyna. Mulheres, desenvolvimento sustentável e discriminação. *Folha de S. Paulo*, São Paulo, ano 100, n. 33.213, p. A3, 9 mar. 2020.

BLAY, Eva Alterman. Feminicídio e política. *O Estado de S. Paulo*, São Paulo, ano 141, n. 46.164, p. A2, 9 mar. 2020.

Se o texto consta de um caderno especial, o último elemento, como já dissemos, é a referência à página. Exemplo:

FRAGA, Érica; GERCINA, Cristiane. Licença estendida falha em manter mães no marcado. *Folha de S. Paulo*, São Paulo, ano 100, n. 33.213, 9 mar. 2020. Caderno Mercado, p. A19.

BRASIL, Ubiratan. Epopeia apaixonante. *O Estado de S. Paulo*, São Paulo, ano 34, n. 11.588, 9 mar. 2020. Caderno 2, p. C1.

Se se tratar de artigo não assinado, temos a entrada pela primeira palavra do título do artigo em letras maiúsculas. Exemplo:

POPULISMO penal. *Folha de S. Paulo,* São Paulo, ano 100, n. 33.213, p. A2, 9 mar. 2020.
A RUPTURA digital. *O Estado de S. Paulo,* São Paulo, ano 141, n. 46.164, p. A3, 9 mar. 2020.

Se se tratar de artigo publicado em meio eletrônico, temos:

MANSQUE, William; VALLE, Karine dalla. Formandos organizam manifestação de apoio a professor vaiado em cerimônia de formatura de Jornalismo. *Zero Hora,* Porto Alegre, 9 mar. 2020. Disponível em: https://gauchazh.clicrbs.com.br/educacao-e-emprego/noticia/2020/03/formandos-organizam-manifestacao-de-apoio-a-professor-vaiado-em-cerimonia-de-formatura-de-jornalismo-ck7kze6qg02tl01oav9jf1704.html. Acesso em: 10 mar. 2020.
PRAZERES, Leandro. Óleo no Nordeste: município tem aumento de até 570% de toxina cancerígena ligada a petróleo. *O Globo,* Rio de Janeiro, 11 mar. 2020. Disponível em: https://oglobo.globo.com/sociedade/oleo/oleo-no-nordeste-municipio-tem-aumento-de-ate-570-de-toxina-cancerigena-ligada-petroleo-24297829. Acesso em: 11 mar. 2020.

2.6 Eventos

Consideram-se congressos, semanas, seminários, encontros, cujos resultados são transcritos em atas, anais, *proceedings* etc. São elementos essenciais: nome do evento, numeração (se houver), ano e local de realização, título do documento, local da publicação, editora e data de publicação. Exemplos:

Para citar o evento (congresso, encontro, seminário, simpósio) no todo, temos:

CONGRESSO INTERNACIONAL DE DESEMPENHO NO SETOR PÚBLICO, 2., Florianópolis, set. 2019. Disponível em: http://cidesp.com.br/index.php/Icidesp/2cidesp/schedConf/presentations. Acesso em: 11 mar. 2020.
SIMPÓSIO DE GRUPOS DE PESQUISA SOBRE FORMAÇÃO DE PROFESSORES DO BRASIL, 2., 2011, Curitiba, Pontifícia Universidade Católica do Paraná, 2011. *Formação Docente,* v. 10, n. 18, p. 11-18, 21 dez. 2018.

Para citar um trabalho apresentado:

LIMA, Emilia de Freitas; MARIANO, André Luiz Sena. Grupo de estudos em intermulticulturalidade e formação de professores(as). *In*: SIMPÓSIO DE GRUPOS DE PESQUISA SOBRE FORMAÇÃO DE PROFESSORES DO BRASIL, 3., 2016, Guarulhos. *Formação Docente*, Belo Horizonte, v. 10, n. 18, p. 19-30, jan./jul. 2018.

Para citar trabalho apresentado, publicado em meio eletrônico:

QUEIROZ, Flávio de Lima. Indicadores de acesso à informação pública: uma perspectiva cidadã. *In*: ENCONTRO INTERNACIONAL PARTICIPAÇÃO, DEMOCRACIA E POLÍTICAS PÚBLICAS; 4., 2019, Porto Alegre. *Anais* [...] Porto Alegre: Universidade Federal do Rio Grande do Sul, 2019. Disponível em: https://pdpp2019.sinteseeventos.com.br/simposio/view?ID_SIMPOSIO=13. Acesso em: 10 mar. 2020.

BRITO, Luciana Ribeiro de. Insurgência estudantil: o caso das ocupações de escolas estaduais em São Paulo. *In*: CONFERÊNCIA INTERNACIONAL GREVES E CONFLITOS SOCIAIS, 4., 2018, São Paulo. *Anais* [...]. São Paulo: Faculdade de Filosofia, Letras e Ciências Humanas, Universidade de São Paulo, 10 a 13 jul. 2018. Disponível em: http://www.sinteseeventos.com.br/site/iassc/GT2/GT2-08-Luciana.pdf. Acesso em: 11 mar. 2010.

LIMA, Emilia de Freitas; MARIANO, André Luiz Sena. Grupo de estudos em intermulticulturalidade e formação de professores(as). *In*: SIMPÓSIO DE GRUPOS DE PESQUISA SOBRE FORMAÇÃO DE PROFESSORES DO BRASIL, 3., 2016, Guarulhos. *Formação Docente*, Belo Horizonte, v. 10, n. 18, p. 19-30, jan./jul. 2018. Disponível em: https://revformacaodocente.com.br/index.php/rbpfp/article/view/195/170. Acesso em: 11 mar. 2020.

2.7 Referência legislativa

São elementos essenciais: jurisdição, ou cabeçalho da entidade, em letras maiúsculas; epígrafe e ementa e dados da publicação. Exemplo:

BRASIL. [Constituição (1988)]. *Constituição da República Federativa do Brasil*. Texto constitucional promulgado em 5 de outubro de 1988, com as alterações determinadas pelas Emendas Constitucionais de Revisão n°s 1 a 6/94, pelas Emendas Constitucionais n°s 1/92 a 91/2016 e pelo Decreto

Legislativo n. 186/2008. Brasília: Senado Federal, Coordenação de Edições Técnicas, 2016.

BRASIL. (Código Civil [2002]). *Código Civil brasileiro e legislação correlata*. 2. ed. Brasília: Senado Federal, Subsecretaria de Edições Técnicas, 2008.

SÃO PAULO (Estado). Decreto n. 33.161, 2 abr. 1991. *São Paulo Legislação*: coletânea de leis e decretos. São Paulo, v. 27, n. 4, p. 42, abr. 1991.

SÃO PAULO. Lei n. 17.230, de 9 dezembro de 2019. Dispõe sobre o fornecimento de alimentação especial, na merenda escolar, adaptada para alunos com restrições alimentares, em todas as escolas da rede pública estadual de ensino do Estado de São Paulo. *Diário Oficial Estado de São Paulo*, v. 129, n. 233, 10 dez. 2019.

Se o texto provém de publicação eletrônica, temos:

SÃO PAULO. Lei n. 17.230, de 9 dezembro de 2019. Dispõe sobre o fornecimento de alimentação especial, na merenda escolar, adaptada para alunos com restrições alimentares, em todas as escolas da rede pública estadual de ensino do Estado de São Paulo. *Diário Oficial Estado de São Paulo*, v. 129, n. 233, 10 dez. 2019. Disponível em: http://dobuscadireta.imprensaoficial.com.br/default.aspx?DataPublicacao=20191210&Caderno=DOE-I&NumeroPagina=1. Acesso em: 11 mar. 2020.

2.8 Jurisprudência

Para a referência a acórdãos, decisão interlocutória, despacho, sentença, súmula, os elementos essenciais são: jurisdição (em letras maiúsculas), nome da corte ou tribunal, turma e/ou região (entre parênteses, se houver), vara, ofício, cartório, câmara, nome do relator (precedido da palavra *Relator*, se houver) (NBR 6013: 2018, n. 7.11.3). Exemplo:

BRASIL. Supremo Tribunal. Súmula 702. A competência do Tribunal de Justiça para julgar prefeitos restringe-se aos crimes de competência da Justiça comum estadual; nos demais casos, a competência originária caberá ao respectivo tribunal de segundo grau. *Diário da Justiça*, Brasília, p. 6, 13 out. 2003.

Se a informação provém de fonte eletrônica (Internet), acrescentam-se endereço eletrônico e data de acesso:

BRASIL. Supremo Tribunal. Súmula 702. A competência do Tribunal de Justiça para julgar prefeitos restringe-se aos crimes de competência da Justiça comum estadual; nos demais casos, a competência originária caberá ao respectivo tribunal de segundo grau. *Diário da Justiça*, Brasília, p. 6, 13 out. 2003. Disponível em: http://www.stf.jus.br/portal/jurisprudencia/listarJurisprudencia.asp?s1=702.NUME.%20NAO%20S.FLSV.&base=baseSumulas. Acesso em: 11 mar. 2010.

2.9 Documento audiovisual (filmes, vídeos)[1]

Os elementos essenciais para citar filmes são: título, diretor e/ou produtor, local, empresa produtora ou distribuidora, data e especificação do suporte (NBR 6023:2018, n. 7.13.1). Exemplo:

SÃO BERNARDO. Direção: Leon Hirszman. Produção: Henrique Coutinho, Marcos Farias, Luna Moskovitch, Márcio Noronha. Intérpretes: Othon Bastos, Isabel Ribeiro, Vanda Lacerda, Nildo Parente, Mário Lago, Josef Guerreiro, Rodolfo Arena, Jofre Soares, José Labanca, José Policena e Andrey Salvador. Roteiro: Leon Hirszman, com base em romance homônimo de Graciliano Ramos. Empresa produtora: Saga Filmes. Embrafilme, 1973. (114 min), color., 35 mm.

PROFISSÃO repórter. Direção: Michelangelo Antonioni. Intérpretes: Ambroise Bia, Ángel de Pozo, Charles Mulvehill, Chuck Mulvehill, Ian Hendry, Jack Nicholson, James Campbell, Jenny Runacre, José María Cafarell, Maria Schneider, Steven Berkoff. Roteiro: Michelangelo Antonioni, Mark Peploe, Peter Wollen, Miguel de Echarri. Culver City, Califórnia, Sony Pictures, 1975. (126 min), son., color, 35 mm.

Se o suporte for eletrônico (DVD, fita de vídeo), temos:

PROFISSÃO repórter. Direção: Michelangelo Antonioni. Intérpretes: Ambroise Bia, Ángel de Pozo, Charles Mulvehill, Chuck Mulvehill, Ian Hendry, Jack Nicholson, James Campbell, Jenny Runacre, José María

---

[1] A NBR 6023 (2018, n. 3.7) considera documento "qualquer suporte que contenha informação registrada, formando uma unidade, que possa servir para consulta, estudo ou prova, incluindo impressos, manuscritos e registros audiovisuais, sonoros, magnéticos e eletrônicos, entre outros". Considera, ainda, documento audiovisual "documento que contém som e imagens" (n. 3.8) e documento sonoro "documento que contém o registro de vibrações sonoras (palavra, canto, música, entre outros)" (n. 3.9).

Cafarell, Maria Schneider, Steven Berkoff. Roteiro: Michelangelo Antonioni, Mark Peploe, Peter Wollen, Miguel de Echarri. Culver City, Califórnia, Sony Pictures, 1975. 1 DVD (126 min).

HISTÓRIA geral da arte: grandes gênios da pintura. *Vermeer. Van Eyck.* Madrid: Ediciones de Prado, 1995. n. 3. 1 fita de vídeo (18 min), VHS, son., color.

2.10 Documento sonoro

Os elementos essenciais são: título, intérprete, compositor, seguido da expressão *In*: e da referência do documento sonoro. Ao final da referência, informa-se a faixa referenciada. Exemplo:

FITA amarela. Intérprete: João Bosco. Compositor: Noel Rosa. *In: João Bosco acústico.* Rio de Janeiro: Sony Music Entertainment, 1992. 1 CD, faixa 8.

2.11 Documento iconográfico

A norma da ABNT considera documento iconográfico: pintura, gravura, ilustração, fotografia, desenho técnico, diafilme, transparência. São elementos essenciais: autor, título, data e especificação do suporte. Se se tratar de obra de arte sem titulação, escreve-se *[Sem título]*, entre colchetes.

SALGADO, Sebastião. [Uma das pessoas que chegaram a Serra Pelada na febre do ouro]. 1986. Fotografia.

Se a fonte da foto for livro, temos:

SALGADO, Sebastião. [Uma das pessoas que chegaram a Serra Pelada na febre do ouro]. 1986. Fotografia. *In*: SALGADO, Sebastião. *Gold.* Köln: Taschen, 1998.

Referência a uma tela:

PORTINARI, Candido. *Criança morta.* 1944. 1 original de arte, óleo sobre tela, 180 x 190 cm. Museu de Arte de São Paulo Assis Chateaubriand.

Se a tela provier de suporte eletrônico, temos:

PORTINARI, Candido. *Criança morta*. 1944. 1 original de arte, óleo sobre tela, 180 x 190 cm. Museu de Arte de São Paulo Assis Chateaubriand. Disponível em: http://enciclopedia.itaucultural.org.br/obra3327/crianca-morta. Acesso em: 12 mar. 2020.

2.12 Documento cartográfico

Compreende atlas, mapa, globo, fotografia aérea. São elementos essenciais: autor, título, local, editora, ano de publicação. Exemplo:

BRASSOLOTTO, Mercedes. *Estudando com mapas*: o Velho Mundo, a Oceania e o Mundo Polar. São Paulo: IBEP, [197-?].

BRASIL. Instituto Brasileiro de Geografia e Estatística. *São Paulo*. São Paulo, 1965. Mapa, color. Escala 1:1.000.000.

RELLEGARDE, Pedro Alcântara (org.). *Carta corographica da província do Rio de Janeiro*. Rio de Janeiro, 1983. Mapa.

Se a informação tiver como fonte a Internet, registra-se, ao final dos elementos já expostos, o endereço eletrônico. Exemplo:

INSTITUTO NACIONAL DE PESQUISAS ESPACIAIS (São José dos Campos). *Mapa de área de queimada*. Disponível em: http://queimadas.dgi.inpe.br/queimadas/aq1km/. Acesso em: 12 mar. 2020.

2.13 Correspondência

Compreende bilhete, carta, cartão etc. São elementos essenciais: remetente, título ou denominação, destinatário, local, data e descrição física. Exemplo:

ANDRADE, Mário. [*Carta*]. Destinatário: Manuel Bandeira. São Paulo, 7 abril de 1928.

Se a informação tem como fonte a Internet, temos:

ANDRADE, Mário. [*Carta*]. Destinatário: Manuel Bandeira. São Paulo, 7 abril de 1928. Disponível em: https://www.researchgate.net/publication/305502589_Carta_de_Mario_de_Andrade_a_Manuel_Bandeira_de_7_de_abril_de_1928. Acesso em: 12 mar. 2020.

LEITURA RECOMENDADA

ASSOCIAÇÃO BRASILEIRA DE NORMAS TÉCNICAS. *ABNT NBR 6023*: informação e documentação – referências – elaboração. Rio de Janeiro: ABNT, 2018.

ASSOCIAÇÃO BRASILEIRA DE NORMAS TÉCNICAS. *ABNT NBR 10520*: informação e documentação – citações em documentos – apresentação. Rio de Janeiro: ABNT, 2002.

BARBOSA, Adriana Cristina; MORAIS, Paulo Rogério; CAMPOS, Dinael Corrêa de. *In*: BAPTISTA, Makilim Nunes; CAMPOS, Dinael Corrêa de. *Metodologias de pesquisa em ciências*. 2. ed. Rio de Janeiro: LTC, 2016. Cap. 3.

KÖCHE, José Carlos. *Fundamentos de metodologia científica*: teoria da ciência e iniciação à pesquisa. 34. ed. Petrópolis: Vozes, 2015. Cap. 7.

MEDEIROS, João Bosco. *Redação científica*. 13. ed. São Paulo: Atlas, 2019. Caps. 10 e 11.

VANCOUVER: guia de referência. Disponível em: https://libguides.murdoch.edu.au/Vancouver/journal. Acesso em: 12 mar. 2020. [Para citar artigos de periódicos.]

VANCOUVER: guia de referência. Disponível em: https://libguides.murdoch.edu.au/Vancouver/book. Acesso em: 12 mar. 2020. [Para citar livros.]

Referências

ACKOFF, Russell L. *Planejamento de pesquisa social*. Tradução de Leonidas Hegenberg, Octanny Silveira da Mota. 2. ed. São Paulo: EPU: Edusp, 1975.

ALFONSO, Juan Maestre. *La investigación en antropologia social*. Madrid: Akal, 1974.

AMERICAN PSYCHOLOGICAL ASSOCIATION. *Manual de publicação da APA*. Tradução de Danilo Bueno. Porto Alegre: Penso, 2012.

ANDER-EGG, Ezequiel. *Introducción a las técnicas de investigación social*: para trabajadores sociales. 7. ed. Buenos Aires: Humanitas, 1978.

ANDRADE, Marco Antônio Abreu de. Guia de apresentação de seminários com os recursos do Microsoft Power Point. Disponível em http://wp.ufpel.edu.br/seminariozootecnia/files/2011/06/Semin%C3%A1rios_powerpoint.pdf. Acesso em: 24 ago. 2016.

ASSOCIAÇÃO BRASILEIRA DE NORMAS TÉCNICAS. *ABNT NBR 6023*: informação e documentação – referências – elaboração. Rio de Janeiro: ABNT, 2018.

ASSOCIAÇÃO BRASILEIRA DE NORMAS TÉCNICAS. *ABNT NBR 10719*: apresentação de relatório técnico e/ou científico. Rio de Janeiro: ABNT, 2011.

ASSOCIAÇÃO BRASILEIRA DE NORMAS TÉCNICAS. *ABNT NBR 14724*: informação e documentação – trabalhos acadêmicos – apresentação. Rio de Janeiro: ABNT, 2011.

ASSOCIAÇÃO BRASILEIRA DE NORMAS TÉCNICAS. *ABNT NBR 15287*: informação e documentação – projetos de pesquisa – apresentação. Rio de Janeiro: ABNT, 2011.

ASSOCIAÇÃO BRASILEIRA DE NORMAS TÉCNICAS. *ABNT NBR 6022*: informação e documentação – artigo em publicação periódica científica impressa – apresentação. Rio de Janeiro: ABNT, 2003.

ASSOCIAÇÃO BRASILEIRA DE NORMAS TÉCNICAS. *ABNT NBR 6028*: informação e documentação – resumo – apresentação. Rio de Janeiro: ABNT, 2003.

Referências

ASSOCIAÇÃO BRASILEIRA DE NORMAS TÉCNICAS. *ABNT NBR 10520*: informação e documentação – citações em documentos – apresentação. Rio de Janeiro: ABNT, 2002.

ASTI VERA, Armando. *Metodologia da pesquisa científica*. Tradução de Maria Helena Guedes Crêspo, Beatriz Marques Magalhães. Porto Alegre: Globo, 1976 [5. ed. 1979].

AUGRAS, Monique. *Opinião pública*: teoria e pesquisa. 2. ed. Petrópolis: Vozes, 1974.

AZEVEDO, Amilcar Gomes; CAMPOS, Paulo H. B. *Estatística básica*. 3. ed. Rio de Janeiro: Livros Técnicos e Científicos, 1978.

BAGNO, Marcos. *Pesquisa na escola*: o que é, como se faz. 10. ed. São Paulo: Loyola, 2010.

BAPTISTA, Makilim Nunes; CAMOS, Dinael Corrêa de. *Metodologias de pesquisa em ciências*: análises quantitativa e qualitativa. 2. ed. Rio de Janeiro: LTC, 2016.

BAPTISTA, Makilim Nunes; MORAIS, Paulo Rogério; CAMPOS, Dinael Corrêa de. Iniciando uma pesquisa: dicas de planejamento e execução. *In*: BAPTISTA, Makilim Nunes; CAMPOS, Dinael Corrêa de. *Metodologias de pesquisa em ciências: análises quantitativa e qualitativa*. 2. ed. Rio de Janeiro: LTC, 2016. p. 9-26.

BARBOSA, Adriana Cristina; MORAIS, Paulo Rogério; CAMPOS, Dinael Corrêa de. *In*: BAPTISTA, Makilim Nunes; CAMPOS, Dinael Corrêa de. *Metodologias de pesquisa em ciências*. 2. ed. Rio de Janeiro: LTC, 2016. p. 27-44.

BARBOSA FILHO, Manuel. *Introdução à pesquisa*: métodos, técnicas e instrumentos. 2. ed. Rio de Janeiro: Livros Técnicos e Científicos, 1980.

BARDAVID, Stella. *O perfil da mãe que deixa o filho recém-nascido para adoção*. 1980. Tese (Doutorado) – Fundação Escola de Sociologia e Política de São Paulo, São Paulo, 1980.

BARDIN, Laurence. *Análise de conteúdo*. Tradução de Luís Antero Reto, Augusto Pinheiro. São Paulo: Edições 70, 2016.

BARQUERO, Ricardo Velilla. *Como se realiza un trabajo monográfico*. Barcelona: Enibar, 1979.

BARRASS, Robert. *Os cientistas precisam escrever*: guia de redação para cientistas, engenheiros e estudantes. Tradução de Leila Novaes, Leonidas Hegenberg. São Paulo: T. A. Queiroz: Edusp, 1979.

BARROS, Aidil Jesus da Silveira; LEHFELD, Neide Aparecida de Souza. *Fundamentos de metodologia*. 3. ed. São Paulo: Pearson, 2014.

BARROS, Diana Luz Pessoa de. A comunicação. *In*: FIORIN, José Luiz (org.). *Introdução à linguística*: objetos teóricos. 3. ed. São Paulo: Contexto, 2004. p. 25-53.

BASTIDE, Roger et al. *Pesquisa comparativa e interdisciplinar*. Rio de Janeiro: Fundação Getulio Vargas, 1976.

BATISTA, Ronaldo de Oliveira. *O texto e seus conceitos*. São Paulo: Parábola, 2016.

BEST, J. W. *Como investigar en educación*. 2. ed. Madrid: Morata, 1972.

BOAVENTURA, Jorge. *Ocidente traído*: a sociedade em crise. São Paulo: Impres/Lithographica Ypiranga, 1979.

BOOTH, Wayne C.; COLOMB, Gregory G.; WILLIAMS, Joseph M. *A arte da pesquisa*. Tradução de Henrique A. Rego Monteiro. 3. ed. São Paulo: Martins Fontes, 2019.

BOTTOMORE, Thomas Burton. *Introdução à sociologia*. Tradução de Waltensir Dutra. Rio de Janeiro: Zahar, 1965.

BOUDON, Raymond. *Métodos quantitativos em sociologia*. Petrópolis: Vozes, 1971.

BOUDON, Raymond; CHAZEL, François; LAZARSFELD, Paul. *Metodología de las ciencias sociales*. 2. ed. Barcelona: Laia, 1979. 3 v.

BOYD JR.; Harper; WESTFALL, Ralph. *Pesquisa mercadológica*: textos e casos. Tradução de Afonso C. A. Arantes, Maria Isabel R. Hopp. 3. ed. Rio de Janeiro: Getulio Vargas, 1978.

BRANDÃO, Carlos Rodrigues (org.). *Repensando a pesquisa participante*. 3. ed. São Paulo: Brasiliense, 1987.

BRANDÃO, Carlos Rodrigues (org.). *Pesquisa participante*. 5. ed. São Paulo: Brasiliense, 1985.

BRASILEIRO, Ada Magaly Matias. *Manual de produção de textos acadêmicos e científicos*. São Paulo: Atlas, 2013.

BRUYNE, Paul de; HERMAN, Jacques; SCHOUTHEETE, Marc de. *Dinâmica da pesquisa em ciências sociais*: os polos da prática metodológica. Tradução de Ruth Joffily. Rio de Janeiro: Francisco Alves, 1977.

BUNGE, Mario. *Epistemologia*: curso de atualização. Tradução de Claudio Navarra. São Paulo: T. A. Queiroz: Edusp, 1980.

BUNGE, Mario. *La investigación científica*: su estrategia y su filosofía. 5. ed. Barcelona: Ariel, 1976.

BUNGE, Mario. *La ciencia, su método y su filosofia*. Buenos Aires: Siglo Veinte, 1974a.

BUNGE, Mario. *Teoria e realidade*. Tradução de Gita K. Guinsburg. São Paulo: Perspectiva, 1974b.

CABRAL, Ana Lúcia. *A força das palavras*: dizer e argumentar. São Paulo: Contexto, 2011.

CALAIS, Sandra Leal. Delineamento de levantamento ou *survey*. *In*: BAPTISTA, Makilim Nunes; CAMPOS, Dinael Corrêa de. *Metodologias de pesquisa em ciências: análises quantitativa e qualitativa*. 2. ed. Rio de Janeiro: LTC, 2016. p. 105-114.

CALDERON, Alor C. *Antropologia social*. 4. ed. México: Oasis, 1971.

CAMPBELL, Donald T.; STANLEY, Julian C. *Delineamentos experimentais e quase-experimentais de pesquisa*. Tradução de Renato Alberto T. Di Dio. São Paulo: EPU: Edusp, 1979.

CANDIDO, Antonio. Eça de Queirós, passado e presente. *In*: ABDALA JUNIOR, Benjamin (org.). *Ecos do Brasil*: Eça de Queirós, leituras brasileiras e portuguesas. São Paulo: Edições Sesc, 2019. p. 15-30.

CAPALBO, Creusa. *Metodologia das ciências sociais*: a fenomenologia de Alfred Schutz. Rio de Janeiro: Antares, 1979.

CARDOSO, Clodoaldo M.; DOMINGUES, Muricy. *O trabalho científico*: fundamentos filosóficos e metodológicos. Bauru: Jalovi, 1980.

CASTRO, Cláudio de Moura. *A prática da pesquisa*. 2. ed. São Paulo: Pearson, 2014.

CAVALCANTE, Mônica Magalhães. *Os sentidos do texto*. São Paulo: Contexto, 2016.

CERVO, Amado Luis; BERVIAN, Pedro Alcino; SILVA, Roberto da. *Metodologia científica*. 6. ed. São Paulo: Pearson, 2014.

CHAUI, Marilena. *Convite à filosofia*. 9. ed. São Paulo: Ática, 1997.

CHIZZOTTI, Antonio. *Pesquisa em ciências humanas e sociais*. 11. ed. São Paulo: Cortez, 2014.

COELHO, Vera Schattan Ruas Pereira. Abordagens qualitativas e quantitativas na avaliação de políticas públicas. *In*: MÉTODOS de pesquisa em ciências sociais: Bloco quantitativo. São Paulo: Sesc São Paulo: Cebrap, 2016. Disponível em: https://www.sescsp.org.br/files/unidades/abas/eea82ab5/4675/4fdb/bfcd/2344daba73be.pdf. Acesso em: 26 mar. 2020. p. 76-99.

COHEN, Morris; NAGEL, Ernest. *Introducción a la lógica y al método científico*. 2. ed. Buenos Aires: Amorrortu, 1971. 2 v.

COPI, Irving M. *Introdução à lógica*. Tradução de Álvaro Cabral. São Paulo: Mestre Jou, 1974.

DANHONE, Sueli Terezinha. *Menores de condutas antissociais e a organização da sociedade*. 1980. Dissertação (Mestrado em Ciências Sociais) – Fundação Escola de Sociologia e Política de São Paulo, São Paulo, 1980. 2 v.

DEMO, Pedro. *Introdução à metodologia da ciência*. 2. ed. São Paulo: Atlas, 2015.

DEMO, Pedro. *Metodologia científica em ciências sociais*. 3. ed. São Paulo: Atlas, 2014.

DEMO, Pedro. *Ciência rebelde*: para continuar aprendendo, cumpre desestruturar-se. São Paulo: Atlas, 2012.

DEMO, Pedro. *Praticar ciência*: metodologias do conhecimento científico. São Paulo: Saraiva, 2011.

DESLANDES, Suely Ferreira. O projeto de pesquisa como exercício científico e artesanato intelectual. *In*: MINAYO, Maria Cecília de Souza (org.). *Pesquisa social*: teoria, método e criatividade. 34. ed. Petrópolis: Vozes, 2015. p. 31-60.

DURKHEIM, Émile. *O suicídio*: estudo sociológico. Tradução de Luz Cary, Margarida Garrido, J. Vasconcelos Esteves. 4. ed. Lisboa: Presença, 1987.

DUVERGER, Maurice. *Ciência política*: teoria e método. Tradução de Heloísa de Castro Lima. 2. ed. Rio de Janeiro: Zahar, 1976.

EISMAN, Leonor Buendía; BRAVO, Pilar Colás; PINA, Fuensanta Hernández. *Métodos de investigación en psicopedagogía*. Madri: McGraw-Hill, 1997.

ENGELS, Friederich. *Dialética da natureza*. Tradução de Joaquim José Moura Ramos, Eduardo Lúcio Nogueira. 2. ed. Lisboa: Presença; São Paulo: Martins Fontes, 1978.

ESTILO de referência em Vancouver. Disponível em: https://guides.library.uq.edu.au/referencing/vancouver/reference-list. Acesso em: 12 mar. 2020.

FAPESP. *Manual SAGe*: versão 1.2. 2001. Disponível em: http://www.fapesp.br/docs/manual_sage_submissao_rc.pdf. Acesso em: 23 mar. 2020.

FEITOSA, Vera Cristina. *Redação de textos científicos*. 2. ed. Campinas: Papirus, 1995.

FESTINGER, Leon; KATZ, Daniel. *A pesquisa na psicologia social*. Tradução de Gastão Jacinto Gomes. Rio de Janeiro: Fundação Getulio Vargas, 1974.

FEYERABEND, Paul. *Contra o método*: esboço de uma teoria anárquica da teoria do conhecimento. Tradução de Octanny Silveira da Mota, Leonidas Hegenberg. Rio de Janeiro: Francisco Alves, 1977. [Há uma nova edição: FEYERABEND, Paul. *Contra o método*. Tradução de Cezar Augusto Mortari. 2. ed. São Paulo: Editora Unesp, 2011].

FIORIN, José Luiz. *Argumentação*. São Paulo: Contexto, 2015.

FRAGATA, Júlio S. I. *Noções de metodologia*: para elaboração de um trabalho científico. 3. ed. Porto: Tavares Martins, 1980.

FREIXO, Manuel João Vaz. *Metodologia científica*: fundamentos, métodos e técnicas. 4. ed. Lisboa: Instituo Piaget, 2012.

GAJARDO, Marcela. *Pesquisa participante na América Latina*. Tradução de Tania Pellegrini. São Paulo: Brasiliense, 1986.

GALLIANO, A. Guilherme (org.). *O método científico*: teoria e prática. São Paulo: Harper & Row do Brasil, 1977 [1986].

GALTUNG, Johan. *Teoría y métodos de la investigación social*. 5. ed. Buenos Aires: EUDEBA, 1978. 2 v.

GARCIA, Othom M. *Comunicação em prosa moderna*. 18. ed. Rio de Janeiro: FGV, 2000 [13. ed. 1986].

GATTI, Bernardete A.; FERES, Nagib Lima. *Estatística básica para ciências humanas*. São Paulo: Alfa-Omega, 1975.

GIBSON, Quentin. *La lógica de la investigación social*. 2. ed. Madrid: Tecnos, 1964.

GIDDENS, Antony. *Novas regras do método sociológico*: uma crítica positiva das sociologias compreensivas. Tradução de Maria José da Silveira Lindoso. Rio de Janeiro: Zahar, 1978.

GIL, Antonio Carlos. *Como elaborar projetos de pesquisa*. 6. ed. São Paulo: Atlas, 2017.

GIL, Antonio Carlos. *Métodos e técnicas de pesquisa social*. 6. ed. São Paulo: Atlas, 2016.

GLOCK, Charles Y. *Diseño y análisis de encuestas en sociologia*. Buenos Aires: Nueva Visión, 1973.

GOLDENBERG, Mirian. *A arte de pesquisar*: como fazer pesquisa qualitativa em ciências sociais. 14. ed. Rio de Janeiro: Record, 2015.

GOLDMANN, Lucien. *Dialética e ciências humanas*. Tradução de João Arsênio Nunes, José Vasconcelos Esteves. Lisboa: Presença, 1972. 2. v.

GOMES, Romeu. Análise e interpretação de dados de pesquisa qualitativa. *In*: MINAYO, Maria Cecília de Souza (org.). *Pesquisa social*: teoria, método e criatividade. 34. ed. Petrópolis: Vozes, 2015. p. 79-108.

GOODE, William J.; HATT, Paul K. *Métodos em pesquisa social*. Tradução de Carolina Martuscelli Bori. 3. ed. São Paulo: Nacional, 1969 [2. ed. 1968].

GRAWITZ, Madeleine. *Métodos y técnicas de las ciencias sociales*. Barcelona: Hispano Europea, 1975. 2 v.

GUIMARÃES, Elisa. *Texto, discurso e ensino*. São Paulo: Contexto, 2013.

HABERMAS, Jürgen. Teoria da sociedade de Talcott Parsons: problemas de construção. *In*: HABERMAS, Jürgen. *Teoria do agir comunicativo*: sobre a crítica da razão funcionalista. Tradução de Flávio Beno Siebeneichler. São Paulo: WMF Martins Fontes, 2012. v. 2, p. 357-542.

HABIGZANG, Luísa F. Como preparar e realizar apresentações orais. *In*: KOLLER, Sílvia H.; COUTO, Maria Clara P. de Paula; HOHENDORFF, Jean Von (org.). *Manual de produção científica*. Porto Alegre: Penso, 2014. p. 157-164.

HEGENBERG, Leonidas. *Explicações científicas*: introdução à filosofia da ciência. 2. ed. São Paulo: EPU: Edusp, 1973.

HEMPEL, Carl G. *Filosofia da ciência Natural*. Tradução de Plínio Sussekind Rocha. 2. ed. Rio de Janeiro: Zahar, 1974.

HIRANO, Sedi (org.). *Pesquisa social*: projeto e planejamento. São Paulo: T. A. Queiroz, 1979.

HOPPEN, Norberto; LAPOINTE, Liette; MOREAU, Eliane. Um guia para a avaliação de artigos de pesquisa em sistemas de informação. *Revista Eletrônica de Administração*, Porto Alegre, Escola de Administração da Universidade Federal do Rio Grande do Sul, edição 3, v. 2, n. 2, nov. 1996. Disponível em: https://www.lume.ufrgs.br/bitstream/handle/10183/19397/000300124.pdf?sequence=1. Acesso em: 5 mar. 2020.

HYMAN, Herbert. *Planejamento e análise da pesquisa*: princípios, casos e processos. Tradução de Edith Beatriz Bittencourt Sampaio. Rio de Janeiro: Lidador, 1967.

INÁCIO FILHO, Geraldo. *A monografia na universidade*. 6. ed. Campinas: Papirus, 2003.

INTERNATIONAL COMMITTEE OF MEDICAL JOURNAL EDITORS (ICMJE). Samples of formatted references for authors of journal articles. Disponível em: https://www.nlm.nih.gov/bsd/uniform_requirements.html. Acesso em: 13 mar. 2010.

JOLIVET, Régis. *Curso de filosofia*. Tradução de Eduardo Prado de Mendonça. 13. ed. Rio de Janeiro: Agir, 1979.

KAPLAN, Abraham. *A conduta na pesquisa*: metodologia para as ciências do comportamento. Tradução de Leonidas Hegenberg, Octanny Silveira da Mota. São Paulo: Herder: Edusp, 1969 [2. ed. São Paulo: EPU: Edusp, 1975].

KAUFMANN, Felix. *Metodologia das ciências sociais*. Tradução de José Augusto Guilhon de Albuquerque. Rio de Janeiro: Francisco Alves, 1977.

KAUFMANN, Jean-Claude. *A entrevista compreensiva*: um guia para pesquisa de campo. Petrópolis: Vozes; Maceió: Edufal, 2013.

KERLINGER, Fred N. *Metodologia da pesquisa em ciências sociais*: um tratamento conceitual. Tradução de Helena Mendes Rotundo. São Paulo: EPU: Edusp, 1980.

KERLINGER, Fred N. *Foundations of behavioral research*. 2. ed. New York: Holt, Rinehart and Winston, 1973.

KNELLER, George F. *A ciência como atividade humana*. Tradução de Antônio José de Souza. Rio de Janeiro: Zahar; São Paulo: Edusp, 1980.

KOCH, Ingedore Grunfeld Villaça; ELIAS, Vanda Maria. *Ler e compreender*: os sentidos do texto. São Paulo: Contexto, 2016.

KOCH, Ingedore Grunfeld Villaça; ELIAS, Vanda Maria. O texto na linguística textual. *In*: BATISTA, Ronaldo de Oliveira. *O texto e seus conceitos*. São Paulo: Parábola, 2016. p. 31-44.

KÖCHE, José Carlos. *Fundamentos de metodologia científica*. 34. ed. Petrópolis: Vozes, 2015.

KOLLER, Sílvia H.; COUTO, Maria Clara P. de Paula; HOHENDORFF, Jean von (org.). *Manual de produção científica*. Porto Alegre: Penso, 2014.

KONDER, Leandro. *O que é dialética*. 2. ed. São Paulo: Brasiliense, 1981.

KOPNIN, P. V. *A dialética como lógica e teoria do conhecimento*. Tradução de Paulo Bezerra. Rio de Janeiro: Civilização Brasileira, 1978.

LAKATOS, Eva Maria. *O trabalho temporário*: nova forma de relações sociais no trabalho. 1979. Tese (Livre-Docência) – Fundação Escola de Sociologia e Política de São Paulo, São Paulo, 1979. 2 v.

LAKATOS, Eva Maria; MARCONI, Marina de Andrade. *Sociologia geral*. 4. ed. São Paulo: Atlas, 1981 [8. ed. 2019].

LEÃO, Lourdes Meireles. *Metodologia do estudo e pesquisa*: facilitando a vida de estudantes, professores e pesquisadores. Petrópolis: Vozes, 2016.

LEBRET, L. J. *Manual de encuesta social*. Madrid: Riap, 1961. 2 v.

LEHFELD, Neide Aparecida de Souza. *Estudo de grupos familiares migrantes carentes*: suas formas de organização interna. 1980. Dissertação (Mestrado em Ciências Sociais) – Fundação Escola de Sociologia e Política de São Paulo, São Paulo, 1980.

LEITE, Francisco Tarciso. *Metodologia científica*: métodos e técnicas de pesquisa. 3. ed. Aparecida: Ideias e Letras, 2008.

LEITE, José Alfredo Américo. *Metodologia de elaboração de teses*. São Paulo: McGraw-Hill do Brasil, 1978.

LELLIS, Regina de Souza. *A família carente e sua influência na origem da marginalização social*. 1980. Dissertação (Mestrado em Ciências Sociais) – Fundação Escola de Sociologia e Política de São Paulo, São Paulo, 1980. 2 v.

LIARD, Louis. *Lógica*. Tradução de Godofredo Rangel. 9. ed. São Paulo: Nacional, 1979.

LIMA, Luiz Costa. *Trilogia do controle*: o controle do imaginário, sociedade e discurso ficcional, o fingidor e o censor. 3. ed. Rio de Janeiro: Topbooks, 2007.

LODI, João Bosco. *A entrevista*: teoria e prática. 2. ed. São Paulo: Pioneira, 1974.

MACHADO FILHO, Aires da Mata. *O negro e o garimpo em Minas Gerais*. 2. ed. Rio de Janeiro: Civilização Brasileira, 1964.

MAGEE, Bryan. *As ideias de Popper*. Tradução de Leonidas Hegenberg. 3. ed. São Paulo: Cultrix, 1979.

MAIR, Lucy. *Introdução à antropologia social*. Tradução de Edmond Jorge. 2. ed. Rio de Janeiro: Zahar, 1972.

MANN, Peter H. *Métodos de investigação sociológica*. Tradução de Octavio Alves Velho. Rio de Janeiro: Zahar, 1970.

MANUAL SAGe VERSÃO 1.2. Disponível em: http://www.fapesp.br/docs/manual_sage_submissao_rc.pdf. Acesso em: 23 mar. 2020.

MANZO, Abelardo J. *Manual para la preparación de monografías*: una guía para presentar informes y tesis. Buenos Aires: Humanitas, 1971.

MARCONI, Marina de Andrade. *Garimpos e garimpeiros em Patrocínio Paulista*. São Paulo: Secretaria da Cultura, Ciência e Tecnologia, 1978.

MARCONI, Marina de Andrade; LAKATOS, Eva Maria. *Metodologia científica*. 7. ed. São Paulo: Atlas, 2017a.

MARCONI, Marina de Andrade; LAKATOS, Eva Maria. *Metodologia do trabalho científico*. 8. ed. São Paulo: Atlas, 2017b.

MARCONI, Marina de Andrade; LAKATOS, Eva Maria. *Técnicas de pesquisa*. 8. ed. São Paulo: GEN|Atlas, 2017c.

MARI, Hugo; WALTY, Ivete; VERSIANI, Zélia (org.). *Ensaios sobre leitura*. Belo Horizonte: PUC Minas, 2005.

MARI, Hugo; MENDES, Paulo Henrique Aguiar. Processos de leitura: fator textual. *In*: MARI, Hugo; WALTY, Ivete; VERSIANI, Zélia (org.). *Ensaios sobre leitura*. Belo Horizonte: PUC Minas, 2005. p. 155-180.

MARINHO, Pedro. *A pesquisa em ciências humanas*. Petrópolis: Vozes, 1980.

MARTINS, Joel; CELANI, M. Antonieta Alba. *Subsídio para redação de teses de mestrado e doutoramento*. 2. ed. São Paulo: Cortez & Moraes, 1979.

MEDEIROS, João Bosco. *Redação científica*: prática de fichamentos, resumos, resenhas. 13. ed. São Paulo: Atlas, 2019.

MEDEIROS, João Bosco; TOMASI, Carolina. *Redação de artigos científicos*. 2. ed. São Paulo: Atlas, 2020.

MERTON, Robert K. *Sociologia*: teoria e estrutura. Tradução de Miguel Maillet. São Paulo: Mestre Jou, 1970.

MÉTODOS de pesquisa em ciências sociais: bloco quantitativo. São Paulo: Sesc São Paulo: Cebrap, 2016. Disponível em: https://www.sescsp.org.br/files/unidades/abas/eea82ab5/4675/4fdb/bfcd/2344daba73be.pdf. Acesso em: 26 mar. 2020.

MICHEL, Maria Helena. *Metodologia e pesquisa científica em ciências sociais*: um guia prático para acompanhamento da disciplina e elaboração de trabalhos monográficos. 3. ed. São Paulo: Atlas, 2015.

MINAYO, Maria Cecília de Souza. *O desafio do conhecimento*: pesquisa qualitativa em saúde. 14. ed. São Paulo: Hucitec, 2014.

MINAYO, Maria Cecília de Souza; DESLANDS, Suely Ferreira; GOMES, Romeu. *Pesquisa social*: teoria, método e criatividade. 34. ed. Petrópolis: Vozes, 2015.

MINICUCCI, Agostinho. *Dinâmica de grupo*: manual de técnicas. 3. ed. São Paulo: Atlas, 1977.

MORGENBESSER, Sidney (org.). *Filosofia da ciência*. Tradução de Leonidas Hegenberg, Octanny Silveira da Mota. 3. ed. São Paulo: Cultrix, 1979.

NASCIMENTO, Francisco Paulo do; SOUSA, Flávio Luís Leite. *Metodologia da pesquisa científica*: teoria e prática. Brasília: Thesaurus, 2015.

NÉRICI, Imídeo G. *Introdução à lógica*. 5. ed. São Paulo: Nobel, 1978.

NOGUEIRA, Oracy. *Pesquisa social*: introdução às suas técnicas. São Paulo: Nacional; São Paulo: Edusp, 1968.

PARDINAS, Felipe. *Metodología y técnicas de investigación en ciencias sociales*. México: Siglo Veinteuno, 1977 [2. ed. 1969].

PEREIRA, Maurício Gomes. *Artigos científicos*: como redigir, publicar e avaliar. Rio de Janeiro: Guanabara Koogan, 2013.

POLITZER, Georges. *Princípios elementares de filosofia*. Tradução de Silvio Donizete Chagas. 3. ed. São Paulo: Centauro, 2007 [9. ed. Lisboa: Prelo, 1979].

POLITZER, Georges; BESSE, Guy; CAVEING, Maurice. *Princípios fundamentais de filosofia*. Tradução de João Cunha Andrade. São Paulo: Hemus, [197-]

POPPER, Karl S. *A lógica das ciências sociais*. Tradução de Estevão de Rezende Martins, Apio Cláudio Muniz Acquarone Filho, Vilma de Oliveira Moraes e Silva. Rio de Janeiro: Tempo Brasileiro, 1978.

POPPER, Karl S. *Autobiografia intelectual*. Tradução de Leonidas Hegenberg, Octanny Silveira da Motta. São Paulo: Cultrix: Edusp, 1977.

POPPER, Karl S. *A lógica da pesquisa científica*. Tradução de Leonidas Hegenberg, Octanny Silveira da Mota. 2. ed. São Paulo: Cultrix, 1975a.

POPPER, Karl S. *Conhecimento objetivo*: uma abordagem evolucionária. Belo Horizonte: Itatiaia; São Paulo: Edusp, 1975b.

POPPER, Karl S. *Conjecturas e refutações*. Tradução de Sérgio Bath. Brasília: Universidade de Brasília, 1972.

POULANTZAS, Nicos. *Les classes sociales dans le capitalisme aujour'hui*. Paris: Éditions du Seuil, 1974.

PRADO Jr., Caio. *Dialética do conhecimento*. 2. ed. São Paulo: Brasiliense, 1980.

RABAÇA, Carlos Alberto; BARBOSA, Gustavo. *Dicionário de comunicação*. Rio de Janeiro: Codecri, 1978.

REHFELDT, Gládis Knak. *Monografia e tese*: guia prático. Porto Alegre: Sulina, 1980.

REY, Luís. *Como redigir trabalhos científicos*. São Paulo: Edgard Blücher, 1978.

RICHARDSON, Roberto Jauy. *Pesquisa social*: métodos e técnicas. 3. ed. São Paulo: Atlas, 2015.

ROSENBERG, Morris. *A lógica da análise de levantamento de dados*. Tradução de Leonidas Hegenberg, Octanny Silveira da Mota. São Paulo: Cultrix: Edusp, 1976.

RUDIO, Franz Victor. *Introdução ao projeto de pesquisa científica*. 42. ed. Petrópolis: Vozes, 2014.

RUIZ, João Álvaro. *Metodologia científica*: guia para eficiência nos estudos. 2. ed. São Paulo: Atlas, 1980.

RUMMEL, J. Francis. *Introdução aos procedimentos de pesquisa em educação*. Tradução de Jurema Alcides Cunha. 3. ed. Porto Alegre: Globo, 1977.

SALMON, Wesley C. *Lógica*. Tradução de Leonidas Hegenberg, Octanny Silveira da Mota. 4. ed. Rio de Janeiro: Zahar, 1978.

SALOMON, Délcio Vieira. *Como fazer uma monografia*. 13. ed. São Paulo: Martins Fontes, 2014.

SALVADOR, Ângelo Domingos. *Métodos e técnicas de pesquisa bibliográfica*: elaboração de trabalhos científicos. 8. ed. Porto Alegre: Sulina, 1980.

SAMPIERI, Roberto Hernández; COLLADO, Carlos Fernández; LUCIO, María del Pilar Baptista. *Metodologia de pesquisa*. Tradução de Daisy Vaz de Moraes. 5. ed. Porto Alegre: Penso, 2013.

SANTOS, Boaventura de Sousa. *Um discurso sobre as ciências*. 7. ed. São Paulo: Cortez, 2013.

SANTOS, Izequias Estevam dos. *Manual de métodos e técnicas de pesquisa científica*. 12. ed. Niterói: Impetus, 2016.

SANTOS, Leonor Werneck; RICHE, Rosa Cuba; TEIXEIRA, Claudia Souza. *Análise e produção de textos*. São Paulo: Contexto, 2013.

SANTOS, Maria de Lourdes Lúcio dos. *A necessidade da informação ocupacional na escolha da profissão*: um estudo de caso. 1980. Dissertação (Mestrado em Ciências Sociais) – Fundação Escola de Sociologia e Política de São Paulo, São Paulo, 1980.

SARTRE, Jean-Paul. *Questão de método*. Tradução de Bento Prado Júnior. São Paulo: Difusão Europeia do Livro, 1966.

SCHRADER, Achim. *Introdução à pesquisa social empírica*: um guia para o planejamento, a execução e a avaliação de projetos de pesquisa não experimentais. Tradução de Manfredo Berger. 2. ed. Porto Alegre: Globo: Universidade Federal do Rio Grande do Sul, 1974.

SELLTIZ, Claire; JAHODA, Marie; DEUTSCH, Morton; COOK, Stuart W. *Métodos de pesquisa nas relações sociais*. Tradução de Dante Moreira Leite. São Paulo: Editora Pedagógica e Universitária, 1974 [2. ed. São Paulo: Herder: Edusp, 1967].

SEVERINO, Antônio Joaquim. *Metodologia do trabalho científico*. 24. ed. São Paulo: Cortez, 2016.

SOUZA, Aluísio José Maria de; REGO FILHO, Antonio Serafim; LINS FILHO, João Batista Correa; LYRA, José Hailton Bezerra; COUTO, Luiz Albuquerque; SILVA, Manuelito Gomes da. *Iniciação à lógica e à metodologia da ciência*. São Paulo: Cultrix, 1976.

TAGLIACARNE, Guglielmo. *Pesquisa de mercado*: técnica e prática. Tradução de Maria de Lourdes Rosa da Silva. 2. ed. São Paulo: Atlas, 1976.

TELLES JR., Goffredo. *Tratado da consequência*: curso de lógica formal. 5. ed. São Paulo: José Bushatsky, 1980.

TERRA, Ernani. *Leitura do texto literário*. São Paulo: Contexto, 2014.

THALHEIMER, August. *Introdução ao materialismo dialético*. Tradução de Moniz Bandeira. São Paulo: Ciências Humanas, 1979.

THE INTERNATIONAL COMMITTEE OF MEDICAL JOURNAL EDITORS (ICMJE). Samples of formatted references for authors of journal articles. Disponível em: https://www.nlm.nih.gov/bsd/uniform_requirements.html. Acesso em: 13 mar. 2010.

THIOLLENT, Michel J. M. *Metodologia da pesquisa-ação*. 3. ed. São Paulo: Cortez: Autores Associados, 1986.

THIOLLENT, Michel J. M. *Crítica metodológica, investigação social & enquete operária*. São Paulo: Polis, 1980.

TOMASI, Carolina; MEDEIROS, João Bosco. *Comunicação científica*: normas técnicas para redação científica. São Paulo: Atlas, 2008.

TRZESNIAK, Piotr. Hoje vou escrever um artigo científico: a construção e a transmissão do conhecimento. *In*: KOLLER, Sílvia H.; COUTO, Maria Clara P. de Paula; HOHENDORFF, Jean Von (org.). *Manual de produção científica*. Porto Alegre: Penso, 2014. p. 15-38.

TRIPODI, Tony; FELLIN, Phillip; MEYER, Henry. *Análise da pesquisa social*: diretrizes para o uso de pesquisa em serviço social e em ciências sociais. Tradução de Geni Hirata. Rio de Janeiro: Francisco Alves, 1975.

TRIVIÑOS, Augusto N. S. *Introdução à pesquisa em ciências sociais*: a pesquisa qualitativa em educação. São Paulo: Atlas, 2015.

TRUJILLO FERRARI, Alfonso. *Fundamentos de sociologia*. São Paulo: McGraw-Hill, 1983.

TRUJILLO FERRARI, Alfonso. *Metodologia da pesquisa científica*. São Paulo: McGraw-Hill do Brasil, 1982.

TRUJILLO FERRARI, Alfonso. *Epistemologia e metodologia da sociologia*. Campinas: [s.n.], 1977.

TRUJILLO FERRARI, Alfonso. *Metodologia da ciência*. 3. ed. Rio de Janeiro: Kennedy, 1974.

VANCOUVER. Estilo de referência em Vancouver. Disponível em: https://guides.library.uq.edu.au/referencing/vancouver/journals. Acesso em: 12 mar. 2020.

VANCOUVER: guia de referência. Disponível em: https://libguides.murdoch.edu.au/Vancouver/journal. Acesso em: 12 mar. 2020. [Para citar artigos de periódicos.]

VANCOUVER: guia de referência. Disponível em: https://libguides.murdoch.edu.au/Vancouver/book. Acesso em: 12 mar. 2020. [Para citar livros.]

VARE, Sidnei Ferreira de. O problema do suicídio em Émile Durkheim. *Revista do Instituto de Ciências Humanas*, Belo Horizonte, Pontifícia Universidade Católica de Minas Gerais, v. 13, n. 18, 2017. Disponível em: http://periodicos.pucminas.br/index.php/revistaich/article/view/15869. Acesso em: 7 mar. 2020.

VEGA, Javier Lasso de la. *Manual de documentación*. Barcelona: Labor, 1969.

VIEIRA, Sonia. *Como escrever uma tese*. 6. ed. São Paulo: Atlas, 2008.

WEBER, Max. *Metodologia das ciências sociais*. 5. ed. Tradução de Augustin Wernet. São Paulo: Cortez; Campinas: Editora da Unicamp, 2016.

WHITNEY, Frederick L. *Elementos de investigación*. Barcelona: Omega, 1958.

WILCOX, J. *La etnografía como una metodología y su aplicación al estudio de la escuela*. Madri: Trota, 1993.

WITT, Aracy. *Metodologia de pesquisa*: questionário e formulário. 2. ed. São Paulo: Resenha Tributária, 1973.

YOUNG, Pauline. *Métodos científicos de investigación social*. México: Instituto de Investigaciones Sociales de la Universidad del México, 1960.

ZEISEL, Hans. *Say it with figures*. 4. ed. New York: Harper & Row, 1957.

ZETTERBERG, Hans. *Teoria y verificación en sociología*. Buenos Aires: Nueva Visión, 1973.

Índice remissivo

A

Análise de texto, 14
    Análise dos elementos, análise das relações e análise da estrutura, 17
    fases, 14
    objetivo e procedimento, 16
    tipos, 18
Anexo, 255
Apêndice, 255
Associação brasileira de normas técnicas (ABNT)
    NBR 6022: artigo científico, 287
    NBR 6023: referências bibliográficas, 312
    NBR 6028: resumo, 49, 252
    NBR 10520: citações diretas e indiretas, 300
    NBR 10719: relatório técnico e/ou científico, 249, 251
    NBR 14724: introdução em trabalhos acadêmicos, 268
    NBR 15287: projeto de pesquisa, 236, 237
Adjetivos explicativos e restritivos: tema, 35
Adolphe Quételet, 110
Amostra
    insuficiente, 88
    problemas, 88
    tendenciosa, 89
Amostragem, 178
    projeto de pesquisa, 244
Análise
    temática, 18
    textual, 18
    Análise de conteúdo: projeto de pesquisa, 243
Análise de texto, 14
    conclusão pessoal, 19
    da estrutura, 17, 18
    das relações, 17
    dos elementos, 17
    fases, 14
    objetivo e procedimento, 16
    problematização, 19
    tipos, 18
Análise e interpretação, 18
    dos dados de pesquisa, 182
    na pesquisa bibliográfica, 39
Análise na tese de doutorado, 274
Análise ou explicação, 182
Analogia: fonte de hipótese, 144
Anexo: relatório técnico e/ou científico, 255
Anotação eletrônica (fichamento), 40
Anteprojeto de pesquisa, 235
Anverso da folha de rosto: relatório técnico e/ou científico, 251
Apêndice: relatório técnico e/ou científico, 255
Apresentação de citações em trabalhos acadêmico-científicos, 299
Apud: uso, 309
Argumentação: técnicas, 273-274
Argumento
    condicional, 92
    dedutivo: propósito, 91
    indutivo: propósito, 91
Aristóteles, 86
Arquivo
    particular, 191
    público, 191
Artigo científico, 286
    avaliação por pares, 289
    classificatório, 288
    conteúdo, 287

de análise, 288
de argumento teórico, 287
de revisão, 287
estilo, 289
estrutura, 286
motivação, 289
original, 287
tipos, 287

B
Bacon, 86
Bunge, 138, 140

C
Capa do projeto de pesquisa, 237
Ciência, 67
classificação, 75
conceito, 74
divisão, 75
função, 75
objetivo, 75
objeto formal, 75
objeto material, 75
Citação direta e indireta, 299, 303
de outra citação, 304
acréscimo, 304
destaque, 305
sistema autor-data, 305
sistema de chamada, 305
sistema numérico, 306
supressão de texto, 304
expressões latinas, 307 s
CNPq, 171, 220
Coleta de dados, 180
Compilação na pesquisa bibliográfica, 38
Comunicação científica, 279
estrutura, 281
finalidade, 280
informações, 281
Comunicação
apresentação, 284
apresentação formal, 285
arguição, 284
aspectos, 280
elaboração, 284
estágios, 284
estrutura, 283
preparação, 284
tipos, 283

trabalhos apresentados em congressos, 279
Conclusão: relatório técnico e/ou científico, 254
Conferência, 295
Conferência: apresentação, 296
Conferência
avaliação do tempo, 297
estrutura, 296
Congresso
citação em referência bibliográfica, 323
trabalhos apresentados, 279
Conhecimento
científico, 67, 68, 70, 73
filosófico, 70, 71
popular, 68, 70, 71
religioso, 70, 72
teológico, 70
tipos, 67, 70
Contradição
caracteres, 106
externa, 106
interna, 106
Coordenador em referência bibliográfica, 319
Corroboração, 98
Crítica
de interpretação ou hermenêutica, 39
do valor interno do conteúdo, 40
externa, 39
interna, 39
Cronograma: projeto de pesquisa, 247
Cultura geral em que a ciência se desenvolve, 143

D
Darwin, 104, 117, 144
Dedução: propósito, 91
Definição
dos termos, 175, 246
tipos, 175
Delimitação do universo (população): projeto de pesquisa, 244
Desenvolvimento
da tese de doutorado, 273
discussão e resultados: relatório técnico e/ou científico, 253
Dissertação científica, 261
Dissertação de mestrado
argumentativa, 264

avaliação metodológica do trabalho, 268
conceito, 263
conclusão, 268
desenvolvimento, 268
escolha do tema, 265
estrutura, 258
expositiva, 264
introdução. 268
pessoa gramatical, 269
plano de trabalho, 268
problema, hipóteses e variáveis, 266
redação, 269
revisão avaliativa, 268
tipos, 264
Dissertação monográfica, 261
Documento audiovisual (filmes, vídeos):
referência bibliográfica, 326
Documento
escrito, 191
iconografia, 197
objetos, 198
tipos, 173
Durkheim, 112, 126

E
Embasamento teórico
projeto de pesquisa, 244
relatório técnico e/ou científico, 253
Engels, 101, 104
Entrevista, 213
clínica, 215
contato inicial, 217
despadronizada ou não estruturada, 214
diretrizes, 217
focalizada, 215
formulação de perguntas, 217
não dirigida, 215
objetivos, 213
padronizada ou estruturada, 214
painel, 215
preparação, 216
projeto de pesquisa, 243
registro de respostas, 218
requisitos, 218
término, 218
tipos, 214
vantagens e limitações, 215
Especificação de dados de pesquisa, 183
Esquema, 9, 10

Estilo
artigo científico, 289
tese de doutorado, 276
Estrutura
conferência, 296
do artigo científico (IMRD), 286
resenha, 292
Estudos
de avaliação de programa, 204
de descrição de população, 204
de manipulação experimental, 205
de relações de variáveis, 204
de verificação de hipótese, 204
exploratórios, 205
exploratório-descritivos combinados, 205
Et al.: uso, 310
Explicação de dados de pesquisa, 183
Expressões latinas em citações diretas e
indiretas, 307 s

F
Fapesp, 236
Fato, 119
clarificação de conceitos, 127
redefinição e esclarecimento de teoria, 127
reformulação e rejeição de teoria, 125
teoria, 124
Ficha
anotação eletrônica, 40
aspecto físico, 41
bibliográfica, 47
cabeçalho, 41
composição, 41
conteúdo, 46
corpo, 45
cuidados, 48
de citações, 48
de comentário ou analítica, 49
de esboço, 49
de resumo ou conteúdo, 49
indicação da obra, 45
local da fonte, 45
referência bibliográfica, 44
supressão de texto, 48
tipos, 55
Fichamento, 38
uso de aspas, 48
Fichário: tipos, 178

Folha de rosto
    do projeto de pesquisa, 237
    do relatório técnico e/ou científico, 251
Fonte
    estatística, 191
    primária, 173
    secundária, 173
Formulário, 218, 231, 232
Fotografia, 197
Frédéric Le Play, 109

G
Galileu, 86, 124, 130
Glossário: tese de doutorado, 275
Gráfico, 185, 186
    analítico, 186
    informativo, 186

H
Hipótese
    analogia, 144
    básica e secundária: projeto de pesquisa, 239
    casos discrepantes na própria teoria, 145
    comparação com outros estudos, 142
    conceito, 133
    conhecimento familiar, 141
    construção, 175
    cultura geral em que a ciência se desenvolve, 143
    dedução lógica de uma teoria, 143
    experiência pessoa, 144
    fonte de elaboração, 141
    formulação, 136
    funções, 139
    importância, 139
    observação, 141
    requisitos, 138
    válida, 98
História de vida: projeto de pesquisa, 243

I
Ibidem: uso, 308
Iconografia, 197
Idem: uso, 307
Identificação do assunto (tema), 37
In: uso, 311
Indução, 82
    completa ou formal, 86
    incompleta ou científica, 86
    propósito, 91
Informe científico, 290
Instrumentos: projeto de pesquisa, 247
Interpretação de dados de pesquisa, 182, 183
    construção de modelos, 183
    construção e esquemas, 183
    construção e tipos, 183
    na tese de doutorado, 274
    relação com a teoria, 183
Introdução da tese de doutorado
    justificativa, 272
    metodologia, 273
    objetivo, 272
    objeto da pesquisa, 272
    problema de pesquisa, 272
    teoria de base, 273
Investigação: aspectos comprometedores, 184

J
John Stuart Mill, 87
Jurisprudência: referência bibliográfica, 325
Justificativa
    projeto de pesquisa, 241
    tese de doutorado, 272

K
Kepler, 130

L
Leis, 119, 131
    da dialética, 100
Leis e teorias: funções, 131
Leitura, 1, 3
    análise de texto, 6, 14
    aspectos fundamentais, 6
    atenção, 6
    crítica, 7
    de estudo ou informativa, 7
    do significado, 7
    elementos, 1
    espírito crítico, 6
    habilidade, 4
    informativa, 7
    intenção, 6
    língua como código, 2
    língua como representação do pensamento, 2
    língua: concepção dialógica, 2

maneira, 5
o que observar, 5
objetivo, 6
reflexão, 6
resumo, 9
scanning, 7
síntese, 6
skmming, 7
sublinha, esquema, resumo, 9
Leitura informativa
    crítica, 8
    de reconhecimento ou prévia, 7
    explicativa, 9
    exploratória ou pré-leitura, 8
    fases, 7
    interpretativa, 8
    reflexiva, 8
    seletiva, 8
Lévi-Strauss, 113
Linguagem
    comunicação científica, 281
    tese de doutorado, 276
Localização de fontes na pesquisa
    bibliográfica, 38

M
Malinowski, 111, 112, 127
Max Weber, 110, 111
Memória científica, 261
Merton, 112, 124, 127, 145
    funções manifestas e funções latentes, 112
Metafísica, 101
Método
    científico, 79
    colocação precisa do problema, 80
    conceito, 79
    descobrimento do problema, 80
    desenvolvimento histórico, 79
    instrumentos, 80
    invenção de novas ideias, 81
    investigação das consequências da solução, 81
    obtenção de solução, 81
    procura de conhecimentos, 80
    prova da solução, 81
    tentativa de solução do problema, 81
Método clínico, 115
Métodos de abordagem, 90, 241
    dedutivo, 89, 90, 91

dialético, 90, 100
indutivo, 90
hipotético-dedutivo, 89, 94
hipotético-dedutivo: Bunge, 99
hipotético-dedutivo: conjecturas, 97
hipotético-dedutivo: contradição, 106
indutivo, 89
Método dialético, 90, 100
    ação recíproca, 101
    contradição inovadora, 106
    contradição interna, 106
    interpenetração dos contrários, 106
    leis, 100
    mudança, 102
    passagem da quantidade à qualidade, 104
    tentativa de falseamento, 97
    unidade dos contrários, 107
Método indutivo, 82, 89
    característica, 90
    descoberta de relações, 84
    fases, 82
    forma, 86
    generalização das relações, 84
    leis, 82
    observação dos fenômenos, 84
    propósito, 91
    regras, 82
Métodos de procedimento, 107
    clínico, 115
    comparativo, 108
    em projeto de pesquisa, 142
    estatístico, 110
    estruturalista, 113
    etnográfico, 114
    funcionalista, 111
    histórico, 107
    mistos, 116
    monográfico, 109
    tipológico, 110
Metodologia
    elemento da introdução da tese de doutorado, 273
    em relatório técnico e/ou científico, 253
    em tese de doutorado, 273
    projeto de pesquisa, 241
Métodos mistos, 116
Método monográfico, 109
Monografia
    características, 260

conceito, 259
conclusão, 263
demonstração, 263
discussão, 263
escolha do tema, 261
estrutura, 258, 261
explicação, 263
introdução, desenvolvimento,
  conclusão, 263
revisão bibliográfica, 262
tipos, 260
Moreno, 127
Mudança dialética, 102
  qualitativa, 104
  quantitativa, 105

N
NBR
  6022 da ABNT: artigo científico, 287
  6023 da ABNT: referências bibliográficas, 312
  6028 da ABNT: resumo, 252
  10520 da ABNT: citações diretas e indiretas, 299, 300
  10719 da ABNT: relatório técnico e/ou científico, 249, 251
  14724 da ABNT: introdução em trabalhos acadêmicos, 268
  15287 da ABNT: projeto de pesquisa, 236, 237
Newton, 130
Norma Vancouver, 313

O
Objetivo
  na tese de doutorado, 272
  projeto de pesquisa, 240, 272
Objeto do projeto de pesquisa, 238
Observação
  assistemática, 210
  em equipe, 212
  em laboratório, 212
  individual, 212
  na vida real, 212
  não participante, 211
  participante, 211
  sistemática, 210
  técnicas de pesquisa, 208-211
Op. cit.: uso, 308

Orçamento, 247
Organização dos dados
  codificação, 181
  seleção, 181
  tabulação, 182
Organizador em referência bibliográfica, 319

P
Painel, 215
Passim: uso, 309
Pesquisa
  amostragem, 178
  análise e interpretação dos dados, 182
  anteprojeto de pesquisa, 235
  aspectos comprometedores, 184
  coleta de dados, 180
  conceito, 169
  conclusão, 187
  confusão entre afirmações e fatos, 184
  constituição da equipe de trabalho, 171
  construção de hipóteses, 175
  cronograma, 172
  decisão, 170
  de campo, 203
  defeito de lógica, 184
  definição dos termos, 175
  de laboratório, 207
  delimitação, 176
  documental, 189
  documentos, 173
  elaboração de um plano de trabalho, 171
  erro de cálculo, 184
  escolha do tema, 172
  especificação dos objetivos, 171
  exame, 180
  execução, 170
  experimental, 206
  exploratória, 205
  falta de imaginação, 184
  fases, 170, 172
  fichário, 178
  fontes primárias, 173
  fontes secundárias, 173
  formulação do problema, 173
  gráficos, 185
  incapacidade de reconhecer limitações, 184
  indicação de variáveis, 176
  levantamento de dados, 173

Índice remissivo 351

levantamento de recursos e
   cronograma, 172
organização do instrumental, 178
organização dos dados, 181
parcialidade inconsciente do
   investigador, 184
planejamento, 170
preparação, 170
procedimentos estatísticos
   inadequados, 184
projeto, 235
quadros, 185
recursos, 172
relatório 170, 187, 235
representação dos dados: tabelas, quadros
   e gráficos, 185
seleção de métodos e técnicas, 178
tabelas, 185
teste de instrumentos e
   procedimentos, 179
Pesquisa bibliográfica, 33, 200
   análise e interpretação, 39
   audiovisuais, 201
   compilação, 38
   distinção do sujeito e objeto da
      questão, 35
   elaboração de plano de trabalho, 36
   escolha do tema, 34
   extensão do objeto, 35
   fases, 33
   fichamento, 38
   imprensa escrita, 200
   localização de fontes, 38
   material cartográfico, 202
   publicações, 202
   redação, 40
Pesquisa de campo, 203
   exploratória, 205
   quantitativa-descritiva, 204
   tipos, 203-204
Pesquisa de laboratório, 207
   Lei n. 11.794, de 8 de outubro de
      2008, 207
   Resolução n. 196/96 versão 2012, 207
Pesquisa de mercado: projeto de
   pesquisa, 243
Pesquisa documental, 189
   fontes, 191
   fontes primárias e secundárias, 199

tipos de documento, 191
Pesquisa experimental, 206
Pesquisa exploratória, 205
Pesquisa piloto: projeto de pesquisa, 248
Plano de trabalho
   dissertação de mestrado, 268
   na pesquisa bibliográfica, 36
Popper, 94
Pré-teste, 221
   projeto de pesquisa, 248
Problema, 133
   de ação, 175
   de estudos acadêmicos, 174
   de informação, 174
   de investigação pura e aplicada, 175
   exequibilidade, 174
   na tese de doutorado, 272
   novidade, 174
   oportunidade, 174
   projeto de pesquisa, 239
   relevância, 174
   valoração, 174, 266
   viabilidade, 174
Problema e hipótese, 135
Programa de computador: tabulação, 182
Projeto de pesquisa, 235
   amostragem, 244
   análise de conteúdo, 243
   capa e folha de rosto, 237
   cronograma, 247
   definição dos termos, 246
   delimitação do universo (população), 244
   embasamento teórico, 244
   entrevista, 243
   estrutura, 236
   estudos preliminares, 235
   hipótese básica e secundária, 239
   história de vida, 243
   instrumentos, 247
   justificativa, 241
   metodologia, 241
   métodos de abordagem, 241
   métodos de procedimento, 242
   objetivo, 240
   objeto, 238
   observação direta extensiva, 243
   observação direta intensiva, 243
   orçamento, 247
   pesquisa de mercado, 243

pesquisa piloto, 248
pré-teste, 248
problema, 239
questionário, 243
referências bibliográficas, 248
revisão da bibliografia, 245
sociometria, 243
técnicas, 242
tema, 239
teoria de base, 244
teste, 243
título e subtítulo, 238
variáveis, 240
Publicações científicas, 279

Q
Quadro, 185, 186
Quadro de referência, 116
Questionário, 218
classificação das perguntas, 221
conteúdo, vocabulário, bateria, 229
elaboração, 220
forma, 221
objetivo das perguntas, 226
ordem das perguntas, 229
pergunta-índice ou pergunta-teste, 228
perguntas com mostruário, 224
perguntas de ação, 226
perguntas de estimação ou avaliação, 224
perguntas de fato, 226
perguntas de múltipla escolha, 224
perguntas de opinião, 227
perguntas de ou sobre intenção, 227
perguntas diretas e indiretas, 229
pré-teste, 221
projeto de pesquisa, 243

R
Recomendação e sugestão
relatório técnico e/ou científico, 255
Redação
do texto da pesquisa bibliográfica, 40
tese de doutorado, 275
Referência bibliográfica
ano de publicação, 316
até três autores, 313
citação de artigo científico, 321
citação de artigo de jornal, 322
citação de congresso, 323

citação de eventos, 323
citação de livros que apresentam "indicação explícita de responsabilidade pelo conjunto da obra" (org.; coord.), 319
citação de mais de um livro do mesmo autor, 318
citação de simpósio, 323
citação de texto em meio eletrônico, 324
citação e tese e dissertação de mestrado, 320
correspondência, 328
documento audiovisual (filmes, vídeos), 326
documento cartográfico, 328
documento iconográfico, 327
documento sonoro, 327
edição, 315
editora, 315
elementos complementares, 317
grafia do nome do autor, 314
grafia do subtítulo, 315
grafia do título, 314
jurisprudência, 325
livro, 313
local da publicação, 315
página, 317
parte de um livro (capítulo), 319
prática de elaboração, 312
projeto de pesquisa, 248
referência legislativa, 324
relatório técnico e/ou científico, 255
tese de doutorado, 274
tradução, 317
volume, 317
Relatório de pesquisa, 187, 235
anexo, 255
apêndice, 255
capa folha de rosto, 251
conclusão, 254
desenvolvimento: discussão e resultados, 253
embasamento teórico, 253
estrutura, 249
metodologia, 253
recomendação e sugestão, 255
referências bibliográficas, 255
resumo, 252
revisão bibliográfica, 253

sumário, 252
Resenha crítica, 290
   conceito e finalidade, 290
   estrutura, 290
   importância, 290
   requisitos, 290
Resumo, 9, 10, 58
   como fazer, 59
   conceito, finalidade, caráter, 58
   NBR 6028 da ABNT, 252
   relatório técnico e/ou científico, 252
   tipos, 60
Resumo crítico, 61
   indicativo ou descritivo, 60
   informativo ou analítico, 60
Revisão da bibliografia: projeto de pesquisa, 246

S

Seminário, 22
   avaliação, 28
   comentador, 25
   componentes, 25
   conclusão, 28
   conteúdo, 28
   coordenador, 25
   debatedores, 25
   elementos complementares, 28
   estrutura e funcionamento, 22
   etapas, 26
   fontes, 24
   introdução, 28
   organizador, 25
   plano, 27
   preparação, 27
   procedimentos na organização, 27
   relator, 25
   roteiro, 27
   secretário, 25
Sic: uso, 312
Simpósio: citação em referência bibliográfica, 323
Sistema autor-data, 305
Sistema de chamada em citações diretas e indiretas, 305
Sistema de Apoio à Gestão (SAGe), 236
Sistema numérico: citação direta e indireta, 306
Sociometria: projeto de pesquisa, 243

Softwares usados na tabulação, 182
Stalin, 101, 105
Sublinha, 9, 10
Sumário: relatório técnico e/ou científico, 252

T

Tabela, 185, 186
Tabulação descuidada ou incompetente, 184
TCC: estrutura, 258
Técnicas de pesquisa, 189
   entrevista, 213
   formulário, 231
   observação, 208-211
   pesquisa bibliográfica, 200
   pesquisa de campo, 203
   pesquisa de laboratório, 207
   pesquisa documental, 189
   projeto de pesquisa, 242
   questionário e formulários, 218
Tema, 133
   adjetivos explicativos e restritivos, 35
   identificação do assunto, 37
   pesquisa bibliográfica, 34
   projeto de pesquisa, 239
Teoria, 119
   de base, 273
   e fatos, 119
   e leis, 128
   funções, 121
   generalizações empíricas, 122
   indicação de lacunas no conhecimento, 123
   o fato inicial, 124
   orientação sobre objetivos da ciência, 120
   papel da –, 120
   papel dos fatos, 124
   previsão de fatos, 123
   redefinição e esclarecimento, 127
   reformulação e rejeição, 125
   resumo do conhecimento, 122
   sistema de conceitos, 120
   sistema de inter-relações, 122
Teoria de base, 273
   projeto de pesquisa, 244
Tese de doutorado, 261, 269, 270
   análise, 274
   anexo, 274
   apêndice, 274
   clareza, 271

construção de conceitos, 275
construção dos argumentos, 273
eficiência, 271
elementos da introdução, 272
elementos do desenvolvimento, 273
estilo, 276
estrutura, 258, 271
exaustão, 271
glossário, 275
índice remissivo, 275
interpretação, 274
introdução, 272
linguagem, 276
metodologia ou procedimentos metodológicos, 273
objetivo, 271
originalidade, 271
precisão, 271
redação, 275
referências bibliográficas, 274
revisão da literatura, 273
Tese de doutorado e dissertações de mestrado
citação de tese de doutorado e dissertação de mestrado, 320
Teste: projeto de pesquisa, 243
Texto: conceito, 3
Thorstein Veblen, 145
Tipo ideal: Weber, 111
Título e subtítulo do projeto de pesquisa, 238
Trabalho acadêmico-científico, 257
estrutura, 257
Trabalho científico: conceito, 257
Trabalho de conclusão de curso
estrutura, 258
Trabalhos apresentados em congressos, 279
Tradução em referências bibliográfica, 317

U
Unidade dos contrários, 107

V
Variáveis, 147
antecedentes, 165
componentes e apresentação em bloco, 162
de controle: conceito e aplicação, 157
dependente e independente: fatores determinantes da relação causal, 152
dependente: conceito, 149
dependentes e independentes, 148
extrínsecas e componentes, 159
extrínsecas e relações espúrias, 159
fixidez ou alterabilidade das variáveis, 154
independente: conceito, 148
indicação, 175
intervenientes e antecedentes, 164
moderadora: conceito e identificação, 156
moderadoras e de controle, 156
no universo da ciência, 148
ordem temporal, 152
projeto de pesquisa, 240
Verso da folha de rosto: relatório técnico e/ou científico, 251

W
Weber. 111

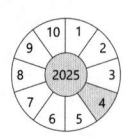